Carl Böhret/Dieter Grunow/Jan Ziekow (Hrsg.)

Der Vorschlag zu einer Richtlinie des Europäischen Parlaments und des Rates über Dienstleistungen im Binnenmarkt
Regelungsgehalt – Problemfelder – Akteurspositionen

Speyerer Forschungsberichte 241

Carl Böhret/Dieter Grunow/Jan Ziekow (Hrsg.)

DER VORSCHLAG ZU EINER RICHTLINIE DES EUROPÄISCHEN PARLAMENTS UND DES RATES ÜBER DIENSTLEISTUNGEN IM BINNENMARKT

Regelungsgehalt – Problemfelder – Akteurspositionen

DEUTSCHES FORSCHUNGSINSTITUT
FÜR ÖFFENTLICHE VERWALTUNG SPEYER

2005

Projektleiter:
em. Univ.-Prof. Dr. Carl Böhret
Univ.-Prof. Dr. Dieter Grunow
Univ.-Prof. Dr. Jan Ziekow

Projektbearbeiter:
Assessor iur. Carsten Brenski
Dr. Michael Felder
Arne Franz, M.A., Mag.rer.publ.
Dipl.-Sozialwissenschaftler Armin Keivandarian
Privatdozent Dr. Christian Koch
Assessor iur. Martin-Peter Oertel, Mag.rer.publ.
Dipl.-Sozialwissenschaftler Rüdiger Reuter
Dipl.-Volkswirt Dr. Oliver Schmidt
Assessor iur. Dr. Alexander Windoffer

Bibliografische Information der Deutschen Bibliothek

Die Deutsche Bibliothek verzeichnet diese Publikation in der Deutschen Nationalbibliografie; detaillierte bibliografische Daten sind im Internet über http://dnb.ddb.de abrufbar.

(Speyerer Forschungsberichte ; 241)
ISBN 3-932112-79-2

Herstellung:
DEUTSCHES FORSCHUNGSINSTITUT FÜR ÖFFENTLICHE VERWALTUNG SPEYER

Alle Rechte vorbehalten

Umschlagentwurf:
© 8/97 TRIFTY ART Grafik Design • 67550 Worms • Hauptstr. 32 • Tel.: 0 62 41/95 15 38

Vorwort

Der von der Europäischen Kommission im Februar 2004 vorgelegte Richtlinienvorschlag für Dienstleistungen im Binnenmarkt, der dieser Untersuchung zugrunde liegt, ist aktuell eines der am heftigst umstrittenen Rechtsetzungsvorhaben der Europäischen Union. Für die Kommission stellt der Entwurf einen wesentlichen Meilenstein auf dem Weg zur tatsächlichen Verwirklichung des europäischen Binnenmarktes dar und soll als Bestandteil der sog. Lissabon-Strategie dazu beitragen, Wettbewerbsfähigkeit und Produktivität in der Europäischen Union zu steigern und mehr Arbeitsplätze zu schaffen. Auf der anderen Seite werden im politischen und öffentlichen Raum sowohl im nationalen Kontext wie im europäischen Maßstab erhebliche Bedenken und Befürchtungen mit der geplanten Richtlinie verknüpft. Unter anderem scheint dies daraus zu resultieren, dass die Kommission ein neues, nämlich horizontales Regelungskonzept verfolgt, das nicht, wie bisher üblich, einzelne Dienstleistungs-(Sektoren) harmonisiert, sondern nahezu den gesamten Dienstleistungsbereich sämtlicher Mitgliedsstaaten einbezieht und generell regeln soll. Das lässt den Richtlinienvorschlag zwar auf den ersten Blick einfach und überschaubar erscheinen, in der Sache aber sind die zu erwartenden nationalen und internationalen Auswirkungen in allen betroffenen Dienstleistungssektoren nur schwer erfassbar. Die vielfältigen Vorbehalte der Politik, der Interessenvertretungen und potentiell Betroffener sind daher nachvollziehbar.

Eingeleitet wurde die Initiative für den Richtlinienentwurf, an dessen vorläufigem Ende nun der Kommissionsvorschlag steht, durch die Forderung des Europäischen Rates im Jahr 2000, eine Strategie zur Beseitigung der bestehenden Hemmnisse und Beschränkungen für grenzüberschreitende Dienstleistungen innerhalb der Europäischen Union zu schaffen. In der Folgezeit analysierte die Kommission die Gründe dafür, dass die Verwirklichung der im EG-Vertrag verankerten Grundfreiheiten des freien Dienstleistungsverkehrs und der freien Niederlassung hinter den Erwartungen zurückgeblieben sind. Als Ergebnis legte sie im Juli 2002 einen Bericht über den Stand des Binnenmarktes für Dienstleistungen vor, in dem die rechtlichen, administrativen und praktischen Hindernisse für grenzüberschreitende Dienstleistungen detailliert dargestellt und analysiert wurden. Auf dieser Grundlage, ergänzt durch Konsultationen mit den Mitgliedstaaten, den übrigen europäischen Institutionen und mit verschiedenen Interessengruppen sowie durch weitere rechtliche Untersuchungen, erarbeitete die Kommission den Vorschlag für eine Richtlinie über Dienstleistungen im Binnenmarkt, den sie im Januar 2004 in seiner ursprünglichen Fassung annahm, im Februar 2005 durch einige geringfügige Änderungen korrigierte und dem Europäischen Parlament und dem Rat zur Beratung und Entscheidung übermittelte.

Ziel des Vorschlages ist der Abbau von Hemmnissen für den freien Dienstleistungsverkehr zwischen den Mitgliedstaaten, insbesondere durch die Vereinfachung der Verwaltungsverfahren, die Modernisierung und Reduzierung der Genehmigungsverfahren, das Verbot bzw. die Überprüfung bestehender Beschränkungen durch die Mitgliedstaaten, die Stärkung der Rechte der Dienstleistungsempfänger und schließlich durch die sektorübergreifende Einführung des Herkunftslandprinzips. Dieses Prinzip, das auch als ein „Herzstück" bzw. als ein „Kern" des Richtlinienvorschlags bezeichnet wird, ist Mittelpunkt von kontroversen Diskussionen, die durch den Kommissionsvorschlag nicht nur in der politischen Öffentlichkeit, sondern auch auf der Ebene der europäischen Institutionen sowie der mitgliedstaatlichen Regierungen und Interessengruppen entfacht wurde.

So fanden sowohl im Europäischen Parlament als auch in einer Reihe von Ausschüssen des Deutschen Bundestages verschiedene Anhörungen statt, in denen sich ein Dilemma abzeichnete: die Mehrheit im politischen und öffentlichen Raum befürwortet zwar grundsätzlich die Vollendung des Binnenmarktes für Dienstleistungen, die von der Kommission vorgeschlagene Regelung, insbesondere deren horizontaler Ansatz und weitere Eckpunkte, wie das Herkunftslandprinzip, die Überwachung der Dienstleister durch das Herkunftsland, die elektronische Verfahrensabwicklung durch „one-stop-shops" u.s.w. wird jedoch scharf kritisiert. Aktuell spiegelt sich das Konfliktpotential innerhalb des Europäischen Parlaments wider, dem der Vorschlag der geplanten Richtlinie gegenwärtig im Rahmen des Mitentscheidungsverfahrens zur Beratung vorliegt. Der Berichtsentwurf des federführenden Ausschusses für Binnenmarkt und Verbraucherschutz, der Ende Mai 2005 vorgelegt wurde, führte zusammen mit der im Juni 2005 durchgeführten Aussprache im Ausschuss zu ca. 1000 (!) Änderungsanträgen. Auch dabei spielt die Frage über die Beibehaltung des Herkunftslandprinzips bzw. dessen Ersetzung durch das von der Berichterstatterin Gebhardt vorgeschlagene Prinzip der gegenseitigen Anerkennung eine herausragende Rolle. Das Ausmaß der divergierenden Auffassungen verdeutlichen zudem die von acht weiteren Ausschüssen des Europäischen Parlaments abgegebenen Stellungnahmen. Voraussichtlich im Oktober 2005 wird das Plenum über den Bericht – und damit über seine Stellungnahme in der ersten Lesung des Rechtsetzungsverfahrens – abstimmen. Dementsprechend kann bereits zum jetzigen Zeitpunkt davon ausgegangen werden, dass der von der Kommission vorgesehene Zeitplan einer Verabschiedung der Richtlinie im Jahr 2005 nicht eingehalten werden wird.

Darüber hinaus wächst auch in den Mitgliedstaaten der Widerstand gegen den Richtlinienvorschlag in der von der Kommission vorgelegten Form. Vielfach wird eine umfassende und gründliche Überarbeitung – vor allem im Hinblick auf die Befürchtungen eines Lohn- und Sozialdumpings sowie das Absinken von Qualitätsstandards – oder gar seine Rücknahme gefordert. Im März 2005 war die Problematik zudem Thema des Europäischen Rates, auf dem sich die Staats- und Regierungschefs für eine stärkere Berücksichtigung des europäischen Sozialmodells und für eine entsprechende Anpassung der vorgeschlagenen Regelungen aussprachen. Angesichts der zunehmenden Kritik sieht die Kommission demgegenüber die Gefahr, dass die geplante Richtlinie „zum Opfer der Probleme [werde], die eigentlich mit der Richtlinie gelöst werden sollten". Während sie eine Rücknahme ihres Vorschlages wiederholt abgelehnt hat, ist sie nunmehr jedoch zu einer umfassenden Überarbeitung bereit.

In Anbetracht der Bedeutung und des grundsätzlich bestehenden Einvernehmens über die Notwendigkeit einer weiteren Öffnung des europäischen Binnenmarktes für Dienstleistungen, die ca. 60 bis 70 % der wirtschaftlichen Aktivität in der Europäischen Union umfassen, hat Großbritannien, das am 1. Juni 2005 die turnusmäßige EU-Ratspräsidentschaft übernommen hat, die geplante Dienstleistungsrichtlinie zu einem ihrer politischen Schwerpunkte erklärt. Ihr Ziel ist es, die unterschiedlichen Auffassungen zusammenzuführen, um so den Weg für eine Marktöffnung für Dienstleistungen unter Wahrung des sozialen Zusammenhalts in der Europäischen Union zu ebnen und den Entscheidungsprozess voranzutreiben.

Vor dem Hintergrund der skizzierten Problematik erstellte das Forschungsinstitut im Auftrag des Ministeriums für Wirtschaft und Arbeit des Landes Nordrhein-Westfalen im Zeitraum November 2004 bis Januar 2005 eine Untersuchung zu ausgewählten Aspekten des von der Kommission vorgelegten Richtlinienvorschlags, das nunmehr in inhaltlich weitgehend unveränderter und strukturell angepasster Form als Speyerer Forschungsbericht erscheint. Den Ausgangspunkt der Untersuchung stellt weiterhin der ursprüngliche Kommissionsvorschlag vom Februar 2004 dar, da sich zum gegenwärtigen Zeitpunkt das Ausmaß und die Richtung etwaiger Regelungsänderungen nicht in Form eines verlässlichen Analyserahmens heranziehen lassen. Wie auch die Entwicklung der Debatte nach Abschluss der Untersuchung im Januar 2005 zeigt, zeugen die vorliegenden Forschungsergebnisse nach wie vor von höchster Aktualität und greifen die bedeutsamsten Kritikpunkte und Vorbehalte in der Diskussion um die Dienstleistungsrichtlinie auf. Sie sollen dazu beitragen, die Regelungsinhalte des Richtlinienentwurfs transparenter und nachvollziehbarer zu machen, mögliche Problemfelder, Gestaltungsoptionen und Meinungsbilder zu zeigen und damit die noch andauernde Debatte über den Entwurf auf eine „rationalere" Grundlage zu stellen.

Dem Ministerium für Wirtschaft und Arbeit des Landes Nordrhein-Westfalen möchten wir für das Einverständnis danken, die Forschungsergebnisse nun auch der Öffentlichkeit zugänglich zu machen.

Speyer, im September 2005

Carsten Brenski *Ramona Trautmann*

Inhaltsverzeichnis

Teil 1: Einführung in die Untersuchung	1
A. Ausgangslage und Problemstellung	1
B. Untersuchungsrahmen und Vorgehensweise	2
I. Vorbemerkungen zum Untersuchungsrahmen	2
II. Vorgehensweise zur Analyse des Richtlinienvorschlags	5
C. Der Entwurf für eine Dienstleistungsrichtlinie: Intentionen, Entwicklungslinien, Zielsystem	9
I. Intentionen	9
II. Entwicklungslinien	10
III. Zielsystem Dienstleistungsrichtlinie	12
IV. Zeitliche Umsetzung: Meilensteinplan	16
Teil 2: Problemanalysen aus ökonomischer Sicht	21
A. Einordnungen	21
B. Ökonomische Überlegungen zur EU-Dienstleistungsrichtlinie	22
I. Begriff der Dienstleistung	23
II. Wettbewerbs- und Struktureffekte	25
III. Marktöffnung und Marktvernetzung	29
IV. Mögliche Vor- und Nachteile für Deutschland	31
V. Exkurs: Dynamische Angleichung von Standards	33
Teil 3: Die Verwirklichung der Dienstleistungsfreiheit (Art. 49 ff. EGV) – bisherige Rechtslage und Konzeption des Richtlinienvorschlags	37
A. Vorbemerkungen	37
B. Zielsetzung, Inhaltsbestimmung und Umsetzung der Dienstleistungsfreiheit nach bisheriger Rechtslage	38
I. Ziele der Dienstleistungsfreiheit	38
1. Inländergleichbehandlung	38
2. Verwirklichung des Binnenmarkts bzw. Gemeinsamen Marktes	38
3. Verwirklichung der Ziele des Art. 2 EGV	39

II.	Inhalt und Schranken der Dienstleistungsfreiheit		42
	1. Persönlicher Anwendungsbereich der Art. 49 ff. EGV		42
	a) Begünstigte		42
	b) Verpflichtete		43
	2. Sachlicher Anwendungsbereich der Art. 49 ff. EGV: Begriff der Dienstleistung		44
	a) Leistung		45
	b) Regelmäßige Entgeltlichkeit der Leistung		46
	c) Grenzüberschreitung		48
	aa)	Grenzüberschreitung des Leistenden (aktive Dienstleistungsfreiheit)	48
	bb)	Grenzüberschreitung des Leistungsempfängers (passive Dienstleistungsfreiheit)	49
	cc)	Grenzüberschreitung nur der Dienstleistung	50
	d) Vorübergehende Leistungserbringung/ Auffangtatbestand		51
	aa)	Abgrenzung zur Niederlassungsfreiheit	51
	bb)	Abgrenzung zu den übrigen Grundfreiheiten	53
	3. Beschränkungen der Dienstleistungsfreiheit		55
	a) Diskriminierende Maßnahmen		56
	aa)	Offene Diskriminierung	56
	bb)	Versteckte Diskriminierung	58
	b) Sonstige, nichtdiskriminierende Beschränkungen		59
	4. Rechtfertigung von Beschränkungen		64
	a) Rechtfertigung gemäß Art. 55 i.V.m. Art. 46 EGV		65
	b) Rechtfertigung durch zwingende Gründe des Allgemeininteresses		67
	aa)	Vorliegen eines zwingenden Grundes des Allgemeininteresses	67
	bb)	Fehlen einer gemeinschaftsrechtlichen Regelung	70
	cc)	Allgemeine Geltung im Bestimmungsstaat	70
	dd)	Fehlen von Schutzvorschriften im Herkunftsstaat des Leistenden	72
	ee)	Einhaltung des Verhältnismäßigkeitsgrundsatzes	73
III.	Exkurs: Inhalt und Schranken der Niederlassungsfreiheit		75
	1. Persönlicher Anwendungsbereich der Art. 43 ff. EGV		75
	2. Sachlicher Anwendungsbereich der Art. 43 ff. EGV		76

3. Beschränkungen der Niederlassungsfreiheit 78
   a) Diskriminierungen 78
   b) Sonstige, nichtdiskriminierende Beschränkungen 79
4. Rechtfertigung von Beschränkungen 80
IV. Bisherige Vorgehensweise der EU-Institutionen zur
Verwirklichung der Dienstleistungsfreiheit im Überblick 80
1. Entwicklung der Umsetzungspraxis und Funktion des
   Sekundärrechts 81
2. Das Instrumentarium zur Verwirklichung der
   Dienstleistungsfreiheit 82
   a) Beispiele für Regelungen betreffend den Zugang zur
      Tätigkeit 83
      aa) Anforderungen an die Qualifikation des
          Dienstleistungserbringers 83
      aaa) Anerkennung von Diplomen, Prüfungszeug-
           nissen und sonstigen Befähigungsnachweisen   83
      bbb) Festlegung von Mindestanforderungen an
           die Ausbildung 84
      ccc) Kompensationsmöglichkeiten durch
           Berufserfahrung, Anpassungslehrgang und
           Eignungsprüfung 84
      ddd) Anerkennung von Berufserfahrung als
           Nachweis von Kenntnissen und Fertigkeiten .. 85
      bb) Anerkennung sonstiger Bescheinigungen
          und Nachweise 85
      cc) Erleichterungen durch Befreiungen von
          mitgliedstaatlichen Vorschriften 86
      dd) Anzeige- und Mitteilungspflichten 86
      ee) Binnenmarktklausel: umfassendes
          Beschränkungsverbot 87
      ff) Sonderfall Rechtsanwälte: Anerkennung des
          begünstigten Personenkreises 87
   b) Beispiele für Regelungen betreffend die Ausübung der
      Tätigkeit 88
      aa) Anwendbares Recht für die Berufsausübung .. 88
      bb) Berufsbezeichnung 89
      cc) Informationspflichten der Dienstleister
          zugunsten der Leistungsempfänger 89
      dd) Erleichterungen für Begleitleistungen:
          Beispiel Werbung 89
      ee) Anregungen zur Entwicklung von
          Verhaltenskodizes 90

		c)	Beispiele für sonstige Maßnahmen zur Unterstützung des freien Dienstleistungsverkehrs	90
			aa) Informationspflichten der Mitgliedstaaten	90
			bb) Rechtsverfolgung	91
		d)	Beispiele für Regelungen betreffend die Kontrolle der Dienstleistungserbringer	92

C. Grundkonzeption des Richtlinienvorschlags 93
   I. Wesentliche Merkmale des neuen Regelungsansatzes 93
      1. Umfassender horizontaler Ansatz – Rahmenrichtlinie 93
         a) Bereichsübergreifende statt bereichsspezifische Ausrichtung 93
         b) Rahmensetzende Richtlinie 94
         c) Koordinierung statt Einzelfallanpassung 95
         d) Dynamisches Konzept 95
      2. Funktion und Regulierungsgrenzen des Richtliniensystems. 96
         a) Rahmensetzung 96
         b) Umsetzungs- und Implementationsrisiken bei Richtlinien: Unmittelbare Wirkung und Haftung 98
         c) Kooperationspflichten zur Begrenzung von Implementationsfehlern 101
         d) Umsetzungsvertrauen 102
         e) Implementationslast des EuGH in der Übergangsphase . 103
      3. Koordinierungsauftrag und Modernisierungsanspruch 104
      4. Überprüfung der nationalen Rechtsordnungen und gegenseitige Evaluierung 105
         a) Systematische Überprüfung von Vorschriften 105
         b) Gegenseitige Evaluierung durch die Mitgliedstaaten 106
      5. Intensivierung der Partnerschaft zwischen den Mitgliedstaaten 108
         a) Herkunftslandprinzip als Regelfall 108
         b) Gegenseitige Unterstützung bei der Kontrolle 109
         c) Gezielte Harmonisierung der mitgliedstaatlichen Rechtsvorschriften 110
         d) Förderung von Initiativen nichtstaatlicher Interessengruppen 112
      6. Rechte der Dienstleistungsempfänger 113
      7. Umfassende Informationspolitik 115
   II. Ausgewählte Einzelheiten des Richtlinienvorschlags 116
      1. Herkunftslandprinzip (Art. 16 ff.) 116
         a) Rechtssicherheit und Schutz der Dienstleistungsempfänger 116
         b) Gegenseitiges Vertrauen und Rechtsvereinheitlichung ... 117

XIII

   c) Verantwortlichkeit der Herkunftsstaaten bei der Kontrolle 118
   d) Ausnahmen vom Herkunftslandprinzip im Einzelfall 120
  2. Insbesondere: Entsendung von Arbeitnehmern 120
  3. Rechte der Dienstleistungsempfänger, insbesondere im Gesundheitswesen 124
  4. Exkurs: Speziell auf die Niederlassungsfreiheit zugeschnittene Erleichterungen 125
   a) Einheitlicher Ansprechpartner (Art. 6) 125
   b) Elektronische Verfahrensabwicklung (Art. 8) 126
   c) Genehmigungsverfahren (Art. 9 bis 13) 127
   d) Unzulässige und zu prüfende Anforderungen (Art. 14, 15) 128
 III. Zusammenfassung der wesentlichen Änderungen durch den Richtlinienvorschlag 130

Teil 4: Problemfeldanalysen 135
A. Untersuchungsansatz und Vorgehensweise 135
B. Beschreibung ausgewählter Problemfelder 138
 I. Einleitung 138
 II. Zulassung 139
  1. Dienstleistungserbringer mit Niederlassung im Aufnahmemitgliedstaat 139
   1.1 Anforderungen an Genehmigungserfordernisse: „objektiv" gerechtfertigt 139
    1.1.1 Regelung 139
    1.1.2 Kommentar 139
    1.1.3 Empfehlung 140
   1.2 Anforderungen an die Verhältnismäßigkeit der Genehmigungsregelung 141
    1.2.1 Regelung 141
    1.2.2 Kommentar 141
    1.2.3 Empfehlung 142
   1.3 Allgemeine Überprüfung und Notifizierung der Genehmigungsregelungen 142
    1.3.1 Regelung 142
    1.3.2 Kommentar 142
    1.3.3 Empfehlung 145
   1.4 Überprüfung und Notifizierung bestimmter Genehmigungsregelungen 146
    1.4.1 Regelung 146

1.4.2	Kommentar	146
1.4.3	Empfehlung	148

1.5 Besondere Anforderungen an Genehmigungsregelungen ... 149

1.5.1	Regelung	149
1.5.2	Kommentar	149
1.5.2.1	Umsetzungsfrist	150
1.5.2.2	Zu Art. 10 Abs. 1 u. 2: Eingeschränkter Ermessensspielraum der Behörden des Aufnahmemitgliedstaates	151
1.5.2.3	Zu Art. 10 Abs. 3: Herkunftslandprinzip	154
1.5.2.4	Zu Art. 10 Abs. 4: Geltung von Genehmigungen im gesamten Hoheitsgebiet	156
1.5.2.5	Zu Art. 10 Abs. 5: Ermessensreduzierung	157
1.5.2.6	Zu Art. 10 Abs. 6: Begründungspflicht	159
1.5.2.7	Zu Art. 11 Abs. 1: Befristung von Genehmigungen	159
1.5.2.8	Zu Art. 11 Abs. 3: Informationspflicht der Dienstleistungserbringer	160
1.5.2.9	Zu Art. 12 Abs. 1 u. 2: Auswahl unter mehreren Antragstellern	162
1.5.2.10	Zu Art. 13: Allgemeine verfahrensrechtliche Anforderungen	165

1.6 Unzulässige Anforderungen gemäß Art. 14 ... 167

1.6.1	Regelung	167
1.6.2	Kommentar	167

2. Dienstleistungserbringer ohne Niederlassung im Aufnahmemitgliedstaat ... 168

2.1 Geltung der im Aufnahmemitgliedstaat für die Erbringung der Dienstleistung bestehenden Anforderungen ... 168

2.1.1	Regelung	168
2.1.2	Kommentar	169
2.1.2.1	Exkurs: Definition des Herkunftslandprinzips	169
2.1.2.2	Anwendungsbereich des Herkunftslandprinzips gemäß Art. 16 ff.	170
2.1.2.3	Umfassende Geltung des Herkunftslandprinzips gemäß Art. 16 ff.	173
2.1.2.4	Ausnahmen vom Herkunftslandprinzip und ihre Rechtfertigung	174

2.1.2.5 Exkurs: Beispielsfall zur Anwendung des
Herkunftslandprinzips 178
2.1.3 Empfehlung 179
2.2 Verzicht auf vorherige Anzeige bzw.
Registrierungspflicht 180
2.2.1 Regelung 180
2.2.2 Kommentar 180
2.2.3 Empfehlung 183
III. Ausführung 185
1. Dienstleister mit Niederlassung im Aufnahmemitgliedstaat . 185
2. Dienstleistungserbringer ohne Niederlassung im
Aufnahmemitgliedstaat 185
2.1 Geltung technischer Normen für Dienstleistungen/
Sicherheit von Dienstleistungen 185
2.1.1 Regelung 185
2.1.2 Kommentar 185
2.1.3 Empfehlung 189
2.2 Geltung der im Aufnahmemitgliedstaat für die
Erbringung der Dienstleistung bestehenden
Anforderungen – Gefahr einer Umgehung 190
2.2.1 Folgen der Wahl einer „vorteilhaften
Rechtsordnung" und der weiten Auslegung
des „vorübergehenden Aufenthalts" eines
Dienstleisters im Zusammenhang mit dem
Herkunftslandprinzip 190
2.2.2 Empfehlung 192
IV. Kontrolle 193
1. Dienstleister mit Niederlassung im Aufnahmemitgliedstaat . 193
2. Dienstleister ohne Niederlassung im Aufnahme-
mitgliedstaat 193
2.1 Allgemeine Überwachung der Dienstleister in Bezug
auf die Ausführung ihrer Tätigkeit 193
2.2 Empfehlung 195
2.3 Maßnahmen gegenüber Dienstleistungserbringern im
Einzelfall 195
2.3.1 Regelung 195
2.3.2 Kommentar 197
2.3.2.1 Eignung des Verfahrens gemäß Art. 37 zur
Gefahrenabwehr 197
2.3.2.2 Einschränkungen durch die Tatbestandsmerkmale gemäß Art. 19 Abs. 1 u. 2 198

2.3.2.3 Vollzugseignung der in der Richtlinie
geregelten Verfahren 199
2.3.3 Empfehlung und Zusammenfassung 200
V. Zusammenfassung der Ergebnisse 201
1. Zulassung 201
 1.1 Dienstleistungserbringer mit Niederlassung im
 Aufnahmemitgliedstaat 201
   1.1.1 Anforderungen an Genehmigungs-
   erfordernisse und die allgemeine
   Überprüfung und Notifizierung dieser
   Bestimmungen 201
   1.1.2 Besondere Anforderungen an Genehmigungsregelungen – insbesondere die Aus-
   gestaltung der Verfahren 202
   1.1.3 Unzulässige Anforderungen gemäß Art. 14 205
 1.2 Dienstleistungserbringer ohne Niederlassung im
 Aufnahmemitgliedstaat 205
   1.2.1 Definition und Anwendungsbereich des
   Herkunftslandprinzips im Richtlinien-
   vorschlag 205
   1.2.2 Ausnahmen vom Herkunftslandprinzip und
   ihre Rechtfertigung im Richtlinienvorschlag .. 206
   1.2.3 Verzicht auf vorherige Anzeige- bzw.
   Registrierungspflicht 206
2. Ausführung 207
 2.1 Dienstleistungserbringer mit Niederlassung im
 Aufnahmemitgliedstaat 207
 2.2 Dienstleistungserbringer ohne Niederlassung im
 Aufnahmemitgliedstaat 207
   2.2.1 Geltung technischer Normen für Dienst-
   leistungen/Sicherheit von Dienstleistungen 207
   2.2.2 Geltung der im Aufnahmemitgliedstaat für
   die Erbringung der Dienstleistung
   bestehenden Anforderungen – Gefahr einer
   Umgehung 207
3. Kontrolle 208
 3.1 Dienstleistungserbringer mit Niederlassung im
 Aufnahmemitgliedsstaat 208
 3.2 Dienstleistungserbringer ohne Niederlassung im
 Aufnahmemitgliedstaat 208
   3.2.1 Allgemeine Überwachung der Dienstleister
   in Bezug auf die Ausführung ihrer Tätigkeit .. 208

	3.2.2 Maßnahmen gegenüber Dienstleistungserbringern im Einzelfall	208
VI.	Bewertung	209
C. Verflechtungsanalysen		212
I.	Konvergenzen	212
II.	Der Kohärenzgedanke als Leitprinzip: Der „Querschnitts"-Ansatz	213
	1. Begrenzte Einzelermächtigung	214
	2. Rahmencharakter versus subsidiaritätsgerechte Gestaltung	214
III.	Flankierende Initiativen und Regulierungsvorschläge in Richtlinienform	216
	1. Berufsqualifikationen und Berufsplattformen: Der Richtlinienvorschlag KOM (2002) 119 vom 7.3.2002	217
	2. Verbraucherschutz und Produktsicherheit als Schnittstellenprobleme	220
IV.	Besondere Problemfelder im Zusammenhang mit Beitrittsländern und Drittstaaten	222
	1. Übergangsregelungen für Beitrittsländer - Vorüberlegungen	222
	2. Assoziierung zwischen Marktintegration und supranationaler Distanz	223
	3. Assoziationsrat als zentrales bilaterales Steuerungsinstrument	226
	4. Der Richtlinienvorschlag: Assoziierung und Beitritt als Ausnahmen vom Herkunftslandprinzip – begrenzter Fortbestand bisheriger Regelungen	227
	5. Umgehungsprobleme	229
	6. Kooperationsabkommen: Die Sicht des EuGH	230

Teil 5: Elektronische Verfahrensabwicklung und einheitlicher Ansprechpartner (OSS) 233

A. Der eGovernment-Ansatz als Querschnittsfunktion und Regulierungsfragment 233

B. Einheitlicher Ansprechpartner: Schnittstellen als Herausforderung für Umsetzung und Implementation 234

C. Modellskizzen für die Ausgestaltung des „einheitlichen Ansprechpartners" 235
   I. Teilziel der Richtlinie: Verwaltungsvereinfachung 235
   II. Mittel: Einheitliche Ansprechpartner 236
      1. Aufgaben 236

2.	Rahmenbedingungen	237
3.	Konzeptionelle Grundlagen	237
	3.1 One-Stop-Government	238
	3.2 Multikanalzugang	239
4.	Gestaltungsoptionen für die einheitlichen Ansprechpartner	241
	4.1 Funktion	241
	4.2 Struktur	242
	4.3 Zuständigkeit	242
	4.4 Zwischenfazit	243
5.	Beispiele und entscheidende Einflussfaktoren	244
	5.1 Service- und Dienstleistungsqualität	244
	5.2 Beispiele für unterschiedliche Varianten des OSS	246
	5.2.1 Ausbaustufe I: Alles bleibt, wie es war	247
	5.2.2 Ausbaustufe II: Digitalisierung des Bestehenden	249
	5.2.3 Neue Wege: Zentralisation der Back-Offices/Dezentralisation der Zugangswege	251
6.	Fazit und Ausblick	254

III. Zusammenfassung und Empfehlung:
Vorzüge des dritten Modells 256

D. Beschreibung spezifischer Problemfelder des OSS 257
    I. Einleitung 257
        1. Hinweis zu Vorgehen und Aufbau 257
        2. Einschlägigkeit im Bereich des freien Dienstleistungsverkehrs 257
    II. Einrichtung der einheitlichen Ansprechpartner („One-Stop-Shops"/"OSS") 258
        1. Regelung 258
        2. Kritik und Kommentar 258
            2.1 Vorgaben bzgl. der einheitlichen Ansprechpartner kontraproduktiv 258
                2.1.1 Kritik 258
                2.1.2 Kommentar 259
            2.2 Reichweite der Aufgabenbeschreibung des OSS: Begriff „abwickeln" 260
                2.2.1 Kritik 260
                2.2.2 Kommentar 260
            2.3 Neutralität der Berufskammern als einheitliche Ansprechpartner 261
                2.3.1 Kritik 261
                2.3.2 Kommentar 261

2.4 Motivation des einheitlichen Ansprechpartners 262
    2.4.1   Kritik 262
    2.4.2   Kommentar 262
2.5 Registerrecht der Mitgliedstaaten als Regelungsgegenstand des Richtlinienvorschlags 262
    2.5.1   Kritik 262
    2.5.2   Kommentar 263
2.6 Haftungsansprüche gegenüber den einheitlichen Ansprechpartnern aufgrund falscher Auskünfte 263
    2.6.1   Kritik 263
    2.6.2   Kommentar 263

III. Verzicht auf Originaldokumente, beglaubigte Kopien und Übersetzungen 264
1. Regelung 264
2. Kritik und Kommentar 264
  2.1 Verzicht auf Originaldokumente, beglaubigte Kopien und Übersetzungen: Reichweite des Eingriffs 264
    2.1.1   Kritik 264
    2.1.2   Kommentar 265
  2.2 Erleichterung von Missbrauch durch die Regelung in Art. 5 266
    2.2.1   Kritik 266
    2.2.2   Kommentar 266
  2.3 Erschwerung der Verwaltungstätigkeit durch Verlagerung der Übersetzungsaufgabe 267
    2.3.1   Kritik 267
    2.3.2   Kommentar 267
  2.4 Anforderungen zur Rechtfertigung einer ausnahmsweisen Vorlagepflicht von Originaldokumenten bzw. beglaubigten Übersetzungen 268
    2.4.1   Kritik 268
    2.4.2   Kommentar 268

IV. Informationspflichten gegenüber Dienstleistungserbringern und -empfängern 269
1. Regelungen 269
  1.1 Informationspflichten gegenüber den Dienstleistungs*erbringern* 269
  1.2 Informationspflichten gegenüber den Dienstleistungs*empfängern* 270
2. Kritik und Kommentar 271

2.1 Überforderung der staatlichen Stellen durch die ihnen
auferlegten Informationspflichten 271
    2.1.1   Kritik 271
    2.1.2   Kommentar 271
2.2 Ausnahmen von der Informationspflicht und
Umsetzungsfrist 272
    2.2.1   Kritik 272
    2.2.2   Kommentar 272
2.3 Zeitvorgabe für die einheitlichen Ansprechpartner:
„unverzüglich" 273
    2.3.1   Kritik 273
    2.3.2   Kommentar 273

V.   Elektronische Verfahrensabwicklung 274
    1. Regelung 274
    2. Kritik und Kommentar 274
    2.1 Umsetzungsfrist 274
        2.1.1   Kritik 274
        2.1.2   Kommentar 275
    2.2 Konsequenzen der Vorgabe technischer Standards
    durch die EU-Kommission 275
        2.2.1   Kritik 275
        2.2.2   Kommentar 275

VI.   Zusammenfassung 276

Teil 6: Zusammenfassung: Erkenntnisse und Empfehlungen 279

A. Zur generellen Intention und den Prinzipien des
Regelungsvorhabens 279
    I.   Zum regelungspolitischen Konzept 279
    II.   Zu methodologischen Vorbehalten 281
    III.   Zur zeitlichen Umsetzung 281
    IV.   Zu Umgehungsstrategien 282
    V.   Verflechtung und Schnittstellen 282
    VI.   Informationsbedarf 282
    VII.   Einheitlicher Ansprechpartner (OSS) 282
    VIII. Zu ökonomischen Entwicklungen 283

B. Überblick über die wichtigsten Problemfelder und die zugehörigen
Empfehlungen 283
    I.   Allgemein 283
    II.   Dienstleistungserbringer mit Niederlassung im
        Aufnahmemitgliedstaat 283

		1. Problemfelder	283
		2. Empfehlungen	285
	III.	Dienstleistungserbringer ohne Niederlassung im Aufnahmemitgliedstaat	286
		1. Problemfelder	286
		2. Empfehlungen	287

Literaturnachweise ... 289

Teil 7: Empirie der Akteurspositionen ... 297

A. Einleitung: Fragestellung und Vorgehen ... 297

B. Die Ausgangslage: Akteurspositionen zum Vorschlag für eine Dienstleistungsrichtlinie ... 301
    I. Sichtweisen der Akteure in ausgewählten Dienstleistungs-Segmenten ... 301
        1. Die europapolitischen Frames ... 303
        2. Die wirtschafts- und ordnungspolitischen Frames ... 303
        3. Die Frames der Qualitätsregulierung ... 304
    II. Schwerpunkte der Thematisierung und Problematisierung der Dienstleistungsrichtlinie durch die Akteure in ausgewählten Dienstleistungs-Segmenten ... 304

C. Akteurspositionen: branchenspezifische Detailanalyse ... 308
    I. Bauhandwerksdienstleistungen ... 308
        1. Strukturmuster der Branche: Qualitäten und Quantitäten ... 308
        2. Positionen und Perspektiven der Dienstleister in der Branche ... 311
        3. Branchentypische Sichtweise auf die Richtlinie ... 318
        4. Branchentypische Fragen und Probleme bezüglich der Dienstleistungsrichtlinie ... 321
        5. Strategien zum Umgang mit der Richtlinie: Positionierungs- und Änderungsvorschläge ... 323
    II. Architekten und Ingenieure ... 323
        1. Strukturmuster der Branche: Qualitäten und Quantitäten ... 324
        2. Positionen und Perspektiven der Dienstleister in der Branche ... 326
        3. Branchentypische Sichtweisen auf die den Entwurf zur Dienstleistungsrichtlinie ... 334
        4. Branchentypische Fragen und Probleme bezüglich der Dienstleistungsrichtlinie ... 338
        5. Strategien zum Umgang mit der Richtlinie: Positionierung und Änderungsvorschläge ... 340

III. Gesundheitsdienstleistungen ... 340
    1. Strukturmuster der Branche: Qualitäten und Quantitäten ... 343
       a) Das öffentliche Gesundheitssystem ... 343
       b) Selbstverwaltung im Gesundheitswesen ... 344
       c) Gesundheitspolitische Foren als Planungs- und Koordinationsinstanz (NRW-Bezug) ... 346
       d) Die Gesundheitsberufe (NRW-Bezug) ... 347
    2. Positionen und Perspektiven der Dienstleister in der Branche ... 348
    3. Branchentypische Sichtweisen auf die Dienstleistungsrichtlinie ... 349
    4. Branchentypische Probleme und Fragen bezüglich der Dienstleistungsrichtlinie ... 351
    5. Strategien zum Umgang mit der Dienstleitungsrichtlinie: Positionierung und Änderungsvorschläge ... 353

D. Zusammenfassung und Fazit ... 356
    I. Die drei Branchen im Vergleich ... 356
    II. Pro und Kontra Richtlinie aus dem Blickwinkel verschiedener „Frames" ... 357

Anhang: Übersicht über die Experteninterviews ... 366

Empfehlungen ... 367

Teil 1:
Einführung in die Untersuchung[*]

A. Ausgangslage und Problemstellung

Seit Januar 2004 liegt der Vorschlag der EU-Kommission für eine Richtlinie über Dienstleistungen im Binnenmarkt, KOM (2004) 2, vor. In Anknüpfung an den Lissabon-Prozess wird damit seitens der Kommission den Versuch unternommen, den europäischen Binnenmarkt stärker auch für Dienstleistungen zu öffnen und vorhandene Barrieren entschiedener als bisher abzubauen. Dadurch erhält die beabsichtigte Richtlinie einen umfassenden Charakter und damit zugleich eine schwer nachzuvollziehende Architektur: dies betrifft die Wechselwirkungen mit bereits bestehenden oder gleichzeitig in Vorbereitung befindlichen Regelungsbereichen; dies betrifft die Frage der Grenzziehung hinsichtlich ausgeklammerter Dienstleistungs-Segmente; und bei alledem betrifft es die benutzte Nomenklatur und deren Interpretation vor dem Hintergrund unterschiedlicher nationaler Regelungsstrukturen.

Vor diesem Hintergrund ergeben sich aus Sicht der nationalen Adressaten offensichtlich kritische Fragen und Vorbehalte. Die öffentliche Diskussion darüber kam in Deutschland – nicht zuletzt wegen der komplizierten Architektur und geringen Durchschaubarkeit der Richtlinie – mit zeitlicher Verzögerung erst Ende 2004 intensiv in Gang und hat sich seit Beginn des Jahres 2005 dynamisiert und verbreitert. Dies geschieht in dem Maße, wie die einzelnen Facetten der Richtlinie erkennbar werden und zu mehr oder weniger begründeten Folgenabschätzungen oder interessenbezogenen Erwartungen (Hoffnungen/Befürchtungen) führen. Seit Februar 2005 ist das Thema nun auch voll in den Medien präsent. Dabei ist der kritische Grundtenor der Debatte deutlich. In verschiedenen Hinsichten werden Änderungsvorschläge unterschiedlicher Gewichtigkeit diskutiert.

Die im Folgenden darzustellenden Ergebnisse eines Gutachtens in Auftrag des Ministerium für Wirtschaft und Arbeit (NRW)[1] können zwei wichtigen Zwecken dienen: zunächst geht es um **die Erhöhung der Transparenz** be-

---

[*] *Böhret/Brenski.*
[1] Das Gutachten wurde im Zeitraum November 2004 bis Januar 2005 erarbeitet.

züglich dessen, was in der Richtlinie neu und anders geregelt ist[2] und **welche Folgen** sich daraus für verschiedene Dienstleistungsbereiche und -aspekte[3] ergeben können; daneben lassen sich **Hinweise für den Änderungsbedarf** bei der zuletzt auch von der Kommission in Aussicht gestellten Überarbeitung der Richtlinie gewinnen.

B. Untersuchungsrahmen und Vorgehensweise

I. Vorbemerkungen zum Untersuchungsrahmen

Es ist wegen des begrenzten Untersuchungszeitrahmens bei ziemlich hoher Komplexität des Regelungsvorhabens nur die *eingeschränkte Anwendung* des *folgenanalytischen* Instrumentariums möglich (vgl. Abb. 1); dennoch lassen sich u.e. einige neue Erkenntnisse gewinnen und erste Empfehlungen ableiten. Es wird außerdem angegeben, an welchen Ansatzpunkten sich weiterführende oder vertiefende Analysen anböten.

---

2   Einen Teil der u.U. gar nicht berechtigten Kritik hat die EU-Kommission also auch selbst zu verantworten: durch mangelnde Klarheit in dem vorgelegten Entwurf.

3   Z.B. Qualität, Sicherheit, Gewährleistung, Kundennähe, Sozialstandards der Dienstleistungsproduktion etc.

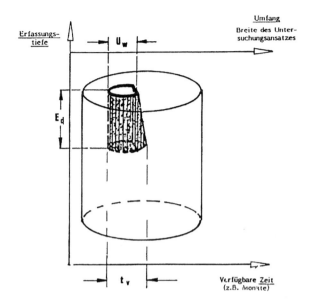

Abb. 1: Begrenzter Untersuchungsrahmen

Die in der Mitteilung der *EU-Kommission (06/2002)*[4] genannten Möglichkeiten und Komponenten für Folgenabschätzungen können hier nur in der vereinfachten („vorläufigen") Form beachtet werden (vgl. Mitteilung S. 7 und S. 3). Der Charakter der Überprüfungen ist daher vorrangig *explorativ*, nur ansatzweise empirisch und (noch) nicht experimentell.

Mittelfristiger Zeithorizont für die Umsetzung des Dienstleistungsrichtlinie sind 7 Jahre (EU-gesetztes Leitziel: **2010** → „Lissabon"). Mit Hilfe eines Meilensteinplans (→ s. unten, C.IV.) werden Hinweise auf die wahrscheinlich zu erwartende Umsetzungs-Belastung ermittelt.

Als mittelfristiges „*Entwicklungs-Szenario*" wird hier das Konzept der „*doppelten Glokal*isierung" angenommen, wobei der EU-Raum durchaus als Vermittlungsagent interpretiert werden kann (→ vgl. unten, C.II.; näheres bei *Böhret* 2003[5]).

---

4 Mitteilung der Kommission über Folgenabschätzungen, KOM (2002) 276.

5 *Böhret*, Glokalisierung: Anmerkungen zur Staatsfunktion in einer Übergangsgesellschaft, in: Knödler/Stierle (Hrsg.), Globale und monetäre Ökonomie, 2003, S. 317 ff.

Aus solchen Vorgaben und Ableitungen lassen sich programmatische *Leitsätze* mit prinzipiellen *Regelungsparametern* gewinnen, die in der Richtlinie zu berücksichtigen wären, wobei *das dynamisierte* (sich prozessual möglicherweise wandelnde) *nationale Interesse* angegeben werden kann.

Dabei muss allerdings beachtet werden, dass dieses Interesse *binnen*staatlich plural und/oder fragmentiert ist, sich aber zunehmend auch auf EU-Ebene (also „supra-national") manifestieren wird. Dies dürfte durch die *wirtschaftlichen* Anpassungsprozesse (*Dienstleistungs-Wettbewerb*) mit dem Einpendeln auf hinreichende Dienstleistungs-Qualitäten unterstützt werden.

Prinzipiell ist in so weit davon auszugehen, dass die Dienstleistungsrichtlinie typologisch ein *mehrebenenbezogenes „Glokalisierungsgesetz"* (in Entwicklung) sein soll.

Programmatische Leitsätze umschreiben die Regelungsparameter und Handlungsprinzipien. Es wird deklariert, welcher Entwicklungskorridor maßgebend sein soll und welche Gesamt"leistung" von der Dienstleistungsrichtlinie erwartet werden darf; nämlich:

- Die Richtlinie ist *ein Glokalisierungsgesetz*: die EU soll im globalen Wettbewerb ein hervorragender Wirtschaftsraum werden ohne die soziokulturelle Biografie zu verletzen.

- Dies ist zu unterstützen durch einen *funktionierenden Binnenmarkt* für Dienstleistungen, wobei Sicherheit, Wettbewerb und angemessene Kontrolle optimiert werden.

- Beim derzeitigen sozioökonomischen Entwicklungszustand sind die Schaffung von Vertrauen und Kooperation in einem fördernden *Rechtsrahmen*, mit vereinfachten *Verwaltungsleistungen* und mittels effizienter, akzeptierbarer *Institutionen* besonders relevant. Praktikabilität (Vollziehbarkeit durch Instanzen) und Befolgbarkeit (durch Normadressaten) sind zu maximieren. Aufnahmestaaten mit hohem Regulierungsgrad benötigen mindestens ebenso viel Anpassungszeit an geringere Regulierungsniveaus und Standards wie umgekehrt manche Herkunftsländer mit niedrigem Regulierungsgrad (und niederen technischen Normen) an die höheren Standards.

- Auch deshalb sollte die Regelungs*menge* so gering wie möglich gehalten werden; die Regelungen (Normen) sollten einfach, klar und *(interkulturell) verstehbar* sein.

II. Vorgehensweise zur Analyse des Richtlinienvorschlags

Das Gutachten ist in einem sehr engen zeitlichen und ressourcenbezogenen Rahmen erstellt worden. Dies gelang überhaupt nur durch eine thematische Akzentsetzung (= Begrenzungen) und durch eine arbeitsteilige Erstellung. Dem Auftrag entsprechend erfolgte die Analyse der Dienstleistungsrichtlinie deshalb parallel aus drei Blickwinkeln:

- Zunächst ist differenziert darzulegen, welche **Änderungen die Richtlinie gegenüber der bisherigen Rechtslage** vorsieht[6] und welche rechtssystematischen Folgen dies in Deutschland haben wird. Dieses Thema ist von großer Bedeutung, weil in Deutschland gerade im Hinblick auf die Produktion und Übermittlung von Dienstleistungen viele rechtliche Rahmenbedingungen gelten, die durch die Umsetzung der Richtlinie in deutsches Recht beeinflusst würden oder aufzuheben wären.

- Der zweite Blickwinkel bezieht sich auf die Folgenabschätzung – vor allem im Sinne der Umsetzbarkeit (Implementation)[7]. Für die Implementation von Richtlinien sind die Mitgliedstaaten zuständig; der Erfolg der Dienstleistungsrichtlinie hängt vor allem von ihrer Implementierbarkeit ab[8]. Dies hat sachliche, zeitliche, soziale und finanzielle Implikationen. Ein Durchprüfen solcher Folgen im Sinne eines methodisch abgesicherten Planspiels war in dem vorgegebenen Rahmen nicht möglich. Die Folgenabschätzungen erfolgen deshalb eher modellhaft und akzentuieren die wichtigsten Widersprüche oder Nicht-Vereinbarkeiten in dem vorliegenden Richtlinien-Entwurf[9]. Hierfür wurde ein transdisziplinären Ansatz gewählt, d.h. basierend auf einem gemeinsamen Erkenntnisinteresse und vereinbarter Forschungsstrategie werden die Überprüfungen aus verschiedenen disziplinären Ansätzen heraus vorgenommen: juristisch, ökonomisch, verwaltungswissenschaftlich.

---

[6] Dieser Teil der Untersuchung wurde unter der wissenschaftlichen Leitung von Univ.-Prof. Dr. *Jan Ziekow* (Speyer) erarbeitet.

[7] Dieser Teil der Untersuchung wurde unter der wissenschaftlichen Leitung von em. Univ.-Prof. Dr. *Carl Böhret* (Speyer) erarbeitet.

[8] Man kann die Richtlinie sogar als eine Antwort auf die Implementations-Mängel der bisherigen Regelungen zum Bereich der Dienstleistungsfreiheit (Art 49 ff. EGV) ansehen.

[9] Daraus ergeben sich vielfältige Empfehlungen auch für die Modifikation der Richtlinie.

- Der dritte Blickwinkel bezieht sich auf die **Interessen und Positionen von Akteuren**[10], die direkt oder indirekt von den einzelnen Festlegungen der Richtlinie betroffen sein werden (sogenannte „Stakeholders"). Dazu zählen die Dienstleistungsanbieter und ihr Personal, die Dienstleistungsnutzer sowie die jeweiligen verbandlichen Interessenvertretungen; dazu zählen aber auch die öffentlichen Einrichtungen und Institutionen, die an der Gestaltung von Rahmenbedingungen der Dienstleistungsproduktion und -übermittlung beteiligt sind (Behörden auf allen Verwaltungsebenen, Kammern u.a.m). Um das bisher gar nicht überschaubare Feld von Akteuren diskutierbar zu machen, wurde eine Einschränkung auf folgende Bereiche vorgenommen: Bau-Dienstleistungen, Dienstleistungen durch Ingenieure/ Architekten und Gesundheitsdienstleistungen.

Die folgenden Ausführungen stützen sich dementsprechend auf verschiedene Arten von Dokumenten und Quellen: auf Rechtsquellen zum EU-Recht und Entscheidungen des EuGH; auf Modelle der Gesetzesfolgenabschätzung; auf die Dienstleistungsrichtlinie und die Verlautbarungen der Kommission dazu; auf die Auswertung schriftlicher Stellungnahmen der o.g. Akteure (stakeholders); auf Experteninterviews mit ausgewählten Akteuren; auf einen Workshop mit ausgewählten Akteuren; auf eine schriftliche Befragung von Dienstleistern in den drei ausgewählten „Branchen".

Die Ergebnisse des Gutachtens wurden in einer ersten Fassung am 17.02.2005 in der Handwerkskammer Düsseldorf auf einem vom Ministerium für Wirtschaft und Arbeit organisierten Workshop vorgestellt. Der Workshop diente der Informationsübermittlung, der Klärung von Positionen und der Diskussion weiterer notwendiger Schritte im Kontext der Positionierung zur Dienstleistungsrichtlinie. Teilgenommen haben über 50 Vertreter von Verbänden und Ministerien aus (überwiegend) Nordrhein-Westfalen.

In einem ersten Diskussionsblock informierte Frau Dr. Fröhlinger (Kommission – GD Binnenmarkt) über die Intention und Struktur des Richtlinienvorschlags. Weitere Informationen wurden durch einzelne Vorträge zu den verschiedenen Teilen des Gutachtens geliefert. Die anschließende Diskussion verdeutlichte, dass es einerseits Informationsdefizite über Inhalt und Instrumente des Richtlinienvorschlages gibt, die – wie Frau Dr. Fröhlinger einräumte – auch auf eine unzureichende Kommunikationsstrategie der Kommission zurückzuführen sind, andererseits zeigten sich auch Unterschiede in der Bewertung der mit dem Richtlinienvorschlag verbundenen Auswirkungen. So

---

10 Dieser Teil der Untersuchung wurde unter der wissenschaftlichen Leitung von Univ.-Prof. Dr. *Dieter Grunow* (als externes Mitglied des FÖV) am Institut für Politikwissenschaft (in Verbindung mit dem Rhein-Ruhr-Institut für Sozialforschung und Politikberatung – RISP) an der Universität Duisburg-Essen erarbeitet.

konnten einerseits Missverständnisse (vor allem auch durch die Berücksichtigung der inzwischen vorliegenden konsolidierten Fassung) beseitigt werden, andererseits blieben nach wie vor Einwände gegen den Richtlinienvorschlag bestehen. Dies ist aus der Perspektive des Gutachtens nicht weiter verwunderlich, da die Positionierung der Akteure auf der Grundlage miteinander konkurrierender „Frames" erfolgt, die sich vor allem im Bereich der europapolitischen sowie der ordnungs- und wirtschaftspolitischen Ausprägungen schwer vereinbar gegenüberstehen.[11] Die Diskussion zeigte jedoch auch, dass eine Kombination zwischen den einzelnen Leitbildern nicht unmöglich ist, dieses „Brücken bauen" setzt jedoch einen hohen Informationsstand der beteiligten Akteure und einen (bisher nicht vorhandenen) hohen Wissensstand über die potenziellen Auswirkungen der Richtlinie voraus.

Dieser Notwendigkeit wurde im zweiten Teil der Veranstaltung Rechnung getragen, indem die Teilnehmer sich in drei Arbeitsgruppen aufteilten und branchenspezifische Aspekte erörterten. Die Arbeitsgruppen wurden je einem der drei Dienstleistungsbereiche Bauhandwerk, Architekten und Ingenieure sowie Gesundheitswesen zugeordnet. In den Diskussionen wurden Einzelaspekte (z.B. Fragen der Haftpflichtversicherung bei den Architekten, die unter dem Aspekt des Verbraucherschutzes bedeutsam sind, oder aber Fragen der Überschneidung mit anderen Richtlinien im Gesundheitsbereich sowie Fragen der Kontrolleffektivität im Bereich der Baudienstleistungen) behandelt, branchenspezifische Chancen und Risiken thematisiert[12] und Alternativen zum Richtlinienvorschlag erörtert. Als Ergebnis für alle drei Bereiche kann festgehalten werden:

- Ein weiterer Informationsbedarf der zu erwartenden Auswirkungen und zwar sowohl hinsichtlich eines Überblicks über die betroffenen Bereiche als auch bezüglich von Details (Fallanalysen). Ein unzureichender Wissensstand wird vor allem für Fragen des Verbraucherschutzes konstatiert.

- Erweiterte Möglichkeiten der Absicherung von gängigen Qualitätsstandards entweder durch eine Ausgliederung aus dem Anwendungsbereich der Richtlinie oder aber durch die Möglichkeit im Einzelfall (evtl. zeitlich befristet) vom Herkunftslandprinzip abzuweichen.

- Die Notwendigkeit eines horizontalen Ansatzes im Sinne des Richtlinienvorschlages. Die Möglichkeiten einer bereichsspezifischen Harmonisierung wurden (von Einzelfällen abgesehen) als unrealistisch eingeschätzt.

---

11 Vgl. hierzu die Ausführungen in Teil 7 der Untersuchung.

12 Die Risiken standen in allen drei Bereichen eindeutig im Vordergrund. Im Bereich der Baudienstleistungen wurden kaum Chancen thematisiert.

In einem abschließenden dritten Block wurden im Plenum die Ergebnisse der Arbeitsgruppen vorgestellt und gemeinsam hinsichtlich der sich daraus ergebenden strategischen Konsequenzen für die weitere Beschäftigung mit dem Richtlinienvorschlag erörtert. Das Interesse der Verbände an einer weiteren intensiven Kommunikation mit dem Ministerium – durchaus in der Kontinuität der bisherigen Zusammenarbeit – wurde dabei deutlich zum Ausdruck gebracht. Als bedeutsam wurde dabei die Verbreiterung der Wissensbasis in folgenden Bereichen gesehen:

- Der Bedarf an einer Aufstellung der betroffenen bundes- und landesrechtlichen Normen.

- Die Thematisierung von Szenarien zur Umsetzung, die den nationalen Handlungsspielraum bei der Umsetzung der Richtlinie auslotet.

- Der Bedarf an Wirkungsanalysen, die neben der branchenspezifischen Betrachtung vor allem die Frage nach den Auswirkungen der Richtlinie auf die kommunale Selbstverwaltung erfassen.

Die Ergebnisse des Workshops wurden bei der Überarbeitung des Gutachtens berücksichtigt und flossen dabei insbesondere in die Formulierung der „Empfehlungen" ein.

C. Der Entwurf für eine Dienstleistungsrichtlinie: Intentionen, Entwicklungslinien, Zielsystem

I. Intentionen

Der Lissabon-Strategie folgend, soll die EU bis 2010 zum wettbewerbfähigsten und dynamischsten, wissensbasierten Wirtschaftsraum *der Welt* werden[13], also auch die unmittelbare Konkurrenz mit den USA „gewinnen" und innerhalb der weltweiten „Globalisierungsbewegung" eine (die?) führende Rolle übernehmen. Auf dem Weg dahin soll – nach EU-Kommissionspräsident J.M. Barroso – das Jahr 2005 zum „Jahr der Erneuerung" werden[14]. Und dabei komme der „Wettbewerbsfähigkeit" in den nächsten Jahren höhere Priorität zu als den mitwirkenden „Lissabon-Zielen" Umweltschutz und soziale Gleichstellung.[15]

Dieser Absicht sollten nun alle weiteren Zielsetzungen, Programme und Regeln dienen, auch die Dienstleistungsrichtlinie. Von großem Gewicht sind dabei die ökonomischen und sozio-kulturellen *Harmonisierungen*, die zunächst zentral an der Schaffung des dynamischsten Wirtschaftsraumes ansetzen, weswegen die Vollendung des Binnenmarktes und die Beseitigung von Hindernissen als kurzfristiges Zwischenziel gesetzt werden. Dabei wiederum kommt dem *Dienstleistungswettbewerb* eine strategische Bedeutung zu; hier werden – zunächst mittels G*loka*lisierungsstrategien – wichtige Bedingungen für die Binnenangleichung geschaffen, aus denen sich entscheidende Chancen für den globalen Erfolg ergeben könnten („wettbewerbsfähigster Wirtschaftsraum").

---

13   Dieser „Kern der Lissabon-Strategie" ist durch eine Erklärung des EU-Kommissionspräsidenten *Barroso* am 2.2.2005 fallen gelassen worden. Es bleibt aber bei der Fokussierung von Wirtschaftsreformen, die durch Zeitvorgaben und „Aktionspläne" durchgesetzt werden sollen. „Vorrangiges Ziel" bleibt die Liberalisierung der Dienstleistungen in der EU; allerdings soll der Entwurf der Dienstleistungsrichtlinie geändert werden; vgl. FAZ vom 3.2.2005: „EU schraubt Wachstumsziele zurück" sowie Die Rheinpfalz vom 3.2.2005: „Wieder Vorbild in der Welt werden – Barroso definiert wirtschafts- und sozialpolitische Ziele Europas neu".

14   Vgl. FAZ v. 27.1.2005: „Entscheidung über den Erfolg der Lissabon-Strategie steht bevor".

15   Wobei jüngste Verlautbarungen des Kommissionspräsidenten *Barroso* hierbei nicht einheitlich sind, so sei nach einer Erklärung vom 2.2.2005 „entscheidend auch die Reform der sozialen Sicherungssysteme", vgl. Die Rheinpfalz vom 3.2.2005: „Wieder Vorbild in der Welt werden – Barroso definiert wirtschafts- und sozialpolitische Ziele Europas neu".

In bereits hochentwickelten Regionen müssen allerdings die gewachsenen Rahmenbedingungen (und sozialen Standards) berücksichtigt und ggf. behutsam aneinander und an neu in den Markt eintretende Länder angepasst werden. Dies durchaus in der (notwendigen!) Absicht, ein *Gesamtniveau der Dienstleistungen* zu erreichen, das *mittelfristig* eine Standardangleichung so zustande bringt, dass die übergeordnete Intention („Lissabon-Strategie") nicht versäumt wird, weil der definierte Wirtschaftsraum im globalen Wettbewerb nicht „mithalten" könnte (wegen zu hoher oder zu niedriger Standards/Regulierungen). Anders gewendet: die Dienstleistungsrichtlinie fördert ihre erstrebte Intention nur dann, wenn es auf dem Sektor der Dienstleistungen mittelfristig (bis 2010) nicht zu einer generellen Angleichung der Dienstleistungs-Standards nur nach unten kommt, sondern eher zu einer Anhebung aller Niveaus auf ein marktorientiertes Optimum. Wobei dies über temporäre Angleichungsprozesse erfolgen müsste (vgl. dazu Teil 2: Problemanalysen aus ökonomischer Sicht).

II. Entwicklungslinien

Beschreibungen und Analysen der „Rahmenbedingungen in Bewegung" gelangen im Grunde zu dem erwähnten Szenario der doppelten G*lokal*isierung, also der ebenenspezifischen Entwicklung der Gesellschaften zwischen Globalisierungssog und regionalen Auswirkungen mit Vorgaben für Problemlösungen, wobei der EU eine Art *„Pufferfunktion"* zukommt.

Komponenten des „Glokalisierungsmodells"[16]:

Weltöffnung und lokale Basis werden dergestalt verbunden, dass auch in einer zunehmend entgrenzten Welt nationale und regionale Unterschiede bestehen bleiben; es bildet sich (für einige Zeit) eine Mixtur aus destabilisierender Globalisierung und stabilisierenden lokalen Basen heraus (ein dialektisches Verhältnis von Entgrenzung und Eingrenzung). Die meisten Folgeprobleme müssen „vor Ort" gelöst werden. Dies gilt für das Verhältnis von Region (Nationalstaat) zur supranationalen Ebene (EU) ebenso wie für das Verhältnis von globalisierter Welt und „Region EU".

Globalität emergiert im Zusammenhang mit Lokalität, Universelles und Partikulares bedingen sich gegenseitig (Hegel).

---

16 Vgl. im Einzelnen *Böhret*, Glokalisierung: Anmerkungen zur Staatsfunktion in einer Übergangsgesellschaft, in: Knödler/Stierle (Hrsg.), Globale und monetäre Ökonomie, 2003, S. 317 ff.

Es zeichnet sich mittelfristig eine Art Zwischenstadium ab, das als eine Art „Aneinanderentwicklung globaler und lokaler Kräfte" beschrieben werden kann.

Die fortschreitende Globalisierung wird vorrangig noch immer ökonomisch – also durch die Öffnung der Märkte, durch Finanzströme und neue Formen des Handels, auch von Zugangsrechten und Technologien – beschrieben, aber die soziokulturellen und rechtlichen Differenzierungen sind noch für einige Zeit zu beachten, und sei es nur als restringierende Größen. Zwar wird es auch global allmählich zu Angleichungen der Produktions- und Lebensweisen kommen (Beispiel: China), doch sind damit auch erst längerfristig zu erreichende Veränderungen von traditionell erworbenen Wertsystemen und Verhaltenskodizes verbunden. Das betrifft auch die interkulturelle Verständigung, die derzeit vor allem durch theokratische Fundamentalisten gestört wird, die von ihrer Zielrichtung zwar global ausgerichtet, in ihrer Strategie aber – lokal und theokratisch lokalisiert – destruktiv und antiökonomisch ausgerichtet sind. Das hat latente Rückwirkungen auf die EU-Intention („wettbewerbsfähigster, dynamischster Wirtschaftsraum ...").

Im mittelfristigen „Entwicklungs-Szenario" der *doppelten* G*lokal*isie*rung*" ergibt sich für die EU deshalb als strategische Position die allmähliche Hochzonung des Wirtschaftsraumes in die Globalität ohne direkte Verletzung der lokalen (und europäischen) Systembiografien, wozu nicht zuletzt das gesamte Feld der Dienstleistungen (Menschen ←→ Menschen) gehört.

Aus Sicht der EU ergibt sich ein zu lösendes Spannungsfeld:

- Globale Veränderung ←→ *EU-Platzierung*
- *EU-Platzierung* ←→ nationale Interessen (hier „D"),

wobei in der Phase bis 2010 die zweitgenannte G*lokal*isierung noch leitend sein dürfte.

Diesem *Spagat kann sich die Ausgestaltung der EU-Dienstleistungsrichtlinie* nicht entziehen. Es geht nicht nur um die rechtliche und ökonomische Gestaltung – etwa der verträglichen Öffnung des Dienstleistungsbinnenmarktes – sondern zugleich um die Prüfung, ob die so oder so gewählte Öffnung die globale Position der EU insgesamt stärkt, ohne die regionalen oder nationalen Systeme ungebührlich zu verletzen oder Niveauabsenkungen zu erreichen, die im „Entwicklungswettkampf" kritisch werden könnten.

Wettbewerb, administrative Erleichterungen, Sicherheit und angemessene Kontrolle wären als *Spannungsfeld* zu beachten und zu optimieren. Daraus und beim gegenwärtigen sozioökonomischen Entwicklungsstand ergibt sich, dass auch *Vertrauen, Kooperation, und Akzeptabilität* in einem angemessenen *Rechtsrahmen* und mit Hilfe *passgerechter Institutionen* zu erstreben sind.

Dementsprechend lassen sich die wichtigeren Komponenten einander zuordnen (Abb. 2); was bei den Problemanalysen als zusätzliches Analyseraster eingesetzt werden kann.

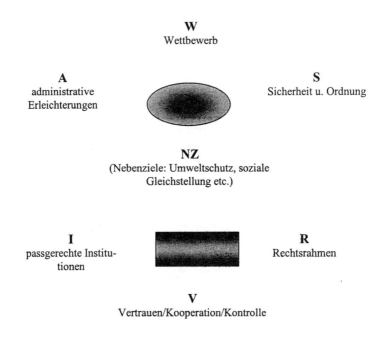

Abb. 2: Spannungsfeld Dienstleistungsrichtlinie

III. Zielsystem Dienstleistungsrichtlinie

Aus dieser generellen Betrachtung lassen sich – unter Berücksichtigung der Intentionen und Entwicklungspotenziale – solche **Ziele** ableiten und systematisch ordnen, deren aktive Verfolgung geeignet erscheinen, die angestrebte *EU-Platzierung* zu erreichen und dabei die lokalen Interessen und Traditionen nicht ungebührlich zu verletzen, sondern „mitzunehmen" und allmählich zu integrieren.

Aus den vielfältigen, oft verstreuten Benennungen von Zielen wurde ein *Zielbaum* erstellt (Abb. 3). Er berücksichtigt die vier Oberziele, deren relative Verwirklichung erforderlich ist, um die Vollendung des Binnenmarktes für Dienstleistungen zu erreichen und damit die Prioritäten der „Lissabon"-Intention zu realisieren.

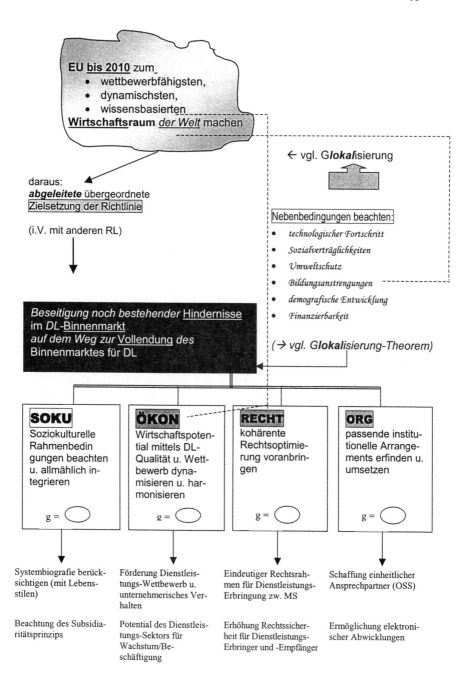

Erzeugung gemeinschaftsweiter Verhaltenskodizes	Höhere Dienstleistungs-Qualität erreichen	Gezielte und punktuelle Harmonisierung rechtlicher Anforderungen	Verbesserung Infos für Dienstleistungs-Erbringer
Stärkung des wechselseitigen Vertrauens zwischen MS	Verbesserung des Verbraucherschutzes	Ausweitung u. Durchsetzung des Herkunftslandprinzips	Effektive Aufgabenteilung zw. Herkunftsland/Aufnahme-MS mit Verwaltungskooperation
Etablierung dynamischer Ansätze (soziale „Mitnahme")	Stärkung der Dienstleistungs-Empfänger EU-weit	Gewährleistung der Kohärenz mit anderen Politik-/ Rechtsbereichen	Vereinfachung Verwaltungsverfahren
Steigerung und Verbreitung von (Aus-) Bildungsqualität/beruflichen Fertigkeiten			Wirksame Kontrolle der Dienstleistungen

Abb.: 3: Übergeordnete Intention („Lissabon-Strategie") und abgeleitetes Richtlinien-Zielsystem

Kommentare zum Zielsystem (Abb. 3):

Generell gilt, dass die Zielaussagen weitgehend „programmatischen Charakter" ausdrücken. Dennoch ist eine Systematisierung hilfreich; diese kann zur Überprüfung der Zielaussagen auffordern.

Um das übergeordnete Ziel „Vollendung des Binnenmarktes für Dienstleistungen mittels Beseitigung noch bestehender Hindernisse" zu erreichen, ist die (näherungsweise) Erfüllung soziokultureller SOKU, ökonomischer ÖKON, rechtlicher RECHT und institutionell-organisatorischer ORG (Ober-) Ziele erforderlich, die ihrerseits durch Unterziele konkretisiert werden. Die vier Oberziele verweisen zugleich auf die relevanten Regelungsbereiche der EU-Dienstleistungsrichtlinie, wie sie in einer Problemfeld- und Systemanalyse zu ermitteln und in ihrem Zusammenhang zu identifizieren sind (vgl. dazu Teil 4). Umweltschutz und soziale Gleichstellung sind mittelfristig (bis 2010) im Zusammenhang mit der Dienstleistungsrichtlinie als Posteriorität zu beachten. Demgegenüber müssten – entsprechend der übergeordneten Intention („wissensbasierter Wirtschaftsraum") – alle Bildungsanstrengungen sowie die Förderung von Wissenschaft und Technologie besonders beachtet werden; was ansatzweise durch die Regelungen zur Bildungsqualität[17], aber auch durch Geräte- und Produktsicherheitsregeln, angestrebt wird.

Gemäß der neuen Prioritätenbestimmung (J.M. Barroso, 2005[18]) wird aber der Steigerung und Erhaltung der Wettbewerbsfähigkeit bis 2010 das größte

---

17 Vgl. Richtlinienvorschlag KOM (2002) 119 sowie die Ausführungen in Teil 3 B. III.

18 Vgl. FAZ v. 27.1.2005: „Entscheidung über den Erfolg der Lissabon-Strategie steht bevor".

Gewicht zugemessen. Was bedeutet: zunächst die Dynamisierung der Wirtschaft, dann die anderen Anstrengungen. Dies dürfte sich dann auch bei den Gewichtungen im „internen Zielsystem" niederschlagen: die ökonomischen Potentiale sind vorrangig zu beachten; die anderen Oberziele dienen der Realisierung des Vorrangs. Die Zielbeziehungen zwischen ÖKON und RECHT sind gewichtiger als zwischen ÖKON und den restlichen Zielen. Das soll die hier vorgenommene (illustrative) Zielgewichtung (Abb. 4) demonstrieren:

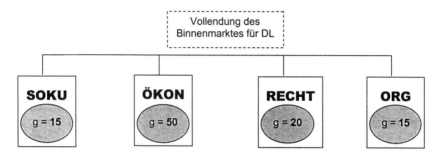

Hinweis: Die Gewichtungen sollten nochmals durch andere Gruppen überprüft und ggf. relativiert werden.

Abb. 4: **Potentielle Gewichtung der Oberziele bis ca. 2010**

Bei ausdifferenzierten Zielsystemen werden – vor allem bei den Unterzielen (=UntZ) – durchaus Überschneidungen sichtbar, die entweder zu eliminieren oder in ihren wechselseitigen Berührungen zu interpretieren sind. Letzteres kann dahingehend versucht werden, dass synergetische oder kontraproduktive (bzw. dissipative) Effekte systematisch erfasst und bewertet werden. Dies geschieht am ausführlichsten in einer Ziele-Interdependenz-Matrix[19].

Oft reicht jedoch eine vereinfachte Beschreibung auffälliger „Zielbeziehungen" aus.

Beispiel:

ÖKON – UntZ 5: Stärkung der Dienstleistungs-Empfänger aus anderen Mitgliedstaaten

wird durch (hohen) Zielerreichungsgrad bei

RECHT – UntZ 1 und UntZ 2 positiv (synergetisch) beeinflusst.

---

[19] Vgl. *Böhret/Brenski*, Prospektive Gesetzesfolgenabschätzung (pGFA) zum Regelungsvorhaben Landesnaturschutz – Untersuchungsbericht mit Empfehlungen –, vervielfältigtes Manuskript, 2004, S. 106 ff.

Wahrscheinlich ist das Erreichen der RECHT-Ziele sogar eine unabdingbare Voraussetzung für ÖKON – UntZ 4 und 5.

SOKU – UntZ 4: Stärkung des gegenseitigen Vertrauens kann möglicherweise kontraproduktiv sein, wenn

ÖKON – UntZ 1 (Dienstleistungs-Wettbewerb und „Unternehmergeist") betont gefördert werden, es sei denn, dass gleichermaßen

ÖKON – UntZ 4 (Verbesserung des Verbraucherschutzes) erreicht wird. Aber hier mag sich ein deutlicher Zielkonflikt abzeichnen, je nach dem, welche konkreten Maßnahmen/Programme eingesetzt werden. ORG – UntZ 4 muss mit RECHT – UntZ 1 und ÖKON – UntZ 5 „abgeglichen" werden.

IV. Zeitliche Umsetzung: Meilensteinplan

Die Dienstleistungsrichtlinie erzeugt durchaus zeitlichen Druck, indem in einer Art mittelfristigem Stufenplan einige Fristen gesetzt werden, ergänzt durch einige bedarfsorientierte, fristfreie Durchführungsmaßnahmen, die aber durch die friststrengen Vorgaben („Meilensteine") gewissermaßen in den Realisierungssog mitgerissen werden. Wenn beispielsweise (bis Ende 2008) das Recht auf Information (Art. 7) verwirklicht sein soll, dann müssen vorher und uno actu entsprechende Kenntnisse über die Dienstleistungs-Erbringer und deren Leistungen vorhanden sein (erhoben worden sein?), wozu auch die elektronische Verfahrensabwicklung gehört, sowohl in technischer als auch in organisatorischer Hinsicht.

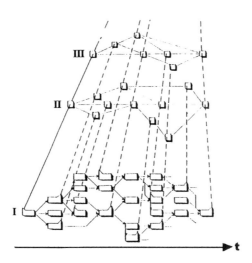

Abb. 5: Verdichtungsabsicht eines Meilensteinplans (3. Ebene) in Relation zu den Einzelelementen etwa eines Netzplanes

„*Meilensteine*" repräsentieren also Ereignisse besonderer – zeitsteuernder – Relevanz im Ablauf eines Vorhabens. Sie stellen Verdichtungen bezüglich der strategischen Komponenten des Gesamtvorhabens dar. Eckpunkte sind hier weniger Einzelmaßnahmen (wie die konkrete Informationspflicht der Dienstleistungs-Erbringer), sondern eher systembiografische Komponenten eines gesamten Änderungsprozesses und der Margen eines Implementationsprozesses. Werden Meilensteine nicht fristgerecht erreicht, kann das Gesamtprojekt scheitern. Meilensteine müssen aber auch „erreichbar" erscheinen; es ist wenig hilfreich, zeitbezogene Großdaten vorzugeben, die wegen der Systemkomplexität „beim besten Willen" nicht einhaltbar sind.

Es ist nützlich und empfehlenswert, die Zeitstufen systematisch darzustellen. Ein detailgenauer Netzplan ist (noch) nicht angebracht, wohl aber sollte mit Hilfe eines Meilensteinplans verdeutlicht werden, welche Stufenfolge die Dienstleistungsrichtlinie erstrebt und wo ggf. „Zeitfallen" entdeckt werden können. Sollten wichtige „Großvorgaben" zum geplanten Zeitpunkt nicht erreicht werden (können), bewirkt das Restriktionen für die Umsetzungsplanung insgesamt.

Aus den Vorgaben der Richtlinie lässt sich der skizzierte Meilensteinplan entnehmen. Es handelt sich um eine mittelfristige Perspektive (5 Jahre); mit einer erstrebten Umsetzungsverdichtung um 2007/08 – also zur Hälfte der Transferperiode. Die zeitlich fixierten Umsetzungen werden flankiert von einer

Fülle zusätzlicher Durchführungsmaßnahmen, die bedarfsorientiert zu verwirklichen wären.

In der nachfolgenden Abb. 6 werden die Umsetzungsfristen und die „freien" Bedarfe im Harmonisierungsprozess skizziert.

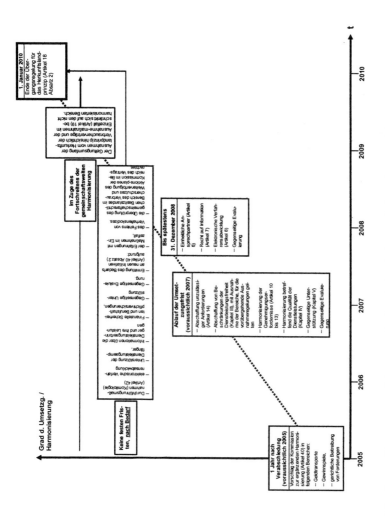

Abb. 6: Umsetzungsfristen und die „freien" Bedarfe im Harmonisierungsprozess

Die Vorgaben der Fristen für das „Kerngeschäft" sind überaus knapp bemessen. Die Analysen ergaben, dass hier ernsthafte Umsetzungs-Schwierigkeiten zu erwarten sind, was die Realisierung der Dienstleistungsrichtlinie gefährdet (vgl. dazu v.a. die vielen Hinweise in Teil 4). Außerdem wäre überlegenswert, einige der Vorgaben (wie z.B. Art. 6 und 8) durch Praxistests bzw. begrenzte Modellversuche zu überprüfen, was zusätzlichen Zeitaufwand erfordern würde.

Zu beachten wäre schließlich, dass vorläufig noch verschiedene Rechts- und Verwaltungs*kulturen* (der Herkunfts- oder Aufnahmestaaten) existieren, die jeweils *unterschiedliche Anpassungszeiten* benötigen dürften – schon wegen der unterschiedlichen Standards und Steuerungsprinzipien. Die Übernahme bestimmter Normen und Verhaltensweisen lassen sich nicht zu Stichtagen „verordnen".

Je nach Systembiografie werden mehr oder weniger zeitaufwändige Lernprozesse benötigt; es ist sehr wahrscheinlich, dass diese nicht zum selben Zeitpunkt abgeschlossen sein werden und hier und da Nachbesserungen unumgänglich sind, falls man sich nicht mit formellen Meldungen („Ziel erreicht"!) begnügen will.

Teil 2:
Problemanalysen aus ökonomischer Sicht*

A. Einordnungen

Im Grunde sind es v.a. wirtschaftspolitische Überlegungen, die zentrale Intentionen und Zielsetzungen der Dienstleistungsrichtlinie beeinflussen. Die übergeordnete Intention der „Lissabon-Strategie" und die davon abgeleiteten (hochgewichteten ökonomischen) Ziele begründen dies ebenso wie die verlautbarte Basisstrategie, nunmehr die noch bestehenden Hindernisse auf dem Weg zur Vollendung des Binnenmarktes zu beseitigen. Dies soll durch Förderung des Dienstleistungswettbewerbs und Stärkung unternehmerischen Verhaltens geschehen (vgl. oben in Teil 1 C. III. Zielsystem mit Abb. 3), aber auch durch Beseitigung übertriebener Regulierungen und mitwirkender Verwaltungssysteme.

Es ist als sehr wahrscheinlich anzunehmen, dass durch einen funktionierenden Wettbewerb im Dienstleistungssektor cet.par. auch Druck auf die Absenkung zu hoher technischer und administrativer Standards und übertriebener rechtlicher Regulierungen ausgeübt wird; es kommt zur „Entmonopolisierung des Nationalen".

Bei ökonomischer Analyse des Rechts wird der Staat immer mehr als Mit-Wettbewerber – und nicht mehr als Monopolist (von Regeln) auftreten können; es ist möglich, in alternative Rechts- und Verwaltungssysteme auszuweichen, das Verlassen eines Rechtsgeltungsgebiets aus ökonomischem Nutzenkalkül wird durch die Dienstleistungsrichtlinie eher begünstigt als eingeschränkt, was ja der Harmonisierungsabsicht dienlich ist.

Wie hoch ist die Bereitschaft inländischer Steuerzahler (Dienstleister und Dienstleistungsempfänger), gewisse Sicherheitsleistungen und soziokulturelle Angebote anderen (Nicht-)Angeboten vorzuziehen und dafür einen „Preis" zu zahlen?

Die Dienstleistungsrichtlinie dürfte die bereits global tätigen Unternehmen wenig berühren, wohl aber – zumindest im Analysezeitraum – die kleinen und mittleren (Dienstleistungs-)Unternehmen, nicht zuletzt handwerkliche Betriebe, Dienstleistungen im Gesundheitssektor und freie Berufe. Dabei wiederum

---

* *Schmidt.*

diejenigen Unternehmen verstärkt, die regional orientierte Dienstleistungs-Anbieter sind, also standort- bzw. kundengebundene (Reparatur-)Betriebe mit höherwertigem oder kaum transportablem Maschinenbestand (z.b. Kfz-Handwerk).

Die Dienstleistungsrichtlinie strebt schließlich neben den Wettbewerbseffekten auch einige Struktureffekte an, z.b. die Aufspaltung in Hoch- und Niedrigstandard-Märkte mit unterschiedlichen Qualitäten und die Verlagerung von Risiko-Kosten von den Anbietern zu den Nachfragern. Dabei dürften sich auch die Nachfrageelastizitäten differenzieren (z.b. handwerkliche Dienstleistungen elastischer als etwa Pflegedienste (vgl. w.u.). Langfristig dürfte eine sektoral differenzierte Gleichgewichtsneigung zustande kommen.

Die folgenden ökonomischen Überlegungen zur Dienstleistungsrichtlinie versuchen unter dem Aspekt der Wettbewerbs- und Struktureffekte und unter Berücksichtigung institutioneller Arrangements potentielle Vor- und Nachteile für die deutschen Dienstleistungs-Märkte zu erfassen und daraus vorsichtige Empfehlungen abzuleiten.

B. Ökonomische Überlegungen zur EU-Dienstleistungsrichtlinie

Obwohl der Dienstleistungssektor je nach Messmethode ca. zwei Drittel an BIP und Arbeitsplätzen weltweit ausmacht, liegt der Anteil des Dienstleistungshandels nur bei ca. einem Viertel des gesamten Handels[20]. Daher gilt der Dienstleistungssektor als Schlüsselbestandteil der sog. Lissabon-Strategie, wonach die EU bis 2010 zum wettbewerbsfähigsten und dynamischsten wissensbasierten Wirtschaftsraum der Welt werden soll. Der von der Kommission vorgelegte „Vorschlag für eine Richtlinie des Europäischen Parlaments und des Rates über Dienstleistungen im Binnenmarkt" (KOM (2004) 2), nachfolgend als „Dienstleistungsrichtlinie" bezeichnet, zielt auf die Freisetzung dieser Dynamik im Sinne der Lissabon-Strategie.

Ökonomisch wird das neoklassische Standardmodell zugrunde gelegt. Danach wird die Annäherung an die Optimalitätsbedingungen des Wettbewerbs zu einer Erfüllung der statischen und dynamischen Wettbewerbsfunktionen – dazu zählt insbesondere die Innovationsfunktion – zu einem größeren Marktvolumen bei niedrigeren Preisen führen (vgl. nachfolgend Abb. 1):

---

20 Vgl. WTO, International Trade Statistics 2004,
http://www.wto.org/english/res_e/statis_e/its2004_e/its04_toc_e.htm (14.12.2004).

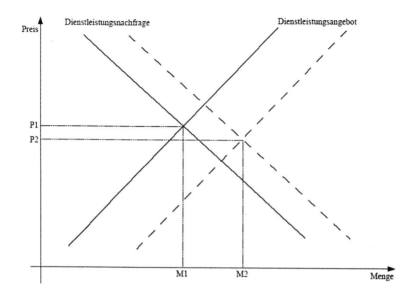

Wettbewerbseffekt: Der Preis sinkt (von P1 auf P2), das Marktvolumen / Menge steigt (von M1 auf M2)

Abb. 1: Ökonomisches Standardmodell

Es ist zu fragen, ob diese Annahmen für den zu schaffenden europäischen Binnenmarkt für Dienstleistungen zutreffen; davon hängt es ab, ob der in Rede stehende Richtlinienentwurf als geeignet bewertet werden kann. Die folgende Erörterung dieser Fragestellung aus ökonomischer Perspektive geht zunächst auf den Begriff der Dienstleistung ein (Abschnitt I.). Sodann werden der – von der Dienstleistungsrichtlinie projizierte – Wettbewerbseffekt sowie – von der Dienstleistungsrichtlinie weniger fokussierte – Struktureffekte dargelegt (Abschnitt II.). Davon ausgehend wird ein Analyserahmen skizziert, der zwischen Marktöffnung und Marktvernetzung unterscheidet (Abschnitt III.). Abschließend wird auf mögliche spezifische Vor- und Nachteile für die deutsche Volkswirtschaft verwiesen (Abschnitt IV.).

I. Begriff der Dienstleistung

Ökonomisch werden Dienstleistungen klassischerweise durch die Einheit von Konsum und Produktion definiert. Die Dienstleistungsrichtlinie knüpft an diese universalistische Definition an, indem sie die Gestaltung aller Dienstleistungsmärkte der EU nach gleichen Kriterien anstrebt. Dahinter steht die Annahme, dass diese verschiedenen Märkte bzw. Dienstleistungen hinreichend gleichartig seien. Sie erfasst sektorübergreifend „alle selbstständigen wirtschaftlichen Tätigkeiten [...], die in der Regel gegen Entgelt erbracht werden"[21] unabhängig davon, ob der Empfänger oder ein Dritter dieses Entgelt übernimmt. Nicht erfasst sind solche Dienstleistungen, welche nicht marktlich vermittelt sind und solche, welche bereits in einer anderen EU-Richtlinie geregelt wurden, z.B. Finanzdienstleistungen.

Die klassische ökonomische Definition hat jedoch u.a. mit der Entwicklung der Informations- und Kommunikationstechnologien (I+K) an Trennschärfe verloren. Die I+K ermöglichen gerade die räumliche, aber auch die zeitliche Trennung der Produktion einer Dienstleistung und ihres Konsums. Die Planung eines Bauvorhabens in Deutschland kann beispielsweise heute technisch problemlos etwa in Irland erfolgen – die Kommunikation kann z.B. über das Internet erfolgen (räumliche Trennung), die notwendigen Daten können in hoher Qualität gespeichert werden (zeitliche Trennung). Daher ist die gewachsene Bedeutung (s.o.) der Dienstleistungen für die Wirtschaftsleistung nicht zuletzt den I+K geschuldet.

Andere Typologien sind durchaus üblich. So verwendet die Welthandelsorganisation (WTO) eine enumerative Definition, indem sie zwölf Dienstleistungssektoren unterscheidet[22], mit insgesamt 155 Subsektoren. Schließlich können Dienstleistungen auch nach dem Modus der Erbringung unterschieden werden.[23] Diese sind die grenzüberschreitende Lieferung (Bsp.: Der irische Planer arbeitet in Deutschland); der Konsum der Dienstleistung im Ausland (Bsp.: Tourismus); die kommerzielle Präsenz im Ausland (Bsp.: Das irische Planungsbüro hat eine Niederlassung in Deutschland); die zeitweise Migration von Dienstleistungserbringern (Bsp.: Der irische Planer arbeitet *und* lebt in Deutschland). Der letztgenannte Modus macht deutlich, dass Dienstleistungsmärkte unmittelbarer als Gütermärkte auf andere Politikfelder abstrahlen. Deshalb kann die Gestaltung des europäischen Dienstleistungsmarktes nicht auf eine technische Perspektive verengt werden; andere Kategorien von

---

21   Vgl. KOM (2004) 2, S. 23.

22   Unternehmerische und berufsbezogene; Kommunikations-; Bau- und Montage-; Vertriebs-; Bildungs-; Umwelt-; Finanz-; Medizinische und soziale; Tourismus und Reisedienstleistungen; Erholung, Kultur und Sport; Transport-; sonstige nicht aufgeführte Dienstleistungen.

23   Sektorale und modale Unterscheidung liegen dem WTO-Abkommen über den Dienstleistungshandel zugrunde, vgl. Bundestag, Schlussbericht der Enquete-Kommission „Globalisierung der Weltwirtschaft – Herausforderungen und Antworten", BT-Ds. 14/9200 vom 12.6.2002, S. 146/147.

Kosten und Nutzen sind mitzudenken, auch wenn ihre monetäre Bewertung problematisch ist.[24]

Aus diesen Überlegungen können zwei Dimensionen begründet werden, entlang derer die Gestaltung des europäischen Dienstleistungsmarktes bzw. der europäischen Dienstleistungsmärkte zu diskutieren ist:

Einerseits können drei Leistungsbestandteile benannt werden, aus welchen sich jede Dienstleistung zusammensetzt. Dies sind neben der unmittelbaren physischen Verrichtung die Qualität derselben, d.h. ein bestimmtes Niveau an Nutzereigenschaften, etwa Haltbarkeit, Sicherheit usw., sowie die Möglichkeit des Rückgriffs auf den Erbringer. Aus ökonomischer Sicht sind Qualität und Rückgriff dem Bereich des Vertragsrisikos zuzurechnen. Im Gegensatz zu Gütern ist die Bedeutung dieser beiden Leistungsbestandteile wesentlich höher anzusetzen, denn in der Regel ist die Beweisführung – wurde die Dienstleistung mangelhaft erbracht? – schwieriger, zugleich betreffen Mängel den Empfänger unmittelbarer.

Andererseits kann zwischen personen- und produktzentrierten Dienstleistungen unterschieden werden. Personenzentrierte sind solche, welche stark der klassischen ökonomischen Definition folgen. Z.B. beim Frisör, oder bei Gesundheits- und Pflegedienstleistungen müssen Erbringer und Empfänger unmittelbar zusammenkommen. Die Dienstleistung ist auf die Person des Dienstleistungsempfängers zentriert. Dagegen ist z.B. bei der Planung, aber auch bei baulichen und handwerklichen Ausführungen eine Trennung von Konsum und Produktion möglich (s.o.). Hier wird der Empfänger vor allem an einer relativ dauerhaften Nutzung des aus der Dienstleistung hervorgegangenen Produktes, z.B. des Gebäudes, interessiert sein. Die Dienstleistung ist in diesem Fall auf das erstellte Produkt zentriert.

II. Wettbewerbs- und Struktureffekte

Die Dienstleistungsrichtlinie hebt vor allem auf den Wettbewerbseffekt ab. Dies ist, der angelegten Definition folgend (s.o.), konsequent. Aus dieser Perspektive sind unterschiedliche Regelungen verschiedener Dienstleistungsmärkte ökonomisch unbegründete Quellen von Transaktionskosten, welche den Wettbewerb hemmen und so dafür verantwortlich sind, dass das optimale Niveau der Wohlfahrt und der Verbreitung von Innovation (Dynamik) verfehlt wird.

---

24 Ausführlich dazu beispielsweise OECD, Trends in international Migration, Annual Report, Paris 2003.

Es ist jedoch zu fragen, welche Struktureffekte mit der neuen Wettbewerbsgestaltung einhergehen. Hier wären verschiedene Wirkungskanäle zu untersuchen, welche grob nach zwei Kategorien zusammengefasst werden können. Einerseits sind räumliche Struktureffekte zu betrachten. Wie wird sich die wirtschaftliche Aktivität auf dem Gebiet der EU verteilen, welche Veränderungen gibt es, wird es zu Agglomerationen oder zu verschärften Zentrum-Peripherie-Strukturen kommen?[25] Damit verbunden ist natürlich direkt die Frage, wie sich Arbeitsplätze, Investitionen, Steuerzahlungen u.a. m. im Raum verteilen werden. Diese räumlichen Effekte sind äußerst komplex, verschiedene Wirkungsketten sind theoretisch darstellbar, welche auf ihre empirische Relevanz zu überprüfen wären. Dies kann hier nicht geleistet werden, sondern bedarf einer eigenen, eingehenden Untersuchung.[26] Einige auf die deutsche Volkswirtschaft bezogene Wirkungen werden in Abschnitt IV skizziert. Andererseits sind qualitative Struktureffekte zu betrachten, welche sich auf „Werthaltigkeit" in einem weit gefassten Sinne beziehen.

In Abschnitt II wurde dargelegt, dass jede Dienstleistung durch ihre Nutzereigenschaften und ihre Rückgriffsmöglichkeiten charakterisiert werden kann. Diese hängen ihrerseits von einer Vielzahl von institutionellen Faktoren ab:

- Nutzereigenschaften sind z.B. die Haltbarkeit, die Sicherheit, die Statuswirkung. Sie beruhen auf den eingesetzten Produktionsverfahren und -stoffen, welche ihrerseits durch die branchenspezifischen und/oder öffentlichen Regelungen der Ausbildung, der Anforderungen an das Qualitätsmanagement u.a.m. beeinflusst werden.

- Rückgriffsmöglichkeiten hängen von den Haftungsregelungen ab, aber auch von der tatsächlichen Durchsetzbarkeit von Standards bei den Nutzereigenschaften. Diese hängt einerseits davon ab, inwiefern Standard-Verletzungen öffentlich sanktioniert sind, d.h. eine direkte oder indirekte Konfrontation mit Aufsichtsbehörden nach sich ziehen können. Sie hängt andererseits davon ab, inwiefern der Geschädigte im Streitfall die Gegenseite belangen oder überhaupt erreichen kann. Bei großen Distanzen

---

25 So prognostizieren etwa *Krugman/Venables*, Integration, Specialization and Adjustment, European Economic Review 49 (1996), S. 959 ff., eine Verstärkung von Agglomerationskernen, verbunden mit entsprechenden Entleerungstendenzen in anderen Gebieten, im Zuge der europäischen Integration. Bedenkt man, dass die zugrundegelegten ökonomischen Theorien die den „non-tradeables" (nicht-handelbar) zugerechneten Dienstleistungsmärkte als Gegengewicht zu solchen Entwicklungen ansehen, so wird deutlich, dass hier erheblicher Forschungsbedarf besteht.

26 Vgl. zu diesem Themenkomplex bspw. *Bade/Niebuhr/Schönert*, Spatial structural change – Evidence and prospects, in: Schätzl/Revilla Diez (Hrsg.), Technological Change and Regional Development in Europe, 2002, S. 43 ff.

über nationale Grenzen hinweg dürfte dies regelmäßig prohibitiv hohe Transaktionskosten für den Nachfrager bedeuten. Es kann aber ebenso für KMU-Anbieter schwierig sein, einen derart entfernten Nachfrager „zu stellen", wenn dieser beispielsweise zahlungsunwillig ist.

Legt man diese Erwägungen zugrunde, so wird die Dienstleistungsrichtlinie strukturell dazu führen, bisher durch nationale Standards entlang qualitativer Merkmale definierte Märkte – Nutzereigenschaften und Rückgriffsmöglichkeiten – aufzuspalten. Die in Abb. 1 als Wettbewerbseffekt dargestellte Verschiebung der Angebots- und Nachfragekurven ist daher als eine Durchschnittsbewegung aufzufassen, hinter welcher sich Angebots- und Nachfragebewegungen in verschiedenen Qualitäts-Märkten verbergen. Hier soll vereinfachend eine Unterscheidung in einen Hoch- und einen Niedrig-Qualitätsmarkt angenommen werden (Abb. 2):

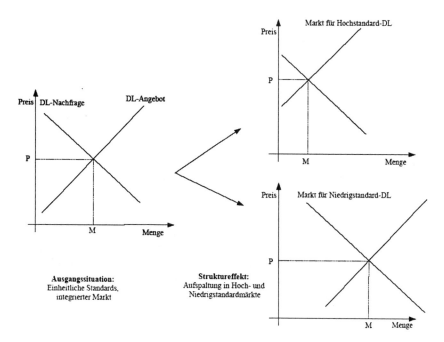

Abb. 2: **Hoch- und Niedrigstandardmärkte**

Die Ursache der Aufspaltung liegt in einer Verlagerung von Risikokosten – erfasst als gewisse Standards der Nutzereigenschaften und des Rückgriffs – von den Anbietern und/oder der öffentlichen Hand zu den Nachfragern. D.h., das Verfahren der Standardsetzung wird verändert: Bisher politisch-administrativ gesetzte Standards werden nun durch die Zahlungsbereitschaft der Nachfrager bestimmt.

Dies bringt einerseits eine Entlastung all jener Nachfrager, welche die politisch-administrativ vorgegebenen Standards vom Konsum der entsprechenden Dienstleistung abgehalten hatten, z.b. aufgrund hoher Kosten im Planungs- und Baubereich. Hier ist eine steigende Nachfragemenge zu erwarten, welche direkt aus der faktischen Preissenkung aufgrund niedrigerer Standards resultiert. Andererseits werden diejenigen Nachfrager, welche das höhere Standard-Niveau anstreben, in Zukunft mit höheren Preisen rechnen müssen, welche aus dem geringeren Marktvolumen resultieren. Es ist zwar nicht zu erwarten, dass Nachfrager nach der höheren Qualität aufgrund dieses Preiseffektes ganz aus dem Markt ausscheiden. Vielmehr werden sie wohl diejenige Qualität wählen, welche ihr Budget (gerade noch) zulässt. Diese Nachfrager müssen aber gleichwohl eine Nutzeneinschränkung hinnehmen: Zu einem gegebenen Preis können sie jetzt nur noch ein niedrigeres Qualitätsniveau erreichen als vor der Erlass und Umsetzung der Dienstleistungsrichtlinie. Ursache dafür ist ihr geschwundener Einfluss auf die politisch-administrative Rahmensetzung.

Um die Veränderung der geltenden Standardsetzungsverfahren zu beurteilen, ist die ökonomische Funktion solcher Standards genauer zu betrachten. Diese liegt darin, die Transaktionskosten der Marktteilnehmer – beider Seiten (!) – zu senken und den Problemen der asymmetrischen Informationsverteilung entgegen zu wirken[27]. Solche asymmetrischen Informationen können dazu führen, dass Märkte zusammenbrechen oder nicht entstehen, obwohl sie wohlfahrtsfördernd wären[28]. Es sollen zwei kurze Beispiele konstruiert werden:

- Ein slowakischer Privathaushalt könnte Bauleistungen von einem deutschen Bauunternehmer in Anspruch nehmen wollen. Dessen Preise liegen aber über denen seiner slowakischen Wettbewerber, sie seien mit höheren Standards bei Materialien und Arbeitsweise begründet. Der slowakische Privathaushalt verfüge nicht über die fachlichen oder finanziellen Möglichkeiten, diese Aussage zu überprüfen. Er wird auf den deut-

---

27 Vgl. *Arrow*, Distributed Information and the Role of the State in the Economy, in: Freeman (Hrsg.), Inequality around the World, 2002, S. 268 ff.; *Schmidt*, Das Ende der Politik? – die Globalisierung, das Wissen und die öffentliche Aufgabe, in: Schmidt (Hrsg.), Die neuen Kommandohöhen – Untersuchungen über Globalisierung und Politik, 2003, S. 29 ff.

28 Grundlegend dazu vgl. etwa *Fritsch/Wein/Ewers*, Marktversagen und Wirtschaftspolitik, 4. Aufl. 2001.

schen Anbieter verzichten und damit auf höhere Standards, auch wenn diese seiner Nutzenfunktion entsprochen hätten. Aber die Transaktion kommt nicht zustande aufgrund asymmetrischer Informationsverteilung. Der Anbieter hat Informationen, welche der Nachfrager benötigt. Der Nachfrager kann diese Information – hier: die Produktstandards – nicht von dem Anbieter erhalten, da er sie bereits haben müsste, um deren Sachgehalt beurteilen zu können. Es bedarf eines Dritten oder zusätzlicher Informationen, um dieses Dilemma zu lösen. Beispielsweise könnte eine private oder öffentliche Zertifizierungsorganisation die höheren Standards des Anbieters belegen („signalling"), oder der Nachfrager kann indirekte Hilfsüberlegungen heranziehen, etwa den allgemeinen Ruf deutscher Bauunternehmer.

- Ein deutsches Unternehmen könnte Sicherheits-Dienstleistungen von einem lettischen Anbieter in Anspruch nehmen wollen. Jedoch ist ungewiss, wie dessen Qualität einzuschätzen ist. Zum einen müssen die Sicherheits-Mitarbeiter gut genug ausgebildet sein, um etwa die Verletzung von geltenden Gesetzen oder gar Menschenrechten zu vermeiden, wenn sie bei ihrer Arbeit mit dritten Personen zu tun haben. Zum anderen muss das Unternehmen sich darauf verlassen können, dass sein Sicherheits-Anbieter nicht etwa ein „Trojaner" ist, der möglichen Eigentumsdelikten die Tür öffnet. Solange er diese Informationen nicht hat, wird der Vertrag nicht zustande kommen, auch wenn er der Nutzenfunktion des Nachfragers entspräche. Wiederum hat die eine Seite – hier: der lettische Sicherheitsdienstleister – Informationen, die der andere nicht ohne Zuhilfenahme Dritter beurteilen kann. Beispielsweise könnten Referenzen anderer Kunden zum „signalling" herangezogen werden. Oder aber der Nachfrager stützt sich auf allgemeine Hilfsüberlegungen, etwa seine Vorstellungen von den Geschäftspraktiken osteuropäischer Sicherheitsunternehmen. Diese Formulierung macht unmittelbarer als die im ersten Beispiel genannte („der allgemeine Ruf deutscher Bauunternehmer") deutlich, dass derartige Hilfsüberlegungen fachlich äußerst dünn sein und gar latente Vorurteile verschärfen können. Es ist zu fragen, ob hier nicht objektive, d.h. öffentlich garantierte, Standards die effizientere Alternative wären.

III. Marktöffnung und Marktvernetzung

Es wurde aufgezeigt, dass die Dienstleistungsrichtlinie tief greifende Struktureffekte auf die Dienstleistungsmärkte der EU haben kann. Durch die Verlagerung von Risikokosten auf die Nachfrager werden bisher integrierte Märkte entlang von Qualitätsstandards aufgespalten. Es besteht die Gefahr, dass ökonomisch wünschenswerte Transaktionen nicht zustande kommen, weil asymmetrisch verteilte Informationen dies verhindern.[29] Daneben ist der theoretisch analoge, öffentlich häufiger genannte Fall zu prüfen, dass Transaktionen zustande kommen, welche nicht wünschenswert sind. Dies trifft dann zu, wenn Nachfrager sich für einen Qualitätsstandard entscheiden, den sie ex-post, sobald ihnen die entsprechenden Kenntnisse/Erfahrungen zur Verfügung stehen, für unzureichend befinden.

Um die ökonomischen Auswirkungen in hinreichender Komplexität zu analysieren, sollte über das neoklassische Standardmodell hinausgegangen werden. Eine Einbeziehung institutioneller Verhältnisse kann z.B. durch die Unterscheidung zwischen Marktöffnung und Marktvernetzung erreicht werden[30]:

Der Prozess der Marktöffnung bewegt sich innerhalb bestehender Institutionen. Er bedient sich grundsätzlich der vorherrschenden Logik des gegebenen institutionellen Settings. Wenn beispielsweise ausländische Dienstleister in Deutschland tätig werden, müssen sie sich in das gegebene institutionelle Setting einfügen.

Die Marktvernetzung dagegen führt zu einer Veränderung des institutionellen Settings. Der Prozess der Marktvernetzung bewegt sich außerhalb der bestehenden Institutionen, er findet zwischen verschiedenen Institutionen statt und hat ein institutionelles Setting zur Folge, das sich von den ursprünglichen der beteiligten Volkswirtschaften unterscheidet. Dafür ist die Dienstleistungsrichtlinie ein Beispiel, sie verändert die institutionellen Settings in allen EU-Staaten. Bei der Marktvernetzung ist zu beachten, dass

- die Exit- und Voice-Optionen so auszugestalten sind, dass Mobilität (Exit) und Einflussnahme einzelner Gruppen (oder Produktionsfaktoren) (Voice) nicht einseitig zu Lasten anderer Gruppen (oder Produktionsfaktoren) gehen;

- die Regelungsakteure sich in einem Geflecht von Zielen, Zielhierarchien und Methoden des Ausgleichs von Zielkonflikten bewegen, die auf fundamentalen Institutionen wie Traditionen beruhen und dazu emergente Systemeigenschaften wie Sozialkapital nutzen. Marktvernetzungen sollten deshalb graduell erfolgen, weil sonst fundamentale Institutionen beschädigt werden können;

---

29 Zu den Maßnahmen, mittels derer die Dienstleistungsrichtlinie einer solchen Entwicklung entgegenzuwirken versucht, vgl. Teil 3 C. I. 6 und 7.

30 Vgl. *Schmidt*, Können neoklassische Ökonomen verstehen, was Globalisierungskritiker sagen?, List Forum für Wirtschafts- und Finanzpolitik, Band 20 (2004), Heft 3, S. 290 ff.

- bei der Vernetzung von Volkswirtschaften gegenseitiger Respekt gefordert ist. Dieser äußert sich durch Interesse an den Zielsetzungen der Partner und durch eine gleichmäßige Aufteilung der Chancen und Risiken. Marktvernetzungen erfordern Zeit. Es bedarf eines „marktvermehrenden"[31] Gleichgewichts zwischen wettbewerbsorientierten und harmonischen Institutionen.

Die Dienstleistungsrichtlinie ist offensichtlich dem Bereich der Marktvernetzung zuzurechnen, das entspricht dem europäischen Integrationsgedanken. Jedoch ist bisher nicht überprüft worden, ob diese Richtlinie dem Anspruch gerecht wird, ein marktvermehrendes Gleichgewicht zu wahren. Hierzu wäre eine genauere empirische Unterlegung der oben skizzierten Effekte erforderlich, vor allem auch die Abschätzung, welche Märkte – vermutlich vor allem Hochqualitätsmärkte – eingeschränkt werden und wie der Trade-Off zu bewerten ist, welcher zwischen der Nutzeneinschränkung durch die Verdrängung solcher Märkte und dem Nutzenzuwachs durch die Ausweitung von anderen, vermutlich zumindest teilweise Niedrigqualitätsmärkten besteht. Diese Bewertung kann nicht allein auf das monetäre Volumen gestützt werden. Einige Effekte für Deutschland sollen im letzten Abschnitt skizziert werden.

IV. Mögliche Vor- und Nachteile für Deutschland

Die deutschen Dienstleistungsmärkte gelten im EU-Vergleich zumeist als Hochqualitätsmärkte, vor allem im Bereich der produktzentrierten Dienstleistungen. Daher wird in Deutschland ein erheblicher Mengeneffekt bei der Nachfrage im Bereich der Niedrigqualitätsmärkte erwartet. Bereits im bisherigen wirtschaftspolitischen Diskurs wurde „Überregulierung" für eine vermutete Dienstleistungslücke verantwortlich gemacht – allerdings ist die Existenz einer solchen Lücke empirisch nie unwidersprochen belegt worden. Ein Indiz für über den Nachfragepräferenzen liegende Standards kann die in den letzten Jahren tendenziell wachsende Schattenwirtschaft sein, welche in Deutschland bei 19% des BIP liegt[32]. Einen erheblichen Effekt in Richtung neuer Dienstleistungen könnte die Dienstleistungsrichtlinie im Bereich personenzentrierter Dienstleistungen haben, welche an Regulierungen besonders leidet, aber auch durch ausbildungsbedingte Lohnkosten betroffen ist.

---

31 Nach *Olson*, Macht und Wohlstand, 2002, S. 3.

32 Vgl. *Schneider*, Shadow Economies around the World – Size, Causes and Consequences, Vortragsmanuskript von Juni 2003, aktualisierte Version unter www.econ.jku.at/Schneider/publik.html [28.6.2004].

Im EU-weiten Wettbewerb könnten für deutsche Anbieter Chancen erwachsen, da geringere Transaktionskosten den Eintritt in (Hochqualitäts-) Dienstleistungsmärkte der anderen EU-Staaten erleichtern könnten. Hier könnten vor allem KMU profitieren, welche nicht die finanziellen und administrativen Möglichkeiten haben, eine Vielfalt von verschiedenen Regelungen zu erfassen.

Allerdings ist anzunehmen, dass mit Inkrafttreten der Dienstleistungsrichtlinie auch viele EU-Anbieter auf den deutschen Markt drängen werden. Sie werden aufgrund ihrer spezifischen Produktionsfunktion, z.B. schwächer qualifizierte Mitarbeiter, preiswerter anbieten können. Dies kann zur Verdrängung deutscher Anbieter führen.

Vor allem aber ist zu befürchten, dass es im Bereich der Hochqualitätsmärkte zu erheblichen Rückgängen kommt. Denn wenn diese Märkte enger werden, dann können die Ausbildungs- und Verfahrensstandards dort nicht aufrechterhalten werden. Das bedeutet aber nicht nur, dass es zu Preissteigerungen in diesem Marktsegment kommt. Es kann auch bedeuten, dass solche Angebote in Zukunft gar nicht mehr gemacht werden können, weil die entsprechenden Kenntnisse und Fähigkeiten verloren gehen, wenn sie nicht ausreichend nachgefragt werden. Dieser Verlust wäre endgültig, ihm könnte dann nur durch die Öffentliche Hand entgegen gewirkt werden. Es ist zu fragen, warum Deutschland die Stärken bei der Gewährleistung hoher Standards, die sowohl für die Anbieter als auch für die Nachfrager einen Vorteil darstellen, aufs Spiel setzen soll. Dies wäre nur zu rechtfertigen, wenn die daraus erwachsenden Vorteile – die Mengenzuwächse im Niedrigqualitätsbereich, die Schaffung neuer Angebote vor allem im personenzentrierten Dienstleistungsbereich sowie die (von der Kommission implizit erwartete) Auflösung von Quasi-Monopolen durch mehr Wettbewerb – diese Stärken überragen. Dies ist fraglich, da die Struktureffekte Vorteile aus Deutschland teilweise in die andere EU-Staaten verlagern werden. Sollte sich die EU später für höhere Standards entscheiden, so werden deutsche Anbieter davon möglicherweise nicht mehr profitieren können, da ihre früheren Stärken nicht erhalten wurden.

Aufgrund der dargelegten ökonomischen Argumente sind die Folgen der Dienstleistungsrichtlinie sorgfältig empirisch abzuschätzen. Es kann in Frage gestellt werden, ob die vielfältigen Dienstleistungsmärkte der EU durch die universalistischen Kriterien dieser Richtlinie angemessen reguliert werden. Mindestens eine Unterscheidung nach produkt- und personenzentrierten Dienstleistungen sollte vorgenommen werden. Sodann ist sicher zu stellen, dass die Nachfrager – Verbraucher – durch die Überwälzung der Risikokosten vor allem im produktzentrierten Dienstleistungsbereich nicht benachteiligt werden; dafür müssen die nationalen Behörden die Handlungsfreiheit behalten, spezifische Standardanforderungen an die Produkte zu formulieren. Im personenzentrierten Dienstleistungsbereich sind vor allem Anforderungen an die Ausbildung und Erfahrung des Dienstleisters zu stellen. Insgesamt scheint der Markvernetzung mit längeren Übergangsfristen, schwächeren Universalregelungen und stärkeren sektorbezogenen Richtlinien, etwa nach dem Vorbild der WTO-Klassifikation, besser gedient zu sein.

V. Exkurs: Dynamische Angleichung von Standards

Es ist sehr wahrscheinlich, dass sich bei Marktöffnung und Marktvernetzung längerfristig das Dienstleistungsangebot verschiedener Regionen (Staaten) auf ein „Endgleichgewicht" zu bewegt, wobei der „Preis" für die vergleichbaren (!) Dienstleistungen harmonisiert wird. Problematisch bleibt dabei die Beantwortung der Frage, wie sich Dienstleistungen (bei unterschiedlich „erlernten" Standarderwartungen) vergleichen lassen. Langfristig müsste – bei ausreichender Information, die z.b. über die One-Stop-Shops verfügbar wird,[33] nur das Angebot nachgefragt werden, bei dem ausreichende Qualität (Standards der Leistungserbringung) mit günstigem Preis verknüpft werden können.

Dabei ist – insbes. während der „Harmonisierungsstrecke" – die unterschiedliche Nachfrageelastizität verschiedener Dienstleistungen zu beachten. Viele Nachfrager handwerklicher Dienstleistungen reagieren elastischer auf Angebotsverschiebungen (schneller Übergang zu günstigen Angeboten Externer), als Nachfrager nach soziokulturell und individuell basierten Dienstleistungen, etwa im Pflegebereich (vgl. Abb. 3, 4). Die Angebote müssen hier knapp und extrem preisgünstig sein, bis ein „Übergang" stattfindet.

---

33 Ausführlich dazu in Teil 5.

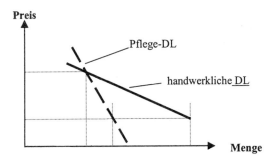

Abb. 3: Wettbewerb um Deregulierung und Standards: Angleichung auf mittlerem Niveau über die Zeit; lernende Standards I.

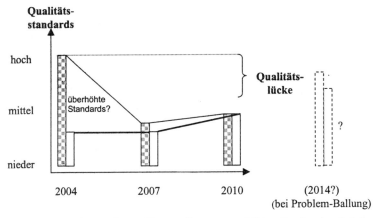

Abb. 4: Wettbewerb um Deregulierung und Standards: Angleichung auf mittlerem Niveau über die Zeit; lernende Standards II.

Wegen niedriger Standards (für spezielle Bauleistungen) oder bei fehlenden Regulierungen im Herkunftsland (vgl. dazu auch 2. Beispiel), kann P in D Dienstleistungen preisgünstiger und schneller anbieten als D. Falls D-Nachfrager die P-Angebote akzeptieren – und die damit verbundenen Qualitäts-Standards (mittelfristig) ausreichen, pendeln sich Angebot und Nachfrage auf abgesenktem Niveau ein. Sobald Mängel oder die Art der Dienstleistungserbringung von den Nachfragern nicht (oder nach einiger Zeit nicht mehr) akzeptiert werden, werden sich die Qualitätsniveaus/Standards aller Anbieter wieder auf ein höheres Niveau heben und für alle Marktteilnehmer als „Norm" einpendeln: ausreichende Standards/Sicherheitsnormen bei mittlerem Preisniveau. Bei funktionierendem Markt ist die „Qualitätslücke" (zwischen möglichem und realisiertem Niveau) dann nur noch unter rechtlichem oder administrativem Steuerungsbedarf beachtenswert.

Bei diesem Wettbewerb um Standards[34] und Deregulierungen kann sich ein befriedigendes Niveau – z.b. gegenüber überzogenen Regulierungen – einstellen, das sich allerdings „täglich" (im Vollzug) bewähren muss.

---

34 Vgl. auch *Frey/Eichenberger*, The new democratic federalism for Europe: functional, overlapping and competing jurisdictions, 1999.

Teil 3:
Die Verwirklichung der Dienstleistungsfreiheit (Art. 49 ff. EGV) – bisherige Rechtslage und Konzeption des Richtlinienvorschlags*

A. Vorbemerkungen

Gegenstand der folgenden Ausführungen ist die Darstellung der Ansätze des Vorschlags für eine Richtlinie über Dienstleistungen im Binnenmarkt, KOM (2004) 2, im Hinblick auf die Verwirklichung der Ziele des EU-Primärrechts im Bereich der Dienstleistungsfreiheit (Art. 49 ff. EGV).

Hierzu soll das Augenmerk in einem ersten Schritt zunächst auf die bisherige Rechtslage gerichtet werden. In diesem Rahmen sind die mit der Gewährleistung des freien Dienstleistungsverkehrs verbundenen Ziele aufzuzeigen und ist in Grundzügen darzustellen, welche Inhaltsbestimmung und welche Möglichkeiten zur Beschränkung der Dienstleistungsfreiheit den Art. 49 ff. EGV in der Auslegung durch den EuGH zu entnehmen sind. Desgleichen soll ein Überblick über die bisherige Vorgehensweise der EU-Institutionen zur Verwirklichung der Dienstleistungsfreiheit, insbesondere das hierzu verwendete Instrumentarium gegeben werden, wobei einzelne sekundärrechtliche Vorschriften exemplarisch heranzuziehen sind.

In einem zweiten Schritt sind sodann Grundkonzeption und Philosophie des Richtlinienvorschlags im Hinblick auf die Verwirklichung der mit dem freien Dienstleistungsverkehr verbundenen Zielsetzung zu erfassen, wobei der Schwerpunkt wiederum auf dem vorgeschlagenen europarechtlichen Instrumentarium liegt. Die Ausarbeitung dient dem Zweck, die neuartige Herangehensweise der EU-Institutionen zu konturieren, gegenüber ihrem bisherigen Vorgehen abzugrenzen und auf diese Weise einen Vergleich mit dem bisher beschrittenen Weg zu ermöglichen.

---

* *Windoffer.*

B. Zielsetzung, Inhaltsbestimmung und Umsetzung der Dienstleistungsfreiheit nach bisheriger Rechtslage

I. Ziele der Dienstleistungsfreiheit

1. Inländergleichbehandlung

Art. 50 Abs. 3 EGV berechtigt den Dienstleistenden zur vorübergehenden Ausübung seiner Tätigkeit im Staat der Leistungserbringung, und zwar unter den Voraussetzungen, welche dieser Staat für seine eigenen Angehörigen vorschreibt. Darin kommt ein grundlegender Rechtssatz der Gemeinschaft zum Ausdruck, nämlich der Grundsatz der **Inländergleichbehandlung**[35]. Die Dienstleistungsfreiheit dient damit wie die übrigen Grundfreiheiten dem Ziel, Benachteiligungen im Verhältnis zu eigenen Staatsangehörigen aufgrund der Staatsangehörigkeit oder der Ansässigkeit zu unterbinden. Da sich der Grundsatz der Inländergleichbehandlung in den Vorschriften des Kapitels über den freien Dienstleistungsverkehr konkretisiert hat und somit unmittelbar dessen Inhaltsbestimmung betrifft, soll auf die Ausprägungen dieses Grundsatzes, insbesondere auf das Gebot zur Beseitigung von Diskriminierungen, unter B. II. 3 a) näher eingegangen werden.

2. Verwirklichung des Binnenmarkts bzw. Gemeinsamen Marktes

Die weitere mit der Gewährleistung des freien Dienstleistungsverkehrs verbundene Zielsetzung erschließt sich über die Systematik des EG-Vertrags. So umfasst die Tätigkeit der Gemeinschaft gemäß Art. 3 Abs. 1 a) EGV einen Binnenmarkt, der durch die Beseitigung der Hindernisse für den freien Waren-, Personen-, Dienstleistungs- und Kapitalverkehr zwischen den Mitgliedstaaten gekennzeichnet ist. Art. 3 Abs. 1 EGV enthält einen Katalog von Tätigkeitsfeldern, bei denen es sich zugleich um Ziele der Gemeinschaft handelt[36]. In gleichem Sinne verpflichtet Art. 14 Abs. 1 EGV die Gemeinschaft, die erforderlichen Maßnahmen zu treffen, um u.a. gemäß Art. 49 EGV den Binnenmarkt schrittweise zu verwirklichen. Der Binnenmarkt umfasst nach Art. 14 Abs. 2 EGV einen Raum ohne Binnengrenzen, in dem der freie Verkehr von Waren, Personen, Dienstleistungen und Kapital gemäß den Bestim-

---

35 Vgl. EuGH, Urt. v. 21.6.1974, Rs. 2/74 (Reyners), Slg. 1974, 631, Rn. 24/28; Urt. v. 14.1.1988, Rs. 63/86 (Kommission/Italien), Slg. 1988, 29, Rn. 19; ebenso *Oppermann*, Europarecht, 2. Aufl. 1999, Rn. 1588; *Müller-Graff*, in: Streinz, EUV/EGV, 2003, Art. 49 EGV, Rn. 71.

36 Vgl. EuGH, Urt. v. 5.5.1982, Rs. 15/81 (Gaston Schul), Slg. 1982, 1409, Rn. 33.

mungen dieses Vertrags gewährleistet ist. Demzufolge bildet die Dienstleistungsfreiheit einen integralen Bestandteil des **Binnenmarktkonzepts**[37]. Die Beseitigung von Hindernissen für den freien Dienstleistungsverkehr bzw. das Verbot solcher Hindernisse dient dem Zweck, den Binnenmarkt zu verwirklichen; die in Art. 49 EGV enthaltene Gewährleistung stellt zur Erreichung dieses Ziels das für den speziellen Bereich der grenzüberschreitenden Erbringung von Dienstleistungen vorgesehene Mittel dar.

Weiterhin sieht Art. 3 Abs. 1 h) EGV die Angleichung der innerstaatlichen Rechtsvorschriften vor, soweit dies für das Funktionieren des Gemeinsamen Marktes erforderlich ist. Spezialermächtigungen zu einer solchen Rechtsangleichung enthalten u.a. Art. 46 Abs. 2, 47 Abs. 1 und 2 EGV[38], die über Art. 55 EGV auf den freien Dienstleistungsverkehr Anwendung finden. Die im Sinne der Dienstleistungsfreiheit vorgesehene Koordinierung ist folglich auch auf das Ziel des **Gemeinsamen Marktes** ausgerichtet. Der Begriff „Gemeinsamer Markt" stellt nach der Rechtsprechung des EuGH ab auf die Beseitigung aller Hemmnisse im innergemeinschaftlichen Handel mit dem Ziel der Verschmelzung der nationalen Märkte zu einem einheitlichen Markt, dessen Bedingungen denjenigen eines wirklichen Binnenmarkts möglichst nahe kommen[39]. In welcher Beziehung Gemeinsamer Markt und Binnenmarkt zueinander stehen, ist umstritten[40]. Die Frage bedarf jedoch für die vorliegende Darstellung keiner Erörterung, da beide im EG-Vertrag genannten Zielsetzungen weder in konfliktärem noch antinomischem Verhältnis zueinander stehen.

3. Verwirklichung der Ziele des Art. 2 EGV

Art. 2 EGV formuliert die Aufgaben der Gemeinschaft und enthält einen Katalog allgemeiner Ziele, die durch die in Art. 3 EGV genannten gemeinsamen

---

37 Vgl. auch *Hatje*, Das Binnenmarktziel in der europäischen Verfassung – eine Einführung, in: Hatje/Terhechte (Hrsg.), Das Binnenmarktziel in der europäischen Verfassung, 2004, EuR, Beiheft 3/2004, S. 7 ff. (10 f.); *McDonald*, Der Begriff der Dienstleistung im europäischen Binnenmarkt und WTO-System (GATS), 2001, S. 18; *Pache*, Dienstleistungsfreiheit, in: Ehlers (Hrsg.), Europäische Grundrechte und Grundfreiheiten, 2003, S. 268 ff. (268): „Grundpfeiler des europäischen Binnenmarkts"; *Streinz*, in: Streinz, EUV/EGV, 2003, Art. 3 EGV, Rn. 6.

38 Vgl. *Streinz*, in: Streinz, EUV/EGV, 2003, Art. 3 EGV, Rn. 26.

39 Vgl. EuGH, Urt. v. 5.5.1982, Rs. 15/81 (Gaston Schul), Slg. 1982, 1409, Rn. 33.

40 Zu den unterschiedlichen Auffassungen s. *von Bogdandy*, in: Grabitz/Hilf, Das Recht der Europäischen Union, Band I (EUV/EGV), Stand Januar 2004, Art. 14 EGV, Rn. 7 f.; *Leible*, in: Streinz, EUV/EGV, 2003, Art. 14 EGV, Rn. 10 ff.

Politiken oder Maßnahmen näher ausgeführt werden[41]. Letztere stellen, wie oben erwähnt, über diese konkretisierende Funktion hinaus selbst Ziele der Gemeinschaft dar. Zugleich handelt es sich bei ihnen um Mittel zur Verwirklichung der in Art. 2 EGV genannten Ziele[42]. Unter diesen Zielen sind in Bezug auf die Dienstleistungsfreiheit vor allem die folgenden von Relevanz:

- **harmonische, ausgewogene und nachhaltige Entwicklung des Wirtschaftslebens:** Diese Vorgabe bringt die Kommission im Zuge ihrer Binnenmarktstrategie als operatives Ziel zum Ausdruck[43]. Desgleichen ist sie im Erwägungsgrund 1 des Vorschlags KOM (2004) 2 verankert.

- **beständiges, nichtinflationäres Wachstum/hohes Beschäftigungsniveau:** Auf seiner Sondertagung am 23./24.3.2000 in Lissabon hat der Europäische Rat als neues strategisches Ziel für das kommende Jahrzehnt vorgegeben, die Union zum wettbewerbsfähigsten und dynamischsten wissensbasierten Wirtschaftsraum in der Welt zu machen, der fähig ist, ein dauerhaftes Wirtschaftswachstum mit mehr und besseren Arbeitsplätzen zu erzielen[44]. Zur Erreichung dieses Ziels bedürfe es einer globalen Strategie, als deren Bestandteil die Vollendung des Binnenmarkts und in diesem Rahmen die Entwicklung einer Strategie für die Beseitigung der Hemmnisse im Dienstleistungsbereich gesehen wird[45]. In diesem Sinne bilden die auf Wachstum und Beschäftigung gerichteten Zielvorstellungen ebenfalls einen Bestandteil der Binnenmarktstrategie der Kommission[46]. Insbesondere betont die Kommission das Potential des Dienstleistungssektors für Wachstum und die Schaffung neuer Ar-

---

41 Vgl. EuGH, Urt. v. 24.11.1982, Rs. 249/81 (Kommission/Irland), Slg. 1982, 4005, Rn. 28.

42 Vgl. EuGH, Urt. v. 11.1.1981, Rs. 203/80 (Casati), Slg. 1981, 2595, Rn. 8.

43 Vgl. „Die Strategie für den europäischen Binnenmarkt", Mitteilung der Kommission an das Europäische Parlament und den Rat, KOM (1999) 464, S. 4 f.

44 Vgl. Schlussfolgerungen des Vorsitzes, Europäischer Rat Lissabon, 23./24.3.2000, Nr. 5.

45 Vgl. Schlussfolgerungen des Vorsitzes, Europäischer Rat Lissabon, 23./24.3.2000, Nr. 5, 16 f.; ähnlich Schlussfolgerungen des Vorsitzes, Europäischer Rat Brüssel, 16./17.10.2003, Nr. 15 f.

46 Vgl. KOM (1999) 464, S. 4, 8; ebenso „Eine Binnenmarktstrategie für den Dienstleistungssektor", Mitteilung der Kommission an den Rat und an das Europäische Parlament, KOM (2000) 888, S. 1 f.

beitsplätze[47]. Dementsprechend haben diese Zielsetzungen auch Eingang in den Vorschlag KOM (2004) 2 gefunden[48].

- **hoher Grad von Wettbewerbsfähigkeit:** Mit der erwähnten Strategie von Lissabon, die auf die Positionierung der Union als wettbewerbsfähigsten Wirtschaftsraum abzielt, hat der Europäische Rat das Ziel der Wettbewerbsfähigkeit aktualisiert. Die Vollendung des Binnenmarkts für Dienstleistungen stellt somit auch im Hinblick auf diese Zielvorgabe ein wesentliches Mittel dar[49]. In gleichem Sinne bezeichnet die Kommission die effiziente Erbringung von Dienstleistungen als „Hauptmotor des Wettbewerbs"[50]. Der Vorschlag KOM (2004) 2 betont, in seiner Zielrichtung mit der Mitteilung der Kommission über die Wettbewerbsfähigkeit von unternehmensbezogenen Dienstleistungen[51] überein zu stimmen[52].

- Speziell auf der Mikroebene der Dienstleistungsanbieter zielt die Gewährleistung freien Dienstleistungsverkehrs darauf ab, im Sinne des Wettbewerbs die Standortwahl und die Ausnutzung der wirtschaftlichen Ressourcen und Verhältnisse zu optimieren[53]. Insoweit besteht auch ein Zusammenhang mit dem unter B. I. 1. dargestellten Grundsatz der Inländergleichbehandlung.

- **Hebung der Lebenshaltung und der Lebensqualität:** Bereits im Weißbuch der Kommission von 1985 wurde im gemeinsamen Dienstleistungsmarkt die Hauptvoraussetzung für die Rückkehr zu wirtschaftlichem Wohlstand gesehen[54]. Die Verbesserung der Lebensqualität stellt ein strategisches Ziel im Rahmen der Binnenmarktstrategie der Kommission dar[55]. Insbesondere mit Blick auf die Dienstleistungsempfänger

---

47 Vgl. „Vollendung des Binnenmarkts", Weißbuch der Kommission an den Europäischen Rat, KOM (1985) 310, Nr. 95; KOM (2000) 888, S. 1 f.

48 S. Zusammenfassung Nr. 1, Begr. Nr. 1, Erwägungsgrund 3.

49 Vgl. die Nachw. in Fn. 45.

50 KOM (2000) 888, S. 1.

51 „Die Wettbewerbsfähigkeit von unternehmensbezogenen Dienstleistungen und ihr Beitrag zur Leistungsfähigkeit europäischer Unternehmen", Mitteilung der Kommission an den Rat, das Europäische Parlament, den Europäischen Wirtschafts- und Sozialausschuss und den Ausschuss der Regionen, KOM (2003) 747.

52 S. Begr. Nr. 5, Erwägungsgrund 8.

53 Vgl. Europäisches Parlament, Kurzdarstellungen, Leitfaden der Europäischen Union 1999-2002, Nr. 3.2.3; *Oppermann*, Europarecht, 2. Aufl. 1999, Rn. 1584.

54 Vgl. KOM (1985) 310, Nr. 95.

55 Vgl. KOM (1999) 464, S. 1, 2, 4; KOM (2000) 888, S. 1, 3.

bzw. Verbraucher stehen Qualität der Dienstleistung und Lebensqualität in unmittelbarem Zusammenhang[56]. Der Vorschlag KOM (2004) 2 macht sich diese Verbraucherperspektive zu eigen und verfolgt das Ziel, die Voraussetzungen für ein breiteres Dienstleistungsangebot und eine höhere Qualität der Dienstleistungen zu schaffen[57].

- **wirtschaftlicher und sozialer Zusammenhalt und Solidarität zwischen den Mitgliedern:** Der Aspekt des Zusammenhalts stellt im Zusammenhang mit dem Nachhaltigkeitsziel einen Teil der Binnenmarktstrategie der Kommission dar[58]. Auch im Erwägungsgrund 1 des Vorschlags KOM (2004) 2 findet sich die Stärkung des Zusammenwachsens der europäischen Völker als Zielvorstellung wieder, zu deren Erfüllung die Beseitigung der Schranken für die Entwicklung grenzüberschreitender Dienstleistungstätigkeiten als wichtiges Mittel angesehen wird. In diesem Kontext ist auch der Grundsatz gegenseitigen Vertrauens zwischen den Mitgliedstaaten zu nennen, der insbesondere für die Anerkennung von Befähigungsnachweisen aus anderen Mitgliedstaaten leitend ist[59] und ebenfalls in den Richtlinienvorschlag Eingang gefunden hat[60].

II. Inhalt und Schranken der Dienstleistungsfreiheit

1. Persönlicher Anwendungsbereich der Art. 49 ff. EGV

a) Begünstigte

Begünstigte des freien Dienstleistungsverkehrs sind gemäß Art. 49 Abs. 1 EGV zunächst Angehörige der Mitgliedstaaten, die in einem anderen Staat der Gemeinschaft als demjenigen des Leistungsempfängers ansässig sind. Nach ihrem Wortlaut erfasst die Vorschrift somit (nur) **Dienstleistungserbringer**, welche als **natürliche Personen** die Staatsangehörigkeit eines der Mitgliedstaaten besitzen und – zusätzlich – in einem der Mitgliedstaaten an-

---

56 Vgl. zum Qualitätsziel die Stellungnahme des Wirtschafts- und Sozialausschusses zu dem „Vorschlag für eine Richtlinie des Europäischen Parlaments und des Rates über die Anerkennung von Berufsqualifikationen – KOM (2002) 888", CES 1020/2002 vom 18.9.2002, Nr. 4.2.1.1.

57 S. etwa Begr. Nr. 3 e), Erwägungsgründe 28, 55.

58 Vgl. KOM (1999) 464, S. 4.

59 Vgl. *Oppermann*, Europarecht, 2. Aufl. 1999, Rn. 1613; *Müller-Graff*, in: Streinz, EUV/EGV, 2003, Art. 47 EGV, Rn. 8.

60 So Zusammenfassung Nr. 5, Begr. Nr. 3 b), 7 j), Erwägungsgründe 6, 38.

sässig sind[61]. Darüber hinaus ist allerdings anerkannt, dass sich der persönliche (wie auch der sachliche[62]) Anwendungsbereich auch auf **Dienstleistungsempfänger** erstreckt, die sich zum Zweck der Inanspruchnahme einer Dienstleistung in einen anderen Mitgliedstaat begeben oder in sonstiger Weise an einer grenzüberschreitenden Dienstleistungserbringung beteiligt sind[63]. Um sich auf Art. 49 ff. EGV berufen zu können, wird vom Empfänger in persönlicher Hinsicht gefordert, dass er innerhalb der Union ansässig ist; ob er darüber hinaus auch Angehöriger eines Mitgliedstaates sein muss, ist umstritten[64]. Der EuGH hat diese Frage für den Fall einer Grenzüberschreitung durch den Leistungsempfänger mit Drittstaatsangehörigkeit noch nicht entschieden, sondern lediglich bei Grenzüberschreitung durch den Leistungserbringer die Drittstaatsangehörigkeit des Empfängers für unbeachtlich gehalten[65].

Über Art. 55 i. V. m. Art. 48 EGV sind **Gesellschaften**, die ihren satzungsmäßigen Sitz, ihre Hauptverwaltung oder ihre Hauptniederlassung innerhalb der Gemeinschaft haben, den natürlichen Personen gleichgestellt, die Angehörige der Mitgliedstaaten sind.

b) Verpflichtete

Adressaten des Beschränkungsverbots aus Art. 49 Abs. 1 EGV sind zunächst die **Mitgliedstaaten**, wobei nicht nur der Bestimmungsstaat, sondern auch der

---

61 Vgl. zu diesem zusätzlichen Erfordernis *Müller-Graff*, in: Streinz, EUV/EGV, 2003, Art. 49 EGV, Rn. 49; *Pache*, Dienstleistungsfreiheit, in: Ehlers (Hrsg.), Europäische Grundrechte und Grundfreiheiten, 2003, S. 268 ff. (273); *Tiedje/Troberg*, in: von der Groeben/Schwarze, Kommentar zum Vertrag über die Europäische Union und zur Gründung der Europäischen Gemeinschaft, Band 1, 6. Aufl. 2003, Art. 49 EGV, Rn. 7.

62 Vgl. zur sog. passiven Dienstleistungsfreiheit unten B. II. 2. c) bb).

63 Vgl. *Randelzhofer/Forsthoff*, in: Grabitz/Hilf, Das Recht der Europäischen Union, Band I (EUV/EGV), Stand Januar 2004, Art. 49/50 EGV, Rn. 15; *Müller-Graff*, in: Streinz, EUV/EGV, 2003, Rn. 53.

64 Vgl. hierzu *Müller-Graff*, in: Streinz, EUV/EGV, 2003, Art. 49 EGV, Rn. 54; *Randelzhofer/Forsthoff*, in: Grabitz/Hilf, Das Recht der Europäischen Union, Band I (EUV/EGV), Stand Januar 2004, Art. 49/50, Rn. 15 ff.; *Rolshoven*, „Beschränkungen" des freien Dienstleistungsverkehrs im Sinne von Artikel 49 Absatz 1 des EG-Vertrags, 2001, S. 72 f.; *Tiedje/Troberg*, in: von der Groeben/Schwarze, Kommentar zum Vertrag über die Europäische Union und zur Gründung der Europäischen Gemeinschaft, Band 1, 6. Aufl. 2003, Art. 49 EGV, Rn. 9 f.

65 So in EuGH, Urt. v. 14.11.1995, Rs. C-484/93 (Svensson-Gustavsson), Slg. 1995, I-3955, das schwedische Leistungsempfänger vor dem Beitritt Schwedens betraf.

Herkunftsstaat umfasst wird[66]. Hierbei sind den Mitgliedstaaten sämtliche Maßnahmen zuzurechnen, die durch ihre Träger hoheitlicher Gewalt oder von diesen kontrollierte bzw. maßgeblich beeinflusste Einrichtungen verursacht werden[67]. Adressaten sind darüber hinaus auch die **Gemeinschaftsorgane**, da der Gemeinschaftsgesetzgeber die primärrechtlich vorgegebenen Ziele, Gewährleistungen und Verpflichtungen nicht seinerseits konterkarieren darf[68]. Des Weiteren hat der EuGH eine **Drittwirkung** des Beschränkungsverbots auf **Private** anerkannt, wenn nicht dem öffentlichen Recht unterliegende private Vereinigungen oder Einrichtungen im Rahmen ihrer rechtlichen Autonomie Hindernisse aufrichten[69].

2. Sachlicher Anwendungsbereich der Art. 49 ff. EGV: Begriff der Dienstleistung

Zur Bestimmung des sachlichen Anwendungsbereichs der Dienstleistungsfreiheit lassen sich Art. 49 Abs. 1 und Art. 50 EGV die wesentlichen Merkmale des Dienstleistungsbegriffs entnehmen. Diese sind:

- **Leistung** (Art. 50 Abs. 1 EGV);
- **regelmäßige Entgeltlichkeit** der Leistung (Art. 50 Abs. 1 EGV);
- **Grenzüberschreitung** der Leistung (Art. 49 Abs. 1, 50 Abs. 3 EGV);
- **vorübergehende** Leistungserbringung (Art. 50 Abs. 3 EGV)/**Auffangtatbestand** (Art. 50 Abs. 1 EGV).

---

66 Vgl. etwa EuGH, Urt. v. 31.1.1984, verb. Rs. 286/82 und 26/83 (Luisi und Carbone), Slg. 1984, 377, Rn. 16, 37; Urt. v. 14.7.1992, Rs. C-379/92 (Peralta), Slg. 1994, I-3453, Rn. 40; Urt. v. 17.5.1994, Rs. 18/93 (Corsica Ferries Italia), Slg. 1994, I-1783, Rn. 30, 35; Urt. v. 5.10.1994, Rs. C-381/93 (Kommission/Frankreich), Slg. 1994, I-5145, Rn. 14; Urt. v. 10.5.1995, Rs. C-384/93 (Alpine Investments), Slg. 1995, I-1141, Rn. 30 f.; Urt. v. 9.7.1997, verb. Rs. C-34/96, C-35/96 und C-36/96 (de Agostini), Slg. 1997, I-3843, Rn. 50. S. hierzu auch unten B. II. 3.

67 Vgl. *Müller-Graff*, in: Streinz, EUV/EGV, 2003, Art. 49 EGV, Rn. 61 f. m.w.N.

68 So im Ergebnis auch *Müller-Graff*, in: Streinz, EUV/EGV, 2003, Art. 49 EGV, Rn. 63; *Pache*, Dienstleistungsfreiheit, in: Ehlers (Hrsg.), Europäische Grundrechte und Grundfreiheiten, 2003, S. 268 ff. (280); *Rolshoven*, „Beschränkungen" des freien Dienstleistungsverkehrs im Sinne von Artikel 49 Absatz 1 des EG-Vertrags, 2001, S. 247.

69 Vgl. EuGH, Urt. v. 12.12.1974, Rs. 36/74 (Walrave), Slg. 1974, 1405, Rn. 16/19, 20/24; Urt. v. 14.7.1976, Rs. 13/76 (Dona), Slg. 1976, 1333, Rn. 17/18; Urt. v. 11.4.2000, verb. Rs. C-51/96 und 191/97 (Deliège), Slg. 2000, I-2549, Rn. 47.

Im Folgenden sollen diese Begriffsmerkmale unter besonderer Berücksichtigung der Rechtsprechung des EuGH näher erläutert werden.

a) Leistung

Damit eine Tätigkeit den Anwendungsbereich des Gemeinschaftsrechts eröffnet und insoweit den Begriff der Leistung im Sinne der Legaldefinition des Art. 50 Abs. 1 EGV erfüllt, muss sie einen Teil des Wirtschaftslebens ausmachen[70]. Des Weiteren dürfen die Tätigkeiten keinen so geringen Umfang haben, dass sie sich als völlig untergeordnet und unwesentlich darstellen[71]. Dagegen werden Begleitleistungen, die vor, während oder nach der hauptsächlichen Leistung erbracht werden, vom Anwendungsbereich mitumfasst. Dies betrifft etwa die telefonische Kontaktaufnahme mit noch unbestimmten Empfängern zwecks Angebotserstellung[72], den Versand von Werbematerial für Lotterien[73] und die prozessuale Geltendmachung von mit der Erbringung der Dienstleistung zusammenhängenden Ansprüchen[74].

Mit Blick auf die Abgrenzung insbesondere zur Arbeitnehmerfreizügigkeit beschränken sich die Art. 49 ff. EGV nach h.M. auf **selbstständig** ausgeübte Tätigkeiten und schließen damit die Anwendung des Kapitels über den freien Dienstleistungsverkehr auf unselbstständige, in abhängiger Beschäftigung erbrachte Leistungen aus[75].

---

70 Vgl. EuGH, Urt. v. 12.12.1974, Rs. 36/74 (Walrave), Slg. 1974, 1405, Rn. 4/10; Urt. v. 14.7.1976, Rs. 13/76 (Dona), Slg. 1976, 1333, Rn. 12/13; Urt. v. 5.10.1988, Rs. 196/87 (Steymann), Slg. 1988, 6159, Rn. 10; Urt. v. 11.4.2000, verb. Rs. C-51/96 und 191/97 (Deliège), Slg. 2000, I-2549, Rn. 53.

71 Vgl. EuGH, Urt. v. 5.10.1988, Rs. 196/87 (Steymann), Slg. 1988, 6159, Rn. 13.

72 Vgl. EuGH, Urt. v. 10.5.1995, Rs. C-384/93 (Alpine Investments), Slg. 1995, I-1141, Rn. 18 f., 28.

73 Vgl. EuGH, Urt. v. 24.3.1994, Rs. C-275/92 (Schindler), Slg. 1994, I-1039, Rn. 22-25, 37. Freilich kann es sich bei Werbung, beispielsweise über das Fernsehen, auch um die hauptsächliche Leistung handeln, vgl. EuGH, Urt. v. 26.4.1988, Rs. 352/85 (Bond van Adverteerders), Slg. 1988, 2085, Rn. 13 f.; Urt. v. 9.7.1997, verb. Rs. C-34/96, C-35/96 und C-36/96 (de Agostini), Slg. 1997, I-3843, Rn. 48.

74 Vgl. EuGH, Urt. v. 24.10.1978, Rs. 15/78 (Koestler), Slg. 1978, 1971, Rn. 5 f.; Urt. v. 1.7.1993, Rs. C-20/92 (Hubbard), Slg. 1993, I-3777, Rn. 14 f.

75 So etwa *Arndt*, Europarecht, 7. Aufl. 2004, S. 180; *Epiney/Meier/Mosters*, Europarecht II – Die Grundfreiheiten des EG-Vertrages, 2004, S. 76; *McDonald*, Der Begriff der Dienstleistung im europäischen Binnenmarkt und WTO-System (GATS), 2001, S. 49; *Müller-Graff*, in: Streinz, EUV/EGV, 2003, Art. 49 EGV, Rn. 18, 26; *Oppermann*, Europarecht, 2. Aufl. 1999, Rn. 1593; *Pache*, Dienstleistungsfreiheit, in: Ehlers (Hrsg.), Europäische Grundrechte und Grundfreiheiten, 2003, S. 268 ff.

b) Regelmäßige Entgeltlichkeit der Leistung

Gemäß Art. 50 Abs. 1 EGV umfasst der Dienstleistungsbegriff nur Leistungen, die in der Regel gegen Entgelt erbracht werden. Das Wesensmerkmal eines solchen Entgelts liegt darin, dass es die **wirtschaftliche Gegenleistung** für die betreffende Leistung darstellt[76]. Zwischen Leistung und Gegenleistung muss somit ein Austauschverhältnis im Sinne eines „do ut des" bestehen[77]. Unerheblich ist hierbei, ob der Empfänger selbst die Gegenleistung erbringt oder ob dies ein Dritter übernimmt[78], beispielsweise eine Krankenkasse[79]. Das Merkmal Entgeltlichkeit verlangt ferner nicht, dass die Leistung mit Gewinnerzielungsabsicht erbracht wird[80]. Die Gegenleistung muss nicht einmal gleichwertig oder auf vollständige Kostendeckung ausgerichtet sein; es genügt ein Beitrag zu den Kosten[81].

Nicht unter die wirtschaftlichen Tätigkeiten fallen demgegenüber Leistungen, die der **Staat** zur Aufgabenerfüllung gegenüber dem Bürger auf **sozialem, kulturellem und bildungspolitischen Gebiet** erbringt und die in der Regel aus dem Staatshaushalt finanziert werden[82]. Einer Einordnung unter den Dienstleistungsbegriff steht allerdings nicht per se entgegen, dass die Leistung durch staatliche Einrichtungen, z.B. Museen[83] erbracht wird, desgleichen, dass sie im Rahmen von Systemen sozialer Sicherheit erfolgt oder die Kostenüber-

---

(275); *Rolshoven*, „Beschränkungen" des freien Dienstleistungsverkehrs im Sinne von Artikel 49 Absatz 1 des EG-Vertrags, 2001, S. 33 f., 59 ff.

76 Vgl. EuGH, Urt. v. 27.9.1988, Rs. 263/86 (Humbel), Slg. 1988, 5365, Rn. 17; Urt. v. 7.12.1993, C-109/92, (Wirth), Slg. 1993, I-6447, Rn. 15.

77 Vgl. *Rolshoven*, „Beschränkungen" des freien Dienstleistungsverkehrs im Sinne von Artikel 49 Absatz 1 des EG-Vertrags, 2001, S. 37.

78 Vgl. EuGH, Urt. v. 26.4.1988, Rs. 352/85 (Bond van Adverteerders), Slg. 1988, 2085, Rn. 16; Urt. v. 11.4.2000, verb. Rs. C-51/96 und 191/97 (Deliège), Slg. 2000, I-2549, Rn. 56.

79 So im Fall EuGH, Urt. v. 12.7.2001, Rs. C-157/99 (Smits und Peerbooms), Slg. 2001, I-5473, Rn. 56 f.

80 Vgl. EuGH, Urt. v. 12.7.2001, Rs. C-157/99 (Smits und Peerbooms), Slg. 2001, I-5473, Rn. 50, 52.

81 Vgl. EuGH, Urt. v. 27.9.1988, Rs. 263/86 (Humbel), Slg. 1988, 5365, Rn. 19; Urt. v. 7.12.1993, C-109/92, (Wirth), Slg. 1993, I-6447, Rn. 15.

82 Vgl. EuGH, Urt. v. 27.9.1988, Rs. 263/86 (Humbel), Slg. 1988, 5365, Rn. 17; Urt. v. 7.12.1993, C-109/92, (Wirth), Slg. 1993, I-6447, Rn. 15.

83 EuGH, Urt. v. 15.3.1994, Rs. C-45/93 (Kommission/Spanien), Slg. 1994, I-911, Rn. 5 f.

nahme durch solche Systeme in Rede steht[84]. Ebenso ist unbeachtlich, dass die Gegenleistung zugunsten des Allgemeininteresses zweckgebunden ist oder dem Staatshaushalt zugeführt wird[85].

Eine ausdrückliche **Bereichsausnahme**[86] enthält der über Art. 55 EGV anwendbare **Art. 45 EGV** für Tätigkeiten, die in einem Mitgliedstaat dauernd oder zeitweise mit der Ausübung **öffentlicher Gewalt** verbunden sind. Nach der Rechtsprechung des EuGH ist diese Ausnahmevorschrift restriktiv auszulegen und auf das zu beschränken, was zur Wahrung der Interessen, die diese Bestimmung den Mitgliedstaaten zu schützen erlaubt, unbedingt erforderlich ist[87]. Ausländische Staatsangehörige dürfen lediglich von denjenigen Tätigkeiten ferngehalten werden, die eine unmittelbare und spezifische Teilnahme an der Ausübung öffentlicher Gewalt darstellen[88]. Nicht von Art. 45 EGV erfasst werden etwa die Tätigkeiten der Rechtsanwälte als Rechtsberater und Rechtsbeistand[89], die Tätigkeit einer Privatperson als Hauslehrer[90], Gutachtertätigkeiten von Privatsachverständigen[91] sowie private Sicherheitsdienste[92].

---

84 Vgl. EuGH, Urt. v. 28.4.1998, Rs. C-158/96 (Kohll), Slg. 1998, I-1931, Rn. 21; Urt. v. 12.7.2001, Rs. C-157/99 (Smits und Peerbooms), Slg. 2001, I-5473, Rn. 54; Urt. v. 12.7.2001, Rs. C-368/98 (Vanbraekel), Slg. 2001, I-5363, Rn. 42; Urt. v. 13.5.2003, Rs. C-385/99 (Müller-Fauré und van Riet), Slg. 2003, I-4509, Rn. 39. Der EuGH bezieht in diesem Zusammenhang Sachleistungssysteme ausdrücklich mit ein.

85 Vgl. EuGH, Urt. v. 24.3.1994, Rs. C-275/92 (Schindler), Slg. 1994, I-1039, Rn. 35.

86 Die Einordnung von Art. 45 EGV als Bereichsausnahme und nicht als Rechtfertigungsgrund ist str.; wie hier (Bereichsausnahme): *Arndt*, Europarecht, 7. Aufl. 2004, S. 181; *Müller-Graff*, in: Streinz, EUV/EGV, 2003, Art. 45 EGV, Rn. 1; *Pache*, Dienstleistungsfreiheit, in: Ehlers (Hrsg.), Europäische Grundrechte und Grundfreiheiten, 2003, S. 268 ff. (277); *Randelzhofer/Forsthoff*, in: Grabitz/Hilf, Das Recht der Europäischen Union, Band I (EUV/EGV), Stand Januar 2004, Art. 45 EGV, Rn. 3; a.A. (Rechtfertigungsgrund): *Hobe*, Europarecht, 2. Aufl. 2004, Rn. 320; *Rolshoven*, „Beschränkungen" des freien Dienstleistungsverkehrs im Sinne von Artikel 49 Absatz 1 des EG-Vertrags, 2001, S. 198; implizit auch *McDonald*, Der Begriff der Dienstleistung im europäischen Binnenmarkt und WTO-System (GATS), 2001, S. 71.

87 Vgl. EuGH, Urt. v. 15.3.1988, Rs. 147/86 (Kommission/Griechenland), Slg. 1988, 1637, Rn. 7; Urt. v. 29.10.1998, Rs. C-114/97 (Kommission/Spanien), Slg. 1998, I-6717, Rn. 34.

88 Vgl. EuGH, Urt. v. 21.6.1974, Rs. 2/74 (Reyners), Slg. 1974, 631, Rn. 44/45.

89 Vgl. EuGH, Urt. v. 21.6.1974, Rs. 2/74 (Reyners), Slg. 1974, 631, Rn. 51/53.

90 Vgl. EuGH, Urt. v. 15.3.1988, Rs. 147/86 (Kommission/Griechenland), Slg. 1988, 1637, Rn. 9.

91 Vgl. EuGH, Urt. v. 10.12.1991, Rs. C-306/89 (Kommission/Griechenland), Slg. I-1991, 5863, Rn. 7.

Schließlich macht der EuGH die Anwendung der Art. 49 ff. EGV nicht davon abhängig, wie eine Dienstleistung, die in einem Mitgliedstaat legal erbracht werden kann, moralisch zu bewerten ist[93].

Art. 50 Abs. 2 EGV nennt als Beispiele für (regelmäßig entgeltliche) Dienstleistungen gewerbliche, kaufmännische, handwerkliche und freiberufliche Tätigkeiten.

c) Grenzüberschreitung

Aus Art. 49 Abs. 1 und Art. 50 Abs. 3 EGV geht hervor, dass die Tätigkeit mit einer Grenzüberschreitung innerhalb der EU verbunden sein muss, um als Dienstleistung im Sinne des Kapitels über den freien Dienstleistungsverkehr eingeordnet werden zu können[94]. Hierbei sind nach der Auslegung des EuGH die im Folgenden darzustellenden drei Fälle zu unterscheiden, nämlich die Grenzüberschreitung des Leistenden, die Grenzüberschreitung des Leistungsempfängers und die Grenzüberschreitung nur der Dienstleistung.

aa) Grenzüberschreitung des Leistenden (aktive Dienstleistungsfreiheit)

Art. 49 Abs. 1 und Art. 50 Abs. 3 EGV zielen ihrem Wortlaut nach auf den Fall ab, dass sich der in einem Mitgliedstaat ansässige Leistende zum Zwecke des Leistungserbringung vorübergehend in den Mitgliedstaat des Leistungsempfängers begibt. Für eine solche Grenzüberschreitung des Leistenden hat die Literatur den Begriff der **aktiven Dienstleistungsfreiheit** geprägt[95]. Der

---

92 Vgl. EuGH, Urt. v. 29.10.1998, Rs. C-114/97 (Kommission/Spanien), Slg. 1998, I-6717, Rn. 39.

93 Vgl. EuGH, Urt. v. 4.11.1991, Rs. C-159/90 (Grogan), Slg. 1991, I-4685, Rn. 19-21.

94 Vgl. EuGH, Urt. v. 18.3.1980, Rs. 52/79 (Debauve), Slg. 1980, 833, Rn. 9; Urt. v. 26.2.1991, Rs. C-154/89 (Fremdenführer Frankreich), Slg. 1991, I-659, Rn. 9; Urt. v. 26.2.1991, Rs. C-180/89 (Fremdenführer Italien), Slg. 1991, I-709, Rn. 8; Urt. v. 26.2.1991, Rs. C-198/89 (Fremdenführer Griechenland), Slg. 1991, I-727, Rn. 9.

95 Vgl. etwa *Epiney/Meier/Mosters*, Europarecht II – Die Grundfreiheiten des EG-Vertrages, 2004, S. 75; *Hailbronner/Nachbaur*, Die Dienstleistungsfreiheit in der Rechtsprechung des EuGH, EuZW 1992, 105 ff. (108); *Herdegen*, Europarecht, 6. Aufl. 2004, Rn. 324; *Müller-Graff*, in: Streinz, EUV/EGV, 2003, Art. 49 EGV, Rn. 34; *Pache*, Dienstleistungsfreiheit, in: Ehlers (Hrsg.), Europäische Grundrechte und Grundfreiheiten, 2003, S. 268 ff. (276); *Rolshoven*, „Beschränkungen" des freien Dienstleistungsverkehrs im Sinne von Artikel 49 Absatz 1 des EG-Vertrags, 2001, S. 40; *Wolf*, Die Grundsätze der Rechtsprechung des EuGH im Bereich des Rechts gegen den unlauteren Wettbewerb, 2001, S. 68.

EuGH beschränkt den Anwendungsbereich der aktiven Dienstleistungsfreiheit allerdings nicht auf Fälle, in denen der Leistungsempfänger im Staat der Leistungserbringung ansässig ist. Nach Auffassung der Rechtsprechung zielt Art. 49 EGV nur darauf ab, die Beschränkungen der Dienstleistungsfreiheit solcher Personen zu beseitigen, die nicht in dem Staat niedergelassen sind, in dessen Gebiet die Dienstleistung erbracht werden soll; er greift dem gemäß immer dann ein, wenn ein Leistungserbringer Dienstleistungen in einem anderen Mitgliedstaat als demjenigen anbietet, in dem er niedergelassen ist, und zwar unabhängig vom Niederlassungsort der Empfänger[96]. Letztere können daher auch im selben Staat ansässig sein wie der Leistungserbringer, sofern nur die Dienstleistung mit einer Grenzüberschreitung des Leistenden verbunden ist.

bb) Grenzüberschreitung des Leistungsempfängers
(passive Dienstleistungsfreiheit)

Das von Art. 49 Abs. 1 und Art. 50 Abs. 3 EGV geforderte grenzüberschreitende Element liegt nach der Rechtsprechung des EuGH nicht nur bei Grenzüberschreitung des Leistenden vor, sondern auch dann, wenn sich der Leistungsempfänger in den Mitgliedstaat des Leistenden begibt; mithin umfasst der freie Dienstleistungsverkehr auch die Freiheit der Leistungsempfänger, sich zum Zwecke der Inanspruchnahme einer Dienstleistung in einen anderen Mitgliedstaat zu begeben, ohne durch Beschränkungen daran gehindert zu werden[97]. Damit erstreckt sich der sachliche Anwendungsbereich auch auf Grenzüberschreitungen durch den Leistungsempfänger, dessen Berechtigung in der Literatur als **passive Dienstleistungsfreiheit** bezeichnet wird[98]. In der

---

96   Vgl. EuGH, Urt. v. 26.2.1991, Rs. C-154/89 (Fremdenführer Frankreich), Slg. 1991, I-659, Rn. 9 f.; Urt. v. 26.2.1991, Rs. C-180/89 (Fremdenführer Italien), Slg. 1991, I-709, Rn. 8 f.; Urt. v. 26.2.1991, Rs. C-198/89 (Fremdenführer Griechenland), Slg. 1991, I-727, Rn. 9 f.

97   Vgl. grundlegend EuGH, Urt. v. 31.1.1984, verb. Rs. 286/82 und 26/83 (Luisi und Carbone), Slg. 1984, 377, Rn. 10, 16; ebenso z.B. Urt. v. 2.2.1989, Rs. 186/87 (Cowan), Slg. 1989, 195, Rn. 15; Urt. v. 28.4.1998, Rs. C-158/96 (Kohll), Slg. 1998, I-1931, Rn. 35; Urt. v. 24.11.1998, Rs. C-274/96 (Bickel und Franz), Slg. 1998, I-7637, Rn. 15; Urt. v. 19.1.1999, Rs. C-348/96 (Calfa), Slg. 1999, I-11, Rn. 16; Urt. v. 12.7.2001, Rs. C-157/99 (Smits und Peerbooms), Slg. 2001, I-5473, Rn. 69; Urt. v. 13.5.2003, Rs. C-385/99 (Müller-Fauré und van Riet), Slg. 2003, I-4509, Rn. 44.

98   Vgl. bereits *Ipsen*, Europäisches Gemeinschaftsrecht, 1972, S. 637; desgleichen etwa *Epiney/Meier/Mosters*, Europarecht II – Die Grundfreiheiten des EG-Vertrages, 2004, S. 75; *Fischer/Köck/Karollus*, Europarecht, 4. Aufl. 2002, Rn. 1665; *Hailbronner/Nachbaur*, Die Dienstleistungsfreiheit in der Rechtsprechung des EuGH, EuZW 1992, 105 ff. (108); *Herdegen*, Europarecht, 6. Aufl. 2004, Rn. 324; *Müller-Graff*, in:

Literatur wird in Anlehnung an die zur aktiven Dienstleistungsfreiheit ergangene Rechtsprechung auch für die passive Dienstleistungsfreiheit vertreten, dass hier Fälle miterfasst sind, in denen der Empfänger in einem anderen Mitgliedstaat die Leistung von einem Leistenden erhält, der im selben Mitgliedstaat ansässig ist wie der Empfänger[99].

cc) Grenzüberschreitung nur der Dienstleistung

Schließlich bezieht der EuGH auch Konstellationen in den Anwendungsbereich der Art. 49 ff. EGV ein, in denen lediglich die Dienstleistung selbst die Grenze zwischen Mitgliedstaaten überschreitet, während Leistender und Empfänger einen solchen Ortswechsel nicht vornehmen. Beispiele hierfür sind die Ausstrahlung von Fernsehsendungen einschließlich Kabelfernsehen und Fernsehwerbung[100], desgleichen die Verbreitung von Fernsehwerbung für einen in einem anderen Mitgliedstaat ansässigen Werbetreibenden[101], die Erbringung von Dienstleistungen für in anderen Mitgliedstaaten ansässige Anzeigenkunden[102], das grenzüberschreitende telefonische Angebot von Finanzdienstleis-

---

Streinz, EUV/EGV, 2003, Art. 49 EGV, Rn. 37; *Oppermann*, Europarecht, 2. Aufl. 1999, Rn. 1592, 1594; *Pache*, Dienstleistungsfreiheit, in: Ehlers (Hrsg.), Europäische Grundrechte und Grundfreiheiten, 2003, S. 268 ff. (276); *Randelzhofer/Forsthoff*, in: Grabitz/Hilf, Das Recht der Europäischen Union, Band I (EUV/EGV), Stand Januar 2004, Art. 49/50 EGV, Rn. 43; *Rolshoven*, „Beschränkungen" des freien Dienstleistungsverkehrs im Sinne von Artikel 49 Absatz 1 des EG-Vertrags, 2001, S. 42; *Wolf*, Die Grundsätze der Rechtsprechung des EuGH im Bereich des Rechts gegen den unlauteren Wettbewerb, 2001, S. 68.

99 So *Müller-Graff*, in: Streinz, EUV/EGV, 2003, Art. 49 EGV, Rn. 38; ohne Differenzierung zwischen aktiver und passiver Dienstleistungsfreiheit auch *Pache*, Dienstleistungsfreiheit, in: Ehlers (Hrsg.), Europäische Grundrechte und Grundfreiheiten, 2003, S. 268 ff. (273).

100 Vgl. EuGH, Urt. v. 30.4.1974, Rs. 155/73 (Sacchi), Slg. 1974, 409, Rn. 6; Urt. v. 18.6.1991, Rs. C-260/89 (ERT), Slg. 1991, I-2925, Rn. 13; Urt. v. 18.3.1980, Rs. 52/79 (Debauve), Slg. 1980, 833, Rn. 8; Urt. v. 5.10.1994, Rs. C-23/93 (TV 10), Slg. 1994, I-4795, Rn. 13. Von der Ausstrahlung der Sendung zu unterscheidenden ist hingegen der Handel mit den dafür erforderlichen Materialien, Tonträgern, Filmen und sonstigen Erzeugnissen, der unter den freien Warenverkehr fällt; s. hierzu unten B. II. 2. d) bb).

101 Vgl. EuGH, Urt. v. 26.4.1988, Rs. 352/85 (Bond van Adverteerders), Slg. 1988, 2085, Rn. 15; Urt. v. 9.7.1997, verb. Rs. C-34/96, C-35/96 und C-36/96 (de Agostini), Slg. 1997, I-3843, Rn. 48.

102 Vgl. EuGH, Urt. v. 11.7.2002, Rs. C-60/00 (Carpenter), Slg. 2002, I-6279, Rn. 29.

tungen[103] oder der Versand von Werbematerial für Lotterien in einen anderen Mitgliedstaat[104]. Allen Fällen ist gemeinsam, dass an die Stelle der Grenzüberschreitung durch den Leistenden oder den Empfänger zur Abwicklung der Dienstleistung eine (ggf. elektronisch-) postalische oder telekommunikative Korrespondenz tritt oder aber – wie im Falle der Ausstrahlung von Fernsehsendungen – eine Verbindung gänzlich unterbleibt.

d) Vorübergehende Leistungserbringung/Auffangtatbestand

Bei der Gewährleistung des freien Dienstleistungsverkehrs handelt es sich um eine eigenständige Grundfreiheit. Dennoch findet das Kapitel über die Dienstleistungsfreiheit gemäß Art. 50 Abs. 1 EGV nur insoweit auf Leistungen Anwendung, als diese nicht bereits den Vorschriften über den freien Waren- und Kapitalverkehr und die Freizügigkeit der Personen unterliegen. Ebenso bestimmt Art. 50 Abs. 3 EGV, dass der Leistende „unbeschadet des Kapitels über die Niederlassungsfreiheit" seine Tätigkeit „vorübergehend" im Staat der Leistungserbringung ausüben kann. Aus diesen Vorschriften geht hervor, dass Art. 49 ff. EGV subsidiär zur Anwendung kommen[105], weshalb in der Literatur auch von der Dienstleistungsfreiheit als einem „Auffangtatbestand" gesprochen wird[106]. Dies erfordert eine Abgrenzung der Dienstleistungsfreiheit zu den anderen Grundfreiheiten, die im Folgenden vorgenommen werden soll.

aa) Abgrenzung zur Niederlassungsfreiheit

Maßgebliches Abgrenzungskriterium der Dienstleistungsfreiheit zur Niederlassungsfreiheit ist das Tatbestandsmerkmal „vorübergehend" in Art. 50 Abs. 3

---

103 Vgl. EuGH, Urt. v. 10.5.1995, Rs. C-384/93 (Alpine Investments), Slg. 1995, I-1141, Rn. 20-22.

104 Vgl. EuGH, Urt. v. 24.3.1994, Rs. C-275/92 (Schindler), Slg. 1994, I-1039, Rn. 22-25, 37.

105 So EuGH, Urt. v. 30.11.1995, Rs. C-55/94 (Gebhard), Slg. 1995, I-4165, Rn. 22 im Verhältnis zur Niederlassungsfreiheit.

106 Vgl. *Epiney/Meier/Mosters*, Europarecht II – Die Grundfreiheiten des EG-Vertrages, 2004, S. 76; *Fischer/Köck/Karollus*, Europarecht, 4. Aufl. 2002, Rn. 1663; *Hobe*, Europarecht, 2. Aufl. 2004, Rn. 310; *Oppermann*, Europarecht, 2. Aufl. 1999, Rn. 1592; *Seidel*, Rundfunk, insbesondere Werbefunk und innergemeinschaftliche Dienstleistungsfreiheit, in: Bieber/Bleckmann/Capotorti (Hrsg.), Das Europa der zweiten Generation, Gedächtnisschrift für Christoph Sasse, Bd. 1, 1981, S. 351 ff., Fn. 1; vgl. auch *Herdegen*, Europarecht, 6. Aufl. 2004, Rn. 324: „lückenfüllende Funktion".

EGV. Die Abgrenzung ist in der Praxis bedeutungsvoll, um zu vermeiden, dass die Niederlassungsfreiheit einschränkende Berufsregelungen für in anderen Mitgliedstaaten ansässige Unternehmen unter Berufung auf die Dienstleistungsfreiheit umgangen werden[107]. Eine **Niederlassung** impliziert die Möglichkeit für einen Gemeinschaftsangehörigen, in **stabiler und kontinuierlicher Weise** am Wirtschaftsleben eines anderen Mitgliedstaates als seines Herkunftsstaates teilzunehmen und daraus Nutzen zu ziehen[108]. Wann demgegenüber eine nur **vorübergehende** Tätigkeit vorliegt, beurteilt sich nicht nur unter Berücksichtigung der **Dauer** der Leistung, sondern auch ihrer **Häufigkeit, regelmäßigen Wiederkehr oder Kontinuität**; der vorübergehende Charakter der Leistung schließt nicht die Möglichkeit für den Dienstleistungserbringer aus, sich im Aufnahmemitgliedstaat mit einer bestimmten Infrastruktur (einschließlich eines Büros, einer Praxis oder einer Kanzlei) auszustatten, soweit diese Infrastruktur für die Erbringung der fraglichen Leistung erforderlich ist[109]. Nach Auffassung des EuGH kann der Dienstleistungsbegriff der Art. 49 ff. EGV auch Tätigkeiten einschließen, deren Erbringung sich über einen längeren Zeitraum, **bis hin zu mehreren Jahren**, erstreckt, z.B. wenn es sich um Dienstleistungen handelt, die im Rahmen eines Großbauprojekts erbracht werden[110]. Ebenso können Leistungen, die ein in einem Mitgliedstaat ansässiger Wirtschaftsteilnehmer mehr oder weniger häufig oder regelmäßig, auch über einen längeren Zeitraum, für Personen erbringt, die in einem oder mehreren anderen Mitgliedstaaten niedergelassen sind, Dienstleistungen im Sinne des EG-Vertrages sein, etwa die entgeltliche Beratung oder Auskunftserteilung[111].

---

107 Vgl. zu diesem Umgehungsverbot EuGH, Urt. v. 3.12.1974, Rs. 33/74 (van Binsbergen), Slg. 1974, 1299, Rn. 10/12; Urt. v. 26.11.1975, Rs. 39/75 (Coenen), Slg. 1975, 1547, Rn. 9; Urt. v. 4.12.1986, Rs. 205/84 (Versicherungen Deutschland), Slg. 1986, 3755, Rn. 22.

108 Vgl. EuGH, Urt. v. 30.11.1995, Rs. C-55/94 (Gebhard), Slg. 1995, I-4165, Rn. 25; Urt. v. 13.2.2003, C-131/01, (Kommission/Italien), Slg. 2003, I-1659, Rn. 22.

109 Vgl. EuGH, Urt. v. 30.11.1995, Rs. C-55/94 (Gebhard), Slg. 1995, I-4165, Rn. 27; Urt. v. 21.3.2002, Rs. C-298/99 (Kommission/Italien), Slg. 2002, I-3129, Rn. 57; Urt. v. 13.2.2003, C-131/01, (Kommission/Italien), Slg. 2003, I-1659, Rn. 22; Urt. v. 11.12.2003, Rs. C-215/01 (Bruno Schnitzer), EuZW 2004, S. 94 ff., Rn. 28. Allerdings kann auch die Einrichtung eines schlichten Büros durch ein Versicherungsunternehmen anstelle einer Zweigniederlassung oder Agentur bereits eine ständige Präsenz im Sinne des Niederlassungsrechts begründen, vgl. EuGH, Urt. v. 4.12.1986, Rs. 205/84 (Versicherungen Deutschland), Slg. 1986, 3755, Rn. 21.

110 Vgl. EuGH, Urt. v. 11.12.2003, Rs. C-215/01 (Bruno Schnitzer), EuZW 2004, S. 94 ff., Rn. 30.

111 Vgl. EuGH, Urt. v. 11.12.2003, Rs. C-215/01 (Bruno Schnitzer), EuZW 2004, S. 94 ff., Rn. 30.

Angesichts dieses recht weitreichenden Verständnisses des Begriffs „vorübergehend" seitens des EuGH hat die Kommission in ihrem Richtlinienvorschlag KOM (2002) 119 vom 7.3.2002 über die Anerkennung von Berufsqualifikationen den Versuch unternommen, die Auslegungskriterien des Gerichtshofes strenger zu fassen und in Art. 5 Abs. 2 Unterabs. 1 des Vorschlags als Zeitkriterium für die „Erbringung von Dienstleistungen" eine berufliche Tätigkeit von **höchstens 16 Wochen pro Jahr** im Aufnahmestaat vorgeschlagen, wobei gemäß Art. 5 Abs. 2 Unterabs. 2 eine Einzelfallbewertung insbesondere unter Berücksichtigung der Dauer, der Häufigkeit, der regelmäßigen Wiederkehr und der Kontinuität der Dienstleistung nicht ausgeschlossen sein sollte[112].

bb) Abgrenzung zu den übrigen Grundfreiheiten

Hinsichtlich der Abgrenzung zur **Arbeitnehmerfreizügigkeit** (Art. 39 ff. EGV) wurde bereits auf das Kriterium der Selbstständigkeit als Kennzeichen für Dienstleistungen im Sinne der Art. 49 ff. EGV hingewiesen[113]. Liegt eine solche in selbstständiger Tätigkeit erbrachte Dienstleistung vor, unterfallen in der Folge auch die zu ihrer Verrichtung in einen anderen Mitgliedstaat entsandten Arbeitnehmer dem Kapitel über die Dienstleistungsfreiheit[114].

Im Verhältnis zum **freien Warenverkehr** (Art. 23 ff. EGV) wird eine Abgrenzung immer dann notwendig, wenn körperliche Gegenstände, welche unter die Warenverkehrsfreiheit fallen, mit dem Dienstleistungskapitel zuzuordnenden unkörperlichen Gegenständen zusammentreffen[115]. Hier unterscheidet der EuGH nach dem Bedeutungsgehalt des jeweiligen Bestandteils im Zusammenhang mit der Leistung. In den Fällen, in denen sich beide Elemente einer gemischten Leistung voneinander trennen lassen, wendet der

---

112 So Begr. Nr. 5 zu Art. 5 bis 9. Das Europäische Parlament und der Rat haben im weiteren Verlauf des Rechtssetzungsverfahrens die von der Kommission vorgeschlagene Zeitvorgabe von 16 Wochen als primäres Abgrenzungskriterium abgelehnt und rekurrieren lediglich auf die Einzelfallbeurteilung, vgl. hierzu Gemeinsamer Standpunkt des Rates vom 21.12.2004, Dok. Nr. 13781/2/04, Begr. Nr. 17. Näher zum Richtlinienvorschlag KOM (2002) 119 unten, Teil 4 C. III. 1.

113 S. oben B. II. 2. a).

114 Vgl. EuGH, Urt. v. 27.3.1990, Rs. C-113/89 (Rush Portuguesa), Slg. 1990, I-1417, Rn. 12.

115 Zu dieser Unterscheidung vgl. *Müller-Graff*, in: Streinz, EUV/EGV, 2003, Art. 49 EGV, Rn. 25; *Pache*, Dienstleistungsfreiheit, in: Ehlers (Hrsg.), Europäische Grundrechte und Grundfreiheiten, 2003, S. 268 ff. (279); *Randelzhofer/Forsthoff*, in: Grabitz/Hilf, Das Recht der Europäischen Union, Band I (EUV/EGV), Stand Januar 2004, Art. 49/50 EGV, Rn. 25 ff., 135.

EuGH auf den körperlichen Teil Art. 23 ff. EGV und auf den unkörperlichen Art. 49 ff. EGV an. Ein Beispiel hierfür sind Fernsehsendungen, bei denen die Ausstrahlung der Sendung als Dienstleistung eingestuft und der Handel mit den für die Ausstrahlung benutzten Materialien, Tonträgern, Filmen und sonstigen Erzeugnissen der Warenverkehrsfreiheit zugeordnet wird[116]. Gleiches gilt, wenn beide Elemente zwar eng miteinander verbunden sind, aber jeweils eine mehr als nur untergeordnete Bedeutung aufweisen, so etwa für Telekommunikationsdienstleistungen, bei denen die Lieferung der Geräte Art. 23 ff. EGV und die Bereitstellung von Know-how und die Installationsleistungen Art. 49 ff. EGV unterfallen[117]. In anderen Fällen unterbleibt eine solche Aufspaltung und nimmt der EuGH die Zuordnung nach dem Schwerpunkt des Leistungsinhalts vor, so dass, wie bereits unter B. II. 2. a) dargestellt, dem freien Dienstleistungsverkehr auch die Lieferung körperlicher Gegenstände zugeordnet wird, wenn sie als eine mit der Dienstleistung verbundene untergeordnete Begleitleistung anzusehen ist[118].

Im Hinblick auf den freien **Kapital- und Zahlungsverkehr** (Art. 56 ff. EGV) ist eine Abgrenzung dann klar möglich, wenn sich ein Vorgang aufspalten lässt und die Tätigkeiten zum einen Teil den Art. 49 ff. EGV und zum anderen den Art. 56 ff. EGV zuzuordnen sind. So unterfallen selbstständige Begleitmaßnahmen des Kapitaltransfers wie Aufträge über Börsengeschäfte oder die Abwicklung von Kontokorrentgeschäften im Zusammenhang mit einer Kreditgewährung der Dienstleistungsfreiheit[119]. In der Literatur werden als weitere Beispiele für solche Dienstleistungen etwa Beratungstätigkeiten von Banken, die Verwahrung von Wertpapieren oder die Vermietung eines Schließfachs genannt[120]. Nach der Rechtsprechung des EuGH können beide Grundfreiheiten allerdings auch parallel auf denselben Vorgang Anwendung finden, so z.B. wenn nationale Vorschriften die Gewährung einer Zinsvergütung aus öffentlichen Mitteln von der Niederlassung einer Bank in diesem Mitgliedstaat abhängig machen[121] oder von in einem anderen Mitgliedstaat

---

116 Vgl. EuGH, Urt. v. 30.4.1974, Rs. 155/73 (Sacchi), Slg. 1974, 409, Rn. 7.
117 Vgl. EuGH, Urt. v. 22.1.2002, C-390/99 (Canal Satélite), Slg. 2002, I-607, Rn. 32 f.
118 Vgl. EuGH, Urt. v. 24.3.1994, Rs. C-275/92 (Schindler), Slg. 1994, I-1039, Rn. 22-25, 37; Urt. v. 5.10.1994, Rs. C-55/93 (van Schaik), Slg. 1994, I-4837, Rn. 14.
119 Vgl. EuGH, Urt. v. 24.10.1978, Rs. 15/78 (Koestler), Slg. 1978, 1971, Rn. 3.
120 Vgl. *Pache*, Dienstleistungsfreiheit, in: Ehlers (Hrsg.), Europäische Grundrechte und Grundfreiheiten, 2003, S. 268 ff. (278); *Rolshoven*, „Beschränkungen" des freien Dienstleistungsverkehrs im Sinne von Artikel 49 Absatz 1 des EG-Vertrags, 2001, S. 62.
121 Vgl. EuGH, Urt. v. 14.11.1995, Rs. C-484/93 (Svensson und Gustavsson), Slg. 1995, I-3955, Rn. 7, 10-12, wo kurzfristige, mittelfristige und langfristige Darlehen sowie

ansässigen Zeitarbeitsunternehmen fordern, eine Sicherheit bei einem Kreditinstitut mit Sitz oder Zweigniederlassung im Inland zu stellen[122].

3. Beschränkungen der Dienstleistungsfreiheit

Art. 49 Abs. 1 EGV verbietet Beschränkungen des freien Dienstleistungsverkehrs. Desgleichen schreibt Art 50 Abs. 3 EGV vor, dass der Leistende seine Tätigkeit im Bestimmungsstaat unter den Voraussetzungen ausüben kann, welche dieser Staat für seine eigenen Angehörigen vorschreibt (Grundsatz der Inländergleichbehandlung[123]). Der EuGH unterscheidet bei den Beschränkungen des freien Dienstleistungsverkehrs zwischen diskriminierenden Maßnahmen einerseits und sonstigen, nichtdiskriminierenden Beschränkungen andererseits. Er entnimmt zunächst Art. 49 und Art. 50 Abs. 3 EGV ein Gebot zur Beseitigung von Diskriminierungen aufgrund der Staatsangehörigkeit oder der Ansässigkeit des Dienstleistenden[124]. Bei diesem handelt es sich um eine spezielle Ausprägung des allgemeinen Diskriminierungsverbots gemäß Art. 12 EGV[125]. Darüber hinaus leitet der EuGH aus Art. 49 EGV die Verpflichtung zur Aufhebung aller sonstigen Beschränkungen ab, welche die Erbringung von Dienstleistungen unterbinden, behindern oder weniger attraktiv ma-

---

Finanzkredite dem Kapitalverkehr zugeordnet und die Gewährung eines Baudarlehens zugleich als Dienstleistung eingestuft wurden. Im Hinblick auf die Kapitalverkehrsfreiheit lag hierbei die Beschwer beim Bankkunden, hinsichtlich der Dienstleistungsfreiheit auf Seiten der im Ausland ansässigen Bank.

122 Vgl. EuGH, Urt. v. 7.2.2002, Rs. C-279/00 (Kommission/Italien), Slg. 2002, I-1425, Rn. 36-38, wo der Gerichtshof ebenfalls die Kapitalverkehrsfreiheit des Unternehmens als Bankkunden und die Dienstleistungsfreiheit der im Ausland ansässigen Bank als verletzt ansah.

123 S. oben B. I. 1.

124 S. zur Rechtsgrundlage des Diskriminierungsverbots jeweils die Nachw. nachfolgend unter B. II. 3. a).

125 Vgl. EuGH, Urt. v. 2.2.1989, Rs. 186/87 (Cowan), Slg. 1989, 195, Rn. 14.

chen[126]. Insofern lässt sich von einem **umfassenden Beschränkungsverbot** sprechen[127].

Im Folgenden sollen die verschiedenen Formen von Beschränkungen näher dargestellt werden.

a) Diskriminierende Maßnahmen

Bei den diskriminierenden Maßnahmen ist zwischen offener Diskriminierung und versteckter Diskriminierung zu unterscheiden.

aa) Offene Diskriminierung

Im Hinblick auf die Verwirklichung des Grundsatzes der Nichtdiskriminierung hat der Rat in seinem am 18.12.1961 beschlossenen „Allgemeinen Programm zur Aufhebung der Beschränkungen des freien Dienstleistungsverkehrs"[128] unter Abschnitt III. A. Abs. 1 die erste Kategorie aufzuhebender Beschränkungen beschrieben als „jedes Verbot oder jede Behinderung der selbstständigen Tätigkeit des Leistungserbringers, die darin besteht, dass er aufgrund einer Rechts- oder Verwaltungsvorschrift eines Mitgliedstaates, aufgrund der Anwendung einer solchen Vorschrift oder aufgrund von Verwaltungspraktiken anders behandelt wird als die eigenen Staatsangehörigen".

Der EuGH nimmt in seinen Entscheidungen auf diese Definition Bezug und sieht eine solche offene Diskriminierung dann als gegeben an, wenn die betreffende Vorschrift den **Dienstleistenden** explizit aufgrund seiner **Staats-**

---

126 Vgl. etwa EuGH, Urt. v. 25.7.1991, Rs. C-76/90 (Säger), Slg. 1991, I-4221, Rn. 12; Urt. v. 9.8.1994, Rs. C-43/93 (van der Elst), Slg. 1994, I-3803, Rn. 14; Urt. v. 28.3.1996, Rs. C-272/94 (Guiot), Slg. 1996, I-1905, Rn. 10; Urt. v. 12.12.1996, Rs. C-3/95 (Broede), Slg. 1996, I-6511, Rn. 25; Urt. v. 5.6.1997, Rs. C-398/95 (SETTG), Slg. 1997, I-3091, Rn. 16; Urt. v. 9.7.1997, Rs. C-222/59 (Parodi), Slg. 1997, I-3899, Rn. 18; Urt. v. 23.11.1999, verb. Rs. C-369/96 und C-376/96 (Arblade und Leloup), Slg. 1999, I-8453, Rn. 33; Urt. v. 3.10.2000, Rs. C-58/98 (Corsten), Slg. 2000, I-7919, Rn. 33.

127 Vgl. *Epiney/Meier/Mosters*, Europarecht II – Die Grundfreiheiten des EG-Vertrages, 2004, S. 83; *Hailbronner/Nachbaur,* Die Dienstleistungsfreiheit in der Rechtsprechung des EuGH, EuZW 1992, 105 ff. (109); *Pache*, Dienstleistungsfreiheit, in: Ehlers (Hrsg.), Europäische Grundrechte und Grundfreiheiten, 2003, S. 268 ff. (283); *Rolshoven*, „Beschränkungen" des freien Dienstleistungsverkehrs im Sinne von Artikel 49 Absatz 1 des EG-Vertrags, 2001, S. 164; ähnlich *Arndt*, Europarecht, 7. Aufl. 2004, S. 181: „allgemeines Beschränkungsverbot".

128 ABl.EG 1962 Nr. 2/32.

angehörigkeit verschieden behandelt, sei es, dass sie ihm aus Gründen seiner Staatsangehörigkeit den Zugang zur Tätigkeit gänzlich verwehrt[129] oder an ihn belastende Anforderungen stellt[130], die für im Staatsgebiet ansässige Personen nicht gelten, sei es, dass die Regelung inländische Staatsangehörige bevorzugt[131]. Es handelt sich hierbei somit um Fälle entweder der Ausländerdiskriminierung oder der Inländerbevorzugung[132].

Das Diskriminierungsverbot erfasst nicht nur Vorschriften, die sich speziell auf die Ausübung der einschlägigen Berufstätigkeit beziehen, sondern auch solche betreffend verschiedene für die Ausübung der Tätigkeit **nützliche allgemeine Befugnisse**, beispielsweise die Befugnis, Rechte sowie bewegliches oder unbewegliches Vermögen zu erwerben, zu nutzen oder darüber zu verfügen, Anleihen aufzunehmen und Zugang zu Krediten zu erhalten; zu diesen Befugnissen rechnet der EuGH namentlich den Erwerb und die Miete von Sozialwohnungen und den Zugang zu vergünstigten Immobiliarkrediten[133].

Offene Diskriminierungen sind ferner zu Lasten des **Dienstleistungsempfängers**, also der passiven Dienstleistungsfreiheit möglich. Wie oben unter B. II. 2. c) bb) dargestellt, umfasst das Recht auf freien Dienstleistungsverkehr nach dem Verständnis des EuGH auch die Berechtigung des Dienstleistungsempfängers, sich zur Inanspruchnahme der Dienstleistung in einen anderen Mitgliedstaat zu begeben, ohne durch Beschränkungen daran gehindert zu werden. Unter dem Blickwinkel der Art. 49 ff. EGV relevante Diskriminierungen kommen hier in Betracht, wenn der Staat, in den sich der Empfänger begibt, oder ein dortiger Dienstleistungserbringer den Empfänger unter Anknüpfung an dessen Staatsangehörigkeit benachteiligt. Eine solche offene Diskriminierung liegt etwa dann vor, wenn der Anspruch auf eine staatliche Entschädigung für Opfer von Gewalttaten grundsätzlich nur den eigenen

---

129 Vgl. EuGH, Urt. v. 15.3.1988, Rs. 147/86 (Kommission/Griechenland), Slg. 1988, 1637, Rn. 18; Urt. v. 30.5.1989, Rs. 305/87 (Kommission/Griechenland), Slg. 1989, 1461, Rn. 27.

130 Vgl. EuGH, Urt. v. 3.12.1974, Rs. 33/74 (van Binsbergen), Slg. 1974, 1299, Rn. 10/12; Urt. v. 26.11.1975, Rs. 39/75 (Coenen), Slg. 1975, 1547, Rn. 5/7; Urt. v. 1.7.1993, Rs. C-20/92 (Hubbard), Slg. 1993, I-3777, Rn. 14 f.

131 Vgl. EuGH, Urt. v. 14.1.1988, Rs. 63/86 (Kommission/Italien), Slg. 1988, 29, Rn. 16; Urt. v. 16.7.1988, Rs. 38/87 (Kommission/Griechenland), Slg. 1988, 4415, Rn. 6, 12; Urt. v. 25.7.1991, Rs. C-58/90 (Kommission/Italien), Slg. 1991, I-4193, Rn. 9; Urt. v. 22.3.1994, Rs. C-375/92 (Fremdenführer Spanien), Slg. 1994, I-923, Rn. 9 f.

132 Die sog. Inländerdiskriminierung, bei der das grenzüberschreitende Element fehlt, wird freilich vom Gemeinschaftsrecht nicht erfasst.

133 Vgl. EuGH, Urt. v. 14.1.1988, Rs. 63/86 (Kommission/Italien), Slg. 1988, 29, Rn. 14 f., 20.

Staatsangehörigen vorbehalten ist[134] oder wenn ein Entgelt für den Besuch von Museen nur von ausländischen Staatsangehörigen erhoben wird[135].

bb) Versteckte Diskriminierung

Die zweite Kategorie aufzuhebender Beschränkungen bilden nach Abschnitt III. A. Abs. 3 des zitierten Allgemeinen Programms des Rates vom 18.12.1961 „Voraussetzungen, von denen die Erbringung von Dienstleistungen aufgrund einer Rechts- oder Verwaltungsvorschrift oder aufgrund von Verwaltungspraktiken abhängt, soweit diese Voraussetzungen zwar unabhängig von der Staatsangehörigkeit gelten, jedoch ausschließlich oder vorwiegend Ausländer bei der Erbringung dieser Dienstleistung behindern".

Solche sog. versteckten Diskriminierungen beruhen nach Auffassung des EuGH folglich auf sonstigen, scheinbar neutralen Kriterien, die **tatsächlich zum selben Ergebnis führen** wie das Anknüpfungsmerkmal der Staatsangehörigkeit[136]. Eine besondere Bedeutung erlangen hier die Fälle der **Diskriminierung** des Dienstleistenden **aufgrund der Ansässigkeit**[137], die daran anknüpfen, dass ein Unternehmen oder eine natürliche Person in einem anderen Mitgliedstaat als dem Staat der Leistungserbringung ansässig ist[138]. Auch in diesem Bereich sind Diskriminierungen des **Dienstleistungsempfängers** durch den fremden Mitgliedstaat möglich, z.B. wenn die Zahl der Liegeplätze, die an gebietsfremde Bootseigner vergeben werden dürfen, beschränkt ist[139].

---

134 Vgl. EuGH, Urt. v. 2.2.1989, Rs. 186/87 (Cowan), Slg. 1989, 195, Rn. 20, allerdings unter Heranziehung des allgemeinen Diskriminierungsverbots des Art. 7 EWG-Vertrag (= Art. 12 EGV).

135 Vgl. EuGH, Urt. v. 15.3.1994, Rs. C-45/93 (Kommission/Spanien), Slg. 1994, I-911, Rn. 10.

136 Vgl. EuGH, Urt. v. 3.2.1982, verb. Rs. 62/81 und 63/81 (Seco), Slg. 1982, 223, Rn. 8.

137 Für eine Zuordnung der Ansässigkeitsfälle zu den versteckten Diskriminierungen auch *Müller-Graff*, in: Streinz, EUV/EGV, 2003, Art. 49 EGV, Rn. 78 ff.; *Tiedje/Troberg*, in: von der Groeben/Schwarze, Kommentar zum Vertrag über die Europäische Union und zur Gründung der Europäischen Gemeinschaft, Band 1, 6. Aufl. 2003, Art. 49 EGV, Rn. 43 ff.

138 Vgl. etwa EuGH, Urt. v. 18.1.1979, verb. Rs. 110/78 und 111/78 (van Wesemael), Slg. 1979, 35, Rn. 27; Urt. v. 17.12.1981, 279/80 (Webb), Slg. 1981, 3305, Rn. 14; Urt. v. 25.7.1991, Rs. C-288/89 (Mediawet I), Slg. 1991, I-4007, Rn. 10; Urt. v. 20.5.1992, Rs. C-106/91 (Ramrath), Slg. 1992, I-3351, Rn. 27; Urt. v. 4.5.1993, Rs. C-17/92 (Distribuidores Cinematogràficos), Slg. 1993, I-2239, Rn. 15; Urt. v. 14.11.1995, Rs. C-484/93 (Svensson und Gustavsson), Slg. 1995, I-3955, Rn. 12, 15.

139 Vgl. EuGH, Urt. v. 29.4.1999, Rs. C-224/97 (Ciola), Slg. 1999, I-2517, Rn. 13 f.

Allerdings erfolgt die Einordnung der Ansässigkeitsfälle durch den EuGH nicht eindeutig und einheitlich[140]. Während er in den in Fn. 138 zitierten Entscheidungen ausdrücklich von einer Diskriminierung ausgeht, spricht er anderorts von „Beschränkungen" durch Anforderungen, die an den Leistenden namentlich aufgrund seiner Staatsangehörigkeit oder wegen des Fehlens eines Wohnsitzes bzw. ständigen Aufenthalts im Staat der Leistungserbringung gestellt werden[141]. Wiederum in anderen Fällen unterbleibt diese Gleichsetzung mit dem – diskriminierenden – Staatsangehörigkeitskriterium und werden mit der Ansässigkeit zusammenhängende Regelungen, namentlich Niederlassungserfordernisse, unzweideutig den nachfolgend darzustellenden sonstigen Beschränkungen zugeordnet[142].

b) Sonstige, nichtdiskriminierende Beschränkungen

Gemäß dem Verständnis von Art. 49 Abs. 1 EGV als umfassendem Beschränkungsverbot erfasst diese Vorschrift alle sonstigen Beschränkungen, welche die Erbringung von Dienstleistungen unterbinden, behindern oder weniger attraktiv machen[143]. Der EuGH stuft eine Vielzahl verschiedenartiger einzelstaatlicher Maßnahmen als solche Beschränkungen ein. Diese lassen sich wie folgt systematisieren:

- **Tätigkeitsverbote oder Tätigkeitsvorbehalte zugunsten bestimmter Personen:** Eine sonstige, nichtdiskriminierende Beschränkung im Sinne der Rechtsprechung liegt zunächst dann vor, wenn die Ausübung der Dienstleistungstätigkeit, die im Bestimmungsstaat grundsätzlich verboten oder nur bestimmten Personen bzw. Vereinigungen vorbehalten ist. Beispiele hierfür bilden etwa Verbote zur Veranstaltung von Lotterien und sonstigen Glücksspielen durch gewerbliche, nichtstaatliche Leis-

---

140 Vgl. hierzu auch *Rolshoven*, „Beschränkungen" des freien Dienstleistungsverkehrs im Sinne von Artikel 49 Absatz 1 des EG-Vertrags, 2001, S. 151 ff., der in den Ansässigkeitsfällen eine eigenständige Diskriminierungsform erblickt.
141 Vgl. EuGH, Urt. v. 3.12.1974, Rs. 33/74 (van Binsbergen), Slg. 1974, 1299, Rn. 10/12, 24/26; Urt. v. 26.11.1975, Rs. 39/75 (Coenen), Slg. 1975, 1547, Rn. 5/7.
142 S. unter B. II. 3. b): „Niederlassungserfordernisse". *Hailbronner/Nachbaur*, Die Dienstleistungsfreiheit in der Rechtsprechung des EuGH, EuZW 1992, 105 ff. (111 f.) sehen hierin die Tendenz des EuGH, künftig nur noch zwischen offenen Diskriminierungen und sonstigen Beschränkungen unterscheiden zu wollen.
143 Vgl. die Nachw. in Fn. 126.

tungserbringer[144] oder das Verbot des eigenen Staates an einen Finanzdienstleister, mit Privatleuten im Wege des sog. „cold calling", d.h. ohne deren vorherige schriftliche Zustimmung telefonisch Kontakt aufzunehmen, um ihnen Dienstleistungen auf dem Gebiet der Warenterminverträge anzubieten[145].

- **Niederlassungserfordernisse:** Ebenfalls eine sonstige Beschränkung stellt das Erfordernis dar, im Staat der Leistungserbringung eine feste Niederlassung zu haben und/oder hierfür eine gesonderte Zulassung einzuholen[146]. Nach Auffassung des EuGH bedeutet das Erfordernis einer Zulassung eine Beschränkung der Dienstleistungsfreiheit, das Erfordernis einer festen Niederlassung aber praktisch die Negation dieser Freiheit.

- **Genehmigungs- und Eintragungspflichten sowie Mitgliedschaften:** Abgesehen von Zulassungserfordernissen für Niederlassungen im Bestimmungsstaat beschränken auch sonstige **Genehmigungspflichten** den freien Dienstleistungsverkehr. Dies gilt etwa für das Erfordernis, zur Ausübung der Dienstleistungstätigkeit eine Erlaubnis einzuholen, die an den Nachweis einer bestimmten **beruflichen Qualifikation**, z.B. ein Diplom, geknüpft ist[147]. In diesen Fällen sieht der EuGH sowohl die Dienstleistungsfreiheit der Leistungserbringer als auch der Empfänger als behindert an. Im Zusammenhang mit dem Nachweis von Berufsqualifikationen zwecks Anerkennung im Bestimmungsstaat zeitigt auch die

---

144 Vgl. EuGH, Urt. v. 24.3.1994, Rs. C-275/92 (Schindler), Slg. 1994, I-1039, Rn. 39 f.; Urt. v. 21.9.1999, Rs. C-124/97 (Läärä), Slg. 1999, I-6067, Rn. 29; Urt. v. 21.10.1999, Rs. C-67/98 (Zenatti), Slg. 1999, I-7289, Rn. 26 f.

145 Vgl. EuGH, Urt. v. 10.5.1995, Rs. C-384/93 (Alpine Investments), Slg. 1995, I-1141, Rn. 28.

146 Vgl. EuGH, Urt. v. 10.2.1982, Rs. 76/81 (Transporoute), Slg. 1982, 417, Rn. 14; Urt. v. 4.12.1986, Rs. 205/84 (Versicherungen Deutschland), Slg. 1986, 3755, Rn. 28, 52, 68; Urt. v. 4.12.1986, Rs. 220/83 (Versicherungen Frankreich), Slg. 1986, 3663, Rn. 25; Urt. v. 4.12.1986, Rs. 252/83 (Versicherungen Dänemark), Slg. 1986, 3713, Rn. 22; Urt. v. 4.12.1986, Rs. 206/84 (Versicherungen Irland), Slg. 1986, 3817, Rn. 25; Urt. v. 28.1.1992, Rs. C-204/90 (Bachmann), Slg. 1992, I-249, Rn. 32; Urt. v. 28.1.1992, Rs. C-300/90 (Kommission/Belgien), Slg. 1992, I-305, Rn. 23; Urt. v. 6.6.1996, Rs. C-101/94 (Kommission/Italien), Slg. 1996, I-2691, Rn. 31; Urt. v. 9.7.1997, Rs. C-222/59 (Parodi), Slg. 1997, I-3899, Rn. 31; Urt. v. 13.2.2003, C-131/01 (Kommission/Italien), Slg. 2003, I-1659, Rn. 42.

147 Vgl. EuGH, Urt. v. 26.2.1991, Rs. C-154/89 (Fremdenführer Frankreich), Slg. 1991, I-659, Rn. 13; Urt. v. 26.2.1991, Rs. C-180/89 (Fremdenführer Italien), Slg. 1991, I-709, Rn. 16; Urt. v. 26.2.1991, Rs. C-198/89 (Fremdenführer Griechenland), Slg. 1991, I-727, Rn. 17; Urt. v. 25.7.1991, Rs. C-76/90 (Säger), Slg. 1991, I-4221, Rn. 14.

generelle Verpflichtung zur Vorlage eines **Originaldiploms** oder einer **beglaubigten Kopie** desselben beeinträchtigende Wirkung[148].

Außer solchen Genehmigungserfordernissen stellen ferner Pflichten zur **Eintragung** in inländische Verzeichnisse oder Register, z.B. in ein Register für Patentanwälte[149], ein Unternehmensregister[150], ein Register für Anbieter von Diensten mit Zugangsberechtigung[151] oder eine **Handwerksrolle**[152] Hindernisse für den freien Dienstleistungsverkehr dar.

Beschränkend wirkt sich schließlich auch die **Pflichtmitgliedschaft** in einer berufsständischen Kammer aus, beispielsweise wenn einem Tierarzt die Aufnahme in die Tierärztekammer rechtswidrig verweigert wird und er in der Folge mangels Eintrags in das Kammerverzeichnis wegen unbefugter Ausübung des Tierarztberufs strafrechtlich verfolgt wird[153].

- **Verbot der Ausstattung mit Infrastruktur:** Wie bereits oben unter B. II. 2. d) aa) in Abgrenzung zur Niederlassungsfreiheit dargelegt, schließt der für Dienstleistungen konstitutive vorübergehende Charakter nicht die Möglichkeit für den Dienstleistungserbringer aus, sich im Aufnahmemitgliedstaat mit einer bestimmten Infrastruktur (einschließlich eines Büros, einer Praxis oder einer Kanzlei) auszustatten, soweit diese Infrastruktur für die Erbringung der fraglichen Leistung erforderlich ist[154]. Ein entsprechendes Verbot schränkt mithin den freien Dienstleistungsverkehr ein.

---

148 Vgl. EuGH, Urt. v. 21.3.2002, Rs. C-298/99 (Kommission/Italien), Slg. 2002, I-3129, Rn. 71.
149 Vgl. EuGH, Urt. v. 13.2.2003, C-131/01 (Kommission/Italien), Slg. 2003, I-1659, Rn. 27.
150 Vgl. EuGH, Urt. v. 8.6.2000, C-264/99 (Kommission/Italien), Slg. 2000, I-4417, Rn. 14.
151 Vgl. EuGH, Urt. v. 22.1.2002, C-390/99 (Canal Satélite), Slg. 2002, I-607, Rn. 29.
152 Vgl. EuGH, Urt. v. 3.10.2000, Rs. C-58/98 (Corsten), Slg. 2000, I-7919, Rn. 34; EuGH, Urt. v. 11.12.2003, Rs. C-215/01 (Bruno Schnitzer), EuZW 2004, S. 94 ff., Rn. 34; ebenso Urt. v. 9.3.2000, Rs. C-358/98 (Kommission/Italien), Slg. 2000, I-1255, Rn. 18 betr. Verpflichtung zur Eintragung in ein Handelsregister oder eine Handwerksrolle.
153 Vgl. EuGH, Urt. v. 15.12.1983, Rs. 5/83 (Rienks), Slg. 1983, 4233, Rn. 11.
154 Vgl. EuGH, Urt. v. 30.11.1995, Rs. C-55/94 (Gebhard), Slg. 1995, I-4165, Rn. 27; Urt. v. 21.3.2002, Rs. C-298/99 (Kommission/Italien), Slg. 2002, I-3129, Rn. 57; Urt. v. 13.2.2003, C-131/01 (Kommission/Italien), Slg. 2003, I-1659, Rn. 22; Urt. v. 11.12.2003, Rs. C-215/01 (Bruno Schnitzer), EuZW 2004, S. 94 ff., Rn. 28.

- **Anwendung innerstaatlicher Vorschriften:** Eine Beschränkung liegt auch dann vor, wenn innerstaatliche Vorschriften, die alle im Inland ansässigen Personen erfassen, auf im Gebiet eines anderen Mitgliedstaates ansässige Erbringer von Dienstleistungen angewandt werden, die bereits den Rechtsvorschriften dieses Mitgliedstaats genügen müssen[155]. Dies gilt namentlich für die Anwendung von Vorschriften für niedergelassene, d.h. dauerhaft im Bestimmungsstaat ansässige Unternehmen, auf zeitlich begrenzte Dienstleistungstätigkeiten[156].

- **insbesondere: Beschränkungen im Baubereich:** Die o.g. Hindernisse durch Niederlassungserfordernisse, Genehmigungspflichten und die Anwendung des Rechts des Bestimmungsstaates wirken sich insbesondere auch auf Dienstleistungen im Zusammenhang mit der Entsendung von Arbeitnehmern im Baubereich aus. Mit speziellem Bezug auf diese Dienstleistungen sieht der EuGH eine Beschränkung als gegeben an, wenn die grenzüberschreitende Überlassung von Arbeitnehmern davon abhängig gemacht wird, dass in anderen Mitgliedstaaten niedergelassene Bauunternehmen über einen **Sitz** oder zumindest eine **Niederlassung** im Inland verfügen müssen[157]. Eine Beeinträchtigung durch Genehmigungspflichten erblickt der EuGH darin, dass einem in einem anderen Mitgliedstaat ansässigen Unternehmen die bußgeldbewehrte Verpflichtung auferlegt wird, für ordnungsgemäß und dauerhaft bei diesem Unternehmen beschäftigte **Arbeitnehmer**, die **Angehörige von Drittstaaten** sind, zwecks Erbringung der Dienstleistung eine **Arbeitserlaubnis** einzuholen und hierfür die Kosten zu tragen[158]. Ferner spielen im Kontext der Arbeitnehmerentsendung Belastungen eine Rolle, die durch eine Verdopplung sonstiger Verpflichtungen des Dienstleistungserbringers entstehen, beispielsweise durch die Pflicht zur **Entrichtung von Arbeit-**

---

155 Vgl. EuGH, Urt. v. 25.7.1991, Rs. C-288/89 (Mediawet I), Slg. 1991, I-4007, Rn. 12; Urt. v. 9.7.1997, verb. Rs. C-34/96, C-35/96 und C-36/96 (de Agostini), Slg. 1997, I-3843, Rn. 51.

156 Vgl. EuGH, Urt. v. 17.12.1981, 279/80 (Webb), Slg. 1981, 3305, Rn. 16; Urt. v. 4.12.1986, Rs. 205/84 (Versicherungen Deutschland), Slg. 1986, 3755, Rn. 26; ebenso Urt. v. 4.12.1986, Rs. 220/83 (Versicherungen Frankreich), Slg. 1986, 3663, Rn. 26; Urt. v. 25.7.1991, Rs. C-76/90 (Säger), Slg. 1991, I-4221, Rn. 13; Urt. v. 3.10.2000, Rs. C-58/98 (Corsten), Slg. 2000, I-7919, Rn. 43.

157 Vgl. EuGH, Urt. v. 25.10.2001, Rs. C-493/99 (Kommission/Deutschland), Slg. 2001, I-8163, Rn. 18.

158 Vgl. EuGH, Urt. v. 9.8.1994, Rs. C-43/93 (vander Elst), Slg. 1994, I-3803, Rn. 12, 26.

geberbeiträgen im Bestimmungsstaat zusätzlich zu den im Ansässigkeitsstaat bereits geleisteten Beiträgen[159].

- **Rechtsformzwang:** Eine weitere Beschränkungskategorie bilden Verpflichtungen, zur Regelung des Dienstleistungsverhältnisses zwischen den Beteiligten bestimmte Vertragsformen zu verwenden, so etwa die zwingende Vorgabe an Reisebüros, Fremdenführer aus anderen Mitgliedstaaten im Rahmen eines Arbeitsverhältnisses zu beschäftigen, wodurch der Abschluss eines Dienstleistungsvertrags verhindert wird[160].

- insbesondere: Beschränkungen der passiven Dienstleistungsfreiheit: Im Hinblick auf die passive Dienstleistungsfreiheit kommen als sonstige, nichtdiskriminierende Beschränkungen solche Beeinträchtigungen in Betracht, die der Dienstleistungsempfänger durch einen anderen Mitgliedstaat erfährt. Als Beispiel seien hier erneut die Fremdenführerfälle genannt, in denen der EuGH die einem Fremdenführer durch den Bestimmungsstaat auferlegte Verpflichtung, eine Erlaubnis einzuholen, um in diesem Staat seine Tätigkeit auszuüben, auch als Behinderung der passiven Dienstleistungsfreiheit der Empfänger angesehen hat[161].

Bedeutung erlangen im Zusammenhang mit nichtdiskriminierenden Maßnahmen darüber hinaus Beschränkungen der passiven Dienstleistungsfreiheit, die durch den eigenen Mitgliedstaat des Dienstleistungsempfängers veranlasst sind. Hier seien in erster Linie diejenigen vom EuGH zu entscheidenden Fälle genannt, welche die Übernahme von Kosten für in einem anderen Mitgliedstaat durchgeführte stationäre oder ambulante ärztliche Behandlungen betrafen. Der EuGH hat Regelungen, welche die Kostenerstattung von einer vorherigen Genehmigung der Krankenkasse abhängig machen, als Behinderungen der passiven Dienstleistungsfreiheit eingestuft; diese Spruchpraxis betrifft sowohl die (zahn)ärztliche Behandlung außerhalb eines Krankenhauses[162] als

---

159 Vgl. EuGH, Urt. v. 3.2.1982, verb. Rs. 62/81 und 63/81 (Seco), Slg. 1982, 223, Rn. 9; Urt. v. 28.3.1996, Rs. C-272/94 (Guiot), Slg. 1996, I-1905, Rn. 14 f.; Urt. v. 23.11.1999, verb. Rs. C-369/96 und C-376/96 (Arblade und Leloup), Slg. 1999, I-8453, Rn. 50.

160 Vgl. EuGH, Urt. v. 5.6.1997, Rs. C-398/95 (SETTG), Slg. 1997, I-3091, Rn. 17-19.

161 Vgl. EuGH, Urt. v. 26.2.1991, Rs. C-154/89 (Fremdenführer Frankreich), Slg. 1991, I-659, Rn. 13; Urt. v. 26.2.1991, Rs. C-180/89 (Fremdenführer Italien), Slg. 1991, I-709, Rn. 16; Urt. v. 26.2.1991, Rs. C-198/89 (Fremdenführer Griechenland), Slg. 1991, I-727, Rn. 17; ebenso im Urt. v. 25.7.1991, Rs. C-76/90 (Säger), Slg. 1991, I-4221, Rn. 14 betreffend Unternehmer, die für Patentinhaber Dienstleistungen erbringen, und die Patentinhaber selber.

162 Vgl. EuGH, Urt. v. 28.4.1998, Rs. C-158/96 (Kohll), Slg. 1998, I-1931, Rn. 34 f.

auch die medizinische Versorgung in einem Krankenhaus[163]. In den Krankenhausfällen sah der EuGH darüber hinaus auch die Dienstleistungsfreiheit der Leistungserbringer als beeinträchtigt an. Ebenso wie dem Genehmigungserfordernis spricht der Gerichtshof einer Regelung beschränkende Wirkung zu, die im Land der Versicherungszugehörigkeit einen geringeren Erstattungsbetrag für eine Krankenhausdienstleistung vorsieht, wenn diese in einem anderen Mitgliedstaat erbracht wurde und nach den dortigen Regelungen nur der entsprechend niedrigere Betrag zu erstatten wäre; in diesem Fall ist dem Leistungsempfänger eine ergänzende Erstattung des Differenzbetrags zu gewähren[164].

Beschränkungen durch den eigenen Staat des Leistungsempfängers liegen ferner dann vor, wenn die Nutzung bestimmter Möglichkeiten zum Steuerabzug durch Versicherte davon abhängig gemacht wird, dass der Versicherer im betreffenden Mitgliedstaat niedergelassen ist[165] oder wenn Abgaben auf Geräte erhoben werden, die der Empfänger zur Inanspruchnahme einer Dienstleistung aus einem anderen Mitgliedstaat benötigt, z.B. Parabolantennen für den Empfang von Fernsehsendungen[166].

Schließlich hat der EuGH eine Beeinträchtigung der Dienstleistungsfreiheit auch in der Ausweisungsverfügung gegen die Ehefrau des Dienstleistungserbringers gesehen, da die Trennung der Eheleute sich nachteilig auf ihr Familienleben und damit auf die Bedingungen auswirken würde, unter denen der Dienstleistungserbringer seine Grundfreiheit wahrnehme[167].

4. Rechtfertigung von Beschränkungen

Beschränkungen des freien Dienstleistungsverkehrs sind nur dann gerechtfertigt, wenn ein Rechtfertigungsgrund vorliegt und die weiteren Voraussetzungen der Rechtfertigung, insbesondere der Grundsatz der Verhältnismäßigkeit, gewahrt sind.

---

163 Vgl. EuGH, Urt. v. 12.7.2001, Rs. C-157/99 (Smits und Peerbooms), Slg. 2001, I-5473, Rn. 69; Urt. v. 13.5.2003, Rs. C-385/99 (Müller-Fauré und van Riet), Slg. 2003, I-4509, Rn. 44.

164 Vgl. EuGH, Urt. v. 12.7.2001, Rs. C-368/98 (Vanbraekel), Slg. 2001, I-5363, Rn. 53.

165 Vgl. EuGH, Urt. v. 28.1.1992, Rs. C-204/90 (Bachmann), Slg. 1992, I-249, Rn. 31; Urt. v. 28.1.1992, Rs. C-300/90 (Kommission/Belgien), Slg. 1992, I-305, Rn. 22.

166 Vgl. EuGH, Urt. v. 29.11.2001, Rs. C-17/00 (de Coster), Slg. 2001, I-9445, Rn. 33. Auch hier sah der EuGH (Rn. 34 f.) gleichfalls eine Beeinträchtigung des Leistungserbringers als gegeben.

167 Vgl. EuGH, Urt. v. 11.7.2002, Rs. C-60/00 (Carpenter), Slg. 2002, I-6279, Rn. 39.

a) Rechtfertigung gemäß Art. 55 i.V.m. Art. 46 EGV

Art. 46 Abs. 1 EGV, auf den Art. 55 EGV verweist, gestattet die Anwendung von Rechts- und Verwaltungsvorschriften, die Sonderregelungen für Ausländer vorsehen und aus Gründen der öffentlichen Ordnung, Sicherheit oder Gesundheit gerechtfertigt sind. Wie sich dem Tatbestand des Art. 46 Abs. 1 EGV entnehmen lässt, können folglich auch **diskriminierende Vorschriften** gerechtfertigt sein, und zwar sowohl offene als auch versteckte Diskriminierungen, beispielsweise solche aufgrund der Ansässigkeit[168]; damit erfasst die Regelung sämtliche Formen von Beschränkungen der Dienstleistungsfreiheit[169].

Die in Art. 46 Abs. 1 EGV genannten Rechtfertigungsgründe sind nach der Rechtsprechung des EuGH eng auszulegen[170]. Zwar billigt der Gerichtshof den Mitgliedstaaten bei der Bestimmung des Verständnisses der Begriffe **öffentliche Ordnung** und **öffentliche Sicherheit** angesichts zu berücksichtigender nationaler und zeitlicher Unterschiede einen Beurteilungsspielraum zu[171]. Dennoch können diese beiden Rechtfertigungsgründe jeweils nur dann geltend gemacht werden, wenn sie sich als erforderlich erweisen, nämlich weil eine tatsächliche und hinreichend schwere Gefährdung vorliegt, die ein Grundinteresse der Gesellschaft berührt[172]. Rein wirtschaftliche Ziele können Beschränkungen der Dienstleistungsfreiheit unter Berufung auf Art. 46 Art. 1 EGV nicht rechtfertigen[173].

---

168 Vgl. EuGH, Urt. v. 26.4.1988, Rs. 352/85 (Bond van Adverteerders), Slg. 1988, 2085, Rn. 32; Urt. v. 18.6.1991, Rs. C-260/89 (ERT), Slg. 1991, I-2925, Rn. 24; Urt. v. 25.7.1991, Rs. C-288/89 (Mediawet I), Slg. 1991, I-4007, Rn. 11; Urt. v. 16.12.1992, Rs. C-211/91 (Kommission/Belgien), Slg. 1992, I-6757, Rn. 11; Urt. v. 14.11.1995, Rs. C-484/93 (Svensson-Gustavsson), Slg. 1995, I-3955, Rn. 15.

169 Die Anwendung auf nichtdiskriminierende Beschränkungen ist unstreitig, vgl. *Randelzhofer/Forsthoff*, in: Grabitz/Hilf, Das Recht der Europäischen Union, Band I (EUV/EGV), Stand Januar 2004, Art. 49/50 EGV, Rn. 129.

170 Vgl. EuGH, Urt. v. 4.12.1974, Rs. 41/74 (van Duyn), Slg. 1974, 1337, Rn. 18/19; Urt. v. 18.6.1991, Rs. C-260/89 (ERT), Slg. 1991, I-2925, Rn. 24; Urt. v. 19.1.1999, Rs. C-348/96 (Calfa), Slg. 1999, I-11, Rn. 23.

171 Vgl. EuGH, Urt. v. 4.12.1974, Rs. 41/74 (van Duyn), Slg. 1974, 1337, Rn. 18/19.

172 Vgl. für die öffentliche Ordnung EuGH, Urt. v. 27.10.1977, Rs. 30/77 (Bouchereau), Slg. 1977, 1999, Rn. 35; Urt. v. 19.1.1999, Rs. C-348/96 (Calfa), Slg. 1999, I-11, Rn. 21; Urt. v. 9.3.2000, Rs. C-355/98 (Kommission/Belgien), Slg. 2000, I-1221, Rn. 28; für die öffentliche Sicherheit Urt. v. 29.10.1998, Rs. C-114/97 (Kommission/Spanien), Slg. 1998, I-6717, Rn. 44 f.

173 Vgl. EuGH, Urt. v. 26.4.1988, Rs. 352/85 (Bond van Adverteerders), Slg. 1988, 2085, Rn. 34; Urt. v. 25.7.1991, Rs. C-288/89 (Mediawet I), Slg. 1991, I-4007,

Beispiele für der öffentlichen Ordnung und öffentlichen Sicherheit zuzuordnende Interessen enthält Art. 3 Abs. 4 der Richtlinie 2000/31/EG („E-Commerce-Richtlinie")[174] für den Bereich der Dienste der Informationsgesellschaft. Demnach umfasst die öffentliche Ordnung „insbesondere Verhütung, Ermittlung, Aufklärung und Verfolgung von Straftaten, einschließlich des Jugendschutzes und der Bekämpfung der Hetze aus Gründen der Rasse, des Geschlechts, des Glaubens oder der Nationalität, sowie von Verletzungen der Menschenwürde einzelner Personen". Zur öffentlichen Sicherheit wird auch die Wahrung nationaler Sicherheits- und Verteidigungsinteressen gezählt.

Mit Blick auf den Rechtfertigungsgrund der **öffentlichen Gesundheit** kann das Ziel, eine qualitativ hochwertige, ausgewogene sowie allen zugängliche ärztliche und klinische Versorgung aufrechtzuerhalten, Anerkennung finden, soweit es zur Erzielung eines hohen Gesundheitsschutzes beiträgt; dies berechtigt insbesondere dazu, den freien Dienstleistungsverkehr im Bereich der ärztlichen und klinischen Versorgung einzuschränken, soweit die Erhaltung eines bestimmten Umfangs der medizinischen und pflegerischen Versorgung oder eines bestimmten Niveaus der Heilkunde im Inland für die Gesundheit oder sogar für das Überleben ihrer Bevölkerung erforderlich ist[175]. In diesem Sinne hält der EuGH eine Genehmigungspflicht für die Kostenerstattung bei Krankenhausbehandlungen im Ausland für gerechtfertigt[176], nicht hingegen bei Behandlungen außerhalb eines Krankenhauses[177].

Mit den o.g. Begrenzungen der Rechtfertigungswirkung auf erforderliche Maßnahmen verdeutlicht der EuGH, dass im Rahmen von Art. 46 Abs. 1 EGV der **Grundsatz der Verhältnismäßigkeit** zu beachten ist[178]. Entspre-

---

Rn. 11; Urt. v. 4.5.1993, Rs. C-17/92 (Distribuidores Cinematogràficos), Slg. 1993, I-2239, Rn. 21; Urt. v. 14.11.1995, Rs. C-484/93 (Svensson-Gustavsson), Slg. 1995, I-3955, Rn. 15.

174 Vom 8.6.2000, ABl.EG 2000 Nr. L 178/1.

175 Vgl. EuGH, Urt. v. 28.4.1998, Rs. C-158/96 (Kohll), Slg. 1998, I-1931, Rn. 50 f.; Urt. v. 12.7.2001, Rs. C-157/99 (Smits und Peerbooms), Slg. 2001, I-5473, Rn. 73 f.; Urt. v. 13.5.2003, Rs. C-385/99 (Müller-Fauré und van Riet), Slg. 2003, I-4509, Rn. 67.

176 Vgl. EuGH, Urt. v. 12.7.2001, Rs. C-157/99 (Smits und Peerbooms), Slg. 2001, I-5473, Rn. 80, 108; Urt. v. 13.5.2003, Rs. C-385/99 (Müller-Fauré und van Riet), Slg. 2003, I-4509, Rn. 81, 109.

177 Vgl. EuGH, Urt. v. 28.4.1998, Rs. C-158/96 (Kohll), Slg. 1998, I-1931, Rn. 53 f.; Urt. v. 13.5.2003, Rs. C-385/99 (Müller-Fauré und van Riet), Slg. 2003, I-4509, Rn. 108 f., hier allerdings primär unter dem Gesichtspunkt einer Rechtfertigung durch zwingende Gründe des Allgemeininteresses.

178 So für Art. 36 EWG-Vertrag (= Art. 30 EGV) explizit EuGH, Urt. v. 4.10.1991, Rs. C-367/89 (Richardt), Slg. 1991, I-4621, Rn. 25.

chend verlangt der Gerichtshof, dass auf Art. 46 Abs. 1 EGV gestützte Maßnahmen nicht über das hinausgehen, was zu diesem Zweck objektiv notwendig ist, und dass das gleiche Ergebnis nicht durch weniger einschneidende Regelungen erreicht werden kann[179].

b) Rechtfertigung durch zwingende Gründe des Allgemeininteresses

Außer durch Art. 55 i.V.m. Art. 46 EGV können Beschränkungen der Dienstleistungsfreiheit auch durch zwingende Gründe des Allgemeininteresses gerechtfertigt sein. Hierbei handelt es sich um einen ungeschriebenen, richterrechtlich entwickelten Rechtfertigungsgrund[180]. Damit eine auf zwingende Gründe des Allgemeininteresses gestützte Beschränkung zulässig ist, müssen folgende Voraussetzungen gegeben sein:

- Vorliegen eines zwingenden Grundes des Allgemeininteresses
- Fehlen einer gemeinschaftsrechtlichen Regelung
- allgemeine Geltung im Bestimmungsstaat
- Fehlen von Schutzvorschriften im Herkunftsstaat des Leistenden
- Einhaltung des Verhältnismäßigkeitsgrundsatzes

Im Folgenden sollen diese Voraussetzungen im Einzelnen dargestellt werden.

aa) Vorliegen eines zwingenden Grundes des Allgemeininteresses

Der EuGH hat eine Vielzahl von zwingenden Gründen des Allgemeininteresses anerkannt. Als solche kommen insbesondere in Betracht:

- der **Schutz der Dienstleistungsempfänger bzw. Verbraucher**[181], welcher u.a. die Anwendung von Vorschriften des Bestimmungsstaates, bei-

---

179 Vgl. EuGH, Urt. v. 12.7.2001, Rs. C-157/99 (Smits und Peerbooms), Slg. 2001, I-5473, Rn. 75; Urt. v. 13.5.2003, Rs. C-385/99 (Müller-Fauré und van Riet), Slg. 2003, I-4509, Rn. 68.

180 Vgl. als frühe Beispiele, in denen allerdings der exakte Terminus der „zwingenden Gründen des Allgemeininteresses" noch nicht verwendet wird, EuGH, Urt. v. 3.12.1974, Rs. 33/74 (van Binsbergen), Slg. 1974, 1299, Rn. 10/12; Urt. v. 26.11.1975, Rs. 39/75 (Coenen), Slg. 1975, 1547, Rn. 9; Urt. v. 18.1.1979, verb. Rs. 110/78 und 111/78 (van Wesemael), Slg. 1979, 35, Rn. 28.

181 Vgl. etwa EuGH, Urt. v. 18.1.1979, verb. Rs. 110/78 und 111/78 (van Wesemael), Slg. 1979, 35, Rn. 28; Urt. v. 4.12.1986, Rs. 205/84 (Versicherungen Deutschland), Slg. 1986, 3755, Rn. 30; Urt. v. 4.12.1986, Rs. 220/83 (Versicherungen Frankreich),

spielsweise die Einhaltung von Berufs- und Standesregeln erfordern kann;

- **Berufsregeln** betreffend Organisation, Befähigung, Berufspflichten, Kontrolle, Verantwortlichkeit und Haftung[182]; damit verbunden die **Vermeidung einer Umgehung** der Vorschriften, die für im Bestimmungsstaat ansässige Leistungserbringer verbindlich sind, unter Berufung auf den freien Dienstleistungsverkehr[183];
- der soziale **Schutz der Arbeitnehmer**[184];
- der **Schutz geistigen Eigentums**[185];
- der **Gläubigerschutz**[186];
- die Sicherung der **Funktionsfähigkeit der Rechtspflege**[187];
- die **Kohärenz des Steuersystems**[188];
- die Gefährdung des **finanziellen Gleichgewichts des Systems der sozialen Sicherheit**, beispielsweise im Bereich des Gesundheitswesens[189];

Slg. 1986, 3663, Rn. 20; Urt. v. 4.12.1986, Rs. 252/83 (Versicherungen Dänemark), Slg. 1986, 3713, Rn. 20; Urt. v. 4.12.1986, Rs. 206/84 (Versicherungen Irland), Slg. 1986, 3817, Rn. 20; Urt. v. 26.2.1991, Rs. C-180/89 (Fremdenführer Italien), Slg. 1991, I-709, Rn. 20; Urt. v. 26.2.1991, Rs. C-198/89 (Fremdenführer Griechenland), Slg. 1991, I-727, Rn. 21; Urt. v. 25.7.1991, Rs. C-288/89 (Mediawet I), Slg. 1991, I-4007, Rn. 27; Urt. v. 24.3.1994, Rs. C-275/92 (Schindler), Slg. 1994, I-1039, Rn. 58; Urt. v. 9.7.1997, verb. Rs. C-34/96, C-35/96 und C-36/96 (de Agostini), Slg. 1997, I-3843, Rn. 53; Urt. v. 3.10.2000, Rs. C-58/98 (Corsten), Slg. 2000, I-7919, Rn. 38; Urt. v. 22.1.2002, C-390/99 (Canal Satélite), Slg. 2002, I-607, Rn. 34.

182 Vgl. EuGH, Urt. v. 3.12.1974, Rs. 33/74 (van Binsbergen), Slg. 1974, 1299, Rn. 10/12.

183 Vgl. EuGH, Urt. v. 3.12.1974, Rs. 33/74 (van Binsbergen), Slg. 1974, 1299, Rn. 10/12; Urt. v. 26.11.1975, Rs. 39/75 (Coenen), Slg. 1975, 1547, Rn. 9; Urt. v. 4.12.1986, Rs. 205/84 (Versicherungen Deutschland), Slg. 1986, 3755, Rn. 22.

184 Vgl. EuGH, Urt. v. 17.12.1981, 279/80 (Webb), Slg. 1981, 3305, Rn. 19; Urt. v. 3.2.1982, verb. Rs. 62/81 und 63/81 (Seco), Slg. 1982, 223, Rn. 10; Urt. v. 28.3.1996, Rs. C-272/94 (Guiot), Slg. 1996, I-1905, Rn. 21.

185 Vgl. EuGH, Urt. v. 18.3.1980, Rs. 62/79 (Coditel), Slg. 1980, 881, Rn. 15.

186 Vgl. EuGH, Urt. v. 12.12.1996, Rs. C-3/95 (Broede), Slg. 1996, I-6511, Rn. 36.

187 Vgl. EuGH, Urt. v. 3.12.1974, Rs. 33/74 (van Binsbergen), Slg. 1974, 1299, Rn. 14/16; Urt. v. 12.12.1996, Rs. C-3/95 (Broede), Slg. 1996, I-6511, Rn. 36.

188 Vgl. EuGH, Urt. v. 28.1.1992, Rs. C-204/90 (Bachmann), Slg. 1992, I-249, Rn. 28; Urt. v. 28.1.1992, Rs. C-300/90 (Kommission/Belgien), Slg. 1992, I-305, Rn. 21; Urt. v. 16.7.1998, Rs. C-264/96 (ICI), Slg. 1998, I-4695, Rn. 29.

- die **Erhaltung des historischen und künstlerischen Erbes**[190], die Aufwertung der künstlerischen, archäologischen und historischen Reichtümer und die bestmögliche Verbreitung von Kenntnissen über das künstlerische und kulturelle Erbe des Mitgliedstaates der Leistungserbringung[191];

- Ziele der **Kulturpolitik**[192], die insbesondere im Zusammenhang mit dem Rundfunkwesen verfolgt werden;

- die Aufrechterhaltung des **guten Rufs des nationalen Finanzsektors**[193];

- im Zusammenhang mit Glücksspielen ferner der **Schutz der Sozialordnung** und die **Prävention von Straftaten** wie etwa Betrug[194].

In Anlehnung an die Rechtsprechung zur Warenverkehrsfreiheit[195] wäre ergänzend auch für den Bereich des freien Dienstleistungsverkehrs der **Umweltschutz** als rechtfertigender Grund anzuerkennen.

Erwägungen, die nach Auffassung des EuGH **keine** zwingenden Gründe des Allgemeininteresses beinhalten, sind:

- rein **wirtschaftliche Ziele**, die wie im Falle von Art. 46 Abs. 1 EGV[196] auch für diesen ungeschriebenen Rechtfertigungsgrund nicht ausreichen[197];

---

189 Vgl. EuGH, Urt. v. 28.4.1998, Rs. C-158/96 (Kohll), Slg. 1998, I-1931, Rn. 41; Urt. v. 12.7.2001, Rs. C-157/99 (Smits und Peerbooms), Slg. 2001, I-5473, Rn. 72; Urt. v. 13.5.2003, Rs. C-385/99 (Müller-Fauré und van Riet), Slg. 2003, I-4509, Rn. 73. In diesen Fällen zog der EuGH für den Erhalt des finanziellen Gleichgewichts der Sozialsysteme den ungeschriebenen Rechtfertigungsgrund heran, während für die Aufrechterhaltung der ärztlichen und klinischen Versorgung Art. 46 Abs. 1 EGV einschlägig war, vgl. oben B. II. 4. a), Fn. 175.

190 Vgl. EuGH, Urt. v. 26.2.1991, Rs. C-180/89 (Fremdenführer Italien), Slg. 1991, I-709, Rn. 20.

191 Vgl. EuGH, Urt. v. 26.2.1991, Rs. C-154/89 (Fremdenführer Frankreich), Slg. 1991, I-659, Rn. 20 f.; Urt. v. 26.2.1991, Rs. C-198/89 (Fremdenführer Griechenland), Slg. 1991, I-727, Rn. 24.

192 Vgl. EuGH, Urt. v. 25.7.1991, Rs. C-288/89 (Mediawet I), Slg. 1991, I-4007, Rn. 23, 27; Urt. v. 5.10.1994, Rs. C-23/93 (TV 10), Slg. 1994, I-4795, Rn. 19; s. auch Urt. v. 18.1.1979, verb. Rs. 110/78 und 111/78 (van Wesemael), Slg. 1979, 35, Rn. 28.

193 Vgl. EuGH, Urt. v. 10.5.1995, Rs. C-384/93 (Alpine Investments), Slg. 1995, I-1141, Rn. 44.

194 Vgl. EuGH, Urt. v. 24.3.1994, Rs. C-275/92 (Schindler), Slg. 1994, I-1039, Rn. 57-60.

195 Vgl. etwa EuGH, Urt. v. 20.9.1988, Rs. 302/86 (Kommission/Dänemark), Slg. 1988, 4607, Rn. 8 f.

- **Erwägungen administrativer Art**[198];
- technische Unterschiede in der Verwaltung der Systeme, die dem sozialen Schutz der Arbeitnehmer dienen[199].

bb) Fehlen einer gemeinschaftsrechtlichen Regelung

Eine Rechtfertigung der Beschränkung, die das mitgliedstaatliche Recht bewirkt, durch zwingende Gründe des Allgemeininteresses kommt nur insoweit in Betracht, als der auf nationaler Ebene geregelte Bereich **nicht bereits Gegenstand einer Harmonisierung** durch gemeinschaftsrechtliche Rechtshandlungen geworden ist[200]. Die Zuständigkeit der Mitgliedstaaten zur Regelung des Allgemeininteresses ist somit vom Tätigwerden der EU-Institutionen und der Reichweite dieser Koordinierungsmaßnahmen abhängig.

cc) Allgemeine Geltung im Bestimmungsstaat

Nächste Voraussetzung einer Rechtfertigung durch zwingende Gründe des Allgemeininteresses ist, dass die einschlägigen nationalen Regelungen für sämtliche im Hoheitsgebiet des Bestimmungsstaates tätigen Personen oder

---

196 S. oben B. II. 4. a), Fn. 173.

197 Vgl. EuGH, Urt. v. 5.6.1997, Rs. C-398/95 (SETTG), Slg. 1997, I-3091, Rn. 23; Urt. v. 28.4.1998, Rs. C-158/96 (Kohll), Slg. 1998, I-1931, Rn. 41; Urt. v. 13.5.2003, Rs. C-385/99 (Müller-Fauré und van Riet), Slg. 2003, I-4509, Rn. 72.

198 Vgl. EuGH, Urt. v. 4.12.1986, Rs. 205/84 (Versicherungen Deutschland), Slg. 1986, 3755, Rn. 54 im Anschluss an Urt. v. 3.2.1983, Rs. 29/82 (van Luipen), Slg. 1983, 151, Rn. 12, welches Art. 30, 34 EWG-Vertrag (= Art. 28, 29 EGV) betraf; ferner Urt. v. 26.1.1999, Rs. C-18/95 (Terhoeve), Slg. 1999, I-345, Rn. 45; Urt. v. 23.11.1999, verb. Rs. C-369/96 und C-376/96 (Arblade und Leloup), Slg. 1999, I-8453, Rn. 37; Urt. v. 3.10.2000, Rs. C-58/98 (Corsten), Slg. 2000, I-7919, Rn. 42.

199 Vgl. EuGH, Urt. v. 28.3.1996, Rs. C-272/94 (Guiot), Slg. 1996, I-1905, Rn. 21; d.h. die Rechtfertigungswirkung bezieht sich nur auf den sozialen Schutz selbst, nicht auf verwaltungstechnische Fragen.

200 Vgl. EuGH, Urt. v. 18.3.1980, Rs. 52/79 (Debauve), Slg. 1980, 833, Rn. 15; Urt. v. 4.12.1986, Rs. 205/84 (Versicherungen Deutschland), Slg. 1986, 3755, Rn. 39, 41, 46; Urt. v. 3.10.1990, Rs. C-61/89 (Bouchoucha), Slg. 1990, I-3551, Rn. 12; Urt. v. 7.5.1991, C-340/89 (Vlassopoulou), Slg. 1991, I-2357, Rn. 9; Urt. v. 7.5.1992, C-104/91 (Colegio Oficial de Agentes), Slg. 1992, I-3003, Rn. 7; Urt. v. 9.7.1997, Rs. C-222/59 (Parodi), Slg. 1997, I-3899, Rn. 32.

Unternehmen gelten[201]. Diese Anforderung wirft die Frage auf, inwieweit der ungeschriebene Rechtfertigungsgrund außer auf sonstige, nichtdiskriminierende Beschränkungen auch auf **diskriminierende Maßnahmen** Anwendung finden kann. Die Rechtsprechung des EuGH erweist sich diesbezüglich als unklar. So wird zwar eine Rechtfertigung in einer Reihe von Urteilen davon abhängig gemacht, dass die nationalen Regelungen bzw. Maßnahmen „in nichtdiskriminierender Weise angewandt werden"[202]. An anderer Stelle hält der EuGH innerstaatliche Vorschriften, die nicht unterschiedslos auf alle Dienstleistungen ohne Rücksicht auf deren Ursprung[203] oder auf den Wohnsitz des Empfängers[204] anwendbar sind und die somit diskriminierend sind, mit dem Gemeinschaftsrecht nur dann für vereinbar, wenn sie unter die ausdrücklich abweichende Bestimmung des Art. 46 EGV fallen[205]. Andererseits sieht sich der EuGH trotz des Umstands, dass die entschiedenen Fälle regelmäßig versteckte oder Ansässigkeitsdiskriminierungen zum Gegenstand haben[206], nicht daran gehindert, die Prüfung des ungeschriebenen Rechtfertigungsgrundes zwingender Gründe des Allgemeininteresses vorzunehmen, obwohl dieser, die Nichtanwendbarkeit bei (sämtlichen) Diskriminierungen vorausgesetzt, in solchen Fällen gar nicht in Betracht zu ziehen wäre. Daher erscheint

---

201 Vgl. etwa EuGH, Urt. v. 4.12.1986, Rs. 205/84 (Versicherungen Deutschland), Slg. 1986, 3755, Rn. 27; Urt. v. 26.2.1991, Rs. C-154/89 (Fremdenführer Frankreich), Slg. 1991, I-659, Rn. 14; Urt. v. 26.2.1991, Rs. C-180/89 (Fremdenführer Italien), Slg. 1991, I-709, Rn. 17; Urt. v. 26.2.1991, Rs. C-198/89 (Fremdenführer Griechenland), Slg. 1991, I-727, Rn. 18; Urt. v. 25.7.1991, Rs. C-76/90 (Säger), Slg. 1991, I-4221, Rn. 15; Urt. v. 5.6.1997, Rs. C-398/95 (SETTG), Slg. 1997, I-3091, Rn. 21; Urt. v. 9.7.1997, Rs. C-222/59 (Parodi), Slg. 1997, I-3899, Rn. 21; Urt. v. 23.11.1999, verb. Rs. C-369/96 und C-376/96 (Arblade und Leloup), Slg. 1999, I-8453, Rn. 34; Urt. v. 3.10.2000, Rs. C-58/98 (Corsten), Slg. 2000, I-7919, Rn. 35.

202 EuGH, Urt. v. 31.3.1993, Rs. C-19/92 (Kraus), Slg. 1993, I-1663, Rn. 32; Urt. v. 30.11.1995, Rs. C-55/94 (Gebhard), Slg. 1995, I-4165, Rn. 37, 39; Urt. v. 12.12.1996, Rs. C-3/95 (Broede), Slg. 1996, I-6511, Rn. 28; Urt. v. 9.3.1999, C-212/97 (Centros), Slg. 1999, I-1459, Rn. 34.

203 Vgl. EuGH, Urt. v. 26.4.1988, Rs. 352/85 (Bond van Adverteerders), Slg. 1988, 2085, Rn. 32 f.; Urt. v. 25.7.1991, Rs. C-288/89 (Mediawet I), Slg. 1991, I-4007, Rn. 11.

204 Vgl. EuGH, Urt. v. 29.4.1999, Rs. C-224/97 (Ciola), Slg. 1999, I-2517, Rn. 16.

205 So im Ergebnis auch EuGH, Urt. v. 18.6.1991, Rs. C-260/89 (ERT), Slg. 1991, I-2925, Rn. 24; Urt. v. 16.12.1992, Rs. C-211/91 (Kommission/Belgien), Slg. 1992, I-6757, Rn. 11; Urt. v. 14.11.1995, Rs. C-484/93 (Svensson-Gustavsson), Slg. 1995, I-3955, Rn. 15.

206 Dies gilt insbesondere für die in Fn. 147 genannten frühen Entscheidungen, in denen der EuGH das Instrument entwickelt hat. Diese hatten jeweils Ansässigkeitsdiskriminierungen zum Gegenstand.

es vertretbar, eine Rechtfertigung durch zwingende Gründe des Allgemeininteresses nur bei offenen Diskriminierungen für ausgeschlossen, bei versteckten Diskriminierungen einschließlich solchen aufgrund der Ansässigkeit hingegen für möglich zu halten[207].

dd) Fehlen von Schutzvorschriften im Herkunftsstaat des Leistenden

Weiterhin setzt der EuGH für eine Rechtfertigung voraus, dass dem Allgemeininteresse nicht bereits durch die Rechtsvorschriften Rechnung getragen ist, denen der Leistungserbringer in dem Staat unterliegt, in dem er ansässig ist[208]. Dieses Erfordernis bringt das **Herkunftslandprinzip** zum Ausdruck[209] und soll eine Verdopplung der Anforderungen an den Dienstleistungserbringer vermeiden helfen, die sich daraus ergibt, dass der Betroffene zusätzlich zu den Vorschriften seines Herkunftsstaates den oben unter B. II. 3. b) genannten beschränkenden Regelungen des Bestimmungsstaates unterliegt.

---

207 So auch *Müller-Graff*, in: Streinz, EUV/EGV, 2003, Art. 49 EGV, Rn. 103 f.; *Randelzhofer/Forsthoff*, in: Grabitz/Hilf, Das Recht der Europäischen Union, Band I (EUV/EGV), Stand Januar 2004, vor Art. 39-55 EGV, Rn. 139 f. (m.w.N. auch zur Gegenansicht) und Art. 49/50 EGV, Rn. 129; *Rolshoven*, „Beschränkungen" des freien Dienstleistungsverkehrs im Sinne von Artikel 49 Absatz 1 des EG-Vertrags, 2001, S. 206 ff. Bedenkt man zusätzlich, dass sich die Grenzen des Bereichs versteckter Diskriminierungen angesichts der uneindeutigen Zuordnung der Ansässigkeitsfälle, s. oben B. II. 3. a) bb), durch den EuGH nicht klar bestimmen lassen, scheint ein auf offene Diskriminierungen beschränkter Ausschluss einer Rechtfertigung umso plausibler.

208 Vgl. etwa EuGH, Urt. v. 18.1.1979, verb. Rs. 110/78 und 111/78 (van Wesemael), Slg. 1979, 35, Rn. 28; Urt. v. 17.12.1981, 279/80 (Webb), Slg. 1981, 3305, Rn. 17; Urt. v. 4.12.1986, Rs. 205/84 (Versicherungen Deutschland), Slg. 1986, 3755, Rn. 27; Urt. v. 26.2.1991, Rs. C-154/89 (Fremdenführer Frankreich), Slg. 1991, I-659, Rn. 15; Urt. v. 26.2.1991, Rs. C-180/89 (Fremdenführer Italien), Slg. 1991, I-709, Rn. 18; Urt. v. 26.2.1991, Rs. C-198/89 (Fremdenführer Griechenland), Slg. 1991, I-727, Rn. 19; Urt. v. 25.7.1991, Rs. C-76/90 (Säger), Slg. 1991, I-4221, Rn. 15; Urt. v. 25.7.1991, Rs. C-288/89 (Mediawet I), Slg. 1991, I-4007, Rn. 13; Urt. v. 9.8.1994, Rs. C-43/93 (vander Elst), Slg. 1994, I-3803, Rn. 16; Urt. v. 28.3.1996, Rs. C-272/94 (Guiot), Slg. 1996, I-1905, Rn. 10; Urt. v. 23.11.1999, verb. Rs. C-369/96 und C-376/96 (Arblade und Leloup), Slg. 1999, I-8453, Rn. 34; Urt. v. 3.10.2000, Rs. C-58/98 (Corsten), Slg. 2000, I-7919, Rn. 35.

209 Vgl. *Müller-Graff*, in: Streinz, EUV/EGV, 2003, Art. 49 EGV, Rn. 112 f.

ee) Einhaltung des Verhältnismäßigkeitsgrundsatzes

Schließlich macht der EuGH eine Rechtfertigung davon abhängig, dass die Beschränkung dem Grundsatz der Verhältnismäßigkeit genügt. Dieser gehört zu den allgemeinen Grundsätzen des Gemeinschaftsrechts[210]. Welche Elemente die Verhältnismäßigkeitsprüfung umfasst, bestimmt die Rechtsprechung allerdings nicht einheitlich. So schließt die Prüfung in einer Reihe von Urteilen die Kriterien der Geeignetheit und Erforderlichkeit ein, indem an die Gründe des Allgemeininteresses die Anforderung gestellt wird, dass sie zur Erreichung des verfolgten Zieles **geeignet** sind und nicht über das hinausgehen, was zur Erreichung dieses Zieles **erforderlich** ist[211]. An anderer Stelle bleibt die Geeignetheit unerwähnt und wird nur auf das Erforderlichkeitskriterium abgestellt, welches mit der Forderung umschrieben wird, dass das gleiche Ergebnis nicht durch weniger einschränkende Bestimmungen erreicht werden kann[212]; z.T. wird ergänzend oder alternativ gefordert, dass die Anforderungen **sachlich geboten** sind[213]. Besonders einschneidende Maßnahmen wie etwa

---

210 Vgl. EuGH, Urt. v. 11.7.1989, Rs. 265/87 (Schräder), Slg. 1989, 2237, Rn. 21.

211 Vgl. etwa EuGH, Urt. v. 25.7.1991, Rs. C-288/89 (Mediawet I), Slg. 1991, I-4007, Rn. 15; Urt. v. 31.3.1993, Rs. C-19/92 (Kraus), Slg. 1993, I-1663, Rn. 32; Urt. v. 30.11.1995, Rs. C-55/94 (Gebhard), Slg. 1995, I-4165, Rn. 37, 39; Urt. v. 12.12.1996, Rs. C-3/95 (Broede), Slg. 1996, I-6511, Rn. 28; Urt. v. 5.6.1997, Rs. C-398/95 (SETTG), Slg. 1997, I-3091, Rn. 21; Urt. v. 9.3.1999, C-212/97 (Centros), Slg. 1999, I-1459, Rn. 34; Urt. v. 23.11.1999, verb. Rs. C-369/96 und C-376/96 (Arblade und Leloup), Slg. 1999, I-8453, Rn. 35; EuGH, Urt. v. 3.10.2000, Rs. C-58/98 (Corsten), Slg. 2000, I-7919, Rn. 39; Urt. v. 11.12.2003, Rs. C-215/01 (Bruno Schnitzer), EuZW 2004, S. 94 ff., Rn. 35.

212 So etwa EuGH, Urt. v. 4.12.1986, Rs. 205/84 (Versicherungen Deutschland), Slg. 1986, 3755, Rn. 29; Urt. v. 4.12.1986, Rs. 252/83 (Versicherungen Dänemark), Slg. 1986, 3713, Rn. 19; Urt. v. 26.2.1991, Rs. C-154/89 (Fremdenführer Frankreich), Slg. 1991, I-659, Rn. 15; Urt. v. 26.2.1991, Rs. C-180/89 (Fremdenführer Italien), Slg. 1991, I-709, Rn. 18; Urt. v. 26.2.1991, Rs. C-198/89 (Fremdenführer Griechenland), Slg. 1991, I-727, Rn. 19; Urt. v. 28.3.1996, Rs. C-272/94 (Guiot), Slg. 1996, I-1905, Rn. 13.

213 So etwa EuGH, Urt. v. 4.12.1986, Rs. 205/84 (Versicherungen Deutschland), Slg. 1986, 3755, Rn. 27; Urt. v. 4.12.1986, Rs. 220/83 (Versicherungen Frankreich), Slg. 1986, 3663, Rn. 19; Urt. v. 4.12.1986, Rs. 252/83 (Versicherungen Dänemark), Slg. 1986, 3713, Rn. 17; Urt. v. 26.2.1991, Rs. C-154/89 (Fremdenführer Frankreich), Slg. 1991, I-659, Rn. 14; Urt. v. 26.2.1991, Rs. C-180/89 (Fremdenführer Italien), Slg. 1991, I-709, Rn. 17; Urt. v. 26.2.1991, Rs. C-198/89 (Fremdenführer Griechenland), Slg. 1991, I-727, Rn. 18; Urt. v. 25.7.1991, Rs. C-76/90 (Säger), Slg. 1991, I-4221, Rn. 15.

ein Niederlassungszwang müssen – insofern noch etwas strenger – **unerlässliche** Voraussetzungen für eine Zielerreichung sein[214].

Eine eigenständige, von der Geeignetheit und Erforderlichkeit abgesetzte dritte Stufe der Verhältnismäßigkeit, vergleichbar dem Kriterium der Angemessenheit bzw. „Verhältnismäßigkeit im engeren Sinne" nach deutschem Verfassungs- und Verwaltungsrecht, hat der EuGH in dieser Deutlichkeit nicht ausgeprägt. Zwar fließt das Angemessenheitskriterium in die Prüfung mit ein. Die vom EuGH in diesem Sinne angestellte Untersuchung der Beschränkung darauf, ob sie zum angestrebten Ziel **außer Verhältnis** steht, bildet allerdings regelmäßig einen der Erforderlichkeitsprüfung zuzuordnenden Aspekt[215].

Nach der Rechtsprechung des EuGH verbietet der Grundsatz der Verhältnismäßigkeit beispielsweise **Niederlassungserfordernisse**, so etwa im Falle der grenzüberschreitenden Überlassung von Arbeitnehmern im Bauwesen[216] oder bei Direktversicherungen, wenn Zulassungserfordernisse als milderes Mittel ausreichend sind[217]. Desgleichen sind bestimmte **Erlaubnispflichten**, z.B. für Fremdenführer[218] oder für die Beschäftigung von Arbeitnehmern aus Drittländern[219] unverhältnismäßig. Ebenso ist die **wiederholte Prüfung** von Voraussetzungen für die Ausübung der Tätigkeit, die bereits im Herkunftsstaat festgestellt worden sind, unzulässig; dies impliziert die Verpflichtung, vom Dienstleistungserbringer vorgebrachte **Befähigungsnachweise, Kon-**

---

214 Vgl. EuGH, Urt. v. 4.12.1986, Rs. 205/84 (Versicherungen Deutschland), Slg. 1986, 3755, Rn. 52; Urt. v. 28.1.1992, Rs. C-204/90 (Bachmann), Slg. 1992, I-249, Rn. 32; Urt. v. 28.1.1992, Rs. C-300/90 (Kommission/Belgien), Slg. 1992, I-305, Rn. 23; Urt. v. 6.6.1996, Rs. C-101/94 (Kommission/Italien), Slg. 1996, I-2691, Rn. 31; Urt. v. 9.7.1997, Rs. C-222/59 (Parodi), Slg. 1997, I-3899, Rn. 31.

215 So etwa EuGH, Urt. v. 11.7.1989, Rs. 265/87 (Schräder), Slg. 1989, 2237, Rn. 21; Urt. v. 26.2.1991, Rs. C-154/89 (Fremdenführer Frankreich), Slg. 1991, I-659, Rn. 17, 21; Urt. v. 26.2.1991, Rs. C-180/89 (Fremdenführer Italien), Slg. 1991, I-709, Rn. 20, 24; Urt. v. 26.2.1991, Rs. C-198/89 (Fremdenführer Griechenland), Slg. 1991, I-727, Rn. 21, 25; Urt. v. 25.7.1991, Rs. C-76/90 (Säger), Slg. 1991, I-4221, Rn. 17; Urt. v. 11.7.2002, Rs. C-60/00 (Carpenter), Slg. 2002, I-6279, Rn. 42.

216 Vgl. EuGH, Urt. v. 25.10.2001, Rs. C-493/99 (Kommission/Deutschland), Slg. 2001, I-8163, Rn. 22.

217 Vgl. EuGH, Urt. v. 4.12.1986, Rs. 205/84 (Versicherungen Deutschland), Slg. 1986, 3755, Rn. 51, 56 f.

218 Vgl. EuGH, Urt. v. 26.2.1991, Rs. C-154/89 (Fremdenführer Frankreich), Slg. 1991, I-659, Rn. 17; Urt. v. 26.2.1991, Rs. C-180/89 (Fremdenführer Italien), Slg. 1991, I-709, Rn. 20; Urt. v. 26.2.1991, Rs. C-198/89 (Fremdenführer Griechenland), Slg. 1991, I-727, Rn. 21.

219 Vgl. EuGH, Urt. v. 9.8.1994, Rs. C-43/93 (vander Elst), Slg. 1994, I-3803, Rn. 26.

trollen und Überprüfungen des Niederlassungsstaates zu berücksichtigen[220]. In diesem Sinne stellt auch die Ausnahmebewilligung zur **Eintragung in die Handwerksrolle** eine unverhältnismäßige Erlaubnispflicht sowie Doppelprüfung dar, die mit einer Verzögerung, Erschwerung oder Verteuerung der Dienstleistung verbunden ist[221]. Nicht zu rechtfertigen ist schließlich die Verpflichtung zur erneuten **Entrichtung von Arbeitgeberbeiträgen**[222]. Im Bereich der Kontrolle sind **Präventivmaßnahmen** nur dann erforderlich, wenn eine nachträgliche Kontrolle zu spät käme[223].

III. Exkurs: Inhalt und Schranken der Niederlassungsfreiheit

Da die Darstellung der Neuerungen durch den Richtlinienvorschlag KOM (2004) 2 unter Abschnitt C auch Maßnahmen umfasst, welche die Niederlassungsfreiheit (Art. 43 ff. EGV) betreffen, sollen im nachfolgenden Exkurs Inhalt und Schranken dieser Grundfreiheit in der Auslegung durch den EuGH in einem kurzen Abriss wiedergegeben werden.

1. Persönlicher Anwendungsbereich der Art. 43 ff. EGV

In persönlicher Hinsicht **begünstigen** die Art. 43 ff. EGV zunächst Staatsangehörige eines Mitgliedstaates der Gemeinschaft, mithin natürliche Personen. Der Ehegatte des Begünstigten wird mittelbar vom Anwendungsbereich erfasst[224]. Angehörige von Drittstaaten können sich dagegen nicht direkt auf die Art. 43 ff. EGV berufen. Gemäß Art. 48 Abs. 1 EGV gilt diese Grundfreiheit auch für nach den Rechtsvorschriften eines Mitgliedstaates gegründete Ge-

---

220 Vgl. EuGH, Urt. v. 17.12.1981, 279/80 (Webb), Slg. 1981, 3305, Rn. 20; Urt. v. 4.12.1986, Rs. 205/84 (Versicherungen Deutschland), Slg. 1986, 3755, Rn. 47; Urt. v. 22.3.1994, Rs. C-375/92 (Fremdenführer Spanien), Slg. 1994, I-923, Rn. 12; Urt. v. 7.5.1991, C-340/89 (Vlassopoulou), Slg. 1991, I-2357, Rn. 16-19; Urt. v. 7.5.1992, C-104/91 (Colegio Oficial de Agentes), Slg. 1992, I-3003, Rn. 11-14.

221 Vgl. EuGH, Urt. v. 3.10.2000, Rs. C-58/98 (Corsten), Slg. 2000, I-7919, Rn. 40, 45-49; Urt. v. 11.12.2003, Rs. C-215/01 (Bruno Schnitzer), EuZW 2004, S. 94 ff., Rn. 36, 40.

222 Vgl. EuGH, Urt. v. 3.2.1982, verb. Rs. 62/81 und 63/81 (Seco), Slg. 1982, 223, Rn. 15; Urt. v. 28.3.1996, Rs. C-272/94 (Guiot), Slg. 1996, I-1905, Rn. 22; Urt. v. 23.11.1999, verb. Rs. C-369/96 und C-376/96 (Arblade und Leloup), Slg. 1999, I-8453, Rn. 80.

223 Vgl. EuGH, Urt. v. 22.1.2002, C-390/99 (Canal Satélite), Slg. 2002, I-607, Rn. 39.

224 Vgl. EuGH, Urt. v. 7.7.1992, Rs. C-370/90 (Singh), Slg. 1992, I-4265, Rn. 23.

sellschaften, die ihren satzungsmäßigen Sitz, ihre Hauptverwaltung oder ihre Hauptniederlassung in der Gemeinschaft haben.

Der Kreis der **Verpflichteten** entspricht bei der Niederlassungsfreiheit grundsätzlich demjenigen bei der Dienstleistungsfreiheit[225].

2. Sachlicher Anwendungsbereich der Art. 43 ff. EGV

In sachlicher Hinsicht umfasst die Niederlassungsfreiheit gemäß Art. 43 Abs. 2 EGV die Aufnahme und Ausübung selbstständiger Erwerbstätigkeiten sowie die Gründung und Leitung von Unternehmen, und zwar nach den Bestimmungen des Aufnahmestaates für seine eigenen Angehörigen. Der Anwendungsbereich bestimmt sich im Wesentlichen in Abgrenzung zur Dienstleistungsfreiheit, welche angesichts des Hinweises auf das im Bereich der Niederlassungsfreiheit vorherrschende **Bestimmungslandprinzip** in Art. 43 Abs. 2 EGV von Bedeutung ist[226].

Für die Anwendung der Art. 43 ff. EGV sind folgende **vier Kriterien** maßgeblich:

- **Selbstständige Erwerbstätigkeit:** Wie für die Dienstleistungsfreiheit ist es zwar erforderlich, dass die Tätigkeit selbstständig ausgeübt wird und einen wirtschaftlichen Charakter aufweist. Eine entgeltliche Ausrichtung wird allerdings nicht zwingend gefordert; es soll genügen, dass die Betätigung dem wirtschaftlichen Fortkommen dient[227]. Die Frage, wie die Tätigkeit sittlich zu bewerten ist, spielt auch für die Einbeziehung in den Anwendungsbereich der Art. 43 ff. EGV keine Rolle[228].

- **Grenzüberschreitung:** Ebenso wie die Dienstleistungsfreiheit umfasst die Niederlassungsfreiheit nur grenzüberschreitende Sachverhalte[229]. Das

---

225 Vgl. *Müller-Graff*, in: Streinz, EUV/EGV, 2003, Art. 43 EGV, Rn. 33 ff.; s. zu Art. 49 ff. EGV oben B. II. 1. b).

226 Vgl. *Epiney/Meier/Mosters*, Europarecht II – Die Grundfreiheiten des EG-Vertrages, 2004, S. 127; *Tietje*, Niederlassungsfreiheit, in: Ehlers (Hrsg.), Europäische Grundrechte und Grundfreiheiten, 2003, S. 240 ff. (246 f.).

227 Vgl. *Epiney/Meier/Mosters*, Europarecht II – Die Grundfreiheiten des EG-Vertrages, 2004, S. 128; *Tietje*, Niederlassungsfreiheit, in: Ehlers (Hrsg.), Europäische Grundrechte und Grundfreiheiten, 2003, S. 240 ff. (247 f.).

228 Vgl. EuGH, Urt. v. 20.11.2001, Rs. C-268/99 (Jany), Slg. 2001, I-8615, Rn. 56.

229 Vgl. *Hobe*, Europarecht, 2. Aufl. 2004, Rn. 297; *Tietje*, Niederlassungsfreiheit, in: Ehlers (Hrsg.), Europäische Grundrechte und Grundfreiheiten, 2003, S. 240 ff. (253 f.).

grenzüberschreitende Element erlangt hierbei auch im Verhältnis zum eigenen Mitgliedstaat Relevanz, indem es sowohl in Fällen des Wegzugs[230] als auch der Rückkehr in den Herkunftsstaat[231] zum Tragen kommt.

- **Dauerhaftigkeit:** Das Merkmal der dauerhaften Ausübung der Tätigkeit – im Unterschied zur vorübergehenden Leistungserbringung – bildet das entscheidende Abgrenzungskriterium zur Dienstleistungsfreiheit. Diesbezüglich kann auf die Ausführungen unter B. II. 2. d) aa) verwiesen werden.

- **Primäre und sekundäre Niederlassung:** Die Niederlassungsfreiheit umfasst gemäß Art. 43 Abs. 1 EGV sowohl die Berechtigung zur grenzüberschreitenden Begründung oder Verlegung der Hauptniederlassung als auch zur Gründung von Agenturen, Zweigniederlassungen oder Tochtergesellschaften. Dieses Recht und die damit verbundene organisatorische Wahlfreiheit steht infolge von Art. 48 EGV, wie der EuGH klarstellt[232], auch den Gesellschaften unmittelbar zu. Im Zusammenhang mit der Gründung der sekundären Niederlassungen stellt es nach Auffassung des EuGH keinen Missbrauch des Niederlassungsrechts dar, wenn der Berechtigte die Hauptniederlassung in einem Mitgliedstaat gründet, der ihm gesellschaftsrechtlich die größtmögliche Freiheit bietet, obwohl er in diesem Staat keine Geschäftstätigkeit entfaltet, sondern diese nur auf den Staat der Zweitniederlassung erstreckt[233]. Die an die Aufnahmestaaten gerichtete Forderung des EuGH, Gesellschaften, die nach dem Recht eines anderen Mitgliedstaates wirksam gegründet wurden und dort ihren satzungsmäßigen Sitz haben, anzuerkennen[234], wird dahingehend gedeutet, dass der Gerichtshof den Standpunkt der **Gründungstheorie** anstelle der Sitztheorie eingenommen hat[235].

---

230 Vgl. EuGH, Urt. v. 14.12.2000, Rs. C-141/99 (AMID), Slg. 2000, I-11619, Rn. 21 m.w.N.

231 Vgl. EuGH, Urt. v. 7.7.1992, Rs. C-370/90 (Singh), Slg. 1992, I-4265, Rn. 19-21.

232 Vgl. etwa Urt. v. 9.3.1999, C-212/97 (Centros), Slg. 1999, I-1459, Rn. 19 f.; Urt. v. 29.4.1999, Rs. C-311/97 (Royal Bank of Scotland), Slg. 1999, I-2651, Rn. 23.

233 Vgl. Urt. v. 9.3.1999, C-212/97 (Centros), Slg. 1999, I-1459, Rn. 27, 29; Urt. v. 30.9.2003, C-167/01 (Inspire Art), Slg. 2003, I-10155, Rn. 95 f.

234 Vgl. EuGH, Urt. v. 5.11.2002, C-208/00 (Überseering), Slg. 2002, I-9919, Rn. 59.

235 Vgl. hierzu *Bitter*, Niederlassungsfreiheit für Kapitalgesellschaften in Europa: Gläubigerschutz in Gefahr, Jb.J.ZivRWiss. 2004, 2005, S. 299 (306 ff.) m.w.N.

Die Niederlassungsfreiheit gilt nicht für die von der **Bereichsausnahme** des Art. 45 EGV erfassten Tätigkeiten[236].

3. Beschränkungen der Niederlassungsfreiheit

a) Diskriminierungen

Auch die Niederlassungsfreiheit richtet sich zunächst gegen diskriminierende Maßnahmen, wobei hier wiederum sowohl offene als auch versteckte Diskriminierungen erfasst sind. Nach Auffassung des EuGH enthält das „Allgemeine Programm zur Aufhebung der Beschränkungen der Niederlassungsfreiheit" vom 18.12.1961[237] in seinem Abschnitt III. A. nützliche Anhaltspunkte für die Auslegung des Art. 43 EGV[238]. Als offene Diskriminierungen werden dort allein für Ausländer geltende Tätigkeitsverbote, Genehmigungspflichten, zusätzliche Genehmigungsbedingungen, eine vorherige Aufenthalts- oder Probezeit, finanzielle Erschwerungen, Behinderungen des Zugangs zu Versorgungsquellen und Absatzwegen, Beschränkungen des Zugangs zur Berufsausbildung, zu Beteiligungen an Gesellschaften und zu Systemen sozialer Sicherheit sowie Benachteiligungen bei Enteignungs- und Sozialisierungsmaßnahmen genannt. Gleiches gilt für Beschränkungen der Befugnis zur Ausübung der normalerweise mit einer selbstständigen Tätigkeit verbundenen Rechte.

Ebenfalls als Diskriminierung stuft der EuGH unter bestimmten Voraussetzungen die Vorenthaltung von (steuerlichen) Vergünstigungen an gebietsfremde natürliche Personen bzw. an Gesellschaften mit Sitz in einem anderen Mitgliedstaat ein[239]. Während es sich beim Anknüpfungspunkt des Wohnsitzes um eine versteckte Diskriminierung handelt, achtet der EuGH den Sitz einer Gesellschaft der Staatsangehörigkeit gleich, womit eine offene Diskriminierung vorliegt[240]. Auch die Verweigerung der Anerkennung bzw. die Ab-

---

236 Vgl. zu Art. 45 EGV oben B. II. 2. b).
237 ABl.EG 1962 Nr. 2/36.
238 So EuGH, Urt. v. 18.6.1985, Rs. 197/84 (Steinhauser), Slg. 1985, 1819, Rn. 15; Urt. v. 8.6.1999, Rs. C-337/97 (Meeusen), Slg. 1999, I-3289, Rn. 27.
239 Vgl. EuGH, Urt. v. 13.7.1993, Rs. C-330/91 (Commerzbank), Slg. 1993, I-4017, Rn. 18-20; Urt. v. 14.2.1995, Rs. C-279/93 (Schumacker), Slg. 1995, I-225, Rn. 36-38; Urt. v. 27.6.1996, Rs. C-107/94 (Asscher), Slg. 1996, I-3089, Rn. 42; Urt. v. 29.4.1999, Rs. C-311/97 (Royal Bank of Scotland), Slg. 1999, I-2651, Rn. 27.
240 Vgl. EuGH, Urt. v. 28.1.1986, Rs. 270/83 (avoir fiscal), Slg. 1986, 273, Rn. 18; Urt. v. 13.7.1993, Rs. C-330/91 (Commerzbank), Slg. 1993, I-4017, Rn. 13 f. (anders für

lehnung der Eintragung einer Zweitniederlassung einer Gesellschaft mit Sitz in einem anderen Mitgliedstaat stellen diskriminierende Maßnahmen dar[241].

b) Sonstige, nichtdiskriminierende Beschränkungen

Wie Art. 49 EGV für den freien Dienstleistungsverkehr enthält Art. 43 EGV bezogen auf das Niederlassungsrecht über das Diskriminierungsverbot hinaus ein umfassendes Beschränkungsverbot[242]. Um sonstige, nichtdiskriminierende Beschränkungen handelt es sich nach Auffassung des EuGH beispielsweise bei der Vorgabe von Genehmigungs-[243] oder Zulassungspflichten[244], von Qualifikationsvoraussetzungen[245], Eintragungspflichten als Voraussetzung für die Ausübung bestimmter Tätigkeiten[246], Wohnsitzerfordernissen[247], der Verpflichtung zur erneuten Entrichtung von Sozialversicherungsbeiträgen für Selbstständige ohne zusätzlichen Schutz[248], Anforderungen hinsichtlich der Mindestkapitalausstattung von Gesellschaften[249], beim Verbot mehrfacher

---

den Anknüpfungspunkt des steuerlichen Sitzes, s. Rn. 15); ebenso *Tiedje/Troberg*, in: von der Groeben/Schwarze, Kommentar zum Vertrag über die Europäische Union und zur Gründung der Europäischen Gemeinschaft, Band 1, 6. Aufl. 2003, Art. 43 EGV, Rn. 71.

241 Vgl. EuGH, Urt. v. 9.3.1999, C-212/97 (Centros), Slg. 1999, I-1459, Rn. 21 f.; Urt. v. 5.11.2002, C-208/00 (Überseering), Slg. 2002, I-9919, Rn. 82, wenngleich der EuGH in beiden Urteilen nicht von Diskriminierungen, sondern von Beschränkungen spricht.

242 Vgl. EuGH, Urt. v. 15.1.2002, Rs. C-439/99 (Kommission/Italien), Slg. 2002, I-305, Rn. 22; Urt. v. 17.10.2002, Rs. C-79/01 (Payroll), Slg. 2002, I-8923, Rn. 26; *Arndt*, Europarecht, 7. Aufl. 2004, S. 176; *Epiney/Meier/Mosters*, Europarecht II – Die Grundfreiheiten des EG-Vertrages, 2004, S. 129; *Herdegen*, Europarecht, 6. Aufl. 2004, Rn. 319; *Tietje*, Niederlassungsfreiheit, in: Ehlers (Hrsg.), Europäische Grundrechte und Grundfreiheiten, 2003, S. 240 ff. (260).

243 Vgl. EuGH, Urt. v. 31.3.1993, Rs. C-19/92 (Kraus), Slg. 1993, I-1663, Rn. 32, 36, 42.

244 Vgl. EuGH, Urt. v. 19.1.1988, Rs. 292/86 (Gullung), Slg. 1988, 111, Rn. 29-31.

245 Vgl. Urt. v. 7.5.1991, C-340/89 (Vlassopoulou), Slg. 1991, I-2357, Rn. 15; Urt. v. 7.5.1992, C-104/91 (Colegio Oficial de Agentes), Slg. 1992, I-3003, Rn. 10.

246 Vgl. EuGH, Urt. v. 17.10.2002, Rs. C-79/01 (Payroll), Slg. 2002, I-8923, Rn. 27.

247 Vgl. EuGH, Urt. v. 9.3.2000, Rs. C-355/98, (Kommission/Belgien), Slg. 2000, I-1221, Rn. 31; Urt. v. 18.1.2001, Rs. 162/99 (Kommission/Italien), Slg. 2001, I-541, Rn. 20. Hier wäre allerdings die Einordnung als versteckte Diskriminierung passender, da typischerweise Ausländer betroffen sind.

248 Vgl. EuGH, Urt. v. 15.2.1996, Rs. C-53/95 (Kemmler), Slg. 1996, I-703, Rn. 14.

249 Vgl. EuGH, Urt. v. 9.3.1999, C-212/97 (Centros), Slg. 1999, I-1459, Rn. 30, 32.

Niederlassungen innerhalb der Gemeinschaft[250] sowie der Voraussetzung einer Verbürgung der Gegenseitigkeit im Verhältnis zu anderen Mitgliedstaaten[251].

4. Rechtfertigung von Beschränkungen

Beschränkungen der Niederlassungsfreiheit können zunächst wiederum aus den in **Art. 46 EGV** genannten Gründen gerechtfertigt sein. Insoweit sei auf die Ausführungen zur Dienstleistungsfreiheit unter B. II. 4. a) verwiesen.

Daneben ist auch im Bereich der Art. 43 ff. EGV eine Rechtfertigung durch **zwingende Gründe des Allgemeininteresses** möglich. Da dieser Rechtfertigungsgrund hier keine dogmatischen Besonderheiten im Verhältnis zur Dienstleistungsfreiheit aufweist, kann auch diesbezüglich auf die entsprechende Darstellung zum freien Dienstleistungsverkehr unter B. II. 4. b) verwiesen werden.

IV. Bisherige Vorgehensweise der EU-Institutionen zur Verwirklichung der Dienstleistungsfreiheit im Überblick

In der folgenden Darstellung der Vorgehensweise der EU-Institutionen soll das zur Verwirklichung des freien Dienstleistungsverkehrs verwendete Instrumentarium im Vordergrund stehen. Anstelle einer chronologischen und nach Sparten getrennten Auflistung der Sekundärrechtshandlungen sind daher die in diesen Rechtsakten enthaltenen Instrumente spartenübergreifend und nach dem aktuellen Stand der Gesetzgebung zu systematisieren, wobei in diesem Rahmen anstelle einer erschöpfenden Aufzählung eine sachliche Schwerpunktbildung unter exemplarischer Heranziehung einzelner Sekundärrechtsakte geboten ist. Vorab ist eine kurze Übersicht über die Entwicklung der Umsetzungspraxis im zeitlichen Ablauf und die Funktion des Sekundärrechts zu geben.

---

250 Vgl. EuGH, Urt. v. 12.7.1984, Rs. 107/83 (Klopp), Slg. 1984, 2985, Rn. 18 f.; Urt. v. 30.4.1986, Rs. 96/85 (Kommission/Frankreich), Slg. 1986, 1475, Rn. 17.

251 Vgl. EuGH, Urt. v. 15.10.1986, Rs. 168/85 (Kommission/Italien), Slg. 1986, 2945, Rn. 16.

1. Entwicklung der Umsetzungspraxis und Funktion des Sekundärrechts

Art. 59 EWG-Vertrag sah während der **Übergangszeit von 12 Jahren** gemäß Art. 7 Abs. 1 EWG-Vertrag, d.h. bis Ablauf des 31.12.1969, die schrittweise Aufhebung der Beschränkungen für den freien Dienstleistungsverkehr vor. Gemäß der Vorgabe in Art. 63 Abs. 1 EWG-Vertrag stellte der Rat am 18.12.1961 das bereits unter B. II. 3. a) erwähnte **Allgemeine Programm** auf, in das u.a. der Kreis der von der Dienstleistungsfreiheit Begünstigten, die zu beseitigenden Beschränkungen und der vorgesehene Zeitplan aufgenommen wurden. In der Folge wurden aufgrund von Art. 63 Abs. 2 bzw. Art. 66 i.V.m. Art. 57 EWG-Vertrag zahlreiche **Liberalisierungs-, Anerkennungs- und Koordinierungsrichtlinien** erlassen[252].

Nachdem mit Ablauf der Übergangszeit nach der Rechtsprechung des EuGH den Art. 59 Abs. 1, 60 Abs. 3 EWG-Vertrag (= Art. 49 Abs. 1, 50 Abs. 3 EGV) und damit dem Grundsatz der Inländergleichbehandlung **unmittelbare Wirkung** zukam[253], wurde der Liberalisierungsauftrag überflüssig und standen in der Folge die **Anerkennung und Koordinierung** im Mittelpunkt der Gesetzgebungstätigkeit. Der EuGH hat diesbezüglich klargestellt, dass auch die unmittelbare Wirkung des Beschränkungsverbots zur Beseitigung der Hindernisse nicht ausreiche, so dass den Richtlinien im Hinblick auf Maßnahmen zur Förderung einer effektiven Rechtsausübung ein bedeutender Anwendungsbereich verbleibe[254]. Insbesondere ergebe sich erst aus den Richtlinien eine Verpflichtung der Mitgliedstaaten zur Änderung ihrer Ausbildungsvorschriften[255].

---

252 Der Fundstellennachweis des Gemeinschaftsrechts für den Bereich des Niederlassungsrechts und des freien Dienstleistungsverkehrs findet sich auf der Website http://europa.eu.int/eur-lex/lex/de/repert/index_06.htm.
253 Vgl. EuGH, Urt. v. 3.12.1974, Rs. 33/74 (van Binsbergen), Slg. 1974, 1299, Rn. 24-27.
254 Vgl. EuGH, Urt. v. 21.6.1974, Rs. 2/74 (Reyners), Slg. 1974, 631, Rn. 29/31; Urt. v. 20.3.1997, Rs. C-57/95 (Frankreich/Kommission), Slg. 1997, I-1627, Rn. 20.
255 Vgl. EuGH, Urt. v. 12.6.1986, verb. Rs. 98/85, 162/85 und 258/85 (Bertini), Slg. 1986, 1885, Rn.11.

2. Das Instrumentarium zur Verwirklichung der Dienstleistungsfreiheit

Die nachfolgende systematische Darstellung konzentriert sich auf die wesentlichen Maßnahmen zur Verwirklichung der Dienstleistungsfreiheit[256], für die exemplarisch folgende Richtlinien herangezogen werden, die einen Überblick über das sekundärrechtliche Spektrum ermöglichen:

- die allgemeinen Anerkennungsrichtlinien 89/48/EWG[257], 92/51/EWG[258], 1999/42/EG[259] und 2001/19/EG[260];
- die sektorenspezifischen Richtlinien 93/16/EWG[261] betreffend Ärzte, 85/384/EWG[262] betreffend Architekten sowie 77/249/EWG[263] betreffend Rechtsanwälte;
- die Richtlinien 2000/12/EG[264] über die Aufnahme und Ausübung der Tätigkeit der Kreditinstitute und 93/22/EWG[265] über Wertpapierdienstleistungen;
- die Richtlinien 2000/31/EG[266] über den elektronischen Geschäftsverkehr („E-Commerce-Richtlinie") und 89/552/EWG[267] über die Ausübung der Fernsehtätigkeit.

---

256 Die Darstellung bezieht auch Maßnahmen ein, die unterschiedslos sowohl Niederlassungs- als auch Dienstleistungsfreiheit betreffen, nicht hingegen solche, die explizit nur auf die Niederlassungsfreiheit bezogen sind.
257 Vom 21.12.1988, ABl.EG 1988 Nr. L 19/16.
258 Vom 24.7.1992, ABl.EG 1992 Nr. L 209/25.
259 Vom 7.6.1999, ABl.EG 1999Nr. L 201/77.
260 Vom 14.5.2001, ABl.EG 2001 Nr. L 206/1.
261 Vom 5.4.1993, ABl.EG 1993 Nr. L 165/1.
262 Vom 10.6.1985, ABl.EG 1985 Nr. L 223/15.
263 Vom 16.2.1998, ABl.EG 1998 Nr. L 77/36. Die später erlassene Richtlinie 98/5/EG betrifft die ständige Ausübung des Rechtsanwaltsberufs in einem anderen Bestimmungsstaat und damit nicht die Erbringung von Dienstleistungen im Sinne von Art. 49 ff. EGV.
264 Vom 20.3.2000, ABl.EG 2000 Nr. L 126/1.
265 Vom 10.5.1993, ABl.EG 1993 Nr. L 141/27.
266 Vom 8.6.2000, ABl.EG 2000 Nr. L 178/1.
267 In der Fassung der Richtlinie 97/36/EG vom 30.6.1997, ABl.EG 1997 Nr. L 202/60.

a) Beispiele für Regelungen betreffend den Zugang zur Tätigkeit

aa) Anforderungen an die Qualifikation des Dienstleistungserbringers

aaa) Anerkennung von Diplomen, Prüfungszeugnissen und sonstigen Befähigungsnachweisen

Kern der Anerkennungsrichtlinien bildet die gegenseitige Anerkennung der Diplome, Prüfungszeugnisse und sonstigen Befähigungsnachweise. Hierbei kommen drei Varianten der Anerkennung zur Anwendung:

- die **automatische gemeinschaftsweite Anerkennung** von Befähigungsnachweisen, die allen Mitgliedstaaten eigen sind (Art. 2, 10, RL 85/384/EWG: dort zweigleisiges System mit automatischer Anerkennung (1) von Befähigungsnachweisen der Architekten aufgrund bestimmter Voraussetzungen an das Studium und (2) eines Katalogs von Befähigungsnachweisen ohne Anknüpfung an diese Bedingungen; Art. 2, 4 RL 93/16/EWG);

- die **automatische Anerkennung** von zwei oder mehreren Mitgliedstaaten eigenen Befähigungsnachweisen **zwischen diesen Mitgliedstaaten** (Art. 6 RL 93/16/EWG);

- die **Anerkennung** von Befähigungsnachweisen aufgrund **vergleichender Prüfung** der bescheinigten Kenntnisse und Fähigkeiten bei Erwerb des Befähigungsnachweises in einem anderen Mitgliedstaat (Art. 3 Abs. 1 Unterabs. 1 Satz 1 und 2 RL 1999/42/EG; Art. 3 Unterabs. 1 a) RL 92/51/EWG; Art. 3 Unterabs. 1 a) RL 89/48/EWG). Da die Richtlinie 1999/42/EG das bisher von den Richtlinien 89/48/EWG und 92/51/EWG ausgenommene Handwerk in seinen Regelungsbereich einbezieht, gilt nunmehr dort dasselbe Anerkennungsverfahren wir für die übrigen von den letztgenannten Richtlinien erfassten reglementierten Berufe. Bezogen auf den **Baubereich** sind von den Anerkennungsregelungen der Richtlinie 1999/42/EG beispielsweise die auf der Hochschulebene ausgestellten Diplome der **Ingenieure** und die unterhalb der Hochschulebene erteilten Befähigungsnachweise der **Maurer** oder **Bautechniker** erfasst.

Desgleichen besteht eine Anerkennungsmöglichkeit bei Erwerb des Befähigungsnachweises außerhalb der EU und Anerkennung in einem Mitgliedstaat (Art. 6 RL 85/384/EWG, eingefügt durch Art. 11 Abs. 1 RL 2001/19/EG; Art. 42 c RL 93/16/EWG, eingefügt durch Art. 14 Abs. 17 RL 2001/19/EG).

bbb) Festlegung von Mindestanforderungen an die Ausbildung

Im ersten Fall der automatischen Anerkennung von Befähigungsnachweisen wird diese davon abhängig gemacht, dass die zum betreffenden Befähigungsnachweis führende Ausbildung bestimmten **Mindestanforderungen** genügt. Einen weiteren wesentlichen Bestandteil der sektorspezifischen Anerkennungsrichtlinien bildet daher die Koordinierung der Mindeststandards in Bezug auf die zu erwerbenden Kenntnisse, Fähigkeiten und Erfahrungen, mithin den **Inhalt** der Ausbildung einerseits und die **Dauer** der Ausbildung andererseits (Art. 3 und 4 RL 85/384/EWG; Art. 23 ff. RL 93/16/EWG).

Im zweiten Fall der Anerkennung aufgrund vergleichender Prüfung werden betreffend Mitgliedstaaten, in denen ein Beruf nicht reglementiert ist, Mindestanforderungen an die **Dauer** der bescheinigten Ausbildung gestellt, um anerkennungsfähig zu sein (Art. 3 Unterabs. 1 b) RL 92/51/EWG; Art. 3 Unterabs. 1 b) RL 89/48/EWG). Hinsichtlich der Studieninhalte erfolgt keine Koordinierung, so dass das **Prinzip gegenseitigen Vertrauens** gilt.

ccc) Kompensationsmöglichkeiten durch Berufserfahrung, Anpassungslehrgang und Eignungsprüfung

Liegt im Falle der Anerkennung aufgrund vergleichender Prüfung die **Ausbildungsdauer** erheblich unter der im Aufnahmestaat geforderten, so besteht die Möglichkeit, die kürzere Ausbildungsdauer durch den Nachweis von **Berufserfahrung** zu kompensieren (Art. 4 Abs. 1 a) RL 92/51/EWG; Art. 4 Abs. 1 a) RL 89/48/EWG)[268].

Ebenso wird dem Begünstigten bei grundlegenden Unterschieden der im Befähigungsnachweis bescheinigten **Kenntnisse und Fähigkeiten** die Möglichkeit eingeräumt, die fehlenden Kenntnisse und Fähigkeiten durch einen **Anpassungslehrgang** oder eine **Eignungsprüfung** nachzuweisen (Art. 3 Abs. 1 Unterabs. 1 Satz 3 und 4 RL 1999/42/EG; Art. 4 Abs. 1 b) RL 92/51/EWG; Art. 4 Abs. 1 b) RL 89/48/EWG). Im Hinblick auf die seitens des Aufnahmestaates gestellten Anforderungen stehen diese Möglichkeiten untereinander sowie zur o.g. Kompensation durch Berufserfahrung in einem ausschließlichen Alternativverhältnis (Art. 4 Abs. 2 RL 92/51/EWG; Art. 4 Abs. 2 RL 89/48/EWG).

---

268 Der Richtlinienvorschlag KOM (2002) 119 sieht ausweislich seiner Begr. Nr. 5 zu Art. 10 bis 14 die Abschaffung dieser Kompensationsmöglichkeit vor.

ddd) Anerkennung von Berufserfahrung als Nachweis von Kenntnissen und Fertigkeiten

Wird die Aufnahme oder Ausübung bestimmter Tätigkeiten an den Besitz allgemeiner, kaufmännischer oder fachlicher Kenntnisse und Fertigkeiten geknüpft, so erkennt der Mitgliedstaat die tatsächliche Ausübung dieser Tätigkeit in einem anderen Mitgliedstaat als ausreichenden Nachweis für die Kenntnisse und Fertigkeiten an, wenn die Berufserfahrung bestimmte Voraussetzungen betreffend Dauer der Tätigkeit und berufliche Stellung des Begünstigten erfüllt (Art. 4 RL 1999/42/EG).

Auch als **Nachweis** über die vom Dienstleistungserbringer erworbene **Berufserfahrung** finden entsprechende Bescheinigungen des Heimat- oder Herkunftsmitgliedstaates Anerkennung (Art. 23 Abs. 2 RL 85/384/EWG; Art. 8 RL 1999/42/EG).

bb) Anerkennung sonstiger Bescheinigungen und Nachweise

Den Zugang zur Tätigkeit im Bestimmungsstaat erleichtert schließlich die Anerkennung von in einem anderen Mitgliedstaat ausgestellten Bescheinigungen oder sonstigen Nachweisen betreffend anderweitige vom Dienstleistungserbringer zu erfüllende Voraussetzungen. Als Beispiele hierfür sind zu nennen:

- zum Nachweis der **Zuverlässigkeit** und/oder nicht eingetretener **Insolvenz** die Anerkennung eines Strafregisterauszugs oder einer vergleichbaren justiz- oder verwaltungsbehördlichen Urkunde des Heimat- oder Herkunftsmitgliedstaates, einer entsprechenden justiz- oder verwaltungsbehördlichen Bescheinigung oder einer Bescheinigung über eine geleistete eidesstattliche bzw. feierliche Erklärung des Betroffenen (Art. 9 Abs. 1 bis 3 RL 1999/42/EG; ähnlich Art. 10 Abs. 1 RL 92/51/EWG; Art. 6 Abs. 1 RL 89/48/EWG; Art. 24 Abs. 1 Unterabs. 1 RL 85/384/EWG);

- Anerkennung einer Bescheinigung von Banken der anderen Mitgliedstaaten über die **finanzielle Leistungsfähigkeit** des Dienstleisters (Art. 9 Abs. 4 RL 1999/42/EG; Art. 10 Abs. 5 RL 92/51/EWG, eingefügt durch Art. 2 Abs. 4 RL 2001/19/EG; Art. 6 Abs. 5 RL 89/48/EWG, eingefügt durch Art. 1 Abs. 4 RL 2001/19/EG; Art. 24 Abs. 1 Unterabs. 2 RL 85/384/EWG);

- Anerkennung einer Bescheinigung von Versicherungsunternehmen der anderen Mitgliedstaaten über den Abschluss einer **Berufshaftpflichtver**sicherung (Art. 9 Abs. 5 RL 1999/42/EG; Art. 10 Abs. 6 RL 92/51/EWG, eingefügt durch Art. 2 Abs. 4 RL 2001/19/EG Art. 6 Abs. 6 RL

89/48/EWG, eingefügt durch Art. 1 Abs. 4 RL 2001/19/EG; Art. 25 Abs. 1 RL 85/384/EWG).

cc) Erleichterungen durch Befreiungen von mitgliedstaatlichen Vorschriften

Das sekundärrechtliche Instrumentarium schafft außer den genannten Anerkennungsregeln Erleichterungen durch die Befreiung von der Anwendung mitgliedstaatlicher Vorschriften, die für im Inland ansässige Dienstleistungserbringer gelten. Als solche Erleichterungen sind anzuführen:

- bei Wertpapierdienstleistungen das Verbot, die Erbringung von Dienstleistungen durch eine in einem anderen Mitgliedstaat zugelassene Wertpapierfirma von einer **Zulassung**, einem **Dotationskapital** oder einer sonstigen **Voraussetzung gleicher Wirkung** abhängig zu machen (Art. 14 Abs. 2 RL 93/22/EWG); da die Aufnahme von Dienstleistungstätigkeiten durch Wertpapierfirmen gemeinschaftsweit an die Erteilung einer Zulassung durch den Herkunftsstaat geknüpft ist (Art. 3 Abs. 1 Satz 1, Abs. 6 RL 93/22/EWG) und ein zusätzliches Zulassungserfordernis verhindert werden soll, handelt es sich hier um eine spezielle Ausprägung des **Herkunftslandprinzips**;

- im Bereich der reglementierten Berufe die Befreiung von **Genehmigungs-, Eintragungs- oder Mitgliedschaftspflichten** bei Berufsverbänden bzw. Berufskörperschaften (Art. 17 Abs. 1 Unterabs. 1 RL 93/16/EWG; Art. 22 Abs. 1 Unterabs. 1 RL 85/384/EWG; Art. 4 Abs. 1 RL 77/249/EWG); zur Anwendung innerstaatlicher Disziplinarvorschriften kann der Mitgliedstaat eine automatisch eintretende Eintragung oder **Pro-forma-Mitgliedschaft** oder die Eintragung in ein Register vorsehen, sofern dies nicht mit Verzögerungen, Erschwernissen oder zusätzlichen Kosten verbunden ist (Art. 22 Abs. 1 Unterabs. 3 RL 85/384/EWG; Art. 17 Abs. 1 Unterabs. 3 RL 93/16/EWG);

- Befreiung von der **Mitgliedschaft** von Ärzten bei einer **Körperschaft des öffentlichen Rechts** im Bereich der sozialen Sicherheit (Art. 18 RL 93/16/EWG);

- Verbot eines **Wohnsitzerfordernisses** im Bestimmungsstaat für die Erbringung von Dienstleistungen der Rechtsanwälte (Art. 4 Abs. 1 RL 77/249/EWG).

dd) Anzeige- und Mitteilungspflichten

Auch wenn die Aufnahmemitgliedstaaten den Begünstigten aufgrund europarechtlicher Vorgaben von Genehmigungspflichten befreien müssen, können sie zumindest vorschreiben, dass er die Erbringung seiner Dienstleistung den zuständigen Behörden des Aufnahmestaates **vorher anzeigt** (Art. 22 Abs. 2 RL 85/384/EWG; Art. 17 Abs. 2 RL 93/16/EWG). Dies schließt die Befugnis ein, **Bescheinigungen** über die rechtmäßige Ausübung der Tätigkeit im Niederlassungsstaat, über den Besitz der erforderlichen Befähigungsnachweise sowie ggf. über die geforderte Berufserfahrung **anzufordern** (Art. 22 Abs. 3 RL 85/384/EWG; Art. 17 Abs. 3 RL 93/16/EWG).

Eine **Mitteilungspflicht** nur gegenüber den Behörden des Herkunftsstaates, die von diesen anschließend den Behörden des Aufnahmestaates zur Kenntnis gebracht wird, ist für die Dienstleistungstätigkeiten der Kreditinstitute sowie Wertpapierfirmen vorgesehen (Art. 21 Abs. 1 und 2 RL 2000/12/EG; Art. 19 Abs. 1 und 2 RL 93/22/EWG).

ee) Binnenmarktklausel: umfassendes Beschränkungsverbot

In bestimmten Bereichen, wie z.B. dem elektronischen Geschäftsverkehr und der Fernsehtätigkeit, sieht das Sekundärrecht mit der Anordnung des **Herkunftslandprinzips** und der **Binnenmarktklausel** ein an die Bestimmungsstaaten gerichtetes umfassendes Beschränkungsverbot für grenzüberschreitende Dienstleistungen vor (Art. 3 Abs. 1 und 2 RL 2000/31/EG; Art. 2 Abs. 1, Art. 2 a Abs. 1 RL 89/552/EWG). Bezüglich des elektronischen Geschäftsverkehrs sind die Mitgliedstaaten außerdem gehalten, die Aufnahme und Ausübung der Tätigkeit keinem Zulassungserfordernis und keiner sonstigen Anforderung gleicher Wirkung zu unterwerfen (Art. 4 Abs. 1 RL 2000/31/EG). Im Fernsehbereich besteht demgegenüber eine ausdrückliche Befugnis zur Inländerdiskriminierung (Art. 3 Abs. 1 RL 89/552/EWG).

ff) Sonderfall Rechtsanwälte: Anerkennung des begünstigten Personenkreises

Betreffend die Erbringung von Dienstleistungen durch Rechtsanwälte sieht Art. 2 RL 77/249/EWG die **Anerkennung** des in Art. 1 Abs. 2 genannten **Personenkreises** als Rechtsanwälte an, womit diese zur Ausübung der Tätigkeit im Aufnahmestaat berechtigt sind. Zur Berufsbezeichnung s. unten B. IV. 2. b) bb). Allerdings kann der Aufnahmestaat vom Leistungserbringer den Nachweis seiner Eigenschaft als Rechtsanwalt verlangen (Art. 7 Abs. 1 RL 77/249/EWG).

b) Beispiele für Regelungen betreffend die Ausübung der Tätigkeit

aa) Anwendbares Recht für die Berufsausübung

Hinsichtlich der Rechtsunterworfenheit des Dienstleistungserbringers bei der Ausübung der Tätigkeit wird z.T. das Recht des Bestimmungsstaates, z.T. das Recht des Herkunftsstaates (im Sinne des Herkunftslandprinzips) für anwendbar erklärt.

Das Recht des **Bestimmungsstaates** findet beispielsweise Anwendung

- bezüglich der Berufsregeln auf sämtliche Tätigkeiten der Rechtsanwälte (Art. 4 Abs. 1 und 4 RL 77/249/EWG, umgesetzt in nationales Recht durch Art. § 27 Abs. 1 und 2 EuRAG); bezüglich des Standesrechts nur auf die mit Vertretung oder Verteidigung vor Gerichten oder Behörden zusammenhängenden Tätigkeiten (Art. 4 Abs. 2 RL 77/249/EWG), wobei hier zusätzlich die Verpflichtungen des Herkunftsstaates einzuhalten sind;

- auf die Dienstleistungstätigkeit der Ärzte und Architekten, welche die gleichen Rechte und Pflichten wie die Staatsangehörigen des Aufnahmemitgliedstaates haben, insbesondere den beruflichen und administrativen Disziplinarvorschriften dieses Mitgliedstaates unterliegen (Art. 17 Abs. 1 Unterabs. 1 Satz 2 RL 93/16/EWG; Art. 22 Abs. 1 Unterabs. 1 Satz 2 RL 85/384/EWG);

- betreffend Wertpapierdienstleistungen auf die fortwährend einzuhaltenden Wohlverhaltensregeln, die der Bestimmungsstaat gemäß Art. 11 RL 93/22/EWG erlassen hat.

Das **Herkunftslandprinzip** gilt dagegen z.B.

- für das Standesrecht der Rechtsanwälte betreffend Tätigkeiten, die nicht mit einer Vertretung oder Verteidigung vor Gerichten oder Behörden zusammenhängen (Art. 4 Abs. 4 RL 77/249/EWG);

- im Bereich des elektronischen Geschäftsverkehrs und der Fernsehtätigkeit für sämtliche vom koordinierten Bereich erfassten Tätigkeiten (Art. 3 Abs. 1 RL 2000/31/EG; Art. 2 Abs. 1 RL 89/552/EWG);

- betreffend Wertpapierdienstleistungen auf die fortwährend einzuhaltenden Aufsichtsregeln, die der Herkunftsstaat gemäß Art. 10 RL 93/22/EWG erlassen hat.

Während somit die Dienstleistungstätigkeit im Bereich der o.g. reglementierten Berufe (mit Ausnahme der Rechtsanwälte) dem Recht des Bestimmungsstaates unterliegt, sehen die Richtlinien betreffend Rechtsanwälte, Kreditinstitute und Wertpapierfirmen differenzierte Regelungen vor. Der elektronische Geschäftsverkehr und die Fernsehtätigkeit wiederum werden im regulierten Bereich vollständig dem Herkunftslandprinzip unterstellt.

bb) Berufsbezeichnung

Hinsichtlich der Berufsbezeichnung existieren ebenfalls Unterschiede. So verwenden

- Rechtsanwälte als Erbringer von Dienstleistungen die Berufsbezeichnung ihres **Herkunftsstaates** (Art. 3 RL 77/249/EWG)[269];
- anerkannte Architekten die Berufsbezeichnung des **Bestimmungsstaates** (Art. 23 Abs. 1 RL 85/384/EWG). Ein Recht zur Führung der Berufsbezeichnung des Aufnahmestaates sehen auch die allgemeinen Anerkennungsrichtlinien vor (Art. 11 Abs. 1 RL 92/51/EWG; Art. 7 Abs. 1 RL 89/48/EWG).

cc) Informationspflichten der Dienstleister zugunsten der Leistungsempfänger

Zugunsten der Leistungsempfänger bzw. Verbraucher gibt das Gemeinschaftsrecht den Erbringern von Dienstleistungen Informationspflichten vor. In diesem Sinne sollen etwa die Anbieter von Diensten der Informationsgesellschaft verpflichtet werden, den Nutzern die relevanten Informationen betreffend den Anbieter verfügbar zu machen (Art. 5 Abs. 1 RL 2000/31/EG). Zusätzlich bestehen Informationspflichten betreffend die Erkennbarkeit kommerzieller Kommunikation als solcher (Art. 6 RL 2000/31/EG) sowie Informationspflichten im Vorfeld eines auf elektronischem Wege erfolgenden Vertragsschlusses (Art. 10 RL 2000/31/EG).

dd) Erleichterungen für Begleitleistungen: Beispiel Werbung

Das Sekundärrecht schafft auch Erleichterungen für Begleitleistungen der Dienstleistung, beispielsweise in Bezug auf Werbung[270]. So sieht die Richtlinie

---

269 Diese Möglichkeit wurde später durch Art. 2 der Richtlinie 98/5/EWG vom 16.2.1998, ABl.EG 1998 Nr. L 77/36, auf dauerhaft im Aufnahmestaat tätige (= niedergelassene) Rechtsanwälte erstreckt, da diesen nur in einigen Mitgliedstaaten die Beibehaltung der ursprünglichen Berufsbezeichnung gestattet war.

270 Zur Einordnung der Werbung als eigenständige Dienstleistung oder als Begleitleistung in der Rechtsprechung des EuGH s. oben B. II. 2. a) (Fn. 73) und c) cc). Die

über den elektronischen Geschäftsverkehr vor, dass die Verwendung kommerzieller Kommunikationen, die Bestandteil eines von einem Angehörigen eines reglementierten Berufs angebotenen Dienstes der Informationsgesellschaft sind oder einen solchen Dienst darstellen, gestattet ist, soweit die berufsrechtlichen Regeln, insbesondere zur Wahrung von Unabhängigkeit, Würde und Ehre des Berufs, des Berufsgeheimnisses und eines lauteren Verhaltens gegenüber Kunden und Berufskollegen, eingehalten werden (Art. 8 Abs. 1 RL 2000/31/EG).

Im Bereich der Banken- und Wertpapierdienstleistungen besteht das Recht, Werbung über alle verfügbaren Kommunikationskanäle im Aufnahmestaat zu betreiben, sofern Form und Inhalt dieser Werbung den einschlägigen im Interesse der Allgemeinheit erlassenen Vorschriften entsprechen (Art. 22 Abs. 11 RL 2000/12/EG; Art. 13 RL 93/22/EWG).

ee) Anregungen zur Entwicklung von Verhaltenskodizes

Anstelle von an die Mitgliedstaaten gerichteten Regelungsaufträgen, wie bei der Koordinierung einzelstaatlicher Vorschriften üblich, enthält das Sekundärrecht auch Vorgaben an die Mitgliedstaaten, gegenüber den Berufsvereinigungen und -organisationen Anregungen zur Entwicklung von gemeinschaftsweiten freiwilligen Verhaltenskodizes zu geben (so etwa Art. 16 und Art. 8 Abs. 2 RL 2000/31/EG). Mit der Zuweisung der Regelungsaufgabe an die autonomen Interessengruppen erlegt sich die Gemeinschaft im Sinne von Art. 5 Abs. 2 und 3 EGV die gebotene Zurückhaltung auf.

c) Beispiele für sonstige Maßnahmen zur Unterstützung des freien Dienstleistungsverkehrs

aa) Informationspflichten der Mitgliedstaaten

Zur Erleichterung der Erbringung sowie der Inanspruchnahme von Dienstleistungen sieht das Sekundärrecht Informationspflichten der Mitgliedstaaten im Vorfeld der Aufnahme der Tätigkeit vor. So werden z.B. die Mitgliedstaaten zugunsten der **Leistungserbringer** im Sektorenbereich verpflichtet, Maßnahmen zu treffen, um den Begünstigten die Möglichkeit zu geben, Informa-

---

von der Richtlinie 89/552/EWG erfasste Fernsehwerbung dürfte allenfalls bei bestimmten Formen der Eigenwerbung des Fernsehveranstalters (s. Erwägungsgrund 39 der RL 89/552/EWG) als Begleitleistung anzusehen sein, da der Veranstalter hinsichtlich der Verbreitung von Werbung für Dritte eine eigenständige Dienstleistung erbringt.

tionen über die Rechtsvorschriften sowie gegebenenfalls über die Standesregeln des Aufnahmemitgliedstaates zu erhalten (Art. 26 Abs. 1 RL 85/384/EWG; Art. 20 Abs. 1 RL 93/16/EWG). Während diese Verpflichtung an die Herkunftsstaaten gerichtet ist, sieht die allgemeine Anerkennungsrichtlinie eine entsprechende Informationspflicht des Bestimmungsstaates vor (Art. 2 RL 1999/42/EG).

Informationspflichten der Mitgliedstaaten, die neben den Dienstleistern auch die **Leistungsempfänger** einbeziehen, bestehen etwa im Bereich des elektronischen Geschäftsverkehrs. Sie umfassen allgemeine Informationen über vertragliche Rechte und Pflichten sowie über die bei Streitfällen zur Verfügung stehenden Beschwerde- und Rechtsbehelfsmechanismen, desgleichen Anschriften von Behörden, Vereinigungen und Organisationen, bei denen weitere Informationen oder praktische Unterstützung erhältlich sind (Art. 19 Abs. 4 RL 2000/31/EG).

Während im Bereich der reglementierten Berufe die Einrichtung von **Informationsstellen** fakultativ ist, besteht für die Dienste der Informationsgesellschaft eine Verpflichtung zur Einrichtung von Verbindungsstellen.

bb) Rechtsverfolgung

Den freien Dienstleistungsverkehr unterstützen ferner Maßnahmen zur Sicherstellung einer effektiven Rechtsverfolgung durch die Erbringer und Empfänger von Dienstleistungen. Dies geschieht durch Vorgaben hinsichtlich

- der **außergerichtlichen Beilegung** von Streitigkeiten, die durch das innerstaatliche Recht nicht erschwert werden darf; auch diesbezüglich kommt den Mitgliedstaaten die Funktion zu, Einrichtungen zur außergerichtlichen Streitbeilegung zur angemessenen Verfahrensgestaltung zu ermutigen (Art. 17 Abs. 1 und 2 RL 2000/31/EG);

- der **gerichtlichen Rechtsverfolgung**: So müssen ablehnende Entscheidungen über die **Anerkennung** von Befähigungsnachweisen durch den Dienstleister begründet werden, anfechtbar sein und es muss bei unterbliebener Entscheidung nach drei Monaten die Möglichkeit zur Untätigkeitsklage bestehen (Art. 6 a RL 85/384/EWG, eingefügt durch Art. 11 Abs. 1 RL 2001/19/EG; Art. 42 d RL 93/16/EWG, eingefügt durch Art. 14 Abs. 17 RL 2001/19/EG). Bei staatlichen **Sanktionen** gegen Kreditinstitute oder Wertpapierfirmen ist ebenfalls eine zwingende Begründungspflicht sowie Anfechtungsmöglichkeit vorgesehen (Art. 22 Abs. 6 RL 2000/12/EG; Art. 19 Abs. 7 RL 93/22/EWG). Bei **Rechtsverletzungen** im Zusammenhang mit der Dienstleistungserbringung im Bereich des elektronischen Geschäftsverkehrs müssen die innerstaatlichen Klagemöglichkeiten rasche Maßnahmen einschließlich solcher des einstweiligen Rechtsschutzes ermöglichen (Art. 18 Abs. 1 RL 2000/31/EG).

d) Beispiele für Regelungen betreffend die Kontrolle der Dienstleistungserbringer

Auch im Bereich der Kontrolle der Dienstleistungserbringer liegt die Zuständigkeit nicht stets beim Bestimmungsstaat, sondern wird z.T. dem Herkunftsstaat zugewiesen.

Im Bereich der reglementierten Berufe ist mit der Anwendung der innerstaatlichen Disziplinarvorschriften (s. oben B. IV. 2. b) aa)) eine Zuständigkeit des **Bestimmungsstaates** begründet.

Das **Herkunftslandprinzip** in Gestalt der **Sitzlandkontrolle** kommt dagegen etwa bei der Überwachung der Kreditinstitute und der Wertpapierfirmen zur Geltung. So ist die Befugnis zur Kontrolle von Tätigkeiten der Kreditinstitute bzw. Wertpapierfirmen, die über eine Zweigstelle oder im Wege des freien Dienstleistungsverkehrs erbracht werden, mit Ausnahme von bestimmten Fällen grundsätzlich den zuständigen Behörden der Herkunftsstaaten zugewiesen (Art. 26 Abs. 1 RL 2000/12/EG; Art. 8 Abs. 3 RL 93/22/EWG). Im Übrigen ist eine **enge Zusammenarbeit** der zuständigen Behörden der betreffenden Mitgliedstaaten bei der Überwachung einschließlich gegenseitiger Informationspflicht vorgesehen (Art. 28 RL 2000/12/EG; Art. 23 Abs. 3 RL 93/22/EWG). Die Kontrollzuständigkeit der Behörden der Herkunftsstaaten über Zweigniederlassungen in anderen Mitgliedstaaten schließt die Befugnis ein, **Prüfungen vor Ort** vorzunehmen (Art. 29 Abs. 1 und 2 RL 2000/12/EG; Art. 24 Abs. 1 RL 93/22/EWG).

Mit dem Herkunftslandprinzip bzw. der Sitzlandkontrolle verbindet sich **ein differenzierter Sanktionsmechanismus**. Liegt die Kontrollzuständigkeit beim Herkunftsstaat, besitzt dieser auch die Sanktionsbefugnis (s. etwa Art. 32 RL 2000/12/EG; Art. 27 RL 93/22/EWG). Ist hingegen die Überwachungszuständigkeit des Aufnahme**staates** begründet und stellen dessen Behörden einen Gesetzesverstoß fest, so dürfen diese das Kreditinstitut bzw. die Wertpapierfirma zunächst nur zur Beendigung der vorschriftswidrigen Situation auffordern (Art. 22 Abs. 2 RL 2000/12/EG; Art. 19 Abs. 3 RL 93/22/EWG). Kommt die Firma der Aufforderung nicht nach, ergeht eine Information an die Behörden des Herkunfts**staates**, welche dann die Maßnahmen zur Beseitigung der Störung treffen (Art. 22 Abs. 3 RL 2000/12/EG; Art. 19 Abs. 4 RL 93/22/EWG). Erst wenn sich der Adressat auch danach weiterhin vorschriftswidrig verhält, dürfen die Behörden des Aufnahme**staates** ihrerseits Maßnahmen ergreifen (Art. 22 Abs. 4 RL 2000/12/EG; Art. 19 Abs. 5 RL 93/22/EWG). In dringenden Fällen können zudem Sicherungsmaßnahmen schon vor Einleitung dieses Verfahrens getroffen werden (Art. 22 Abs. 7 RL 2000/12/EG; Art. 19 Abs. 8 RL 93/22/EWG).

Dieser für die Beseitigung von vorschriftswidrigen Zuständen vorgesehene Sanktionsmechanismus lässt freilich die Befugnis des Aufnahmestaates zur Ahndung oder Verhinderung von Verstößen gegen Vorschriften, die er aus Gründen des Allgemeininteresses erlassen hat, unberührt (Art. 22 Abs. 5 RL 2000/12/EG; Art. 19 Abs. 6 RL 93/22/EWG, hier auch in Bezug auf Verstöße gegen die Wohlverhaltensregeln gemäß Art. 11).

C. Grundkonzeption des Richtlinienvorschlags

I. Wesentliche Merkmale des neuen Regelungsansatzes*

Mit dem Richtlinienvorschlag sollen rechtliche Hindernisse für die Niederlassungsfreiheit der Dienstleistungserbringer und für den freien Dienstleistungsverkehr beseitigt werden, die in Beschwerden, Petitionen und parlamentarischen Anfragen, Konsultationen der Interessenträger sowie Studien und Untersuchungen zu Tage getreten sind, wie in der Begründung betont wird[271]. Hierfür komme „keine umfassende und systematische Harmonisierung aller den Dienstleistungssektor betreffenden einzelstaatlichen Vorschriften" in Betracht, vielmehr habe man sich „auf die zentralen Fragen, deren Koordinierung für die Gewährleistung der Niederlassungsfreiheit und des freien Dienstleistungsverkehrs unerlässlich" seien, beschränken müssen. Dementsprechend werden im Folgenden die wesentlichen übergreifenden Merkmale des gewählten Regulierungsansatzes aufgegriffen und gegenüber der bisherigen Regelungstechnik abgegrenzt.

1. Umfassender horizontaler Ansatz – Rahmenrichtlinie

a) Bereichsübergreifende statt bereichsspezifische Ausrichtung

Die bisherige Regelungstechnik des gemeinschaftsrechtlichen Gesetzgebers ist dadurch gekennzeichnet, dass die Koordinierung mitgliedstaatlicher Vorschriften eine **sektoren-, sparten-, typen-, gruppen- oder tätigkeitsfeldspezifische Ausrichtung** aufweist. Beispiele hierfür sind die auf einen abstrakt definierten oder konkret benannten und dadurch jeweils abgrenzbaren Kreis

---

* *Koch/Windoffer.*
271 Begr. Nr. 6 b).

von Dienstleistungserbringern zugeschnittenen Regelungen, wie etwa die allgemeinen oder sektorspezifischen Anerkennungsrichtlinien[272] sowie die Richtlinie 2000/12/EG über die Aufnahme und Ausübung der Tätigkeit der Kreditinstitute. Andere Regelungen wiederum knüpfen nicht an die Eigenschaften der Person oder des Unternehmens als Leistungserbringer an, sondern an die Art der Dienstleistungstätigkeit, wie etwa die Richtlinie 2000/31/EG über den elektronischen Geschäftsverkehr; sie grenzen dadurch allerdings den Kreis der Betroffenen ebenfalls eindeutig ein.

Im Unterschied hierzu sieht der Richtlinienvorschlag einen **sparten- und tätigkeitsfeldübergreifenden**, mithin **umfassenden horizontalen Ansatz** vor, der sich nicht auf spezifische Dienstleister oder Dienstleistungen beschränkt, sondern, von ausdrücklich genannten Ausnahmen abgesehen, das gesamte als Dienstleistungen gekennzeichnete Tätigkeitsspektrum erfassen soll. Die Wahl dieses horizontalen Ansatzes wird damit begründet, dass die einen wirklichen Binnenmarkt für Dienstleistungen behindernden rechtlichen Schranken oft zahlreiche unterschiedliche Tätigkeitsbereiche gleichzeitig beträfen und viele gemeinsame Merkmale besäßen[273]. Auf diese Weise zielt der Vorschlag auf Effizienzvorteile ab, entfällt doch die Notwendigkeit zum zeit- und ressourcenintensiven Erlass zahlreicher gleichgerichteter Regelungen für die unterschiedlichen Sachgebiete, der – abgesehen von der Gefahr gesetzgeberischer Widersprüche – zur Folge hätte, dass die Erreichung der unter B. I. 3. genannten, in Art. 2 EGV niedergelegten wirtschaftlichen und wettbewerblichen Ziele verzögert oder gänzlich vereitelt würde.

b) Rahmensetzende Richtlinie

Mit der Entscheidung für einen horizontalen statt eines bereichsspezifischen Regelungsansatzes verbindet sich freilich die Notwendigkeit, die Dichte und Detailgenauigkeit der Vorgaben zur Harmonisierung des Rechts der Mitgliedstaaten zu reduzieren. Dem Vorschlag kommt somit der Charakter einer **Rahmenrichtlinie** zu. Ziel des Vorschlags ist es daher nicht, detaillierte Regelungen festzulegen und die Gesamtheit der mitgliedstaatlichen Vorschriften für den Dienstleistungssektor zu harmonisieren[274]. Diese aus der Natur der Sache heraus gebotene Selbstbeschränkung bedeutet zugleich, dass sich der Unionsgesetzgeber die von Art. 5 Abs. 2 und 3 EGV geforderte Zurückhal-

---

272 S. etwa die unter B. IV. 2. genannten Richtlinien 89/48/EWG, 92/51/EWG, 1999/42/EG und 2001/19/EG.

273 So die Begr. Nr. 3 a) unter Hinweis auf Teil II des Berichts der Kommission „Der Stand des Binnenmarkts für Dienstleistungen", KOM (2002) 441.

274 Vgl. Begr. Nr. 3 a).

tung aufzuerlegen bestrebt ist[275]. Andererseits schließt die Zurücknahme auf für das Funktionieren des Binnenmarkts wesentliche Fragen nicht aus, den Besonderheiten einzelner Berufe oder Tätigkeitsbereiche Rechnung zu tragen.

c) Koordinierung statt Einzelfallanpassung

Ebenso wie sich eine bereichsspezifische Koordinierung als ressourcenintensiv erweist, so stellt sich eine Anpassung der mitgliedstaatlichen Rechtsvorschriften von Einzelfall zu Einzelfall, beispielsweise in Reaktion auf die Rechtsprechung in Vertragsverletzungsverfahren, erst recht als ineffizientes und zudem unsystematisches Vorgehen dar. Auch dies ist für die Kommission ein Grund, im Sinne des Binnenmarktziels[276] eine gemeinschaftsweite Koordinierung der einzelstaatlichen Modernisierungsprozesse anzustreben[277]. Hinzu tritt die Erwartung einer Verstärkung des Wachstumseffekts durch Modernisierung, einer Vermeidung von Wettbewerbsverzerrungen bei unterschiedlichem Anpassungstempo, einer stärkeren Mobilisierung durch das gemeinsame Ziel sowie einer verbesserten Verwaltungskooperation.

d) Dynamisches Konzept

Gemäß dem Anspruch, ein statisches, an Einzelproblemen orientiertes Vorgehen zu vermeiden und stattdessen einen umfassenden Regelungsansatz zu verwirklichen, sieht der Richtlinienvorschlag eine stufenweise Umsetzung des Maßnahmenpakets vor. Dieses **dynamische Konzept** reicht über die zeitlich gestaffelte Umsetzung einzelner Bestimmungen zur Entfernung leicht zu beseitigender Schranken hinaus und stößt einen Evaluierungsprozess an, der Überprüfungen, Konsultationen und ergänzende Harmonisierungen umfasst. Hierbei wird der sachliche oder zeitliche Geltungsbereich einzelner Vorschriften von der Umsetzung dieser weitergehenden Harmonisierungsvorgaben abhängig gemacht (s. Art. 18 i.V.m. Art. 40, Art. 17 Nr. 21, 19 Abs. 2). Desgleichen wird der Kommission die Kompetenz zum Erlass von Durchführungsbestimmungen eingeräumt (Art. 8 Abs. 3, 22 Abs. 4, 26 Abs. 6, 27 Abs. 5, 38) und die Ermittlung des Bedarfs für neue Initiativen aufgetragen, der sich u.a. aufgrund der Ergebnisse der gegenseitigen Evaluierung[278] ergibt (Art. 40 Abs. 2). Der einzuleitende systematische Modernisierungsprozess erschöpft sich

---

275 Vgl. Begr. Nr. 6 b) und c).
276 S. oben B. I. 2.
277 Vgl. Begr. Nr. 3 c) und Erwägungsgrund 5.
278 S. hierzu unten C. I. 4. b).

somit nicht in der Umsetzung der im Richtlinienvorschlag bereits konkret benannten Koordinierungsmaßnahmen.

2. Funktion und Regulierungsgrenzen des Richtliniensystems

a) Rahmensetzung

Richtlinien im Sinne von Art. 249 Abs. 3 EGV[279] verkörpern unter den primärrechtlich geregelten gemeinschaftlichen Handlungsformen noch am ehesten einen gegenüber dem supranational administrativen und gubernativen Handeln funktionenteilig „distanzierten" generell-abstrakten Regelungsanspruch. In der Kombination und dem Spannungsverhältnis von Zielverbindlichkeit einerseits und Offenheit der Vollzugsgestaltung andererseits kommt – so will es scheinen – ein hohes Maß an Respekt des Gemeinschaftsrechts gegenüber dem *Souveränitätsanspruch* der mitgliedstaatlichen Gesetzgeber zum Ausdruck.[280]

Zu den Hauptmerkmalen des Richtlinienvorschlags zählt ihr Rahmencharakter,[281] der mit der Weite des zukünftigen Anwendungsbereichs begründet wird („ein allgemeiner Rechtsrahmen, der, von einigen Ausnahmen abgesehen, für alle Dienstleistungstätigkeiten gilt").

Hiermit ist allerdings noch nichts über den Regulierungsmaßstab, über die Distanz zum Regulierungsgegenstand, über den Detaillierungsgrad und damit letztlich auch über die Verbindlichkeit ausgesagt. Es geht laut Begründung nur um diejenigen Fragen, „die für das reibungslose Funktionieren des Binnenmarktes für Dienstleistungen wesentlich" seien; hierbei müsse erstens „solchen Regelungen der Vorzug gegeben" werden, „die eine gezielte Harmonisierung genau definierter Punkte bewirken" oder zweitens „eindeutige Zielvorgaben festlegen, ohne die konkrete Art der Regelung zu deren Erreichung vorzuschreiben" und drittens „auf Bestimmungen, die eine klare Ab-

---

279 Siehe hier nur *Biervert*, in: Schwarze, EU-Kommentar, 2000, Art. 249 EGV, Rn. 23-35.

280 Vgl. generell zu den Bedingungen einer Harmonisierung durch EG-Richtlinien *Oehlert*, Harmonisierung durch EG-Richtlinien: Kompetenzen, Legitimation, Effektivität, JuS 1997, S. 317 ff.; zur Wirkung von Richtlinien vor Ablauf der Umsetzungsfrist *Weiß*, Zur Wirkung von Richtlinien vor Ablauf der Umsetzungsfrist, DVBl. 1998, S. 568 ff.; zu den Bedingungen innerstaatlicher Beachtlichkeit von EG-Richtlinien *Royla/Lackhoff*, Die innerstaatliche Beachtlichkeit von EG-Richtlinien und das Gesetzmäßigkeitsprinzip, DVBl. 1998, S. 1116 ff.

281 Begr. Nr. 3 a).

grenzung der Aufgaben von Herkunfts- und Bestimmungsmitgliedstaat der Dienstleistungen gewährleisten".[282]

Diese Anforderungen machen selbst noch in ihrer abstrakten Fassung deutlich, dass die vorgeschlagene Richtlinie sehr wohl in möglicherweise nur vereinzelten detailgenauen Regelungen den bloßen Rahmencharakter bewusst hinter sich lässt. Und in der Tat erreichen einige – in der Begründung selbst hervorgehobene – Bestimmungen einen hohen Detaillierungsgrad. Zu nennen ist das informationelle Teilsystem ebenso wie die Genehmigungsregelungen. Betrachtet man die Dienstleistungsrichtlinie eingehender, ist es geradezu das Spannungsverhältnis aus „gesetzgeberischer" Zurückhaltung im generellen Umsetzungsbefehl (womit dem Richtliniencharakter durchaus auch entsprochen wird) bei detailgenauem Zugriff in einzelnen Hinsichten, aus dem sich die besondere Implementationsdynamik gerade der Dienstleistungsrichtlinie speist: Punktgenau regulierende Vorschriften sind eingebettet in flexibel und dynamisch gestaltete Umsetzungsmaßgaben.

Die folgenden Aspekte sollen deutlich machen, dass selbst noch die Rahmenrichtlinie über die Regulierungsgrenzen eines behutsam harmonisierenden Implementationssystems weit hinausgehen kann. Auch wird man ihr vielfach schwerlich noch integrationspolitischen Kompromisscharakter zubilligen mögen; vielmehr trägt sie das Integrationsanliegen in vollem Umfang mit, ist möglicherweise aber sogar *umsetzungseffizienter als die Verordnung*: Sie ist darauf ausgelegt, die *Implementationschancen*, die sich aus den jeweiligen mitgliedstaatlichen Rechtsordnungen ergeben, flexibel zu nutzen. Sie ist wirkungsvoller und „unauffälliger" aber in gleichem Maße auf den Grundsatz größtmöglicher Wirksamkeit des Gemeinschaftsrechts ausgerichtet.[283]

Ein weiterer Blick auf die Begründung (unter Nr. 6 a): zu „Rechtsgrundlage und Wahl des Rechtsakts") offenbart nicht nur die herangezogenen Rechtsgrundlagen (Art. 47 Abs. 2 und Art. 55 EGV[284] sowie ergänzend noch Art. 71 und 80 Abs. 2 EGV), sondern auch den hohen Konkretisierungsgrad: „Inhaltlich stellt der Vorschlag eindeutig darauf ab, durch Vorschriften, die bestimmte Anforderungen untersagen und den freien Dienstleistungsverkehr sicherstellen, die Hindernisse für die Niederlassungsfreiheit und den freien Dienstleistungsverkehr wirksam zu beseitigen. Andere Bestimmungen harmonisieren gezielt bestimmte Regelungen beziehungsweise gewährleisten die

---

282 Begr. Nr. 3 a).
283 *Koch*, Gemeinschaftliches Verfahrensrecht für die Integrationsverwaltung, ZÖR 59 (2004), S. 233 ff. (267).
284 Art. 55 EGV nimmt Bezug auf Art. 45 bis 48 EGV und ermöglicht so die Anwendung von Art. 47 Abs. 2 EGV auf den freien Dienstleistungsverkehr.

für den Abbau der betreffenden Hemmnisse erforderliche Verwaltungszusammenarbeit".

Hinsichtlich **Inhalt und Grenzen der Rahmenfunktion** bleiben indessen Zweifel. Insbesondere bleiben Fragen und Risiken immerhin möglicher unmittelbarer Umsetzung durch den Europäischen Gerichtshof. Die unmittelbare Wirkung wird gegebenenfalls zwar nur im Einzelfall zum Tragen kommen. Aber es entsteht die Gefahr disparater Entwicklungen: einerseits unmittelbarer Direktwirkung im Einzelfall gegenüber mangelhafter genereller Verbindlichkeit andererseits, falls die Richtlinie politisch und rechtlich nur zögerlich umgesetzt würde oder die Implementationsprobleme überhand nehmen sollten. Die Implementation kann etwa auch durch den Widerstand in die Implementation einbezogener gesellschaftlicher Akteure erschwert und verzögert werden; gerade dies ist wahrscheinlich angesichts der erheblichen Implementationsaufgaben, die auf die Träger wirtschaftlicher und gesellschaftlicher Selbstverwaltung zukommen, wollten sie der Dienstleistungsrichtlinie zu Geltung und Wirkung verhelfen. Dies sind (hier nur anzudeutende) Risiken, die sich bei dem gegenwärtigen Stand der Diskussion keineswegs ausschließen lassen.

b) Umsetzungs- und Implementationsrisiken bei Richtlinien: Unmittelbare Wirkung und Haftung

Komplexe Mehrebenen-Steuerungsprobleme treten auf, wenn die Richtlinien-Umsetzung nicht nur ihr eigenes Umsetzungsprogramm zu realisieren versucht, sondern vielmehr mit nationalen Übergangsregelungen und hierdurch bedingten Umsetzungsverzögerungen oder Regelungen geringerer Umsetzungsintensität und Verbindlichkeit konfrontiert wird.[285]

Aus dem Handlungskonzept „Richtlinie" und den für sie anerkannten Umsetzungsstrategien folgen für die Gleichmäßigkeit der Umsetzung und damit nicht zuletzt für die wettbewerbliche Chancengleichheit Problemsituationen, die sich insbesondere bei der zunächst nur angestrebten „schneisenhaften" Umsetzung und Implementation kaum vermeiden lassen. Denn der hierin zum Ausdruck kommende regulative Systemmangel ist es gerade, der eine Reihe zusätzlicher Probleme, insbesondere in Form von Umsetzungszufälligkeiten sowie Implementationsdefiziten und dysfunktionalem zusätzlichen Abklärungsbedarf mit sich bringt. Der „pointilistische" Charakter, den diese Umsetzungsstrategie gewinnen könnte, wenn sie sich in eine Vielzahl von Szenarien

---

285 Vgl. etwa *Fisahn*, Probleme der Umsetzung von EU-Richtlinien im Bundesstaat, DÖV 2002, S. 239 ff. Vgl. für den Fall bereits fehlerhafter oder so nicht umsetzbarer Gemeinschaftsvorgaben Annacker, Der fehlerhafte Rechtsakt im Gemeinschafts- und Unionsrecht, 1998, dort insbesondere S. 79 ff.

verzettelt, in denen dienstleistungsbezogene, berufliche, berufsständische Gesichtspunkte sich ganz unterschiedlich intensiv manifestieren, wird zunächst allenfalls der Bildung von Implementationsinseln[286] Vorschub leisten, günstigenfalls im Branchen- oder Sektorenzusammenhang, so dass zumindest wesentliche Wettbewerbsstörungen vermieden würden.

Einen immer denkbaren Weg, Umsetzungsdefizite zu meistern, kann man als *Individualisierung mittels unmittelbarer Vollzugswirkung* bezeichnen.[287] Von geradezu grundlegender, wenn auch bestrittener Bedeutung für die *Zulässigkeit unmittelbarer Wirkung* ist, dass die Richtlinie – zumindest auch – ein Regelungsziel zu Gunsten Einzelner hätte verwirklichen sollen, wenn sie ordnungsgemäß umgesetzt worden wäre.[288] Bereits in der Rechtssache Großkrotzenburg – wegen Vertragsverletzung der Bundesrepublik Deutschland angesichts unterlassener Umweltverträglichkeitsprüfung im Rahmen des Genehmigungsverfahrens zur Errichtung eines neuen Blocks für ein Wärmekraftwerk[289] – hatte in den Erwägungen zu seinen Schlussanträgen Generalanwalt Elmer die Grenzen der *individuellen Rechtsschutzfunktion*, die Voraussetzung der *unmittelbaren Wirkung von Richtlinienvorschriften* ist, eingehend charakterisiert:[290]

Die Richtlinie muss erkennbar zu Gunsten Einzelner wirken wollen, und die weiteren Voraussetzungen inhaltlicher Unbedingtheit und hinreichender Bestimmtheit der Richtlinie müssen gegeben sein. Die Dienstleistungsrichtli-

---

286 *Koch*, Arbeitsebenen der Europäischen Union – Das Verfahrensrecht der Integrationsverwaltung, 2003, S. 637; *Koch*, Gemeinschaftliches Verfahrensrecht für die Integrationsverwaltung, ZÖR 59 (2004), S. 233 ff. (260 mit Fn. 87).

287 Zu Fragen dieser Instrumentalisierung subjektiven Rechtsschutzes siehe *Classen*, Der Einzelne als Instrument zur Durchsetzung des Gemeinschaftsrechts? Zum Problem des subjektiv-öffentlichen Rechts kraft Gemeinschaftsrechts, VerwArch 88 (1997), S. 645 ff. (668 ff.) auch zur Haftungsdimension; mit Beispielen aus dem Umweltrecht vgl. *Heim*, Unmittelbare Wirkung von EG-Richtlinien im deutschen und französischen Recht am Beispiel des Umweltrechts, 1998, insbesondere S. 29 ff., 54 ff., sowie S. 200 f. Weitere Rechtsprechungsbeispiele gibt *Epiney*, Neuere Rechtsprechung des EuGH in den Bereichen des institutionellen Rechts und der Grundfreiheiten, NVwZ 1999, S. 1072 ff. (1074 ff.); vor dem Hintergrund des Gesetzmäßigkeitsprinzips *Royla/Lackhoff*, Die innerstaatliche Beachtlichkeit von EG-Richtlinien und das Gesetzmäßigkeitsprinzip, DVBl. 1998, S. 1116 ff.

288 Vgl. *Ukrow*, Richterliche Rechtsfortbildung durch den EuGH, 1995, S. 290 ff.

289 EuGH, Urt. v. 11.8.1995, Rs. C-431/92 (Kommission/ Bundesrepublik Deutschland – „Wärmekraftwerk Großkrotzenburg"), Slg. 1995, I-2189, 2211 ff.

290 EuGH, Rs. C-431/92 (Kommission/ Bundesrepublik Deutschland), Generalanwalt Elmer, Schlussanträge v. 21.2.1995, Slg. 1995, I-2189 ff., 2192 ff., 2198 ff. Tz. 10-13.

nie bietet hierfür durchaus Anknüpfungspunkte im Herkunftslandprinzip einerseits, in den unzulässigen Beschränkungen (gegenüber Dienstleistungsempfängern) andererseits, aber auch in den Genehmigungsregelungen (Art. 9 ff.) und in dem System der Anforderungen (Art. 14 ff.).

Der Einzelne kann sich in denjenigen Fallkonstellationen, in denen die Bestimmungen einer Richtlinie inhaltlich unbedingt und hinreichend genau wirken würden, vor nationalen Gerichten gegenüber dem Staat auf diese Bestimmungen berufen, wenn dieser die Richtlinie nicht fristgemäß oder nur unzulänglich in das nationale Recht umgesetzt hat.

Ein Derivat der Individualumsetzung stellt die immerhin mögliche mitgliedstaatliche Haftung für Umsetzungsdefizite dar.[291] Ein solches Umsetzungsrisiko lässt sich angesichts des marktbezogenen, Vertauenstatbestände auslösenden Gegenstandes nicht ausschließen.

Das Prinzip mitgliedstaatlicher **Umsetzungshaftung** kann in bestimmten Konstellationen *als Ausweg* dienen, wenn auch eine unmittelbare Anwendung nicht oder unzureichend umgesetzten Richtlinienrechts nicht möglich erscheint.

In der Haftungsdimension liegt allerdings ein nur sehr begrenzt gangbarer Ausweg aus dem Dilemma, einerseits den Umsetzungs- und Vollzugserwartungen des Europabürgers gerecht werden zu sollen, andererseits die Umsetzungsvielfalt nicht unverhältnismäßig (gemessen an der Bedeutung des Regelungsgehalts der Richtlinie) zu reduzieren und den Umsetzungsvorrang der Mitgliedstaaten zu wahren.

Indessen muss, um einen Haftungstatbestand bejahen zu können, der eine entsprechende Haftungsfolge überhaupt nur auslösen könnte, das Kriterium eines hinreichend qualifizierten Verstoßes gegen das Gemeinschaftsrecht nachgewiesen werden. Dies ist ein erhebliches Hindernis auf dem Weg, über das Drohpotenzial, das im Instrument der Staatshaftung liegt, eine konzentrierte Richtlinienumsetzung auslösen zu wollen.

Hierbei soll betont werden, dass eine Regulierung gleich welchen Bereichs durch rechtlich verbindliche Regelungen umso schwieriger wird, je mehr sie von programmatischen Anforderungen, in der Zukunft liegenden Zweckbestimmungen und Zielprojektionen überlagert wird.

---

291 Zur mitgliedstaatlichen Umsetzungshaftung vgl. *LaRoche-Thomé*, Staatliche Haftung für Verletzungen des Gemeinschaftsrechts, in: Pitschas/Koch (Hrsg.), Staatsmodernisierung und Verwaltungsrecht in den Grenzen der europäischen Integrationsverfassung, 2002, S. 101 ff. (110 ff.), sowie *Biervert*, in: Schwarze, EU-Kommentar, 2000, Art. 249 EGV, Rn. 27.

Hier bedarf es nicht nur stabilisierender Umsetzungsregelungen und entsprechend eindeutig formulierter Tatbestände, sondern auch einer möglichst konzentrierten Übergangsphase. In dieser Phase müssen regulierende Anteile und implementierende Prozesse genau unterscheidbar sein.

c) Kooperationspflichten zur Begrenzung von Implementationsfehlern

Gerade bei komplexen Implementationsprojekten, wie dem mehrphasigen Umsetzungsprozess der Dienstleistungsrichtlinie, gilt es, Schadensbegrenzungspflichten zu beachten, die sich für die Organe der Gemeinschaft ergeben können, wenn sie zu Umsetzungsdefiziten eigene Verursachungsbeiträge ausgelöst oder erwartbare Umsetzungshilfen unterlassen haben; Maßstab ist hier im Wesentlichen Art. 10 EGV, aus dem sich für die Gemeinschaftsorgane eine Pflicht ergibt, mit den Mitgliedstaaten zusammenzuarbeiten und ihre Behörden zu unterstützen, aber eben wohl auch, mit den nationalen Parlamenten (auch und nicht zuletzt: Landesparlamenten)[292] die Kooperation zu suchen:[293] Der hier gegebene Beratungsbedarf könnte in Form von parlamentarischen Anhörungen zufriedengestellt werden oder in Konsultationen im Rahmen von *ad hoc* zu bildenden Ausschüssen. Diese *ebenenübergreifende Kooperation zur Implementationshilfe* kommt naturgemäß insbesondere dort zum Tragen, wo Umsetzungsbemühungen zu unvollständigen oder fehlerhaften Ergebnissen geführt haben; auch kann der Fall eintreten, dass Nachbesserungsbedarf erst in der Phase der Umsetzung offenbar wird.

In dem angedeuteten *implementationsbezogenen Kooperationsverhältnis* trifft auch Mitgliedstaaten die Verpflichtung, Umsetzungsprobleme rechtzeitig – das dürfte zumindest heißen: ehe die Umsetzungsfrist abgelaufen ist – einem der am Rechtsetzungsprozess beteiligten Gemeinschaftsorgane zur Kenntnis zu bringen.[294] Entsprechende Verpflichtungen sind in den Richtlinien mittlerweile fest verankert. Unter anderem die „gegenseitige Evaluie-

---

292 Vgl. zu deutschen Landesparlamenten im Implementations- und Integrationszusammenhang *Lenz/Johne*, Die Landtage vor der Herausforderung Europa – Anpassung der parlamentarischen Infrastruktur als Grundlage institutioneller Europafähigkeit, Aus Politik und Zeitgeschichte, B 6/2000, S. 20 ff.

293 Zu Fragen transnationaler Verwaltungskooperationen *Pappas*, The European Partnership Through National Administrative Procedures for the Preparation and Implementation of Community Decisions, in: Pappas (Hrsg.), National Administrative Procedures for the Preparation and Implementation of Community Decisions, 1995, S. 3 ff. (5 ff.).

294 Vgl. noch *Schwarze/Becker/Pollak*, Die Implementation von Gemeinschaftsrecht – Untersuchungen zur Gesetzgebungs- und Verwaltungspolitik der Europäischen Gemeinschaft und ihrer Mitgliedstaaten, 1993, S. 93 ff.

rung" samt Berichtspflichten (Art. 41 ff.) legen im Vorschlag zur Dienstleistungsrichtlinie von diesem Anspruch Zeugnis ab.

d) Umsetzungsvertrauen

Der Umsetzungserfolg hängt nicht zuletzt ab vom Vertrauen der Anwender und Regelungsadressaten in die Sachgerechtigkeit und Stabilität der Regulierung. Die aufgeführten Defizite und Problemlagen in der Umsetzung lassen erkennen, dass es die Richtlinie als Typus bislang nicht vermochte, die Implementation zuverlässig auf die Ebene mitgliedstaatlicher Umsetzungsverantwortung zu verlagern. Aus der Umsetzungsperspektive werden vielmehr an die Richtlinie bestimmte Präzisionserwartungen gerichtet, denen man zum einen durch einen gewissen Reichtum an Regelungsdetails zu begegnen sucht, wie ihn neben dem Entwurf zur Dienstleistungsrichtlinie auch viele andere Richtlinien aufweisen. Auch unbestimmte Rechtsbegriffe eröffnen implementationsförderliche Gestaltungs- und Einpassungsspielräume.

Zum anderen aber kann in einer ausgeprägten Verfahrensdimension – einmal in der Richtlinie angelegt – ein Ausweg gefunden werden: Hierzu gehört in der ebenenüberschreitenden Dimension die Rückbindung der Richtlinien-Umsetzungspraxis an Rat und Kommission im Sinne eines *feed back*, wie typischerweise in den Richtlinien als regelmäßige Berichtspflicht oder auch als ausnahmsweise Meldepflicht aus gegebenem Anlass konzipiert. Hierzu zählt aber auch die *subjektivrechtliche* Öffnung der Richtlinie.[295]

Eine weitere Facette der Probleme aus jener Umsetzungsvielfalt zeitigt die *„Auslegungskonkurrenz" von Mitgliedstaaten gegenüber dem EuGH*: Die Interessengegensätze, die sich aus den sekundären Motiven möglichst weitgehender Haftungsbegrenzung einerseits und möglichst nachhaltigen Verfolgens des Integrationsziels andererseits ergeben, gilt es in Balance zu halten. Die Gewähr eines Staatshaftungsanspruchs ist Motor und Ausweis zugleich für die Umsetzungs- und Vollzugserwartungen, die der Europabürger mit der Richtlinie verbindet. Damit nimmt ein jedes Richtlinienkonzept aber auch *Vertrauen* in Anspruch:[296] „Je mehr sich die Rechtssubjekte in ihrem Verhalten auf die Richtlinie und den uneingeschränkten Vollzug durch die Mitgliedstaaten verlassen können" –so umschreibt *Reich* diesen Vertrauensschutzaspekt –, „umso weniger ist Raum für eine Einschränkung der Staatshaftung".

---

295 Vgl. *von Danwitz*, Zur Grundlegung einer Theorie der subjektiv-öffentlichen Gemeinschaftsrechte, DÖV 1996, S. 481 ff., orientiert am Modell der invocabilité.

296 In diesem Sinne *Reich*, Der Schutz subjektiver Gemeinschaftsrechte durch Staatshaftung. Anmerkungen zu den Urteilen EuGH, EuZW 1996, 654 – *Dillenkofer* u.a. und EuGH, EuZW 1996, 695 – *Denkavit* u.a., EuZW 1996, S. 709 ff. (714).

Die aktuellen Reaktionen auf die Richtlinie in ihrer Vorschlagsfassung offenbaren gerade dieses Vertrauensdefizit. Der Vorschlag kann dieses Defizit wohl deshalb nur unvollkommen auffangen, weil die Gewichtung inhaltlich präziser materieller und prozeduraler Regelungen einerseits und bloßer Gestaltungsaufträge (mit Zielkonzeption) andererseits nicht in allen Hinsichten sachgerecht austariert erscheint. Dies dürfte angesichts der vorgestellten Anwendungsbreite auch kaum möglich sein. Die Dienstleistungsrichtlinie (Vorschlag) scheint darauf angelegt, gerade eingedenk der aufgezeigten Implementationsrisiken das dynamische Konzept zu entfalten und es gegenüber regulativen Erwartungen in den Vordergrund zu stellen.

e)   Implementationslast des EuGH in der Übergangsphase

Für Umsetzung und Implementation gerade einer rahmensetzenden Richtlinie übernimmt der EuGH wesentliche **Geleitfunktionen**, nicht nur mit Blick auf die unmittelbare Wirkung der Richtlinie, vielmehr auch angesichts der vielfältigen denkbaren Streitigkeiten in den einzelnen Mitgliedstaaten, beispielsweise mit Bezug zum Wettbewerbsrecht, zum Vergaberecht, zum Recht der Beihilfen, zu gleichheitsbezogenen Fragen; aber auch gesellschaftsrechtliche Fragestellungen kommen hier in Betracht.

Die **EuGH-Rechtsprechung** reflektiert den Ist-Zustand des geltenden und auf den Einzelfall anwendbaren gemeinschaftlichen Rechtszustands. Sie ist dem geltenden Gemeinschaftsrecht verpflichtet und von den Grenzen angemessener (teleologischer) Auslegung der anwendbaren Rechtssätze abgesehen weder befugt noch imstande, rechts- und europapolitisch initiierte mehr oder weniger programmgemäß verlaufende dynamisch angelegte Prozesse zuverlässig in die Rechtsanwendungspraxis zu integrieren. Dem rasanten Entwicklungsprozess der Europäischen Union folgt der Gerichtshof immer nur insoweit, als ihm aus der Rechtsmasse des Gemeinschaftsrechts selbst oder aus den Rechtsordnungen der Mitgliedstaaten hierbei hinreichend sicherer Argumentationsgrund bleibt.

Ein jeder Richtlinienentwurf wird sich daher auch eingedenk seines rechtspolitischen Elans daran messen lassen müssen, inwieweit der Gerichtshof im Einzelfall die **Implementationslast** wird schultern können. Je länger der Zeitraum für die **Übergangsphase** konzipiert ist, je facettenreicher und je detaillierter phasenhaft abgestuft er sich gibt, als um so schwieriger erweist sich die gerichtliche Kontrolle.

3. Koordinierungsauftrag und Modernisierungsanspruch

Ebenso wie sich eine bereichsspezifische Koordinierung als ressourcenintensiv erweist, so stellt sich eine Anpassung der mitgliedstaatlichen Rechtsvorschriften im Einzelfall, beispielsweise in Reaktion auf die Rechtsprechung des EuGH in Vertragsverletzungsverfahren, erst recht als ineffizientes und zudem unsystematisches Vorgehen dar. Auch dies ist für die Kommission ein Grund, im Sinne des Binnenmarktziels[297] eine gemeinschaftsweite Koordinierung der einzelstaatlichen Modernisierungsprozesse anzustreben[298]. Hinzu tritt die Erwartung einer Verstärkung des Wachstumseffekts durch Modernisierung, einer Vermeidung von Wettbewerbsverzerrungen bei unterschiedlichem Anpassungstempo, einer stärkeren Mobilisierung durch das gemeinsame Ziel sowie einer verbesserten Verwaltungskooperation.

Ein Problem wird hier in der nicht eindeutigen Position der Richtlinie offenbar, einerseits das Herkunftslandprinzip für nicht niederlassungsgebundene Dienstleistungen im Gastland fortgelten zu lassen, andererseits aber eben doch einen umfassenderen integrierten Modernisierungsprozess in Gang setzen zu wollen.

Hier sind vor allem unter Subsidiaritätsgesichtspunkten Grenzen gezogen, denen insbesondere der im Übrigen interessante und unterstützenswerte Ansatz eines verfahrensrechtlichen Abgleichs unterliegt: Die Mitgliedstaaten sollen während der Umsetzungsfrist „die Verwaltungsverfahren und -formalitäten für den Dienstleistungsbereich (Kapitel II, Abschnitt 1 und 2) vereinfachen, insbesondere durch: die Benennung einheitlicher Ansprechpartner (Art. 6), die Möglichkeit zur elektronischen Abwicklung der Verfahren (Art. 8) und die Vereinfachung der Verfahren zur Genehmigung betreffend die Aufnahme und Ausübung von Dienstleistungstätigkeiten (Art. 10 bis 13)".[299]

Die besondere Herausforderung der Umsetzungsphase liegt in der mehrfachen Überlagerung von Verfahrensdimensionen: erstens in der Wahrung des gemeinschaftsrechtlich geordneten Umsetzungsverfahrens, zweitens, indem die Richtlinie selbst Verfahrensstandards und einzelne Verfahrensstrukturen formuliert, sowie drittens, indem die Mitgliedstaaten ihren Part des Umsetzungsprozesses durch eigene Verfahrensvorgaben zu steuern haben, nicht zuletzt, um den Implementationserfolg sicherzustellen.

Hiermit verknüpft ist auch der Auftrag, „eine Reihe gesetzlicher Anforderungen, die in der Richtlinie aufgeführt sind, abschaffen" zu sollen, „weil sie

---

297 S. oben B. I. 2.
298 Vgl. Begr. Nr. 3 c) und Erwägungsgrund 5.
299 Begr. Nr. 3 c).

Aufnahme und Ausübung von Dienstleistungstätigkeiten behindern (Art. 14, 21, 29)".[300] Aber Rationalisierungsaufträge an die mitgliedstaatlichen Gesetzgeber bilden gerade im Bereich der Wirtschaftsverwaltung einen komplexen Gestaltungsauftrag auch dann, wenn es vorrangig um den Abbau solcher Regelungen zu tun ist, die diskriminierende Effekte ausgelöst haben und deren Abbau damit ohne weiteres zu rechtfertigen sein sollte. Aber in der Gemengelage gesetzlicher Gestaltungsanforderungen und Implementationsziele einerseits und insbesondere durch die Selbstverwaltungsträger vermittelter Interessen und artikulierter Vorbehalte andererseits werden Verzögerungen und Brüche unvermeidbar bleiben.

Ferner gehen Anforderungen der Richtlinie an die Mitgliedstaaten dahin, „den freien Dienstleistungsverkehr für Dienstleistungen aus anderen Mitgliedstaaten gesetzlich garantieren und Vorschriften, die dem entgegenstehen, entsprechend ändern (Art. 16, 20, 23, 25)"[301] zu sollen: An die richtlinienumsetzenden Mitgliedstaaten die Forderung zu richten, den freien Dienstleistungsverkehr im Sinne der Richtlinie zu gewährleisten, hat immer auch das erhebliche gesetzgeberische Änderungsvolumen zu berücksichtigen, das mit einer solchen Forderung einhergeht und im parlamentarischen Prozess erst realisiert werden muss. Die Auswirkungen im Bereich der Träger wirtschaftlicher Selbstverwaltung und die dort jeweils nachzuvollziehenden Anpassungsprozesse sind hierbei noch nicht einmal einbezogen.

4. Überprüfung der nationalen Rechtsordnungen und gegenseitige Evaluierung

a) Systematische Überprüfung von Vorschriften

Weiteres Wesensmerkmal des neuen Regelungsansatzes ist die Verpflichtung der Mitgliedstaaten, ihre Rechtsordnungen systematisch auf Beschränkungen der Niederlassungsfreiheit und des freien Dienstleistungsverkehrs zu überprüfen und die nationalen Vorschriften an die im Richtlinienvorschlag festgesetzten Bedingungen anzupassen. Gegenstand dieses sog. **„Screenings"**[302] sind Genehmigungsregelungen (Art. 9), nichtdiskriminierende Anforderungen betreffend die Aufnahme oder Ausübung einer Dienstleistungstätigkeit (Art. 15) und Anforderungen betreffend multidisziplinäre Tätigkeiten (Art. 30). Die Verpflichtung der Mitgliedstaaten umfasst die Überprüfung ihrer Vorschriften

---

300 Begr. Nr. 3 c).
301 Begr. Nr. 3 c).
302 Vgl. Begr. Nr. 7 d).

auf die im Vorschlag genannten nichtdiskriminierenden einschränkenden Anforderungen, das Bestehen rechtfertigender zwingender Gründe des Allgemeininteresses und die Einhaltung des Verhältnismäßigkeitsgrundsatzes, mithin auf die unter B. II. 4. b) dargestellten Rechtfertigungskriterien gemäß der Rechtsprechung des EuGH zu Art. 49, 50 EGV.

Dieses neuartige Verfahren weist Besonderheiten in zweierlei Hinsicht auf. Zum einen erlegt es die Verantwortung zur Überprüfung und ggf. Abänderung des innerstaatlichen Rechts zumindest in dieser ersten Evaluationsphase den Mitgliedstaaten selbst auf, anstatt wie bisher die Initiative zum Tätigwerden den EU-Institutionen zuzuweisen. Zum anderen bringt es wiederum den neuen umfassenden horizontalen Ansatz zum Ausdruck, indem anders als bisher nicht lediglich einzelne sektorenspezifische Gesetze der Mitgliedstaaten nach bestimmten Vorgaben des EU-Gesetzgebers anzupassen sind, sondern die gesamte mitgliedstaatliche Rechtsordnung in den Überprüfungsprozess einzubeziehen ist und somit – freilich im Rahmen der gegenständlichen Reichweite der Evaluierung – zur Disposition steht.

Der Evaluationsprozess bezieht darüber hinaus auch das künftige Recht der Mitgliedstaaten ein. So dürfen im Bereich der zu prüfenden Anforderungen an die Aufnahme oder Ausübung der Dienstleistungstätigkeit **neue belastende Anforderungen** nur bei Eintreten **geänderter Umstände** erlassen werden (Art. 15 Abs. 5, „**Stand-Still-Klausel**"). Im Zusammenhang mit dem Erlass solcher Vorschriften statuiert der Vorschlag eine **Mitteilungs- und Begründungspflicht** der Mitgliedstaaten gegenüber der Kommission, der sich eine Überprüfung durch die Kommission und ggf. die Aufforderung zur Unterlassung oder Beseitigung der Regelung anschließt (Art. 15 Abs. 6). Damit würde in Bezug auf künftige innerstaatliche Regelungen anstelle des bisherigen reaktiven Vorgehens der Kommission ein **System präventiver Kontrolle** mit weitreichender Rechenschaftspflicht der Mitgliedstaaten installiert.

b) Gegenseitige Evaluierung durch die Mitgliedstaaten

Der Prozess der Evaluierung innerstaatlichen Rechts beschränkt sich nicht auf die Überprüfung und Anpassung durch den jeweiligen Mitgliedstaat. Der Vorschlag sieht in Art. 41 zusätzlich ein System der gegenseitigen Evaluierung durch die Mitgliedstaaten vor. Dieses Verfahren verpflichtet die Mitgliedstaaten zur Erstellung eines Berichts, in welchem die belastenden Anforderungen gemäß Art. 9, 15 und 30 zu benennen, ihre Vereinbarkeit mit den Vorgaben des Richtlinienvorschlags zu begründen und im Falle von Art. 15 anzugeben ist, welche Anforderungen beibehalten oder abgeschafft werden (Art. 41 Abs. 1). Die Kommission leitet diesen Bericht an die anderen Mitgliedstaaten weiter, die Gelegenheit zur Stellungnahme erhalten. Dieses sog.

„Peer-Review-Verfahren"[303], an welchem des weiteren betroffene Interessengruppen und ein Ausschuss aus Vertretern der Mitgliedstaaten unter Vorsitz der Kommission beteiligt sind, mündet in einen Bericht der Kommission an das Europäische Parlament und den Rat, in dem die Kommission ggf. Änderungsvorschläge formuliert (Art. 41 Abs. 4).

Und „als Folge dieser Analyse sollen ungerechtfertigte Anforderungen abgeschafft werden; ferner wird sie Gegenstand einer gegenseitigen Evaluierung sein, die gegebenenfalls zur Feststellung führen kann, dass weitere Initiativen auf Gemeinschaftsebene erforderlich sind": Die im Zuge der Richtlinienumsetzung den Mitgliedstaaten abverlangte binnenstaatliche Modernisierung lässt möglicherweise Implementationshindernisse zutage treten; diese gilt es zu identifizieren und in einem verhältnismäßigen Sinne nach Maßgabe von Mechanismen praktischer Konkordanz abzubauen. Hierfür wird ein Analyserahmen eingeräumt und ein System gegenseitiger Evaluierung eingefordert. Diese Evaluierung soll die Basis für „weitere Initiativen auf Gemeinschaftsebene" sein können; diese könnten in einem Nachsteuern der Richtlinie selbst zu sehen sein, aber auch in flankierenden Rechtsakten, insbesondere ergänzenden Richtlinien oder Verordnungen. Die Bezeichnung als *„Initiative"* erlaubt aber auch, an flankierende (Anreiz-)Programme zu denken oder an institutionell-organisatorische Maßnahmen, insbesondere mit Blick auf die Kommission (Agenturprinzip zum Beispiel).

Damit erweitert der Evaluationsprozess nicht nur das gegenständliche Spektrum der Überprüfung, sondern bezieht außerdem die anderen Mitgliedstaaten in die systematische Analyse der einzelstaatlichen Rechtsordnungen ein. Diesen wächst im Unterschied zur bisherigen Stellung als bloße Adressaten von Rechtshandlungen der EU-Institutionen oder allenfalls als Kläger in – einen Einzelfall betreffenden – Verfahren gemäß Art. 227 EGV die Befugnis zu, aktiv und umfassend an der wechselseitigen Evaluation einzelstaatlichen Rechts mitzuwirken. Die Evaluierung dient damit nicht allein der Ermittlung neuen gesetzgeberischen Initiativbedarfs (Art. 40 Abs. 2) und der Erarbeitung konkreter Änderungsvorschläge durch die Kommission (Art. 41 Abs. 4), sondern zielt auch auf einen Erfahrungsaustausch und die Entwicklung von **„best practice"** zwischen den Mitgliedstaaten ab[304]. Sie ist damit Ausdruck eines **kooperativen und konsultativen Zusammenwirkens** der Mitgliedstaaten im Verhältnis untereinander und zu den EU-Institutionen.

---

303 Vgl. Begr. Nr. 7 e).
304 Vgl. Begr. Nr. 7 c).

5. Intensivierung der Partnerschaft zwischen den Mitgliedstaaten

Der Vorschlag zielt im Sinne von Art. 2 EGV darauf ab, das gegenseitige Vertrauen zu stärken und die Partnerschaft zwischen den Mitgliedstaaten zu intensivieren. Als ein Beispiel für das kooperative Miteinander wurde bereits unter C. I. 4. b) das Zusammenwirken im Rahmen des wechselseitigen Evaluationsprozesses angeführt. Daneben sind weitere Strategien vorgesehen, um auf breiter Ebene das gemeinschaftliche Element zu stärken. Diese betreffen insbesondere die Geltung des Herkunftslandprinzips in Bezug auf das anwendbare Recht und die Kontrollzuständigkeit, die gegenseitige Unterstützung der mitgliedstaatlichen Behörden bei der Kontrolle der Dienstleistungserbringer, die gezielte Harmonisierung zur Angleichung der Schutzniveaus in bestimmten Bereichen und die Förderung gemeinschaftsweiter freiwilliger Initiativen nichtstaatlicher Interessengruppen.

a) Herkunftslandprinzip als Regelfall

Wie im Rahmen der Analyse des Instrumentariums zur Umsetzung der Dienstleistungsfreiheit nach bisheriger Rechtslage dargelegt, findet in einigen Bereichen des Dienstleistungsverkehrs hinsichtlich des für die Berufs*ausübung* (einschließlich Berufsbezeichnung) anwendbaren Rechts und der Kontrollzuständigkeit das Herkunftslandsprinzip in unterschiedlichem Umfang Anwendung[305]. Unabhängig von der diesbezüglichen inhaltlichen Ausgestaltung erfassen die bisherigen Regelungen jeweils wiederum einen nach der Person des Dienstleistungserbringers oder der Dienstleistungstätigkeit abgegrenzten Regelungsbereich. Der Richtlinienvorschlag weicht auch im Hinblick auf die Anwendung des Herkunftslandprinzips von der herkömmlichen bereichsspezifischen Vorgehensweise ab und erstreckt dessen Geltung gemäß seinem horizontalen Ansatz auf *sämtliche Dienstleistungstätigkeiten*, sofern diese nicht dem generellen oder temporären Ausnahmekatalog unterfallen (Art. 17 und 18) oder ein Abweichen im Einzelfall geboten ist (Art. 19). Die universelle Geltung des Herkunftslandprinzips bezieht sich neben dem **anwendbaren Recht** (Art. 16 Abs. 1) auch auf die **Kontrollzuständigkeit** (Art. 16 Abs. 2, 34 Abs. 1, s. auch Art. 25 Abs. 3).

Die Kommission betrachtet die regelmäßige Anwendung des Herkunftslandprinzips als unerlässliche Voraussetzung, um Dienstleistungserbringer, vor allem kleine und mittlere Unternehmen, in die Lage zu versetzen, die Chancen des Binnenmarkts mit umfassender **Rechtssicherheit** zu nutzen[306].

---

305 S. oben B. IV. 2. b) aa), bb) und 2. d).

306 Vgl. Erwägungsgrund 37.

Im Bereich der Überwachung der Dienstleistungserbringer sieht sie in dem Prinzip den Gewährträger dafür, eine effiziente und dauerhafte Kontrolle zum **Schutz der Dienstleistungsempfänger** aus dem eigenen sowie den anderen Mitgliedstaaten zu ermöglichen und durch die gemeinschaftsweite Überwachungszuständigkeit der Herkunftsstaaten das **gegenseitige Vertrauen** herzustellen[307]. Außerdem führe das Prinzip zu einer **Stärkung der Verantwortung des Herkunftsmitgliedstaates**, der zu einer wirksamen Kontrolle der auf seinem Hoheitsgebiet niedergelassenen Dienstleistungserbringer verpflichtet wird, auch und selbst wenn diese Dienstleistungen in einem anderen Mitgliedstaat erbringen[308].

Mittels Anwendung des Herkunftslandprinzips soll zudem „gleichzeitig Raum gelassen werden für ein pluralistisches Nebeneinander der verschiedenen Rechtsordnungen der Mitgliedstaaten mit all ihren Eigenheiten, ohne dass letztere herangezogen werden können, um die Tätigkeit eines in einem anderen Mitgliedstaat niedergelassenen Dienstleistungserbringers zu beschränken". Ein „pluralistisches Nebeneinander" der verschiedenen Rechtsordnungen muss zumindest in Hinsicht auf die parallel ansetzenden Richtlinien bzw. Richtlinienvorschläge, die bilateral und multilateral systembildend ansetzen, problematisch wirken. Und indem der Vorschlag „Einmischungen in die institutionelle Ausgestaltung der Regulierung des Dienstleistungssektors in den Mitgliedstaaten" vermeiden will und beispielsweise „lediglich die Aufgaben der einheitlichen Ansprechpartner" definiert, „ohne deren institutionelle Form (Verwaltungsbehörde, Handelskammer, Standesorganisation o.ä.) vorzuschreiben", können Implementationshindernisse auftreten. Die institutionell-organisatorische Zurückhaltung, die der Richtlinienvorschlag hier zu wahren sucht, um ein hohes Maß an Implementationswahrscheinlichkeit zu gewährleisten, könnte sich indessen als Wirksamkeitshindernis erweisen: Die Vielgestaltigkeit der mitgliedstaatlichen Verwaltungsorganisation hinter einer möglichen *One-Stop-Shop*-Oberfläche könnte die auch elektronische Bewältigung des informationellen Aufwands erheblich erschweren.

b)   Gegenseitige Unterstützung bei der Kontrolle

Ein zweites, mit der Einführung des Herkunftslandprinzips verbundenes Standbein der Strategie zur Förderung eines partnerschaftlichen Zusammenwirkens sowie der Entwicklung gegenseitigen Vertrauens bildet die gegensei-

---

307 Vgl. Erwägungsgrund 38.
308 Vgl. Begr. Nr. 3 b).

tige Unterstützung der Mitgliedstaaten bei den Kontrollaufgaben[309]. Zwar erlegt der Richtlinienvorschlag die Kontrollverantwortung auch bei grenzüberschreitender Dienstleistungserbringung grundsätzlich dem Herkunftsstaat auf (Art. 16 Abs. 1, 25 Abs. 3, 34 Abs. 1, s. oben C. I. 5. a)). Dennoch sind die Mitgliedstaaten verpflichtet, sich gegenseitig zu unterstützen und sämtliche für eine wirksame Zusammenarbeit bei der Kontrolle erforderlichen Maßnahmen zu ergreifen (Art. 35 Abs. 1). Die vorgesehene Kooperation umfasst Informationspflichten (Art. 25 Abs. 3 Unterabs. 3, Art. 33 – Frühwarnsystem, Art. 35 Abs. 2 bis 5), die Mitwirkung bei Ermittlungstätigkeiten (Art. 35 Abs. 4 Unterabs. 2, Art. 36) und einen differenzierten Sanktionsmechanismus bei Einzelfallausnahmen vom Herkunftslandprinzip (Art. 37).

Wie die knappe Aufzählung der Unterstützungsmaßnahmen zeigt, betritt der Vorschlag in der Sache kein völliges Neuland, ist ein vergleichbares Instrumentarium doch beispielsweise bereits für einzelne Dienstleistungsbereiche, namentlich die Banken- und Wertpapierdienstleistungen, etabliert[310]. Die vorgesehenen Informations- und Mitwirkungspflichten sowie der differenzierte Sanktionsmechanismus weisen – mit einigen Modifikationen – deutliche Parallelen zu diesen Einzelregelungen auf. Auch bezüglich der Überwachung liegt die wesentliche Neuerung darin, das Instrumentarium – gewissermaßen als verlängerten Arm des für die Rechtsanwendung flächendeckend eingeführten Herkunftslandprinzips – gleichfalls auf die gesamte Bandbreite der Dienstleistungstätigkeiten zu erstrecken.

c) Gezielte Harmonisierung der mitgliedstaatlichen Rechtsvorschriften

Ein weiteres, ebenfalls auf die Förderung gegenseitigen Vertrauens ausgerichtetes Instrumentarium stellt die gezielte Harmonisierung in solchen mit der Erbringung von Dienstleistungen zusammenhängenden Bereichen dar, in denen die in den Mitgliedstaaten vorhandenen Standards derzeit noch erhebliche Unterschiede aufweisen.

Gemäß Nr. 6 c) der Begründung war „der Verhältnismäßigkeitsgrundsatz des Art. 5 EG-Vertrag ... in vielen Punkten wegweisend für die Wahl des gesetzgeberischen Vorgehens im Richtlinienvorschlag", insbesondere für die „Wahl des Regulierungsansatzes", bei dem die Harmonisierung „gewissermaßen die Ultima Ratio für solche Fragen" gewesen wäre, „die weder durch verstärkte Verwaltungszusammenarbeit noch durch die Ausarbeitung von Verhaltenskodizes auf Gemeinschaftsebene durch die betroffenen Interessen-

---

309 Vgl. Begr. Nr. 3 b).
310 S. oben B. IV. 2. d).

gruppen gelöst werden können". So werde Harmonisierung „in Bereichen vorgeschlagen, in denen sie notwendig erscheint". Der Richtlinienvorschlag greift hier vornehmlich **Verbraucherschutzaspekte** auf, die nach der Rechtsprechung des EuGH zu den eine Beschränkung der Dienstleistungsfreiheit rechtfertigenden zwingenden Gründen des Allgemeininteresses zählen[311] und von der Kommission als maßgeblich für die Akzeptanz des Herkunftslandprinzips angesehen werden[312]. Dem gemäß erfasst dieses Prinzip beispielsweise Verbraucherverträge nur im vollständig harmonisierten und damit vollständig gleichwertige Standards bietenden Bereich (Art. 17 Nr. 21).

Der Schwerpunkt der verbraucherschutzorientierten Harmonisierung liegt in den Maßnahmen betreffend die Qualität der Dienstleistungen, namentlich Informationspflichten der Mitgliedstaaten (Art. 22) und der Dienstleistungserbringer (insbesondere Art. 26), die Berufshaftpflichtversicherung (Art. 27), multidisziplinäre Tätigkeiten (Art. 30) und die Streitbeilegung (Art. 32). Die Kommission greift hierbei wiederum z.T. punktuell bereits zur Anwendung gebrachte Regelungsinstrumente auf[313].

Darüber hinaus behält sich die Kommission – im Sinne des dynamischen Konzepts – die Prüfung weiterer Initiativen oder Vorschläge für Rechtsakte auf dem Gebiet des Verbraucherschutzes vor, nimmt im Richtlinienvorschlag dazu jedoch noch keine Konkretisierung vor (Art. 40 Abs. 2 a)).

Mit dem Regulierungsprinzip einer konfliktorientierten, die Auseinandersetzung um in das Zielland, in den Dienstleistungsstaat hineintragenden Gestaltung von Harmonisierungsprozessen ist ein Element eher zufälliger, anlassbezogener mittelbarer oder verdeckter Harmonisierung unter Verzicht auf konzeptionelle Ansätze gemeinschaftlich austarierter Berufsbilder entwickelt worden, das in einem deutlichen Gegensatz zu nach dem Gegenseitigkeitsprinzip harmonisierenden Anerkennungssystemen steht.

Insgesamt wird damit eine Struktur gestufter Verhältnismäßigkeit angeregt:[314] Harmonisierung dort, wo sie (sachlich?) nötig und/oder (politisch?) möglich erscheint; im Übrigen auf nächstniederer Intensitätsstufe „verstärkte Verwaltungszusammenarbeit" oder durch Verhaltenskodizes nach Maßgabe verwaltungskooperativer Grundsätze. Die „Abstimmung der einzelnen Regulierungsansätze untereinander" folge einem Gleichgewichtsprinzip, das sich

---

311 S. oben B. II. 4. b) aa).

312 S. Begr. Nr. 3 b).

313 S. oben B. IV. 2. b) cc) zur Informationspflicht, B. IV. 2. a) bb) zur Anerkennung von Bescheinigungen über abgeschlossene Berufshaftpflichtversicherungen und B. IV. 2. c) bb) zur Rechtsverfolgung.

314 Vgl. zum Folgenden Begr. Nr. 6 c).

insbesondere im Sinne einer Abwägung manifestieren soll, und zwar „zwischen der Reichweite des Herkunftslandprinzips einerseits und dem Umfang der Harmonisierung, der Verwaltungszusammenarbeit und des Rückgriffs auf Verhaltenskodizes sowie der Zahl und dem Geltungsbereich der Ausnahmen vom Herkunftslandprinzip andererseits". Ein in diesem Sinne „selektiver und differenzierter Ansatz" könnte durchaus Gefahr laufen, zwischen „den Interessen aller Beteiligten" zerrieben zu werden.

Wenn mit der Dienstleistungsrichtlinie ein Vorschlag für ein spannungsreiches Regulierungssystem unterbreitet wird, entspricht dies eher einem politischen Prozess und nicht unbedingt einem anwendungsorientierten Regulierungsmaßstab. Dass von einem „Gleichgewicht" als Auftrag die Rede ist, steht nur vordergründig in einem gewissen Gegensatz zu dem dynamischen Prinzip. Betrachtet man die „Anker" des Gleichgewichtssystems – Herkunftsland, dessen Ausnahmen, Harmonisierung und Verhaltenskodizes – näher, so bleibt der Eindruck einer gewissen Labilität. Dass die genannten Elemente „miteinander einen ausgewogenen Regelungsansatz" bilden würden, „dessen Bestimmungen nicht über das hinausgehen, was zur Vollendung eines wirklichen Binnenmarktes für Dienstleistungen erforderlich ist", bleibt bis hierher jedenfalls zweifelhaft.

d) Förderung von Initiativen nichtstaatlicher Interessengruppen

Ergänzend und alternativ zur gezielten Koordinierung durch die Gemeinschaftsorgane und die Umsetzung durch den nationalen Gesetzgeber setzt der Richtlinienvorschlag in einigen Bereichen auf die Förderung freiwilliger gemeinschaftsweiter Initiativen nichtstaatlicher Interessengruppen. Die Maßnahmen haben zum einen die Qualitätssicherung der Dienstleistungen und zum anderen die Entwicklung von Verhaltenskodizes zum Gegenstand.

Mit Blick auf die **Qualitätssicherung** sieht Art. 31 Abs. 1 vor, dass die Mitgliedstaaten die Dienstleistungserbringer ermutigen, freiwillig die Qualität der Dienstleistungen zu sichern, indem sie ihre Tätigkeiten zertifizieren lassen oder Qualitätssicherungssysteme etablieren. Desgleichen sollen die Standesorganisationen sowie Handels- und Handwerkskammern ermutigt werden, auf gemeinschaftlicher Ebene zur Förderung der Dienstleistungsqualität zusammenzuarbeiten (Art. 31 Abs. 2). Ferner ist die Entwicklung unabhängiger Qualitätsbewertungsverfahren und gemeinschaftlicher europäischer Standards vorgesehen (Art. 31 Abs. 3 und 4).

Die Förderung der **Entwicklung von Verhaltenskodizes** ist für die kommerzielle Kommunikation und die Standesregeln der reglementierten Berufe sowie für die Ausübung der Tätigkeit von Immobilienmaklern vorgesehen (Art. 39 Abs. 1). Ebenso sollen die Interessenträger zur Anwendung dieser

Kodizes auf nationaler Ebene ermutigt werden (Art. 39 Abs. 2). Auf diese Weise soll ebenfalls die Qualität der Dienstleistungen verbessert werden[315].

Die genannten Instrumente ergänzen die Koordinierungsvorhaben der EU-Institutionen, zeichnen sich allerdings dadurch aus, dass die Regelungstätigkeit der Gemeinschaft im Sinne von Art. 5 Abs. 2 und 3 EGV zurückgenommen wird, wenngleich sich die Kommission bezüglich der Verhaltenskodizes eine Regelungsbefugnis vorbehält, sollten Maßnahmen der Interessenträger unterbleiben oder ineffektiv sein (Art. 40 Abs. 2 b)). Mit der Förderung freiwilliger Aktivitäten nichtstaatlicher Interessengruppen wird ein alternativer Regelungsansatz gewählt, der in weitem Umfang den Sachverstand dieser Organisationen in das Gesamtkonzept zur Qualitätssicherung einbezieht. Über diesen inhaltlichen Aspekt hinaus ergänzt die kooperative Entwicklung gemeinschaftsweiter Standards und Kodizes durch die – grundsätzlich von ähnlichen Interessen geleiteten und in ähnlicher Weise betroffenen – Berufsorganisationen der Mitgliedstaaten die Bemühungen um Akzeptanz des Herkunftslandprinzips und die Förderung gegenseitigen Vertrauens.

Der Richtlinienvorschlag erstrebt eine erhebliche Erweiterung des Anwendungsbereichs von Zertifizierungs- und Qualitätssicherungssystemen, die bereits zum bewährten Bestand des europarechtlichen Instrumentariums zählen[316]. Auch im Hinblick auf Verhaltenskodizes, wie sie gegenwärtig etwa für den Bereich des elektronischen Geschäftsverkehrs vorgesehen sind[317], könnten freiwillige Initiativen im Sinne des horizontalen Ansatzes künftig flächendeckend zur Geltung kommen.

6. Rechte der Dienstleistungsempfänger

Der Richtlinienvorschlag weist ferner insoweit innovativen Charakter auf, als erstmals die Rechte der Dienstleistungsempfänger sekundärrechtlich fixiert würden. Nach bisheriger Rechtslage ist diesbezüglich auf die Judikatur des EuGH zurückzugreifen, welcher in Auslegung der Art. 49, 50 EGV die passive Dienstleistungsfreiheit als eigenständige Berechtigung herausgestellt und eine Reihe von Maßnahmen als **Beschränkungen** identifiziert hat[318]. Der

---

315 Vgl. Erwägungsgrund 67.
316 S. etwa das „Öko-Audit" nach der Verordnung (EWG) Nr. 1836/93 des Rates vom 29.6.1993 über die freiwillige Beteiligung gewerblicher Unternehmen an einem Gemeinschaftssystem für das Umweltmanagement und die Umweltbetriebsprüfung, ABl.EG 1993 Nr. L 168/1.
317 S. oben B. IV. 2. b) ee).
318 S. oben B. II. 2. c) bb), 3. a) und b).

neue Regelungsansatz greift diese Rechtsprechung – wiederum im Sinne des horizontalen Ansatzes mit Geltungsanspruch für die gesamte Bandbreite von Dienstleistungen – an verschiedenen Stellen auf, beispielsweise in Art. 20, 21 und 23 des Richtlinienvorschlags. Diese Regelungen differenzieren danach, ob die **Beeinträchtigungen** durch den **eigenen Mitgliedstaat** des Dienstleistungsempfängers (Art. 20, 23), durch einen **anderen Mitgliedstaat**, in den sich der Empfänger zur Inanspruchnahme der Dienstleistung begibt (Art. 21 Abs. 1) oder durch **Dienstleistungserbringer** dieses Staates (Art. 21 Abs. 2) veranlasst sind.

Flankierend zu den Maßnahmen gegen Beeinträchtigungen der Inanspruchnahme von Dienstleistungen sieht der Vorschlag die Unterstützung der Dienstleistungsempfänger durch **Informationspflichten** ihrer Mitgliedstaaten bzw. der von staatlicher Seite dafür bestimmten Stellen vor, die darauf abzielen, den Empfängern den für Verbraucher relevanten Kenntnisstand hinsichtlich des im Ausland geltenden Rechts, Rechtsschutzmöglichkeiten und Ansprechpartnern für Verbraucherschutzinteressen zu vermitteln (Art. 22 Abs. 1 bis 3). Entsprechende Informationspflichten für Dienstleistungsempfänger aus anderen Mitgliedstaaten, auch auf elektronischem Wege, sind gemäß Art. 7 über die einheitlichen Ansprechpartner vorgesehen. Das Recht auf Information der Dienstleistungsempfänger wird darüber hinaus durch zahlreiche Informationspflichten der Dienstleister ergänzt[319]. Des Weiteren sehen **Schutzvorschriften** zugunsten der Leistungsempfänger bestimmte Anforderungen an den Leistungserbringer vor, wie etwa die Pflicht zum Abschluss einer Berufshaftpflichtversicherung (Art. 27), Einschränkungen von multidisziplinären Tätigkeiten (Art. 30) oder die Unterstützung der Rechtsverfolgung (Art. 32).

Die ausdrückliche Einbeziehung der Rechte und Interessen der Dienstleistungsempfänger ist dadurch motiviert, dass insbesondere Verbraucher die Hauptleidtragenden des Fehlens eines wirklichen Binnenmarkts für Dienstleistungen darstellten, weil ihnen eine breite Palette von Dienstleistungen zu wettbewerbsfähigen Preisen und eine höhere Lebensqualität vorenthalten werde. Mit dem Vorschlag würden nach Auffassung der Kommission die Voraussetzungen und die Rechtssicherheit für den Ausbau des grenzüberschreitenden Dienstleistungsverkehrs und eine Verbreiterung des Dienstleistungsangebots geschaffen[320].

---

319 S. dazu unten C. I. 7.
320 S. Begr. Nr. 3 e).

7. Umfassende Informationspolitik

Informationspflichten der Mitgliedstaaten und der am Leistungsaustausch Beteiligten wurden in der obigen Darstellung bereits des öfteren angesprochen. Der neue Ansatz zeichnet sich durch eine umfassende Informationspolitik aus, die auf sämtlichen relevanten Beziehungsebenen zur Geltung kommt:

- **zwischen den Mitgliedstaaten** und ihren Stellen etwa bezüglich der Information der Dienstleistungsempfänger (Art. 22 Abs. 3), der Entsendung von Arbeitnehmern aus Drittstaaten (Art. 25 Abs. 3 Unterabs. 3), der Zuverlässigkeit der Dienstleistungserbringer (Art. 33) und der gegenseitigen Unterstützung bei der Überwachung (Art. 35 Abs. 3 bis 6, Art. 37 Abs. 2, 3 und 6);

- **zwischen Mitgliedstaaten und Dienstleistungserbringern** z.B. durch über den einheitlichen Ansprechpartner an ausländische Dienstleister zu übermittelnde Informationen betreffend die Rechtslage und unterstützende Stellen im Mitgliedstaat (Art. 7), Informationen über Maßnahmen zur Qualitätssicherung (Art. 31 Abs. 2) und die für die Kontrolle durch den Herkunftsstaat erforderlichen Informationen (Art. 34 Abs. 2);

- **zwischen Mitgliedstaaten und Dienstleistungsempfängern** durch über den einheitlichen Ansprechpartner an ausländische Empfänger zu übermittelnde Informationen betreffend die Rechtslage und unterstützende Stellen im Mitgliedstaat (Art. 7), verbraucherrelevante Informationen über Rechtslage und Ansprechpartner in anderen Mitgliedstaaten (Art. 22) und Informationen über Maßnahmen zur Qualitätssicherung (Art. 31 Abs. 2);

- **zwischen Erbringern und Empfängern von Dienstleistungen** bezüglich Informationen über die Dienstleistungserbringer und ihre Dienstleistungen (Art. 26), Berufshaftpflichtversicherungen und Sicherheiten (Art. 27 Abs. 2), nachvertragliche Garantie und Gewährleistung (Art. 28 Abs. 1 und 2), die multidisziplinären Tätigkeiten der Dienstleister (Art. 30 Abs. 3), eine Adresse für Beschwerden und Informationsersuchen (Art. 32 Abs. 1), Möglichkeiten zur außergerichtlichen Streitbeilegung (Art. 32 Abs. 5) und Verhaltenskodizes (Art. 39 Abs. 3).

Die Informationspflichten unterstützen die dargelegten Intentionen des Richtlinienvorschlags und runden das zu seiner Umsetzung eingesetzte Instrumentarium ab.

II. Ausgewählte Einzelheiten des Richtlinienvorschlags*

1. Herkunftslandprinzip (Art. 16 ff.)

Die beabsichtigte allgemeine Geltung des Herkunftslandprinzips für den freien Dienstleistungsverkehr als grundlegende Neuerung an sich wurde bereits oben unter C. I. 5. a) als im Dienste der Festigung der Partnerschaft zwischen den Mitgliedstaaten stehendes Instrumentarium vorgestellt. Als Motive für die Ausweitung des Geltungsbereichs dieses Prinzips wurden Rechtssicherheit, der Schutz der Dienstleistungsempfänger, die Vertiefung des gegenseitigen Vertrauens und die Stärkung der Verantwortlichkeit der Herkunftsmitgliedstaaten genannt. Im Folgenden soll – in Abgrenzung von der bisherigen Regelung – auf Einzelheiten der mit der universellen Geltung des Herkunftslandprinzips verbundenen Strategie eingegangen werden.

a) Rechtssicherheit und Schutz der Dienstleistungsempfänger

Lenkt man das Augenmerk zunächst auf die mit dem Herkunftslandprinzip verbundenen Zielvorstellungen des Richtlinienvorschlags, so erhebt sich mit Blick auf die Rechtssicherheit und den Schutz der Dienstleistungsempfänger zuvörderst die Frage nach der Kompatibilität der geschützten Interessen und ihrer Gewichtung. Die Kommission sieht zum einen vor, die im Sinne der Rechtssicherheit für die Dienstleistungserbringer zu schaffende Erleichterung durch Maßnahmen der Rechtsvereinheitlichung und der gegenseitigen Unterstützung zu ergänzen. Zum anderen betont sie die Notwendigkeit flankierender Maßnahmen zur Unterstützung der Dienstleistungsempfänger, insbesondere durch Information über die Gesetze anderer Mitgliedstaaten und durch die Harmonisierung von Transparenzvorschriften[321]. Hieraus wird deutlich, dass mit Blick auf die **Rechtssicherheit** in erster Linie die **Perspektive der Dienstleistungserbringer** maßgeblich ist. Diese genießen a priori Rechtssicherheit dadurch, dass sie grundsätzlich nur den Regelungen ihrer eigenen Rechtsordnung unterworfen sind. Im Hinblick auf die **Dienstleistungsempfänger** im Bestimmungsstaat hingegen, die sich potenziell mit 25 verschiedenen Rechtsordnungen der Leistungserbringer konfrontiert sehen, hängt die Gewissheit über die Anforderungen an die Ausübung der Tätigkeit von dem Vorhandensein von Informationsmöglichkeiten sowie ihrer eigenen Initiative zur Erlangung des nötigen Kenntnisstands ab. Im Interesse der Rechtssicherheit der Leistungserbringer, die nur noch einer Rechtsordnung unterworfen

---

* *Windoffer.*
321 Vgl. Erwägungsgrund 37.

sein sollen, wird die Rechtsicherheit der Empfänger, die in weiten Bereichen grenzüberschreitender Dienstleistungstätigkeiten nicht mehr von der Einheit des geltenden Rechts im Bestimmungsstaat ausgehen können, vom Erfolg ihrer Informationsbemühungen abhängig gemacht. Eine insofern ebenfalls zur Rechtssicherheit der Empfänger beitragende Angleichung des Verbraucherschutzniveaus hängt vom Stand der – zudem stufenweise und nicht flächendeckend vorgesehenen[322] – Harmonisierung sowie Umsetzung der EU-Vorgaben ab. Insgesamt ist hierin eine gewisse **Priorisierung der Interessen der Dienstleister** zu erkennen.

b) Gegenseitiges Vertrauen und Rechtsvereinheitlichung

Wie unter C. II. 1. a) erwähnt, soll die Ausweitung des Herkunftslandprinzips mit Maßnahmen der Rechtsvereinheitlichung verbunden sein. Da dem Richtlinienvorschlag ein dynamisches Konzept zugrunde liegt, erfolgt die Harmonisierung stufenweise, wobei der Vorschlag nur einzelne Gegenstände der Rechtsvereinheitlichung bereits konkret benennt und weitere Schritte – u.a. aufgrund künftigen Vorgehens der Mitgliedstaaten gemäß Art. 19 – der Kommission nach Maßgabe von Art. 40 Abs. 2 vorbehalten sind. Die im ersten Schritt vorgesehene Harmonisierung betrifft lediglich einzelne Teilaspekte der Ausübung von Dienstleistungstätigkeiten[323], dem weitere punktuelle Regelungen aufgrund der Erfahrungen mit der Richtlinie folgen können; ein umfassender Katalog von Anforderungen ist diesbezüglich angesichts des horizontalen sowie des Rahmencharakters der Richtlinie jedoch weder sogleich noch zu einem späteren Zeitpunkt vorgesehen.

Der universellen Geltung des Herkunftslandprinzips, die in Art. 16 Abs. 3 mit einem umfangreichen Katalog von untersagten Behinderungen des freien Dienstleistungsverkehrs einhergeht, der die Rechtsprechung des EuGH zu den nichtdiskriminierenden Beschränkungen[324] aufgreift, steht somit kein entsprechend weitreichendes Harmonisierungsprogramm gegenüber. Es wird daher unvermeidlich in Bezug auf verschiedene Standards zu Qualitätsunterschieden kommen, wenn Dienstleister ihre Tätigkeit in Mitgliedstaaten ausüben, die für einheimische Leistungserbringer abweichende Anforderungen vorsehen. Zwar wäre eine allumfassende Koordinierungstätigkeit der EU-Institutionen schwerlich mit Art. 5 Abs. 2 und 3 EGV zu vereinbaren und soll daher konsequenterweise unterbleiben. Allerdings wird, auch soweit eine Harmoni-

---

322 S. hierzu nachfolgend unter C. II. 1. b).
323 S. oben C. I. 5. c)
324 S. oben B. II. 3. b).

sierung zulässig und sinnvoll erscheint, diese in zeitlicher und rechtlicher Hinsicht – insbesondere auf der zweiten Stufe gemäß Art. 40 Abs. 2 – erst wirksam, nachdem das Herkunftslandprinzip universelle Geltung erlangt hat. Gleiches gilt für die auf Freiwilligkeitsbasis zu entwickelnden Qualitätsstandards und Verhaltenskodizes. Da die Einführung des Herkunftslandprinzips nicht den Schlusspunkt der Harmonisierungsaktivitäten bildet, sondern vielmehr an deren Anfang steht, wird das angestrebte gegenseitige Vertrauen – gleichsam im Sinne eines Vertrauensvorschusses – vorausgeschickt, bevor die Voraussetzungen für solches Vertrauen in Gestalt der Koordinierungsvorschriften geschaffen wurden. Hierin liegt ein Unterschied zur Vorgehensweise beispielsweise beim Erlass der Anerkennungsrichtlinien[325] oder der Banken- und Wertpapierrichtlinien[326], die mit den eingeführten Erleichterungen zugleich Mindestanforderungen an die Qualifikation des Begünstigten bzw. detaillierte Zulassungsvoraussetzungen und Verhaltensanforderungen vorsehen, womit sie das erstrebte gegenseitige Vertrauen nach dem Prinzip der Gleichwertigkeit auf eine solide materielle Basis stellen.

c) Verantwortlichkeit der Herkunftsstaaten bei der Kontrolle

Mit dem Herkunftslandprinzip verbindet sich weiterhin die Erwartung, die Verantwortlichkeit der Herkunftsmitgliedstaaten namentlich bei der Kontrolle der in ihrem Hoheitsgebiet ansässigen Dienstleister stärken zu können, ebenfalls wiederum im Sinne der Förderung gegenseitigen Vertrauens. Auch in Bezug auf diesen Gesichtspunkt gilt das unter C. II. 1. b) Ausgeführte, nämlich dass ein beträchtlicher Vertrauensvorschuss zu leisten ist, bevor die vorgesehene engere Kooperation im Allgemeinen und im Bereich der Kontrolle im Besonderen mit den Anforderungen Schritt hält, welche sich mit der Übertragung der Kontrollzuständigkeit auf die Herkunftsmitgliedstaaten verbinden. Ob dieser Vertrauensvorschuss berechtigt ist, hängt davon ab, ob sich die Erwartung der Kommission erfüllt, dass die Herkunftsstaaten am besten in der Lage sind, die Dienstleistungserbringer effizient und dauerhaft zu kontrollieren[327]. Das Gelingen der Kontrolle hängt in objektiver Hinsicht von der Effektivität der Kontrollmechanismen und in subjektiver Hinsicht vom Willen zur effektiven Kontrolle ab.

Hinsichtlich des objektiven Elements ist zu bedenken, dass der Herkunftsstaat stets auf die Übermittlung von Informationen sowie auf die Mitwirkung

---

325 S. hierzu oben B. IV. 2. a) aa).
326 S. etwa Art. 5 ff. RL 2000/12/EG; Art. 3 f., 8 ff. RL 93/22/EWG.
327 So Erwägungsgrund 38.

des Bestimmungsstaates bei der Ermittlungstätigkeit angewiesen ist, zumal eine eigene Prüfungsbefugnis vor Ort nicht vorgesehen ist[328]. Da die Kontrolle durch den Herkunftsstaat von der Kooperation des anderen Mitgliedstaates abhängig ist, stellt sie sich mit Blick auf die Sach- und Zeitnähe nicht als die denkbar effektivste und effizienteste Vorgehensweise dar. Beabsichtigt umgekehrt der Bestimmungsstaat, gemäß Art. 37 i.V.m. Art. 19 vorzugehen, so hat er zunächst den Herkunftsstaat zu informieren, dessen „unverzügliches" Tätigwerden abzuwarten, bei dessen Untätigkeit die Kommission und die übrigen Mitgliedstaaten mit Begründung von seiner geplanten Vorgehensweise zu unterrichten und schließlich 15 Tage eine etwaige Untersagungsverfügung der Kommission abzuwarten, bevor er einschreiten kann. Selbst in dringenden Fällen ist gemäß Art. 37 Abs. 6 zumindest der Herkunftsstaat zu informieren und sein Handeln abzuwarten. Dieses Vorgehen sieht somit – im Unterschied zu den bereits vorgestellten Regelungen betreffend Banken- und Wertpapierdienstleistungen[329] – weder einen ersten Zugriff des Bestimmungsstaates im Wege einer Unterlassungsaufforderung noch im Wege des Erlasses von Sicherungsmaßnahmen in Eilfällen vor. Nicht zuletzt dadurch weist es in Bezug auf den Schutz des betroffenen Interesses einen äußerst geringen Effektivitäts- und Effizienzwert auf.

Mit Blick auf das subjektive Element stellt sich die Kooperation bei vom Herkunftsstaat veranlassten Maßnahmen als weniger problematisch dar, da der Bestimmungsstaat seinerseits an der Abwendung von Schäden von in seinem Hoheitsgebiet ansässigen Dienstleistungsempfängern interessiert sein wird. Im Falle eines Ersuchens seitens des Bestimmungsstaates gemäß Art. 37 i.V.m. Art. 19 hängt die Wirksamkeit dagegen hochgradig von der Mitwirkungsbereitschaft des Herkunftsstaates ab, zumal diesem keine starren Fristvorgaben, sondern lediglich „unverzügliche" Feststellungs- und Mitteilungspflichten auferlegt sind (Art. 37 Abs. 2 Unterabs. 2). Angesichts der naturgemäß engeren Verbundenheit des Herkunftsstaates mit dem betreffenden Unternehmen, die durch die Ansässigkeit, evtl. persönliche Verbindungen, die Eigenschaft des Staates als Anteilseigner oder Kooperationspartner etc. hergestellt ist, wird sich das von der Kommission als gegeben vorausgesetzte gegenseitige Vertrauen zwischen den Mitgliedstaaten erst gegenüber solchen bestehenden Strukturen zu beweisen haben.

---

328 Anders etwa für Banken- und Wertpapierdienstleistungen, s. Art. 29 Abs. 1 und 2 RL 2000/12/EG, Art. 24 Abs. 1 RL 93/22/EWG.

329 S. Art. 22 Abs. 7 RL 2000/12/EG; Art. 19 Abs. 8 RL 93/22/EWG.

d) Ausnahmen vom Herkunftslandprinzip im Einzelfall

Der Richtlinienvorschlag sieht abstrakt-generelle (Art. 17), temporäre abstrakt-generelle (Art. 18) und konkret-individuelle Ausnahmen vom Herkunftslandprinzip (Art. 19) vor. Letztgenanntes Vorgehen im Einzelfall weist insofern Besonderheiten auf, als es gemäß Art. 19 Abs. 1 lediglich aus einer begrenzten Anzahl von Gründen in Betracht kommt, nämlich solchen der Sicherheit der Dienstleistungen einschließlich der mit der öffentlichen Gesundheit zusammenhängenden Aspekte, außerdem im Bereich der Ausübung einer Tätigkeit im Gesundheitswesen sowie aus Gründen des Schutzes der öffentlichen Ordnung einschließlich des Jugendschutzes. Diese Vorschrift enthält einen Katalog von Rechtfertigungsgründen, die Ausnahmen vom Herkunftslandprinzip und dem in Art. 16 Abs. 3 konkretisierten Beschränkungsverbot im Einzelfall zulassen. Der für Einschränkungen verbleibende Spielraum ist stark begrenzt, wobei auffällt, dass die in Art. 19 Abs. 1 normierten Gründe der Regelung des Art. 46 EGV ähneln und die vom EuGH richterrechtlich entwickelten „zwingenden Gründe des Allgemeininteresses"[330] keinen Eingang in die Regelung gefunden haben. Der Richtlinienvorschlag engt damit den Spielraum für eine Rechtfertigung von Beschränkungen weiter ein als die Rechtsprechung zu Art. 49, 50 EGV, so dass im von Art. 16 des Vorschlags erfassten Bereich künftig eine Rechtfertigung aufgrund zwingender Gründe des Allgemeininteresses nicht mehr möglich wäre.

Der durch Art. 19 Abs. 1 eröffnete Rahmen für eine Rechtfertigung wird durch die restriktiven verfahrensrechtlichen (s. oben C. II. 1. c)) und materiellen Voraussetzungen des Art. 19 Abs. 2 zusätzlich begrenzt, und zwar – insofern noch strenger als Art. 46 EGV – über die Forderung nach Verhältnismäßigkeit hinaus. Welche praktische Relevanz und rechtliche Durchschlagskraft der Ausnahmeregelung beschieden sein wird, bleibt abzuwarten. Zu vermuten steht eine extensive Auslegung des Begriffs „öffentliche Ordnung" durch die Mitgliedstaaten sowie ein regelmäßiges Vorgehen nach Art. 37 Abs. 6.

2. Insbesondere: Entsendung von Arbeitnehmern

Als Sonderfall der differenzierten Zuweisung von Aufgaben und Zuständigkeiten an die Herkunfts- und Bestimmungsstaaten sind die Regelungen in Art. 24, 25 betreffend die Entsendung von Arbeitnehmern hervorzuheben, die in besonderem Maße den **Baubereich** berühren. Die vorgesehenen Vorschriften zielen darauf ab, zur Erleichterung des freien Dienstleistungsverkehrs die Rol-

---

330 S. hierzu oben B. II. 4. b).

len- und Aufgabenverteilung zwischen den Mitgliedstaaten klarzustellen, den Dienstleister durch die Abschaffung unverhältnismäßiger Verwaltungsverfahren, Genehmigungs- und Anzeigepflichten zu entlasten und über die Richtlinie 96/71/EG hinausgehende Maßnahmen zu untersagen[331].

So nimmt Art. 17 Abs. 5 des Richtlinienvorschlags zunächst die unter die Entsenderichtlinie 96/71/EG fallenden Angelegenheiten vom Herkunftslandprinzip aus. Ebenso räumt Art. 24 Abs. 1 Unterabs. 1 dem Entsendemitgliedstaat die Kontroll- und Sanktionsbefugnis betreffend die Einhaltung der Beschäftigungs- und Arbeitsbedingungen der Richtlinie 96/71/EG ein. Insofern gilt das Recht des Bestimmungsstaates.

Demgegenüber enthält Art. 24 Abs. 1 Unterabs. 2 **Ausnahmebestimmungen**, denen zufolge dem Dienstleistungserbringer oder den von ihm entsandten Arbeitnehmern im Hinblick auf die von der Entsenderichtlinie 96/71/EG erfassten Angelegenheiten bestimmte Pflichten nicht auferlegt werden dürfen, welche die Möglichkeiten einer präventiven Kontrolle begrenzen und sich auf die Effektivität der Überwachung vor Ort auswirken. Insoweit ist das Herkunftslandprinzip vorherrschend. Vom Verbot des Art. 24 Abs. 1 Unterabs. 2 erfasst sind folgende Beschränkungen:

- **Genehmigungs- und Eintragungspflichten sowie vergleichbare Erfordernisse** (Art. 24 Abs. 1 Unterabs. 2 a)): Mit der Befreiung von diesen Pflichten greift der Richtlinienvorschlag die allgemeine Rechtsprechung des EuGH zu den entsprechenden Beschränkungen auf und trägt dem vom Gerichtshof statuierten Vorrang der nachträglichen Kontrolle im Verhältnis zu präventiven Maßnahmen Rechnung[332].

- **Erklärungspflichten** (Art. 24 Abs. 1 Unterabs. 2 b)): Die Untersagung sonstiger Erklärungspflichten, welche durch die Entsendemitgliedstaaten statuiert werden, betrifft namentlich die schriftliche Anmeldung bei der zuständigen Behörde der Zollverwaltung gemäß § 3 Abs. 1 AEntG. Diese Verpflichtung umfasst Angaben betreffend die Person des Arbeitnehmers sowie Beginn, Dauer und Ort der Beschäftigung, desgleichen Angaben zum Ort im Inland, an dem die kontrollrelevanten Unterlagen bereitgehalten werden, sowie zum verantwortlich Handelnden und zum Zustellungsbevollmächtigten. Mit dem Verbot dieser Anmeldung entfiele ein weiteres Instrument präventiver Kontrolle.

Das Verbot von Erklärungspflichten hätte außerdem zur Folge, dass die zwecks Erfüllung der Vorgaben des § 1 Abs. 3 AEntG bisher übliche Anzeige

---

331 Vgl. Erwägungsgründe 58, 59.

332 Vgl. zur einschlägigen Rechtsprechung oben B. II. 3. b) und 4. b) ee).

des Arbeitgebers bei der Urlaubskasse des Entsendemitgliedstaates entfallen müsste.

- **Pflicht zur Bestellung eines Vertreters** (Art. 24 Abs. 1 Unterabs. 2 c)): Mit dem Verbot der an die Arbeitgeber gerichteten Verpflichtung, einen Vertreter auf dem Hoheitsgebiet des Entsendemitgliedstaates vorzuhalten, setzt der Vorschlag die einschlägige Rechtsprechung des EuGH um, soweit sich mit der Bestellung eines Vertreters ein Sitz- oder Niederlassungserfordernis verbindet[333]. Sofern das Gebot zur Bestellung eines Vertreters nur die vorübergehende Anwesenheit beispielsweise eines als Vertreter benannten und ohnehin mitentsandten Arbeitnehmers voraussetzt, nicht jedoch auf eine (dauerhafte) Ansässigkeits- oder Niederlassungspflicht des Vertreters hinausläuft, stellt es keine als unzulässig einzustufende Anforderung dar. Allerdings wurde die Pflicht zur Bestellung eines Vertreters, auch soweit sie nicht bereits vom Gerichtshof untersagt wurde, seitens der Kommission als Hindernis für den freien Dienstleistungsverkehr ermittelt[334] und deswegen in den Vorschlag aufgenommen.

Der vorgesehenen Regelung stehen § 3 Abs. 1 Satz 2 Nr. 5 und 6 AEntG entgegen, die für den verantwortlich Handelnden und den Zustellungsbevollmächtigten eine Anschrift in Deutschland fordern. Da dieses Erfordernis voraussetzt, dass der Dienstleister ein Büro oder sonstige Räumlichkeiten im Entsendemitgliedstaat vorhält, ist es mit Art. 24 Abs. 1 Unterabs. 2 c) des Richtlinienvorschlags nicht zu vereinbaren.

- **Pflicht zur Vorhaltung von Sozialversicherungsunterlagen** (Art. 24 Abs. 1 Unterabs. 2 d)): Die Vorgabe, auf dem Hoheitsgebiet des Entsendemitgliedstaates Sozialversicherungsunterlagen vorzuhalten, kann nach der Rechtsprechung des EuGH zur effektiven Kontrolle der Vorschriften zur Wahrung des sozialen Schutzes der Arbeitnehmer gerechtfertigt sein[335]. Allerdings sieht die Kommission auch in dieser Verpflichtung ein zu beseitigendes Hindernis für den freien Dienstleistungsverkehr[336].

Infolge des Richtlinienvorschlags würde die Möglichkeit entfallen, gemäß § 2 Abs. 2 Satz 1 AEntG Einsicht in die Unterlagen zu nehmen, die Auskunft über die Einhaltung der Arbeitsbedingungen gemäß § 1 AEntG geben.

---

333 S. oben B. II. 3. b) und 4. b) ee).
334 Vgl. KOM (2002) 441, S. 27.
335 Vgl. EuGH, Urt. v. 23.11.1999, verb. Rs. C-369/96 und C-376/96 (Arblade und Leloup), Slg. 1999, I-8453, Rn. 80.
336 Vgl. KOM (2002) 441, S. 25.

In den in Art. 24 Abs. 1 genannten Fällen soll dem **Herkunftsstaat** gemäß Art. 24 Abs. 2 Unterabs. 1 die Aufgabe zugewiesen werden, dafür zu sorgen, dass der Dienstleistungserbringer den zuständigen Stellen beider Staaten bis zu zwei Jahre nach Beendigung der Entsendung die erforderlichen Angaben über die Identität des entsandten Arbeitnehmers, die Art der ihm übertragenen Aufgaben, die Anschrift des Dienstleistungsempfängers, den Ort der Entsendung, Beginn und Ende der Endsendung und die für den entsandten Arbeitnehmer geltenden Beschäftigungs- und Arbeitsbedingungen machen kann. Ferner soll der Herkunftsstaat den Entsendemitgliedstaat dabei unterstützen, die Einhaltung der Bedingungen gemäß der Richtlinie 96/71/EG sicherzustellen, und letzterem bei konkreten Hinweisen auf Verstöße des Dienstleisters gegen Beschäftigungs- und Arbeitsbedingungen die o.g. Angaben von sich aus liefern (Art. 24 Abs. 2 Unterabs. 2).

Dem mit Art. 24 des Richtlinienvorschlags, insbesondere mit den in Art. 24 Abs. 1 Unterabs. 2 genannten Verboten bezweckten Zugewinn an Dienstleistungsfreiheit korrespondiert somit zwangsläufig eine Einbuße an Kontrolleffektivität in zeitlicher Hinsicht, da die erforderlichen Informationen u.U. von der Niederlassung im Herkunftsstaat, ggf. auch erst über eine Mitwirkung desselben im Rahmen der Kooperation gemäß Art. 24 Abs. 2 beschafft werden müssen. Zudem bleibt es letztlich dem Herkunftsstaat überlassen, darüber zu befinden, wann und in welchem Umfang er gemäß Art. 24 Abs. 2 Unterabs. 2 die Übersendung von Informationen an den Entsendemitgliedstaat für angezeigt hält, von der Frage einmal abgesehen, auf welche Weise ihm konkrete Hinweise über Gesetzesverstöße zur Kenntnis gelangen. Angesichts der zurückhaltend bewerteten Erfahrungen mit der Umsetzungspraxis im Bereich der von der Richtlinie 96/71/EG vorgesehenen informationellen Zusammenarbeit[337] wird sich der mit der Verteilung der Kontrollzuständigkeiten vorausgesetzte Vertrauensvorschuss auch hier zu bewähren haben.

In Bezug auf die Prüfung von Anforderungen, die Arbeitnehmer aus **Drittstaaten** erfüllen müssen, gilt im Einklang mit der Rechtsprechung des EuGH das Herkunftslandprinzip, so dass ein nochmaliger Nachweis der Voraussetzungen für eine rechtmäßige Beschäftigung des Arbeitnehmers im Entsendemitgliedstaat nicht erbracht werden muss (Art. 25 Abs. 1). Die Überwachungs- und Sanktionsbefugnis ist diesbezüglich gemäß Art. 25 Abs. 3 Unterabs. 1 und 3 allein dem Herkunftsstaat zugewiesen. Damit hängt das Maß an

---

[337] Vgl. „Die Durchführung der Richtlinie 96/71/EG in den Mitgliedstaaten", Mitteilung der Kommission an den Rat, das Europäische Parlament, den Europäischen Wirtschafts- und Sozialausschuss und den Ausschuss der Regionen, KOM (2003) 458, S. 16 ff.; Entschließung des Europäischen Parlaments zur Durchführung der Richtlinie 96/71/EG in den Mitgliedstaaten, P5_TA-PROV (2003) 0030 vom 15.1.2004, Nr. 3.

Kontrolleffektivität und -effizienz hier ebenfalls von der Mitwirkungsbereitschaft des Herkunftsstaates ab.

3. Rechte der Dienstleistungsempfänger, insbesondere im Gesundheitswesen

Als weitere Besonderheit des neuen Regelungsansatzes wurde bereits unter I. 4. die Aufnahme der Rechte der Dienstleistungsempfänger identifiziert. Wie dargelegt, umfasst der Richtlinienvorschlag erstmals explizite Beschränkungsverbote, des Weiteren Informationsvorgaben und sonstige Schutzvorschriften. Die Beschränkungsverbote richten sich gegen Maßnahmen des eigenen Staates, des Bestimmungsstaats sowie gegen Diskriminierungen durch Dienstleistungserbringer im Bestimmungsstaat.

Unter den gegen den eigenen Mitgliedstaat gerichteten Beschränkungsverboten sind die von Art. 23 erfassten Vorschriften betreffend die Erstattung von **Behandlungskosten** hervorzuheben. Sie nehmen die Rechtsprechung des EuGH auf, der hinsichtlich der Zulässigkeit von Genehmigungserfordernissen für medizinische Behandlungen danach differenziert, ob die Behandlung in einem Krankenhaus oder außerhalb eines solchen erfolgt[338]. Entsprechend darf gemäß Art. 23 Abs. 1 Unterabs. 1 die Kostenerstattung für außerhalb eines Krankenhauses erfolgte Behandlungen nicht an die Erteilung einer Genehmigung geknüpft werden, während dies bei Krankenhausbehandlungen gemäß Art. 23 Abs. 2 und Art. 17 Nr. 18 unter bestimmten Voraussetzungen zulässig ist. Diese Vorschriften lassen die in Art. 22 der Verordnung (EWG) Nr. 1408/71[339] vorgesehene Erstattungsregelung unberührt, da letztere nur die Fälle betrifft, in denen eine Genehmigung erteilt wurde. Art. 23 Abs. 2 des Richtlinienvorschlags enthält mit Art. 22 Abs. 2 Unterabs. 2 der Verordnung (EWG) Nr. 1408/71 weitgehend übereinstimmende Voraussetzungen für die Erteilung der Genehmigung, die durch Art. 23 Abs. 4 des Vorschlags ergänzt werden. Mit der Befreiung von der Genehmigungspflicht bei nichtstationären Behandlungen und der von Art. 23 Abs. 3 geregelten Gleichstellung hinsichtlich der Höhe des Erstattungsbetrags[340] wird allerdings die vom EuGH vorgegebene Erweiterung der Rechtsstellung des Dienstleistungsempfängers nachvollzogen.

---

338 S. oben B. II. 4. a).
339 Vom 14.6.1971, ABl.EG 1971 Nr. L 149/2.
340 Diese Vorgabe ist durch die Entscheidung EuGH, Urt. v. 12.7.2001, Rs. C-368/98 (Vanbraekel), Slg. 2001, I-5363, Rn. 52 f. veranlasst.

Den Interessen der Dienstleistungsempfänger im Bereich des Gesundheitswesens dienen ergänzend die unter C. I. 6. erwähnten, nicht bereichsspezifisch vorgesehenen weiteren Informations- und Schutzvorschriften, die Gegenstand der gezielten Harmonisierung sind. Bestrebungen, im Wege der Harmonisierung in die Organisation und Ausgestaltung der Gesundheitssysteme der Mitgliedstaaten einzugreifen, sind mit dem Richtlinienvorschlag hingegen nicht verbunden.

4. Exkurs: Speziell auf die Niederlassungsfreiheit zugeschnittene Erleichterungen

a) Einheitlicher Ansprechpartner (Art. 6)

Eine zur Erleichterung der Verfahrensabwicklung für Dienstleistungserbringer aus anderen EU-Ländern vorgesehene Neuerung stellt die Vorgabe an die Mitgliedstaaten dar, bis zum 31.12.2008 einheitliche Ansprechpartner vorzusehen, bei denen sie alle für die Aufnahme der Tätigkeit erforderlichen Verfahren und Formalitäten abwickeln und die erforderlichen Genehmigungen beantragen können (Art. 6). Dem einheitlichen Ansprechpartner sind gemäß Art. 7 ferner umfangreiche Informationsaufgaben zugewiesen[341].

Bei der Einrichtung der sog. **„One-Stop-Shops"**[342] handelt es sich insofern um eine Neuerung, als diese nicht allein als Verbindungsstellen zur Bearbeitung von Informationsersuchen fungieren sollen, wie dies beispielsweise bereits für Dienste der Informationsgesellschaft vorgesehen ist[343]. Den einheitlichen Ansprechpartnern kommt darüber hinaus eine Bündelungsfunktion für sämtliche mit der Aufnahme der Dienstleistungstätigkeit verbundenen Vorgänge zu. Erklärtes Ziel der Einrichtung dieser Anlaufstellen ist die Erleichterung der Aufnahme und Ausübung der Dienstleistungstätigkeiten im Binnenmarkt, wobei als Profiteure namentlich die kleinen und mittleren Unternehmen genannt werden[344]. Der Vorschlag betont hingegen, dass mit dem „einheitlichen" Ansprechpartner weder eine Vorgabe hinsichtlich der Zahl der Anlaufstellen im Mitgliedstaat noch hinsichtlich der organisatorischen Verortung der Ansprechpartner sowie insbesondere der Zuständigkeitsverteilung im

---

341 Vgl. hierzu bereits oben C. I. 7.
342 Ausführlich dazu unten, Teil 5 der Untersuchung.
343 S. Art. 19 Abs. 4 RL 2000/31/EG.
344 Vgl. Begr. Nr. 6 c) und Erwägungsgrund 23.

System der nationalen Verwaltung verbunden ist[345]. Einer Einmischung in die institutionelle Ausgestaltung dieses Instruments wird ausdrücklich eine Absage erteilt[346]. So bedeute „einheitlicher Ansprechpartner" keine physische Einheitlichkeit für das gesamte Hoheitsgebiet, sondern lediglich Einheitlichkeit für den konkreten Dienstleistungserbringer. Die Anzahl und die institutionelle Ausgestaltung richte sich nach den innerstaatlichen Strukturen und Zuständigkeiten, so dass die Aufgabe sowohl von der unmittelbar zuständigen Behörde als auch von einem Vermittler wahrgenommen werden könne[347]. So sei eine Ansiedlung der Funktion auch bei Berufs-, Handels- oder Handwerkskammern, Standesorganisationen oder privaten Einrichtungen möglich[348]. Im Ergebnis wird damit weder eine staatliche oder eine zentralistische Lösung vorgegeben noch in die mitgliedstaatliche Zuständigkeitsverteilung eingegriffen.

b)   Elektronische Verfahrensabwicklung (Art. 8)

Eine weitere im Verhältnis zum bisherigen Vorgehen zur Verwirklichung der Dienstleistungsfreiheit innovative Maßnahme soll mit der gemeinschaftsweiten Vorhaltung von Möglichkeiten zur elektronischen Abwicklung sämtlicher für die Aufnahme und Ausübung von Dienstleistungstätigkeiten erforderlicher Verfahren und Formalitäten auf elektronischem Wege eingeführt werden (Art. 8). Sie stellt ebenfalls eine Verfahrenserleichterung dar, die sowohl Erbringern und Empfängern von Dienstleistungen, namentlich kleinen und mittleren Unternehmen, als auch den Verwaltungsbehörden zugute kommen soll[349]. Die Kommission sieht diese Modernisierungs- und Vereinfachungsmaßnahme als weiteres Standbein der Lissabon-Strategie[350] neben der Ende 1999 gestarteten eEurope Initiative, die sich die Schaffung eines dynamischen Umfelds für den elektronischen Geschäftsverkehr zur Aufgabe gemacht habe[351]. Die Einführung der elektronischen Verfahrensabwicklung ist mit dem Auftrag an die Mitgliedstaaten verbunden, spätestens zum 31.12.2008 sowohl die entsprechenden rechtlichen Voraussetzungen in ihren Rechtsordnungen zu schaffen als auch die Möglichkeiten für eine grenzüberschreitende Abwicklung

---

345   Vgl. Erwägungsgrund 25.
346   Vgl. Begr. Nr. 6 b).
347   Vgl. Begr. Nr. 7 c).
348   Vgl. Erwägungsgrund 25.
349   Vgl. Erwägungsgrund 26 und Begr. Nr. 6 c).
350   Vgl. hierzu oben B. I. 3.
351   Vgl. Begr. Nr. 5.

einzurichten[352]. In der Bundesrepublik Deutschland sind die dahingehenden Bemühungen mit der Einführung der Signaturgesetze 1997 und 2001, der Anpassung des Verwaltungsverfahrensrechts und den im Bereich E-Government gestarteten Initiativen (z. B. DeutschlandOnline-Initiative, BundOnline 2005) bereits relativ weit fortgeschritten.

c) Genehmigungsverfahren (Art. 9 bis 13)

Auch in Bezug auf Genehmigungsregelungen und die Abwicklung von Genehmigungsverfahren sieht der Richtlinienvorschlag einige Neuerungen vor:

- Hinsichtlich der Zulässigkeit von **Genehmigungsregelungen** nimmt Art. 9 Abs. 1 zunächst die vom EuGH statuierten Bedingungen für eine Rechtfertigung von Genehmigungspflichten durch zwingende Gründe des Allgemeininteresses auf[353]. Erwägungsgrund 27 bekräftigt diesbezüglich den – nicht der deutschen Verwaltungstradition entsprechenden – Nachrang präventiver Maßnahmen gegenüber einer wirksamen nachträglichen Kontrolle. Ferner sollen entsprechende nationale Regelungen gemäß Art. 9 Abs. 2 den oben unter C. I. 4. a) und b) beschriebenen Screening- und Evaluationsverfahren unterworfen werden.

- Auch die **Voraussetzungen für die Erteilung der Genehmigung** müssen gemäß Art. 10 Abs. 1 und 2 den vom EuGH aufgestellten Rechtfertigungskriterien genügen und darüber hinaus Bestimmtheits-, Objektivitäts- und Bekanntgabevoraussetzungen erfüllen. Art. 10 Abs. 3 und 4 untersagen ferner die vom EuGH beanstandete Verdopplung von Anforderungen und Kontrollen sowie – falls keine zwingende Erfordernisse des Allgemeininteresses objektiv eine Genehmigung für jede einzelne Betriebsstätte rechtfertigen – die Beschränkung der Genehmigung auf eine einzelne Betriebsstätte im Hoheitsgebiet des Aufnahmestaates. Letzteres hätte zur Folge, dass die in Deutschland für die Genehmigung der ersten Niederlassung örtlich zuständige Behörde über ihren Kompetenzrahmen hinaus zugleich über die Zulässigkeit von Niederlassungen im gesamten Bundesgebiet befinden könnte und den für weitere Niederlassungen örtlich zuständigen Behörden eine erneute vorgängige Prüfung untersagt wäre. Art. 10 Abs. 5 des Vorschlags zufolge müssten Genehmigungsregelungen zudem künftig – ebenfalls im Unterschied zur differenzierenden Regelungspraxis in Deutschland – als zwingende („Muss-")Vorschriften ausgestaltet sein und wären Ermessensvorschriften im Gel-

---

352 Vgl. Erwägungsgrund 26.
353 Vgl. hierzu oben B. II. 4. b).

tungsbereich der Richtlinie unzulässig. Die in Art. 10 Abs. 6 vorgesehenen Begründungspflichten sowie Anfechtungsmöglichkeiten verleihen dem sektorenspezifisch bereits vorgesehenen entsprechenden Instrumentarium[354] umfassende horizontale Wirkung.

- Zu erwähnen ist in diesem Zusammenhang auch Art. 5 Abs. 2 des Vorschlags, der die vom EuGH geforderte **Anerkennung** von gleichwertigen Befähigungsnachweisen und sonstigen Dokumenten auch außerhalb des Bereichs der reglementierten Berufe sowie den ebenfalls als Beschränkung gekennzeichneten Verzicht auf **Originaldokumente** aufnimmt.

- Außerdem dürften Genehmigungen künftig nicht mehr **befristet** werden, es sei denn die Genehmigung wird automatisch verlängert, die Zahl der erteilbaren Genehmigungen ist begrenzt oder die Befristung ist objektiv durch zwingende Gründe des Allgemeininteresses gerechtfertigt (Art. 11 Abs. 1); explizit ist eine Pflicht zur Befristung vorgesehen, wenn infolge begrenzter Kapazitäten eine Auswahl zwischen mehreren Bewerbern zu treffen ist (Art. 12 Abs. 2). Ein Beispiel für eine von Art. 11 Abs. 1 betroffene Befristungsregelung wäre der über § 9 Abs. 1 Satz 2 HwO anwendbare § 8 Abs. 2 HwO.

- Eine weitere wesentliche Neuerung bestünde darin, dass den Mitgliedstaaten gemäß Art. 13 Abs. 3 des Vorschlags die Pflicht auferlegt würde, für jedes Verfahren eine angemessene **Bearbeitungsfrist** festzulegen, bekannt zu machen und einzuhalten. Als Konsequenz bei Nichteinhaltung dieser Frist sieht der Vorschlag in Art. 13 Abs. 4 ebenfalls mit horizontaler Wirkung vor, eine **Genehmigungsfiktion** einzuführen. Insbesondere letztere Vorgabe hätte erhebliche Auswirkung auf das deutsche Verwaltungsverfahrensrecht, welches Genehmigungsfiktionen nach Fristablauf aus Gründen der Gesetzesbindung und des subjektiven Rechtsschutzes Drittbetroffener, aber auch im Sinne des Bestandsschutzes der Genehmigung nur in Ausnahmefällen vorsieht[355].

d) Unzulässige und zu prüfende Anforderungen (Art. 14, 15)

Über die Erleichterung im Zusammenhang mit Genehmigungsverfahren hinaus untersagt der Richtlinienvorschlag bestimmte diskriminierende oder die Tätigkeit in sonstiger Weise beschränkende Anforderungen (Art. 14) und gibt

---

354 S. oben B. IV. 2. c) bb).

355 So etwa § 67 Abs. 4 BremBO, § 57 Abs. 2 HessBO, § 67 Abs. 7 SächsBO, § 63 b Abs. 2 ThürBO.

den Mitgliedstaaten die Prüfung weiterer nichtdiskriminierender Beschränkungen der Aufnahme oder Ausübung einer Dienstleistungstätigkeit auf (Art. 15). Letztere werden ferner dem Verfahren der gegenseitigen Evaluierung unterworfen (Art. 41 Abs. 1 b), Art. 15 Abs. 4); außerdem müssen die Mitgliedstaaten der Kommission über belastende Neuregelungen Rechenschaft ablegen (Art. 15 Abs. 6). Die Vorschriften der Art. 14, 15 sind durch die Zielvorstellung motiviert, durch die Abschaffung noch bestehender Beschränkungen einen wirklichen Binnenmarkt für Dienstleistungen zu schaffen[356].

Die Kataloge der unzulässigen Anforderungen gemäß Art. 14 sowie der zu prüfenden Anforderungen gemäß Art. 15 sind entweder auf die Rechtsprechung des EuGH zurückzuführen oder beziehen einzelstaatliche Maßnahmen ein, die von der Kommission als Behinderungen des Binnenmarkts für Dienstleistungen identifiziert wurden[357]. Während die unzulässigen Anforderungen per se untersagt sind, werden die Mitgliedstaaten verpflichtet, die zu prüfenden Anforderungen gemäß Art. 15 Abs. 3 des Vorschlags an den vom EuGH aufgestellten Kriterien für die Rechtfertigung nichtdiskriminierender Beschränkungen zu messen.

Hinsichtlich der konkreten Auswirkungen der beabsichtigten europarechtlichen Vorgaben auf das deutsche Recht sei Art. 15 Abs. 2 g) hervorgehoben, welcher die Beachtung von festgesetzten Mindest- und/oder Höchstpreisen durch den Dienstleistungserbringer der mitgliedstaatlichen Prüfung unterwirft. Von dieser Regelung wären insbesondere die Gebühren- und Honorarordnungen der freien Berufe (z. B. die HOAI) betroffen. Anstelle der dort mit Gesetzeskraft vorgegebenen Honorare würde die Vergütung für entsprechende Dienstleistungen, ließen sich die Regelungen nicht gemäß Art. 15 Abs. 3 des Vorschlags rechtfertigen, künftig der freien Verhandlung durch die Vertragspartner unterliegen. Angesichts der mit der Einhaltung der Mindest- und Höchstpreise der Gebühren- und Honorarordnungen verbundenen Zielsetzung wäre eine Rechtfertigung insbesondere aus Gründen des Verbraucherschutzes zu prüfen.

---

356 Vgl. Erwägungsgrund 30.
357 Vgl. KOM (2002) 441, S. 17 ff.

III. Zusammenfassung der wesentlichen Änderungen durch den Richtlinienvorschlag*

Zusammenfassend sollen die wesentlichen Neuerungen durch den Richtlinienvorschlag KOM (2004) 2 noch einmal im Überblick dargestellt werden. Gegenüber der bisherigen Rechtslage würde sich demnach Folgendes ändern:

- Dem Richtlinienvorschlag liegt ein **umfassender horizontaler Ansatz** zugrunde. Dieser ist im Einzelnen wie folgt gekennzeichnet:
  - Anstelle der bisherigen sektorenspezifischen Ausrichtung des Sekundärrechts erfasst die Richtlinie **bereichsübergreifend** grundsätzlich sämtliche Dienstleistungstätigkeiten.
  - Zugleich reduziert sich die Regelungsdichte, so dass dem Vorschlag lediglich der Charakter einer **Rahmenrichtlinie** zukommt.
  - Statt ineffizienter Einzelfallanpassung setzt der Vorschlag auf die gemeinschaftsweite **Koordinierung** der einzelstaatlichen Modernisierungsprozesse.
  - Die Verwirklichung des umfassenden Regelungsansatzes erfolgt stufenweise im Wege eines **dynamischen Konzeptes**, welches auf die Ermittlung weiteren Regelungsbedarfs im Zuge des Umsetzungsprozesses ausgerichtet ist.

- Der Richtlinienvorschlag stößt einen umfassenden **Überprüfungs- und Evaluierungsprozess** an:
  - Die Mitgliedstaaten werden erstmals verpflichtet, ihre gesamte Rechtsordnung auf bestimmte belastende Anforderungen für Dienstleistungserbringer zu überprüfen („Screening"). Neue belastende Vorschriften unterliegen einer Rechenschaftspflicht gegenüber der Kommission.
  - Der Überprüfung schließt sich ein Prozess gegenseitiger Evaluierung nationalen Rechts durch die Mitgliedstaaten unter Beteiligung u.a. auch nichtstaatlicher Interessengruppen an („Peer-Review-Verfahren").

- Mit dem Richtlinienvorschlag erstrebt die Kommission die Stärkung des gegenseitigen Vertrauens und die **Intensivierung der Partnerschaft** zwischen den Mitgliedstaaten. Diesen Zwecken sollen dienen:
  - die umfassende Geltung des Herkunftslandprinzips für den freien Dienstleistungsverkehr im Hinblick auf das anwendbare Recht und die Kontrollzuständigkeit;

---

* *Windoffer.*

- die gegenseitige Unterstützung der Mitgliedstaaten bei den Kontrollaufgaben;
- die gezielte Harmonisierung nationaler Vorschriften vornehmlich im Sinne des Verbraucherschutzes;
- die Förderung von Initiativen nichtstaatlicher Interessengruppen zur Qualitätssicherung und zur Entwicklung von Verhaltenskodizes.

- Erstmals werden die **Rechte der Dienstleistungsempfänger** sekundärrechtlich fixiert, indem
  - die Mitgliedstaaten unter Rückgriff auf die Rechtsprechung des EuGH zur Beseitigung von Beschränkungen der passiven Dienstleistungsfreiheit verpflichtet werden;
  - flankierend Informationspflichten und Schutzvorschriften zugunsten der Dienstleistungsempfänger vorgesehen sind.

- Den Richtlinienvorschlag kennzeichnet eine **umfassende Informationspolitik**, die auf sämtlichen relevanten Beziehungsebenen zur Geltung kommt, und zwar
  - zwischen den Mitgliedstaaten;
  - zwischen Mitgliedstaaten und Dienstleistungserbringern;
  - zwischen Mitgliedstaaten und Dienstleistungsempfängern;
  - zwischen Erbringern und Empfängern von Dienstleistungen.

- Als grundlegende Neuerung ist die umfassende Geltung des **Herkunftslandprinzips** für den freien Dienstleistungsverkehr hervorzuheben, die – in Aufnahme der Rechtsprechung des EuGH – mit einem umfassenden Beschränkungsverbot einhergeht. Die Strategie der Kommission kennzeichnen folgende Besonderheiten:
  - Die Rechtssicherheit der Dienstleistungserbringer erfährt eine gewisse Priorität gegenüber den Interessen der Leistungsempfänger.
  - Die universelle Geltung des Herkunftslandprinzips bildet nicht den Schlusspunkt, sondern steht am Anfang des Harmonisierungsprozesses; das erstrebte gegenseitige Vertrauen wird somit – im Unterschied zum bisherigen Vorgehen – mangels eines simultan in Kraft gesetzten adäquaten Harmonisierungsprogramms gleichsam als Vertrauensvorschuss vorausgesetzt.
  - Indem der Vorschlag die Kontrollverantwortung und die Sanktionsbefugnis maßgeblich dem Herkunftsstaat zuweist, hängt die Kontrolleffektivität und -effizienz entscheidend von den Möglichkeiten und dem Willen des Herkunftsstaates zur Kooperation mit dem Bestimmungsstaat ab.
  - Der Vorschlag sieht abstrakt-generelle und konkret-individuelle Ausnahmen vom Herkunftslandprinzip vor. Hinsichtlich der Ausnahmen im Einzelfall engt er jedoch den vom EuGH eingeräumten

Spielraum deutlich ein, da eine Rechtfertigung durch zwingende Gründe des Allgemeininteresses nicht möglich ist. Außerdem bestehen für den Bestimmungsstaat verfahrensrechtlich erhebliche Restriktionen, da die Sanktionsbefugnis grundsätzlich dem Herkunftsstaat zugewiesen ist.

- Eine differenzierte Aufgabenzuweisung zwischen Herkunfts- und Bestimmungsstaat ist für die **Entsendung von Arbeitnehmern** vorgesehen, die insbesondere den **Baubereich** betrifft:

So sind die unter die **Entsenderichtlinie 96/71/EG** fallenden Angelegenheiten vom Herkunftslandprinzip ausgenommen. Diesbezüglich ist die Kontrollbefugnis dem **Bestimmungsstaat** zugewiesen.

In Ausnahme hiervon sind **bestimmte Anforderungen untersagt**, welche für eine effektive Präventivkontrolle und Überwachung vor Ort durch den Bestimmungsstaat relevant sind. Das Verbot erstreckt sich auf

- Genehmigungs- und Eintragungspflichten sowie vergleichbare Erfordernisse;
- Erklärungspflichten, wovon in Deutschland insbesondere die Anmeldung bei der Zollverwaltung gemäß § 3 Abs. 1 AEntG sowie die im Sinne von § 1 Abs. 3 AEntG bislang übliche Anzeige des Arbeitgebers bei der Urlaubskasse betroffen wäre;
- die Pflicht zur Bestellung eines Vertreters, wodurch § 3 Abs. 1 Satz 2 Nr. 5 und 6 AEntG berührt würden, die für den verantwortlich Handelnden und den Zustellungsbevollmächtigten eine Anschrift in Deutschland fordern;
- die Pflicht zur Vorhaltung von Sozialversicherungsunterlagen, wie sie von § 2 Abs. 2 Satz 1 AEntG vorausgesetzt wird, der die zuständigen Behörden zur Einsichtnahme in die Unterlagen berechtigt, die Auskunft über die Einhaltung der Arbeitsbedingungen gemäß § 1 AEntG geben.

Dem Herkunftsstaat wird die Verpflichtung auferlegt, für die Aufbewahrung überwachungsrelevanter Unterlagen durch den Arbeitgeber zu sorgen. Ebenso soll der Herkunftsstaat den Bestimmungsstaat **bei der Überwachung unterstützen** und diesem bei konkreten Hinweisen über Verstöße gegen die Entsenderichtlinie die erforderlichen **Angaben von sich aus liefern**.

Dem Zugewinn an Dienstleistungsfreiheit korrespondiert infolge dieser Regelungen wiederum eine erhebliche **Einbuße an Kontrolleffektivität**, da auch hier die Überwachung entscheidend von der Fähigkeit und Bereitschaft des Herkunftsstaates zur Mitwirkung abhängt.

Gleiches gilt für die Prüfung von Anforderungen, die Arbeitnehmer aus **Drittstaaten** erfüllen müssen. Hier wird im Einklang mit der Rechtsprechung des EuGH die Überwachungs- und Sanktionsbefugnis ebenfalls dem Herkunftsstaat zugewiesen.

- Im Hinblick auf die Rechte der **Dienstleistungsempfänger** sind die Regelungen betreffend den **Gesundheitsbereich** hervorzuheben, welche die Rechtsprechung des EuGH aufnehmen. So darf die Kostenerstattung für ambulante Behandlungen im Ausland nicht und für stationäre Behandlungen nur unter bestimmten Voraussetzungen von einer Genehmigung abhängig gemacht werden. Ferner darf die Behandlung im Ausland nicht zu einer Benachteiligung hinsichtlich der Höhe des Erstattungsbetrags führen.

- Außerdem sieht der Vorschlag speziell auf die **Niederlassungsfreiheit** zugeschnittene Erleichterungen vor, und zwar
  - die Einrichtung einheitlicher Ansprechpartner („One-Stop-Shops"), bei denen sämtliche Verfahren und Formalitäten abgewickelt, Genehmigungen beantragt und Informationen bezogen werden können. Der Vorschlag betont, dass mit der Regelung keine zahlenmäßigen, organisatorischen und institutionellen Vorgaben sowie Eingriffe in die innerstaatliche Zuständigkeitsverteilung verbunden sind;
  - die Ermöglichung einer vollständig elektronischen Verfahrensabwicklung bis spätestens Ende 2008;
  - Erleichterungen in Bezug auf Genehmigungsverfahren:

So müssen **Genehmigungsregelungen** – im Sinne des Nachrangs präventiver gegenüber nachträglicher Kontrolle – durch zwingende Gründe des Allgemeininteresses gerechtfertigt sein und dem Evaluationsprozess unterworfen werden.

Die **Genehmigungsvoraussetzungen** werden mit dem Richtlinienvorschlag ebenfalls an strenge formelle und materielle Vorgaben geknüpft. Eine Verdopplung von Anforderungen und Kontrollen ist untersagt. Ebenso muss sich die Genehmigungswirkung im Regelfall auf das **gesamte Staatsgebiet** erstrecken, was zur Konsequenz hätte, dass die in Deutschland für die erste Niederlassung örtlich zuständige Genehmigungsbehörde kompetenzwidrig bundesweit über die Zulässigkeit weiterer Niederlassungen befände und eine Überprüfung dieser Niederlassungen durch die örtlich zuständigen Behörden entfiele.

Erhebliche Auswirkungen auf das deutsche Verwaltungsrecht und die Verwaltungspraxis hätten ferner die vorgesehenen Vorgaben, dass Genehmigungsregelungen künftig stets als **zwingende Vorschriften** auszugestalten wären, eine **Befristung** der Genehmigung (wie in §§ 9 Abs. 1 Satz 2, 8 Abs. 2

HwO) grundsätzlich nicht mehr gestattet wäre und die Mitgliedstaaten verpflichtet würden, für sämtliche Genehmigungsverfahren **Bearbeitungsfristen** und **Genehmigungsfiktionen** für den Fall der Nichteinhaltung der Fristen einzuführen;

- das **Verbot** bestimmter diskriminierender oder die Dienstleistungstätigkeit in sonstiger Weise beschränkender Anforderungen;

desgleichen die Pflicht der Mitgliedstaaten zur Prüfung und Evaluierung weiterer nichtdiskriminierender Beschränkungen der Aufnahme oder Ausübung einer Dienstleistungstätigkeit am Maßstab der vom EuGH aufgestellten Kriterien, verbunden mit der Vorgabe, der Kommission über beabsichtige belastende Neuregelungen Rechenschaft abzulegen.

Da sich die Überprüfungspflicht auch auf Regelungen betreffend die Beachtung festgesetzter Mindest- und/oder Höchstpreise erstreckt, wären in Deutschland insbesondere die Gebühren- und Honorarordnungen der freien Berufe tangiert.

Teil 4:
Problemfeldanalysen

A. Untersuchungsansatz und Vorgehensweise*

Bei der Dienstleistungsrichtlinie handelt es sich um eine breit ansetzende Regelungsmaterie, die mit vielen anderen Regelungen vernetzt ist. Jene ein- oder mitwirkenden Vorschriften (etwa die Arbeitnehmerentsende-RL oder die Berufsqualifikations-RL) müssen berücksichtigt werden, wenn der Regelungscharakter der neuen Dienstleistungsrichtlinie erfasst werden soll. Abb. 1 demonstriert das Schnittstellenproblem anhand wichtigster bzw. zu beachtender „mitwirkender" Regelungen. Im folgenden Teil der Untersuchung wird auf solche Schnittstellen und Verflechtungen hingewiesen.

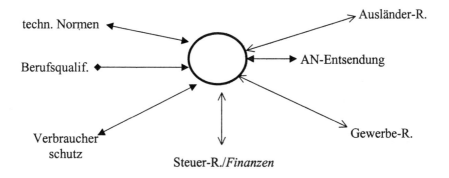

Abb. 1: Schema einer Schnittstellenanalyse (Ermittlung der zu beachtenden Regelungsfelder)

Innerhalb des folgenden Teils der Untersuchung wird als Ordnungssystem für die Vielfalt unterschiedlicher Problemfelder eine Unterscheidung und Zuordnung nach Zulassung, Ausführung und Kontrolle eingeführt: Z–A–K-Konzept (Abb. 2).

---

* Böhret/Brenski

ZAK: drei Regelungsbereiche	mit Niederlassung	ohne Niederlassung
Z Zulassung		
A Ausführung		
K Kontrolle		

Abb. 2: Struktur des ZAK-Konzepts

Aus den systematischen Beschreibungen folgen Hinweise auf inhärente wie offensichtliche Schwierigkeiten und potentielle Folgen. Aus diesen Hinweisen werden wiederum Empfehlungen abgeleitet.

Aus dem ZAK-Konzept lassen sich wiederum drei Regelungsbereiche (RB) gewinnen, die in spezifische Regelungsteile (RT) untergliedert sind (Abb. 3). Dieser Systematik folgt die Problemanalyse im Einzelnen.

Drei Regelungsbereiche (Z-A-K)
jeweils mit/ohne Niederlassung im Aufnahmestaat

RB – I:	RB – II:	RB – III:
(Z) Zulassung	(A) Ausführung	(K) Kontrolle

I/1 *mit* Niederlassung	II/1 *mit* Niederlassung	III/1 *mit* Niederlassung
RT 1: Genehmigungsregelungen Anforderungen (a), (b)	**RT 7**: Vorgabenumsetzungen (Art.10-15) → Anpassungen	**RT 10**: (→ wie RT 7)
RT 2: Überprüfung/ Notifizierung, allgemein		
RT 3: Überprüfung/ Notifizierung speziell		

RB – I:	RB - II:	RB - III:
(Z) Zulassung	**(A)** Ausführung	**(K)** Kontrolle
I/1 *mit* Niederlassung	II/1 *mit* Niederlassung	III/1 *mit* Niederlassung
RT 4: Besondere Anforderungen 1. Ermessenspielraum 2. Herkunftslandsprinzip 3. Geltungsbereich 4. Begründungspflicht 5. etc. **RT 5**: Unzulässige Anforderungen		
I/2 *ohne* Niederlassung (temporäre Dienstleistungs-Erbringung)	II/2 *ohne* Niederlassung	III/2 *ohne* Niederlassung
RT 6: Anforderungen MLS (Art. 16 f.)	**RT 8**: Geltung technischer Normen/Sicherheit	**RT 11**: Ausführungsüberwachung
RT 7: Anzeige/ Registrierung	**RT 9**: Anforderungen (race to the bottom)	**RT 12**: Einzelfall (Maßnahmen gegen Dienstleistungs-Erbringer)

Abb. 3: Systematik der hier vorgenommenen Problemanalyse – Regelungsbereiche (RB) und Regelungsteile (RT)

B. Beschreibung ausgewählter Problemfelder*

I. Einleitung

Der nachfolgende Teil der Untersuchung zu dem Vorschlag über eine Richtlinie des Europäischen Parlaments und des Rates über Dienstleistungen im Binnenmarkt – KOM (2004) 2 – soll einen ersten Überblick über die Inhalte und möglichen Folgen dieses Regelungsvorschlags ermöglichen.

Dabei konnten aufgrund des engen Zeitrahmens und der Komplexität der Materie nur einige der wesentlichen Inhalte des Vorschlags aufgegriffen werden. Auch in Bezug auf die untersuchten Normen und Normkomplexe war daher nur eine erste, grobe Betrachtung möglich.

Insoweit kann die Untersuchung daher als Vorstudie zu einer umfassenden Gesetzesfolgenabschätzung verstanden werden. Zugleich sind jeweils erste Empfehlungen zum weiteren Vorgehen im Text enthalten. Es ist darauf hinzuweisen, dass sowohl für eine auch nur näherungsweise Einschätzung der konkreten Folgen des Richtlinienvorschlags als auch für eine Umsetzung eine Vielzahl an Folgeuntersuchungen erforderlich sein wird. Diese können hier nur im Hinblick auf ihre Zielrichtung kurz angerissen werden.

Der Aufbau folgt sozusagen der chronologischen Reihenfolge der Tätigkeit eines Dienstleistungserbringers, der sich in einen anderen EU-Mitgliedstaat begibt.

D.h., zunächst werden die in dem Richtlinienvorschlag zur **Zulassung (II.)** einer solchen Tätigkeit vorgesehenen Regelungen betrachtet, sodann die auf die **Ausführung (III.)** bezogenen Bestimmungen und zuletzt die Möglichkeiten zur (u.U. repressiven) **Kontrolle (IV.)**.

Innerhalb dieser 3 Hauptteile erfolgt – entsprechend dem Konzept des Richtlinienvorschlags – die Darstellung getrennt nach Dienstleistern, die sich im Aufnahmemitgliedstaat niederlassen und solchen, die sich dorthin nur vorübergehend für die Ausübung ihrer Tätigkeit begeben.

Die Binnengliederung in den Abschnitten folgt überwiegend der Abfolge der jeweils behandelten Vorschriften des Richtlinienvorschlags.

---

* *Oertel.*

II. Zulassung

*1. Dienstleistungserbringer mit Niederlassung
   im Aufnahmemitgliedstaat*

1.1 Anforderungen an Genehmigungserfordernisse: „objektiv" gerechtfertigt

1.1.1 Regelung

In Art. 9 Abs. 1 a)-c) sind Anforderungen an Genehmigungsregelungen des Aufnahmemitgliedstaates aufgeführt, denen Dienstleistungserbringer in Bezug auf Aufnahme und Ausübung ihrer Tätigkeit unterliegen. Diese Genehmigungsregelungen dürfen nicht diskriminierend sein und müssen durch zwingende Erfordernisse des Gemeinwohls objektiv gerechtfertigt sein. Darüber hinaus darf das angestrebte Ziel nicht durch ein milderes Mittel erreichbar sein; dies ist insbesondere der Fall, wenn eine nachträgliche Kontrolle zu spät erfolgen würde, um wirksam zu sein.

1.1.2 Kommentar

Art. 9 Abs. 1 legt Voraussetzungen fest, unter denen eine Dienstleistungstätigkeit durch den Aufnahmemitgliedstaat Genehmigungserfordernissen unterworfen werden kann[358]. In der Folge sollen daher die Voraussetzungen und Konsequenzen für die Rechtsetzung des Aufnahmemitgliedstaates näher untersucht werden.

Grundsätzlich handelt es sich bei den angesprochenen Genehmigungsregelungen um Beschränkungen der Dienstleistungs- bzw. der Niederlassungsfreiheit durch die Mitgliedstaaten. Diese Einordnung entspricht im Wesentlichen der ständigen Rechtsprechung des EuGH, wonach bereits Maßnahmen, die geeignet sind, eine Leistungserbringung weniger attraktiv zu machen, als Beschränkung anzusehen sind[359].

Die unter Art. 9 Abs. 1 a)-c) aufgestellten Voraussetzungen sind ebenfalls in diesem Kontext zu sehen. Sie sind eng an die vom EuGH für derartige Beschränkungen anerkannten Rechtfertigungsgründe angelehnt (nicht diskriminierend, verhältnismäßig etc.)[360].

---

358 Vgl. Begr. Nr. 7 e), Abs. 1 Satz 1.
359 Vgl. *Müller-Graff*, in: Streinz, EUV/EGV, 2003, Art. 49 EGV, Rn. 87 ff.
360 Vgl. *Müller-Graff*, in: Streinz, EUV/EGV, 2003, Art. 49 EGV, Rn. 106 ff.

Dies lässt den Schluss zu, dass durch den Richtlinienvorschlag an dieser Stelle die Grundlinie der bereits bestehenden Auslegung der beiden betroffenen Grundfreiheiten durch den EuGH nunmehr durch ihre Übernahme in das Sekundärrecht der Gemeinschaft weiter verstetigt werden soll.

Problematisch erscheint hierbei jedoch die Formulierung unter Art. 9 Abs. 1 b), dass Genehmigungserfordernisse durch zwingende Erfordernisse des Allgemeinwohls „objektiv gerechtfertigt" sein müssen. In der Rspr. des EuGH findet sich zwar eine Fülle verschiedenster „zwingender Allgemeininteressen", die als Rechtfertigung anerkannt worden sind und auf die die Kommission in den Erwägungsgründen ausdrücklich Bezug nimmt[361], doch das Kriterium der „Objektivität" der Rechtfertigung ist durch die Kommission an dieser Stelle neu eingeführt worden. Damit wurde ein neuer, auslegungsbedürftiger Rechtsbegriff geschaffen. Entsprechende Hinweise, wie dieses Kriterium zu verstehen sei, finden sich in dem Richtlinienvorschlag nicht. Die Formulierung legt es jedoch nahe, dass im Vergleich zur bisherigen Spruchpraxis des EuGH eine Einschränkung der Möglichkeit, Beschränkungen zu rechtfertigen, beabsichtigt ist. Wo unter Berücksichtigung dieser Neuregelung die Grenzen für eine Rechtfertigung verlaufen sollen, wird in dem Richtlinienvorschlag nicht ausgeführt. Der sprachliche Gegensatz – eine unzureichende, da nur „subjektive" Rechtfertigung – ergibt dafür keine sinnvolle Abgrenzung. Weitere Anhaltspunkte, wie dieses Tatbestandsmerkmal durch die Mitgliedstaaten ausgefüllt werden kann, sind aus dem Richtlinienvorschlag nicht ersichtlich.

1.1.3 Empfehlung

Es sollte daher eine Klarstellung an diesem Punkt herbeigeführt werden, da die Anforderungen an die Rechtfertigung von Beschränkungen entscheidend für die tatsächliche Möglichkeit zur Schaffung und Ausgestaltung von Genehmigungserfordernissen durch die Mitgliedstaaten sind.

---

361 Vgl. Erwägungsgrund 27, sowie zur entspr. Rspr. des EuGH: *Müller-Graff*, in: Streinz, EUV/EGV, 2003, Art. 49 EGV, Rn. 107 m.w.N.

1.2 Anforderungen an die Verhältnismäßigkeit der Genehmigungsregelung

1.2.1 Regelung

Ähnlich unklar erscheint die unter Art. 9 Abs. 1 c) aufgestellte Voraussetzung des Vorrangs eines milderen Mittels in der Verknüpfung mit der Möglichkeit zur nachträglichen Kontrolle.

1.2.2 Kommentar

Zunächst entspricht dies den Anforderungen an die Verhältnismäßigkeit von Beschränkungen des Dienstleistungsverkehrs, die der EuGH als Voraussetzung einer Rechtfertigung aufgestellt hat. Beschränkungen sind nach der Rspr. des EuGH unverhältnismäßig und damit nicht gerechtfertigt, wenn das zwingende Allgemeininteresse genauso wirksam durch eine Maßnahme verwirklicht werden kann, die den freien Dienstleistungsverkehr weniger beschränkt.[362]

Die Verknüpfung mit der nachträglichen Kontrolle der Dienstleister an dieser Stelle legt es nahe, dass die Mitgliedstaaten nach der Vorstellung der Kommission zunächst verpflichtet sein sollen, vorrangig diese Möglichkeit auszuschöpfen. Hierfür sprechen auch die Ausführungen in Erwägungsgrund 27. Dort wird festgestellt, dass eine nachträgliche Kontrolle nicht gleich wirksam sei, wenn Mängel der Dienstleistung später nicht mehr festgestellt werden können und der Verzicht auf die Vorabkontrolle mit Risiken und Gefahren verbunden wäre.

Dabei bleibt es jedoch unklar, wo, wie und durch wen (z.B. den Herkunftsmitgliedstaat) die nachträgliche Kontrolle erfolgen kann und wann sie „zu spät" erfolgen würde bzw. wann sie noch rechtzeitig erfolgt.

Im Zusammenhang mit der Warenverkehrsfreiheit hat der EuGH die Möglichkeit der Zusammenarbeit von Behörden der Mitgliedstaaten – Kooperationsprinzip – und eben den Schutz durch Maßnahmen des Herkunftslands – Herkunftslandsprinzip – als Maßstab in die Erforderlichkeitsprüfung bereits eingeführt[363]. Der Kontext des Richtlinienvorschlags, der dem Herkunftslandsprinzip – damit auch der Kontrolle durch den Herkunftsmitgliedstaat – eindeutig Vorrang einräumt, legt im Zusammenhang mit dieser Bestimmung folglich nahe, dass nicht primär nachträgliche Kontrollen des Aufnahmemitgliedstaates gemeint sein sollen.

---

362 Vgl. *Müller-Graff*, in: Streinz, EUV/EGV, 2003, Art. 49 EGV, Rn. 111 m.w.N.
363 Vgl. dazu *Müller-Graff*, in: Streinz, EUV/EGV, 2003, Art. 49 EGV, Rn. 113 m.w.N.

1.2.3 Empfehlung

Es sollte daher eine Klärung angestrebt werden, ob tatsächlich eine eindeutige Nachrangigkeit der Regelung durch den Aufnahmemitgliedstaat beabsichtigt ist und wie weit diese reichen soll.

1.3 Allgemeine Überprüfung und Notifizierung der Genehmigungsregelungen

1.3.1 Regelung

In Art. 9 Abs. 2 wird generalklauselartig die mitgliedstaatliche Verpflichtung begründet, die in ihrer jeweiligen Rechtsordnung vorgesehenen Genehmigungsregelungen zu benennen und diese anhand der Kriterien gemäß Art. 9 Abs. 1 zu begründen. Dies soll im Rahmen der gegenseitigen Evaluierung gemäß Art. 41 des Richtlinienvorschlags erfolgen (vgl. dort, Art. 41 Abs. 1 a)).

1.3.2 Kommentar

Aus den Erwägungsgründen (vgl. insbes. Erwägungsgrund 5, 33, 36, 27 a.E.) wird deutlich, dass die Kommission hier eine grundlegend neue Vorgehensweise zur Beseitigung von Hindernissen bzw. Beschränkungen des freien Dienstleistungsverkehrs beabsichtigt, die zu einer Art „Umkehr der Beweislast" führen könnte.

Das Vorgehen der Kommission erfolgte bislang durch die Einleitung von Vertragsverletzungsverfahren in Bezug auf einzelne Regelungen von Mitgliedstaaten, die in unzulässiger Weise Beschränkungen für den Dienstleistungsverkehr beinhalten. Dies bezeichnet die Kommission selbst in der Begründung zum Richtlinienvorschlag als ein ineffizientes Vorgehen, das mit einem kaum zu bewältigenden Aufwand verbunden sei[364].

Nunmehr sollen die Mitgliedstaaten selbst während der Frist zur Umsetzung der Richtlinie prüfen, ob und welche Anforderungen im nationalen Recht bestehen und mit den in Art. 9 Abs. 1 aufgeführten Kriterien vereinbar sind. Ergebnis soll u.U. eine Beseitigung oder Änderung der Bestimmungen sein[365]. Anhand der später erfolgenden, gegenseitigen Evaluierung soll dann ermittelt werden, für welche Arten von Tätigkeiten die Genehmigungserfor-

---

364 Vgl. Begr., Nr. 6 b).
365 Vgl. Erwägungsgrund 36.

dernisse abgeschafft werden können[366]. Die Möglichkeit zur Einleitung von Vertragsverletzungsverfahren durch die Kommission bleibt davon unberührt[367].

Die Einschätzung dieses Vorgehens ergibt ein zweigeteiltes Bild. Zuzugeben ist, dass die Mitgliedstaaten bislang wohl nur im Einzelfall als Ergebnis eines Vertragsverletzungsverfahrens (bzw. auf z.b. im Wege eines Vorlagebeschlusses herbeigeführte Entscheidungen des EuGH hin) nur die jeweils beanstandete Regelung in dem unbedingt erforderlichen Ausmaß abgeändert haben. Die Beseitigung von Hemmnissen auf diesem Wege dürfte nicht nur mit Blick auf die bisherige Praxis als langwierig und aufwändig anzusehen sein, sondern auch und gerade in der Perspektive für die Zukunft.

Um das Ziel eines Binnenmarktes für Dienstleistungen in einem kürzeren Zeitraum zu erreichen, erscheint dieses von der Kommission vorgeschlagene Mittel auch grundsätzlich geeignet, einen beschleunigten Abbau von Beschränkungen zu erreichen. Positive Nebenfolge aus Sicht der Mitgliedstaaten – und insbesondere auch der betroffenen inländischen Dienstleister – könnten eine weitgehende Deregulierung und ein beschleunigter Abbau von (u.U. verzichtbaren) Standards im jeweiligen nationalen Recht sein.

Die materiellen Voraussetzungen bzw. Anforderungen an die nationalen Regelungen in Art. 9 erscheinen im Überblick nicht neu, s. dazu auch vorstehend unter B. II. 1.2.2. Auch sie fassen die Grundlinie bzw. einzelne Bestandteile der bereits existierenden Rspr. des EuGH zur Dienstleistungsfreiheit zusammen.

Problematisch erscheint daran jedoch die teilweise unklare Formulierung der Anforderungen, die in Art. 9 Abs. 1 an die Genehmigungsregelungen gestellt werden, s. vorstehend unter B. II. 1.1 u. 1.2.

Zu berücksichtigen ist auch, dass eine Vielzahl an bundesrechtlichen und landesrechtlichen Bestimmungen betroffen ist bzw. zur Überprüfung anstehen. Daneben sind auch die entsprechenden Regelungen von Berufsorganisationen und sonstige maßgebliche Regelwerke einzubeziehen (z.B. VdE-Richtlinien u.ä.). Neben der Fülle an Normen birgt auch die Komplexität der Materie Probleme. Die bisherigen, zumeist sektoralen Bemühungen von Bund und Ländern zum Abbau von Standards haben gezeigt, dass dies nur als Daueraufgabe, die beträchtlichen Aufwand erfordert, möglich ist.

Zur Einhaltung der sachlichen und zeitlichen Vorgaben des Richtlinienvorschlags müsste jedoch ein noch größerer Aufwand betrieben werden. Dies

---

366 Vgl. Erwägungsgrund 27 a.E.
367 Vgl. Erwägungsgrund 36; zum Verfahren der gegenseitigen Evaluierung s. Art. 41 sowie die Begr., dort Nr. 7 e).

ergibt sich bereits aus dem horizontalen Ansatz des Richtlinienvorschlags, der eine Vielzahl unterschiedlicher Wirtschaftszweigen gleichermaßen betrifft, die parallel überprüft werden müssten.

Hinzu kommt, dass die Überprüfung auf die Vereinbarkeit mit europäischem Recht zumindest bei einem Teil der existierenden Bestimmungen zu einem negativen Ergebnis führen könnte. Ein Großteil der vorhandenen Genehmigungsregelungen, die einer Überprüfung nicht standhalten, kann wiederum voraussichtlich nicht ersatzlos gestrichen werden, da sie (auch) den Schutz wichtiger Rechtsgüter (Gesundheit, Verbraucherschutz, Umwelt etc.) sicherstellen. Überwiegend müssten dort dann zugleich sach- und interessengerechte Alternativlösungen geschaffen werden, die den Anforderungen des Richtlinienvorschlags bzw. des europäischen Rechts genügen.

Als weniger zeitintensive Option käme z.b. die Einfügung gemeinschaftsrechtskonformer Ausnahmeregelungen für Dienstleistungserbringer aus anderen Mitgliedstaaten in das bestehende nationale Recht in Betracht, wie dies z.B. in § 9 Abs. 2 der Handwerksordnung bereits geschehen ist. Durch die gleichzeitige Beibehaltung von Genehmigungserfordernissen für Dienstleistungserbringer aus dem eigenen Land besteht hierbei jedoch die Gefahr einer (u.U. auch wirtschaftlich nachteiligen) erheblichen Inländerdiskriminierung, die auf Dauer politisch nur schwer aufrecht erhalten werden könnte.

Darüber hinaus müsste der im Rahmen der gegenseitigen Evaluierung gemäß Art. 41 des Richtlinienvorschlags vorgesehene Dialog durch die Schaffung von entsprechenden Verhandlungspositionen in der Sache und politisch vorbereitet werden. Durch die Notwendigkeit der Einbeziehung der betroffenen Berufsgruppen bzw. Wirtschaftszweige wie auch der Abstimmung mit anderen EU-Mitgliedstaaten dürfte sich dieser Aufwand noch erhöhen.

Kritisch erscheint vor allem der enge Umsetzungszeitraum, in dem nach den bisherigen Vorstellungen der Kommission die Überprüfung und das Verfahren der gegenseitigen Evaluierung durchgeführt werden sollen.[368] Gemäß Art. 41 Abs. 1 sollen die Mitgliedstaaten zum Datum der Umsetzung der Richtlinie der Kommission einen Bericht vorlegen, aus dem die Ergebnisse der Überprüfung hervorgehen. In Art. 45 Abs. 1 Satz 1 des Richtlinienvorschlags ist eine Frist von 2 Jahren ab Inkrafttreten genannt, innerhalb derer die Mitgliedstaaten die zu ihrer Umsetzung erforderlichen Rechts- und Verwaltungsvorschriften in Kraft setzen sollen. Art. 45 Abs. 1 Satz 2 sieht vor, dass die Mitgliedstaaten der Kommission „unverzüglich" den Text der Vorschriften und einen Überblick darüber übersenden, aus dem hervorgeht, welche Normen der Richtlinie entsprechen. In der Begründung des Richtlinien-

---

368 Vgl. dazu auch den Meilensteinplan und die Skizzierung der Umsetzungsfristen in Teil 1 der Untersuchung, Abb. 5 und 6.

vorschlags geht die Kommission von einem Inkrafttreten im Jahre 2005 aus; bis zum Jahre 2007 sollen dann die Berichte der Mitgliedstaaten zur Prüfung ihrer eigenen Anforderungen gemäß Art. 9, 15 und 30 vorliegen, um die gegenseitige Evaluierung zu ermöglichen[369]. D.h., die Kommission geht davon aus, dass die beschriebene, umfangreiche Überprüfung durch den jeweiligen Mitgliedstaat selbst binnen 2 Jahren nach Inkrafttreten der Richtlinie abgeschlossen sein muss. Es erscheint daher in Anbetracht des beschrieben Umfangs der Überprüfung fraglich, ob die Vorgabe in Art. 9 in dem vorgegebenen Zeitraum überhaupt erfüllbar ist bzw. ob dies mit vertretbarem Aufwand geleistet werden kann. Auf die oben bereits angesprochene Unklarheit des Richtlinienvorschlags in Bezug auf den an die nationalen Bestimmungen anzulegenden Prüfungsmaßstab ist hierbei nochmals hinzuweisen.

1.3.3 Empfehlung

Im Ergebnis sollte daher geprüft werden, ob und wie diese Anforderungen tatsächlich erfüllt werden könnten.

Dies dürfte entscheidend vom Ausmaß der notwendigen Rechtsänderungen abhängen, so dass vorrangig zunächst ein Überblick über die betroffenen Regelungen erstellt werden sollte. Gegebenenfalls sollte dann z.B. auf eine Verlängerung der im Richtlinienvorschlag vorgesehenen Frist oder eine sektorale Abschichtung (= ein zeitlich nach Wirtschaftszweigen gestaffeltes Vorgehen) hingewirkt werden.

Zusammenfassung

Eine der grundlegenden Neuerungen des Richtlinienvorschlags ist die Überprüfung aller in ihren Rechtsordnungen für die Aufnahme und Ausübung von Dienstleistungstätigkeiten vorgesehenen Genehmigungsregelungen (Art. 9 Abs. 1) anhand der Vorgaben gemäß Art. 9 Abs. 2 durch die Mitgliedstaaten. Ziel ist eine weitgehende Vereinfachung dieser Verfahren und der Abbau eventuell noch vorhandener (versteckter) Diskriminierungen.

In Bezug auf den dabei an die nationalen Bestimmungen anzulegenden Prüfungsmaßstab ergeben sich aus dem Wortlaut des Vorschlags jedoch Unklarheiten.

In Anbetracht des beschrieben Umfangs der Überprüfung – alle denkbaren Genehmigungsregelungen in einer Vielzahl von Dienstleistungsbranchen – erscheint der Zeitraum von 2 Jahren, der dafür zur Verfügung steht, zu knapp.

---

369 Vgl. den tabellarischen Überblick in der Begr. unter Nr. 3 c).

Es ist daher fraglich, ob die Vorgabe in Art. 9 in dem vorgegebenen Zeitraum überhaupt erfüllbar ist bzw. ob dies mit vertretbarem Aufwand geleistet werden kann.

Die Schaffung von Ausnahmebestimmungen für EU-Ausländer könnte zwar kurzfristig zur Einhaltung der Anforderungen aus dem Richtlinienvorschlag beitragen, würde jedoch eine u.U. erhebliche Inländerdiskriminierung mit sich bringen.

Die Erfüllung der Verpflichtungen aus Art. 9 dürften entscheidend vom Ausmaß der notwendigen Rechtsänderungen abhängen, so dass vorrangig zunächst ein Überblick über die betroffenen Regelungen erstellt werden sollte. Gegebenenfalls sollte dann z.B. auf eine Verlängerung der im Richtlinienvorschlag vorgesehenen Frist oder eine sektorale Abschichtung (= ein zeitlich nach Wirtschaftszweigen gestaffeltes Vorgehen) hingewirkt werden.

1.4 Überprüfung und Notifizierung bestimmter Genehmigungsregelungen

1.4.1 Regelung

Art. 15 enthält ebenfalls einen „Prüfauftrag" für die Mitgliedstaaten. Danach müssen die unter Abs. 2 a)-j) aufgeführten mitgliedstaatlich geregelten Anforderungen an die Dienstleistungstätigkeit den in Abs. 3 genannten Bedingungen zu genügen[370]. Gemäß Abs. 4 sind die Ergebnisse im Bericht für die gegenseitige Evaluierung gemäß Art. 41 darzustellen. Hinzu kommt gemäß Abs. 5 das Verbot, neue Reglungen der in Abs. 2 genannten Art einzuführen, ohne dass diese den Bedingungen gemäß Abs. 3 genügen. Damit korrespondiert die Verpflichtung in Abs. 6, diese neuen Rechts- und Verwaltungsvorschriften der Kommission im Entwurfsstadium mitzuteilen.

1.4.2 Kommentar

Wie oben zu Art. 9 ausgeführt, erfolgt auch mit dieser Überprüfung von Beschränkungen des Dienstleistungsverkehrs eine grundlegende Abkehr von der bisherigen Vorgehensweise der Kommission. Anders als in Art. 9 sind hier die zu überprüfenden Regelungen explizit aufgeführt. Bei ihnen handelt es sich um „sonstige Behinderungen" des freien Dienstleistungsverkehrs, also Behinderungen, die aus unterschiedslos auf alle (in- und ausländischen) Dienstleistungserbringer anwendbaren Vorschriften resultieren, bei denen je-

---

370 Diskriminierungsfreiheit, Erforderlichkeit, Verhältnismäßigkeit.

doch eine (verdeckte) Diskriminierung nicht oder nicht zweifelsfrei festgestellt werden kann[371].

Diese Zielsetzung entspricht der bisherigen Rechtsprechung des EuGH, der davon ausgeht, dass Art. 49 EGV nicht nur die Beseitigung sämtlicher Diskriminierungen verlangt, die (direkt) auf der Staatsangehörigkeit der Dienstleister beruhen, sondern auch die Aufhebung aller Beschränkungen, die unabhängig von der Staatsangehörigkeit gelten, wenn sie geeignet sind, die Tätigkeit des Dienstleistenden zu unterbinden oder zu behindern, der in einem anderen Mitgliedstaat ansässig ist und dort regelmäßig ähnliche Dienstleistungen erbringt[372].

Die Prüfkriterien gemäß Abs. 3 wiederum entsprechen – wie in Art. 9, s. oben – den bisherigen Anforderungen, die der EuGH zur Rechtfertigung derartiger Beschränkungen aufgestellt hat. Auch hier ist die Regelung in Abs. 3 b) aus den oben zu Art. 9 b) ausgeführten Gründen kritisch zu überprüfen, da auch sie nahezu gleichlautend das Erfordernis einer „objektiven" Rechtfertigung aufstellt.

Der umfangreiche Katalog gemäß Abs. 2 an zu überprüfenden Regelungen könnte im Detail dazu führen, dass einzelne Regelungen, die aus Sicht der Mitgliedstaaten u.U. unumgänglich sind, nicht oder nur stark verändert fortbestehen könnten.

Dabei ist beispielhaft auf Art. 15 Abs. 2 g) hinzuweisen, der die Beachtung von festgesetzten Mindest- oder Höchstpreisen als zu überprüfende Regelung (bzw. Behinderung) ansieht. Dies könnte z.B. die HOAI zur Disposition stellen. Diese ist für die Angehörigen der betroffenen Berufe verbindliches Preisrecht. Könnte sie als Ergebnis der Überprüfung anhand Art. 15 Abs. 3 nicht mehr auf Angehörige dieser Berufe aus dem EU-Ausland anwendbar sein, wird von den Betroffenen eine gravierende Inländerdiskriminierung befürchtet[373]. Weitere Konsequenz könnte eine Gefährdung der mit der HOAI verfolgten Ziele – Eindämmung des Preisanstiegs bei Bauleistungen und Aufrechterhaltung eines bestimmten Qualitätsniveaus – sein[374].

---

371 Vgl. zur Definition: *Müller-Graff*, in: Streinz, EUV/EGV, 2003, Art. 49 EGV, Rn. 86.

372 St. Rspr., vgl. die Nachweise bei *Müller-Graff*, in: Streinz, EUV/EGV, 2003, Art. 49 EGV, Rn. 86, dort insbes. Fn. 323.

373 Vgl. Architektenkammer NRW, Stellungnahme zum Vorschlag für eine Richtlinie des Europäischen Parlaments und des Rates über Dienstleistungen im Binnenmarkt KOM (2004) 2, Düsseldorf, 23.4.2004, sowie Bundesrat, BR-Drs. 128/5/04, Nr. 11 (S. 5 f.).

374 Vgl. Architektenkammer NRW, Stellungnahme zum Vorschlag für eine Richtlinie des Europäischen Parlaments und des Rates über Dienstleistungen im Binnenmarkt

Ähnliche Schwierigkeiten könnten sich auch bei den anderen in Art. 15 Abs. 2 aufgeführten Anforderungen im Einzelfall ergeben.

Da auch dieser „Katalog" eine umfangreiche Überprüfung in einer Vielzahl betroffener Regelungen erfordert und auch hier der enge 2-Jahreszeitraum ab Inkrafttreten der Richtlinie gilt, stellen sich die gleichen Probleme wie bei der zuvor beschriebenen Überprüfung gemäß Art. 9 Abs. 2 des Richtlinienvorschlags. Auf die dortige Beschreibung kann daher verwiesen werden.

1.4.3 Empfehlung

Im Ergebnis sollte daher auch hier geprüft werden, ob und wie diese Anforderungen erfüllt werden können. Dies dürfte entscheidend vom Ausmaß der notwendigen Rechtsänderungen abhängen, so dass vorrangig zunächst ein Überblick über die betroffenen Regelungen erstellt werden sollte. Gegebenenfalls sollte dann z.B. auf eine Verlängerung der im Richtlinienvorschlag vorgesehenen Frist oder eine sektorale Abschichtung (= ein zeitlich nach Wirtschaftszweigen gestaffeltes Vorgehen) hingewirkt werden.

Zusammenfassung
Da auch der „Katalog" an zu prüfenden Anforderungen gemäß Art. 15 Abs. 2 eine umfangreiche Überprüfung einer Vielzahl betroffener Regelungen erfordert und auch hier der enge 2-Jahreszeitraum ab Inkrafttreten der Richtlinie gilt, stellen sich im Hinblick auf die Umsetzbarkeit die gleichen Probleme wie bei der zuvor beschriebenen Überprüfung gemäß Art. 9 Abs. 2 des Richtlinienvorschlags.
Die Überprüfung könnte im Detail dazu führen, dass einzelne Regelungen, die aus Sicht der Mitgliedstaaten u.U. unumgänglich sind, nicht oder nur stark verändert fortbestehen könnten. Betroffen sein könnte hiervon z.B. die HOAI.
Die Prüfkriterien in Art. 15 Abs. 3 erscheinen z.T. ebenfalls unklar und zu eng formuliert.
Im Ergebnis sollte daher auch hier geprüft werden, ob und wie die Anforderungen erfüllt werden können. Dies dürfte entscheidend vom Ausmaß der notwendigen Rechtsänderungen abhängen, so dass vorrangig zunächst ein Überblick über die betroffenen Regelungen erstellt werden sollte. Gegebenenfalls sollte dann z.B. auf eine Verlängerung der im Richtlinienvorschlag vorgesehenen Frist oder eine sektorale Abschichtung (= ein zeitlich nach Wirtschaftszweigen gestaffeltes Vorgehen) hingewirkt werden.

KOM (2004) 2, Düsseldorf, 23.4.2004, sowie Bundesrat, BR-Drs. 128/5/04, Nr. 11 (S. 5 f.).

1.5 Besondere Anforderungen an Genehmigungsregelungen

1.5.1 Regelung

Im Anschluss an die generalklauselartige Aufstellung von allgemein gehaltenen Anforderungen an Genehmigungsregelungen in Art. 9 Abs. 1 enthalten die Art. 10-13 des Richtlinienvorschlags eine Vielzahl an speziellen bzw. genauer ausgeführten Anforderungen an Genehmigungen und insbesondere an die Ausgestaltung der Genehmigungsverfahren.

1.5.2 Kommentar

Grundsätzlich handelt es sich bei den betroffenen Genehmigungsregelungen um Beschränkungen der Dienstleistungs- bzw. der Niederlassungsfreiheit durch die Mitgliedstaaten, wie oben bereits ausgeführt. Diese Einordnung entspricht im Wesentlichen der ständigen Rechtsprechung des EuGH, wonach bereits Maßnahmen, die geeignet sind, eine Leistungserbringung weniger attraktiv zu machen, als Beschränkung anzusehen sind[375]. Die Vorgaben der Art. 10-13 des Richtlinienvorschlags sind grundsätzlich – wie auch Art. 9 – eng an die vom EuGH für derartige Beschränkungen anerkannten Rechtfertigungsgründe angelehnt (nicht diskriminierend, verhältnismäßig etc.)[376].

Dies lässt den Schluss zu, dass durch den Richtlinienvorschlag auch an dieser Stelle die Grundlinie der bereits vorhandenen Auslegung der beiden betroffenen Grundfreiheiten durch den EuGH nunmehr durch ihre Übernahme in das Sekundärrecht der Gemeinschaft weiter verstetigt werden soll.

Neben Vorgaben, die materielle Voraussetzungen der Genehmigungserteilung betreffen, finden sich in diesem Abschnitt weitreichende Vorgaben für die Ausgestaltung der Verfahren. Es zeigt sich auch hier, dass durch die Schaffung von Richtlinien und deren Umsetzung in nationales Recht eine Verwaltungsrechtsanpassung im Einzelfall erreicht wird, die in den konkret betroffenen Rechtsbereichen des besonderen Verwaltungsrechts und damit auch des Verwaltungsverfahrensrechts eine Rechtsangleichung innerhalb der EU bewirkt[377].

In Bezug auf die verfahrensrechtlichen Vorgaben der Art. 10-13 lässt sich feststellen, dass inhaltlich im Wesentlichen grundlegende Prinzipien der

---

375 Vgl. *Müller-Graff*, in: Streinz, EUV/EGV, 2003, Art. 49 EGV, Rn. 87 ff.
376 Vgl. *Müller-Graff*, in: Streinz, EUV/EGV, 2003, Art. 49 EGV, Rn. 106 ff.
377 Vgl. *Stelkens/Sachs*, in: Stelkens/Bonk/Sachs, VwVfG, 6.Aufl. 2001, Einleitung, Rn. 135; sowie *Maurer*, Allgemeines Verwaltungsrecht, 14. Aufl. 2002, § 2, Rn. 31.

Rechtstaatlichkeit, wie sie sich aus den anerkannten allgemeinen Rechtsgrundsätzen des Gemeinschaftsrechts für das Verwaltungsverfahren bereits heute ergeben, zur Anwendung gebracht werden[378]. Diese Vorgaben des Richtlinienentwurfs bewegen sich zwar grundsätzlich nahe an im deutschen Recht bereits bestehenden Regelungen des Verwaltungsverfahrens bzw. den dafür bestehenden Rechts- bzw. Verfahrensgrundsätzen. Trotz dieser Nähe lassen sich jedoch im Detail Unterschiede feststellen, die eine Überprüfung und Anpassung erfordern. Auf die einzelnen Bestimmungen wird dementsprechend im nachfolgenden Überblick jeweils genauer eingegangen.

Zusammenfassung

Die Vorgaben der Art. 10-13 des Richtlinienvorschlags sind grundsätzlich – wie auch Art. 9 – eng an die vom EuGH für Beschränkungen der Niederlassungs- bzw. Dienstleistungsfreiheit anerkannten Rechtfertigungsgründe angelehnt (nicht diskriminierend, verhältnismäßig etc.). Durch den Richtlinienvorschlag soll auch an dieser Stelle die Grundlinie der bereits bestehenden Auslegung der beiden betroffenen Grundfreiheiten durch den EuGH durch ihre Übernahme in das Sekundärrecht der Gemeinschaft weiter verstetigt werden.

Die Art. 10-13 enthalten neben Anforderungen, die auf das materielle Recht wirken, auch eine Reihe weitreichender verfahrensrechtlicher Vorgaben, die im Einzelnen erhebliche Anpassungen erforderlich machen.

1.5.2.1 Umsetzungsfrist

In Art. 45 Abs. 1 Satz 1 des Richtlinienvorschlags ist eine Frist von 2 Jahren ab Inkrafttreten genannt, innerhalb derer die Mitgliedstaaten die zu ihrer Umsetzung erforderlichen Rechts- und Verwaltungsvorschriften in Kraft setzen sollen. Art. 45 Abs.1 Satz 2 sieht vor, dass die Mitgliedstaaten der Kommission „unverzüglich" den Text der Vorschriften und einen Überblick darüber übersenden, aus dem hervorgeht, welche Normen der Richtlinie entsprechen.

In der Begründung des Richtlinienvorschlags geht die Kommission von einem Inkrafttreten im Jahre 2005 aus; bis zum Jahre 2007 soll dann die Harmonisierung der Genehmigungserfordernisse (Art. 10-13) erfolgt sein[379]. Explizit sollen danach während der zweijährigen Umsetzungsfrist für die Richtlinie die Verwaltungsverfahren und -formalitäten für den Dienstleistungsbereich vereinfacht werden. Dies soll durch die Vereinfachung der Verfahren

---

378 Vgl. zu diesen Grundsatz: *Stelkens/Sachs*, in: Stelkens/Bonk/Sachs, VwVfG, 6. Aufl. 2001, Einleitung, Rn. 134 a) ff., insbes. Rn. 134 e) m.w.N.; *Streinz*, Europarecht, 5. Aufl. 2001, Rn. 369.

379 Vgl. den tabellarischen Überblick in der Begr. unter Nr. 3 d).

zur Genehmigung betreffend die Aufnahme und Ausübung von Dienstleistungstätigkeiten gemäß Art. 10-13 des Richtlinienvorschlags erfolgen[380].

Aus den vorstehend unter B. II. 1.3.2 genannten Gründen, die in Bezug auf die betroffenen Verwaltungsverfahren ebenfalls Geltung haben, ergibt sich auch für die Umsetzung der Vorgaben der Art. 10-13 innerhalb von 2 Jahren ab Inkrafttreten ein erheblicher Aufwand, der eine Realisierung (mit vertretbarem Aufwand) fraglich erscheinen lässt.

Im Ergebnis sollte daher auch hier bei jeder Vorgabe geprüft werden, ob und wie diese Anforderungen erfüllt werden können. Dies dürfte entscheidend vom Ausmaß der notwendigen Rechtsänderungen abhängen, so dass vorrangig zunächst ein Überblick über die betroffenen Regelungen erstellt werden sollte. Gegebenenfalls sollte dann z.b. auf eine Verlängerung der im Richtlinienvorschlag vorgesehenen Frist oder eine sektorale Abschichtung (= ein zeitlich nach Wirtschaftszweigen gestaffeltes Vorgehen) hingewirkt werden.

Zusammenfassung
Auch für die Vorgaben der Art. 10-13 für Genehmigungsverfahren gilt der Umsetzungszeitraum von 2 Jahren ab Inkrafttreten. Da sie eine Vielzahl materiell- und verfahrensrechtlicher Regelungen betreffen, ist ein erheblicher Aufwand erforderlich, der eine Realisierung in der vorgegebenen Zeit fraglich erscheinen lässt.

1.5.2.2 Zu Art. 10 Abs. 1 u. 2: Eingeschränkter Ermessensspielraum der Behörden des Aufnahmemitgliedstaates

Grundsätzlich sollen die Mitgliedstaaten den Ermessensspielraum ihrer nationalen Behörden in Bezug auf die Anwendung von Genehmigungsregelungen gegenüber Dienstleistungserbringern aus anderen EU-Mitgliedstaaten beschränken, um eine willkürliche oder missbräuchliche Ausübung von vornherein zu verhindern (Abs. 1).

Diese Ermessenseinschränkung soll durch Schaffung von (Entscheidungs-) Kriterien, also die Ausgestaltung der betreffenden Genehmigungsregelung, erfolgen. Diese müssen ihrerseits den in Abs. 2 a)-f) aufgeführten Anforderungen (diskriminierungsfrei, objektiv durch ein zwingendes Erfordernis des Allgemeininteresses gerechtfertigt, präzise und eindeutig etc.) genügen.

Gemäß § 40 VwVfG hat die Behörde ihr Ermessen entsprechend dem Zweck der Ermächtigung auszuüben und dabei die gesetzlichen Grenzen des Ermessens einzuhalten. Sind zur Bestimmung des Ermessens europäische wie

---

380 Vgl. Begr., Nr. 3 c), Abs.3, 1. Spiegelstrich.

auch deutsche Rechtsnormen anwendbar, gilt der Anwendungsvorrang des Gemeinschaftsrechts[381]. D.h., in derartigen Fällen sind die Grenzen des Ermessens primär dem europäischen Recht zu entnehmen[382]. Bereits darin zeigt sich die Bedeutung der Vorgaben gemäß Art. 10 Abs. 1 u. 2: Sowohl in Bezug auf das verfahrensmäßige Vorgehen bei der Entscheidung über Genehmigungen als auch in Bezug auf die Auslegung der materiellen Rechtsgrundlage gelten die dort enthaltenen Grundsätze vorrangig.

Wie oben bereits ausgeführt, werden im Hinblick auf das Verwaltungsverfahren bzw. die dort geltenden Grundsätze und Grundrechte inhaltlich überwiegend die durch den EuGH bereits anerkannten Rechtssätze normiert, z.B. das Prinzip der Rechtssicherheit und des Vertrauensschutzes oder die Pflicht zur Begründung von Einzelfallentscheidungen[383]. Der überwiegende Teil dieser Vorgaben dürfte im deutschen Verwaltungsverfahrensrecht bereits jetzt aus bestehenden allgemeinen Regelungen und Rechtsgrundsätzen folgen – z.B. aus dem Gleichbehandlungsgebot gemäß Art. 3 GG.

Die Zielrichtung der Vorgaben in Art. 10 Abs. 1 u. 2 des Richtlinienvorschlags ist jedoch einseitig die Verhinderung von Diskriminierungen und der Abbau von Beschränkungen des Dienstleistungsverkehrs innerhalb der EU. Da diese Grundsätze in einschlägigen deutschen Regelungen vielfach in Bezug auf die Ausgestaltung des behördlichen Ermessens bzw. in dessen materiellrechtlichen Grundlagen nicht oder zumindest nicht explizit genug berücksichtigt sind, kann dies somit zunächst zu einer geänderten Anwendung der einschlägigen spezialgesetzlichen Normen führen, ggf. auch eine entsprechende Anpassung bzw. Modifizierung des materiellen Rechts erforderlich machen.

Die – oben beschriebene – Verpflichtung zur Überprüfung von Genehmigungsregelungen in Art. 9 Abs. 2 des Richtlinienvorschlags bezieht sich dem Wortlaut nach auf deren Vereinbarkeit mit den in Art. 9 Abs. 1 festgelegten Grundsätzen, wobei inhaltlich eine weitgehende Überschneidung mit den Voraussetzungen gemäß Art. 10 Abs. 1 u. 2 besteht, was sich bereits aus dem Wortlaut der Bestimmungen ergibt. Zwar bezieht sich Art. 9 Abs. 1 auf die Genehmigungsregelung als solche bzw. in ihrer Gesamtheit, doch dürften sich bei Normen, die den Behörden ein Ermessen einräumen, zwingend Überschneidungen mit Art. 10 Abs. 1 u. 2 ergeben. Deutlich wird dies z.B. daran, dass die allgemeine Diskriminierungsfreiheit einer Genehmigungsregelung –

---

381 Vgl. *Maurer*, Allgemeines Verwaltungsrecht, 14. Aufl. 2002, § 4, Rn. 53 f.
382 Vgl. *Sachs*, in: Stelkens/Bonk/Sachs, VwVfG, 6.Aufl.2001, § 40, Rn. 10.
383 Vgl. dazu *Streinz*, Europarecht, 5. Aufl. 2001, Rn. 369, sowie *Stelkens/Sachs*, in: Stelkens/Bonk/Sachs, VwVfG, 6.Aufl.2001, Einleitung, Rn. 134 a) ff., insbes. Rn. 134 e).

Art. 9 Abs. 1 a) – in diesen Fällen nicht ohne eine Überprüfung der dort für das behördliche Ermessen gesetzten Grenzen (= „Kriterien" gemäß Art. 10 Abs. 1 u. 2) möglich sein wird. Dafür wiederum müssten dann Art. 10 Abs. 1 u. 2 herangezogen werden. Somit könnte sich die Regelung in Art. 10 Abs. 1 u. 2 zu einem weiteren, einzubeziehenden umfangreichen Prüfungskatalog für die vorstehend beschriebene Überprüfung und Notifizierung von Genehmigungsregelungen entwickeln.

Auch für die Umsetzung dieser Vorgaben steht ein Zeitraum von 2 Jahren ab Inkrafttreten der Richtlinie zur Verfügung, vgl. oben unter B. II. 1.5.2.1. Daneben dürften diese Vorgaben Bedeutung bei der gerichtlichen Überprüfung von Genehmigungsregelungen im Einzelfall bereits ab Inkrafttreten der Richtlinie entfalten.

Im Ergebnis ergibt sich daher aus dieser Bestimmung ein deutlicher Anpassungsdruck für das bestehende deutsche Recht – sowohl für verfahrensrechtliche Regelungen als auch – durch das Abstellen auf die Ermessensausübung – für materiellrechtliche Regelungen.

Im Zusammenhang mit der Bandbreite der betroffenen Normen ergeben sich darüber hinaus erhebliche Probleme, die Vorgaben dieser Bestimmung in dem vorgesehenen 2-Jahreszeitraum zu erfüllen (s. dazu auch oben unter B. II. 1.3.2 und unter 1.5.2.1).

Im Ergebnis sollte daher auch hier geprüft werden, ob und wie diese Anforderungen erfüllt werden können. Dies dürfte entscheidend vom Ausmaß der notwendigen Rechtsänderungen abhängen, so dass vorrangig zunächst ein Überblick über die betroffenen Regelungen erstellt werden sollte. Gegebenenfalls sollte dann z.B. auf eine Verlängerung der im Richtlinienvorschlag vorgesehenen Frist oder eine sektorale Abschichtung (= ein zeitlich nach Wirtschaftszweigen gestaffeltes Vorgehen) hingewirkt werden.

Zusammenfassung
Die Zielrichtung der Vorgaben in Art. 10 Abs. 1 u. 2 des Richtlinienvorschlags ist schwerpunktmäßig die Verhinderung von Diskriminierungen und der Abbau von Beschränkungen des Dienstleistungsverkehrs innerhalb der EU durch die Schaffung entsprechender Kriterien für Ermessensentscheidungen der Behörden der Mitgliedstaaten.
Aus dieser Bestimmung ergibt sich ein deutlicher Anpassungsdruck für das bestehende deutsche Recht – sowohl für verfahrensrechtliche Regelungen als auch – durch das Abstellen auf die Ermessensausübung – für materiellrechtliche Regelungen, da diese Aspekte vielfach nicht hinreichend berücksichtigt sein dürften.

> Durch den Anwendungsvorrang des Gemeinschaftsrechts entfalten diese Vorgaben ab Inkrafttreten Wirkung für die Auslegung und Anwendung der betroffenen Normen.
> Im Zusammenhang mit der Bandbreite der betroffenen Normen ergeben sich erhebliche Probleme, die Vorgaben dieser Bestimmung in dem vorgesehenen 2-Jahreszeitraum zu erfüllen.

1.5.2.3 Zu Art. 10 Abs. 3: Herkunftslandprinzip

Die Bestimmung untersagt die doppelte Anwendung gleichwertiger oder aufgrund ihrer Zielsetzung im Wesentlichen vergleichbarer Anforderungen und Kontrollen, denen der Dienstleistungserbringer bereits in einem anderen oder im selben Mitgliedstaat unterworfen ist.

Bestimmungen der Mitgliedstaaten, die einen Dienstleistungserbringer solchen Anforderungen und Kontrollen unterwerfen, sind – wie bereits vorstehend ausgeführt – regelmäßig als – grundsätzlich gemäß Art. 49 EGV verbotene – Beschränkungen der Dienstleistungsfreiheit anzusehen. Sie können u.a. jedoch dann gerechtfertigt sein, wenn sie zur Erreichung des verfolgten Zieles erforderlich sind. D.h., eine Rechtfertigung scheidet aus, wenn das zwingende Allgemeininteresse, das der Mitgliedstaat damit verfolgen will, genauso wirksam durch eine Maßnahme verwirklicht werden kann, die den freien Dienstleistungsverkehr weniger beschränkt[384].

Erweist sich z.B. eine Beschränkung durch Anerkennung der Erfüllung der Erbringungsvoraussetzungen im Herkunftsmitgliedstaat als gleichwertig, ist sie nicht erforderlich (= Herkunftslandprinzip). In diesem Zusammenhang vermeidet folglich das Herkunftslandprinzip mit der Überprüfung, ob das mit der beschränkenden Maßnahme verfolgte Ziel nicht bereits durch Vorschriften, Zulassungen, Anforderungen, Kontrollen, Prüfungen u.ä. des Herkunftsmitgliedstaates ausreichend geschützt wird, eine unnötige Verdoppelung der Beaufsichtigung des Dienstleistungserbringers[385].

Folglich handelt es sich bei der Vorgabe in Art. 10 Abs. 3 wiederum um die Normierung bereits heute bestehender Anforderungen des Gemeinschaftsrechts an nationale Regelungen, wie sie der EuGH in ständiger Rechtsprechung entwickelt hat. Eine Einzelfallprüfung von Genehmigungsregelungen durch die Rechtsprechung könnte nunmehr (auch) anhand dieses Rechtssatzes erfolgen.

---

384 Vgl. *Müller-Graff*, in: Streinz, EUV/EGV, 2003, Art. 49 EGV, Rn. 111 f.
385 Vgl. *Müller-Graff*, in: Streinz, EUV/EGV, 2003, Art. 49 EGV, Rn. 113.

Fraglich ist es jedoch auch hier, ob die Vorgabe gemäß Art. 10 Abs. 3 – ähnlich wie Art. 10 Abs. 1 u. 2, s.o. – in den Prüfauftrag gemäß Art. 9 Abs. 1 einfließen. Eine genaue Abgrenzung lässt sich dem Richtlinienvorschlag nicht entnehmen, die o.g. Gründe sprechen jedoch dafür, auch diese Kriterien bei der Überprüfung zu berücksichtigen.

Schwierigkeiten ergeben sich dabei aus dem umfassenden, horizontalen Ansatz des Richtlinienvorschlags und der – konsequenterweise – fehlenden genaueren Bestimmung der betroffenen nationalen Regelungen in Art. 10 Abs. 3.

D.h., hier müsste zunächst eine Aufstellung der betroffenen deutschen Genehmigungsregelungen erfolgen, um dann abzugleichen, ob und welche Genehmigungen anderer Mitgliedstaaten diesen entsprechen und ob bzw. ggf. wie eine Anerkennung erfolgen kann oder ob ein zusätzliches Genehmigungserfordernis gerechtfertigt werden kann.

Die Menge der betroffenen Wirtschaftszweige, Regelungssysteme und die Anzahl der Mitgliedstaaten, zwischen deren Rechtsordnungen z.T. noch weitreichende Unterschiede bestehen bzw. eine Harmonisierung noch nicht erfolgt ist, dürfte erhebliche Anstrengungen erfordern. Deutlich wird dies z.B. an dem komplexen Regelwerk und der langen Vorgeschichte des Richtlinienentwurfs zur Anerkennung von Berufsqualifikationen[386]. Dort wird ein Überblick über die derzeit noch geltenden, in „einem Zwanzigjahreszeitraum zwischen 1970 und 1990" in Folge verabschiedeten 12 Hauptrichtlinien für (lediglich) 7 einzelne Berufe gegeben, die erst jetzt in eine (umfangreiche) einheitliche Richtlinie zur Anerkennung von Berufsqualifikationen einfließen[387]. Daran zeigt sich, welcher zeitliche und sachliche Aufwand für eine ähnlich komplexe Harmonisierung von „Genehmigungsregelungen" zwischen den Mitgliedstaaten erforderlich war.

Auch für die Umsetzung dieser Vorgaben steht ein Zeitraum von 2 Jahren ab Inkrafttreten der Richtlinie zur Verfügung, vgl. oben unter B. II. 1.5.2.1. Daneben dürften diese Vorgaben Bedeutung bei der gerichtlichen Überprüfung von Genehmigungsregelungen im Einzelfall bereits ab Inkrafttreten der Richtlinie erlangen.

Im Zusammenhang mit der Bandbreite der betroffenen Normen und der vorstehend beschriebenen notwendigen Harmonisierung ergeben sich darüber hinaus erhebliche Probleme, die Vorgaben dieser Bestimmung in dem vorgesehenen 2-Jahreszeitraum zu erfüllen (s. dazu auch oben unter B. II. 1.3.2 und unter 1.5.2.1).

---

386 Vgl. dazu KOM (2002) 119, Begr., Nr. 2.2, dort insbes. Fn. 9 ff.

387 Vgl. dazu KOM (2002) 119, Begr., Nr. 2.2.

Im Ergebnis sollte daher auch hier eine genauere Bestimmung des Umsetzungszeitraums und eine Klärung der Frage nach der Einbeziehung in die Überprüfung und Notifizierung erfolgen. Sinnvoll erscheint es dabei, s.o., ein zeitlich oder sektoral gestaffeltes Vorgehen anzustreben.

Zusammenfassung
Die Regelung in Art. 10 Abs. 3 greift die Rechtsprechung des EuGH zur Geltung des Herkunftslandprinzips auf. Durch die umfassende Geltung im Bereich „aller" Genehmigungsregelungen soll eine unnötige Verdoppelung der Beaufsichtigung des Dienstleistungserbringers verhindert werden. Auch hier ist eine große Anzahl an Normen und Rechtsgebieten betroffen. Zugleich sind jedoch zur Feststellung der Gleichwertigkeit von Anforderungen in unterschiedlichen mitgliedstaatlichen Regelungen ein größerer Aufwand und eine (teilweise) Harmonisierung unumgänglich. Daher bestehen erhebliche Probleme, die Vorgaben dieser Bestimmung in dem vorgesehenen 2-Jahreszeitraum zu erfüllen

1.5.2.4 Zu Art. 10 Abs. 4: Geltung von Genehmigungen im gesamten Hoheitsgebiet

Die Bestimmung legt fest, dass die Genehmigung die Aufnahme oder Ausübung der Dienstleistungstätigkeit für das gesamte Hoheitsgebiet des betreffenden Mitgliedstaates erlauben muss, sofern nicht zwingende Erfordernisse des Allgemeinwohls objektiv eine Genehmigung für jede einzelne Betriebsstätte rechtfertigen.

Problematisch an dieser Vorgabe erscheint ihre Vereinbarkeit mit der Kompetenzordnung des Grundgesetzes. Die Frage der räumlichen Geltung von Genehmigungen hängt in erster Linie von dem jeweils einschlägigen Spezialgesetz und der Art der einzuholenden Genehmigung bzw. deren Rechtsgrundlage im Bundes- oder Landesrecht ab.

Die Beurteilung dürfte auch davon abhängig sein, ob es sich z.B. um ein ortsgebundenes Recht (Bsp.: betriebliche und räumliche Bezogenheit der gaststättenrechtlichen Erlaubnis gem. § 3 Abs. 1 GaststättenG[388]) oder um eine personenbezogene Genehmigung (Bsp.: die bundesweit geltende Erlaubnis zum Betrieb eines Bewachungsgewerbes gem. § 34 a GewO[389]) handelt und ob sie auf einer bundes- oder landesrechtlichen Kompetenznorm beruht.

---

388 Vgl. *Pöltl*, Gaststättenrecht, 5. Aufl. 2003, § 3, Rn. 2.
389 Vgl. *Tettinger*, in: Tettinger/Wank, GewO, 7. Aufl. 2004, § 34 a GewO, Rn. 20.

Durch die Weite des von der Richtlinie erfassten Bereiches bzw. der erfassten Genehmigungsarten wird jedoch eine Vielzahl an Genehmigungen auch in „abgelegeneren" Gesetzen vom Geltungsbereich der Richtlinie erfasst (Bsp.: die für die Tätigkeit als Sanierungsträger erforderliche behördliche Bestätigung gemäß § 158 BauGB, die i.d.R. räumlich begrenzt erteilt wird[390]).

Eine pauschale Beurteilung ist daher nicht möglich. Es zeigt sich, dass auch hier zunächst eine eingehende Untersuchung allein zur Feststellung der betroffenen Normen notwendig ist. In einem zweiten Schritt müsste dann überprüft werden, ob und ggf. in welchem Umfang entweder eine Gesetzesänderung – hin zu einer bundesweiten Geltung – möglich ist oder nicht bzw. ob eine ausreichende Rechtfertigung für die Beibehaltung der räumlichen Beschränkung besteht, wobei gemäß Art. 10 Abs. 3 a.E. das Erfordernis einer Genehmigung für jede einzelne Betriebsstätte objektiv durch zwingende Erfordernisse des Allgemeininteresses gerechtfertigt sein muss. Hierbei ist auf den engen bzw. unklaren Wortlaut des Rechtfertigungsgrundes hinzuweisen – „objektiv gerechtfertigt" – der eine Rechtfertigung zukünftig erschweren könnte; dazu s. auch oben unter B. II. 1.1.2 und 1.1.3.

Neben der u.U. auftretenden verfassungsrechtlichen Problematik ist auch hier auf den erforderlichen Aufwand zur Umsetzung dieser Anforderungen im Verhältnis zu dem dafür zur Verfügung stehenden 2-Jahreszeitraum ab Inkrafttreten hinzuweisen.

> Zusammenfassung
>
> Die pauschale Geltung von Genehmigungen für die Aufnahme oder Ausübung von Dienstleistungstätigkeiten im gesamten Hoheitsgebiet eines Mitgliedstaates dürfte in Bezug auf das föderale System der Bundesrepublik verfassungsrechtliche Probleme hervorrufen.
>
> Zugleich fehlt eine (sachgerechte) Differenzierung, z.B. für ortsabhängige Genehmigungsvoraussetzungen in der insgesamt unklaren und zu engen Ausnahmeregelung.
>
> Auch hier erscheint der Umsetzungszeitraum von 2 Jahren zu eng.

1.5.2.5 Zu Art. 10 Abs. 5: Ermessensreduzierung

Art. 10 Abs. 5 bestimmt, dass die Genehmigung erteilt werden muss, sobald eine Prüfung der Voraussetzungen ergibt, dass diese erfüllt sind.

---

390 Vgl. *Krautzberger*, in: Battis/Krautzberger/Löhr, BauGB, 7. Aufl. 1999, § 158, Rn. 8.

Fraglich erscheint an dieser Bestimmung, ob eine zeitliche Bindung der Behörden hinsichtlich der Bearbeitung von Genehmigungsanträgen beabsichtigt ist (= Erlass des Bescheides „sobald" die Voraussetzungen vorliegen), also eine zeitlich möglichst straffe Bearbeitung gewollt ist. Denkbar ist es jedoch auch, dass darüber hinaus der Handlungsspielraum der Behörden eingeschränkt werden soll. Der Wortlaut des Art. 10 Abs. 5 erscheint insoweit unklar im Hinblick auf die beabsichtigte Tragweite der Norm.

Sind z.B. von den der Behörde grundsätzlich eröffneten Handlungsspielräumen alle bis auf eine ermessensfehlerhaft und damit rechtswidrig, schrumpft ihr Ermessensspielraum auf Null, so dass die Behörde verpflichtet ist, im Sinne dieser (einen) verbliebenen Handlungsmöglichkeit vorzugehen[391]. Denkbar ist es daher aufgrund des oben beschriebenen Anwendungsvorrangs des Gemeinschaftsrechts auch in Bezug auf die Auslegung von Ermessensnormen, dass hier lediglich dieser im deutschen Recht ohnehin vorhandene Rechtsgrundsatz wiederholt wird, so dass die Vorgabe in Art. 10 Abs. 5 im Wesentlichen deklaratorisch wäre.

Andererseits erscheint es auch möglich, dass weitergehend eine auch in den betreffenden Gesetzen sichtbare Regelung getroffen sein muss, die die Behörden entsprechend bindet. Dies könnte z.B. durch die Schaffung von Soll-Vorschriften erreicht werden, die für den Regelfall eine Bindung der Behörde herbeiführen[392]. Dies würde einen ungleich höheren Aufwand erfordern und könnte teilweise die umfassende Umgestaltung bestehender, z.T. komplexer, Regelungssysteme erfordern.

Auf eine entsprechende Klarstellung sollte daher hingewirkt werden.

Sollte eine Ermessensbindung in diesem strikten Sinne gewollt sein, erscheint es fraglich, ob und wie dies in der vorgegebenen Pauschalität überhaupt umgesetzt werden kann. Dabei würde sich auch hier durch den erforderlichen Aufwand zur Umsetzung dieser Anforderungen im Verhältnis zu dem dafür zur Verfügung stehenden 2-Jahreszeitraum ab Inkrafttreten erhebliche Schwierigkeiten ergeben.

Zusammenfassung
Art. 10 Abs. 5 beinhaltet eine Ermessensreduzierung für die Behörden der Mitgliedstaaten. Unklar bleibt dabei, ob entsprechende gesetzliche Regelungen („Soll-Vorschriften") getroffen werden müssen oder ob lediglich eine (im

---

391 Vgl. *Sachs*, in: Stelkens/Bonk/Sachs, VwVfG, 6.Aufl. 2001, § 40, Rn. 56.
392 Vgl. zu dieser Gesetzgebungstechnik: *Sachs*, in: Stelkens/Bonk/Sachs, VwVfG, 6. Aufl. 2001, § 40, Rn. 26.

Wesentlichen deklaratorische) Auslegungsregel für die Ermessensausübung geschaffen werden soll.
Im ersten Fall würden auch hier erhebliche Schwierigkeiten in Bezug auf die Umsetzbarkeit innerhalb von 2 Jahren entstehen.

1.5.2.6 Zu Art. 10 Abs. 6: Begründungspflicht

Art. 10 Abs. 6 beinhaltet die Verpflichtung, die Genehmigung, ihre Ablehnung, den Widerruf oder andere Entscheidungen der Behörden gegenüber dem Antragsteller zu begründen. Daneben muss die Möglichkeit bestehen, Rechtsmittel gegen die Entscheidung einlegen zu können.

Durch die inhaltlich weitgehende Übereinstimmung mit geltendem Recht (z.B. § 39 VwVfG – Begründungspflicht für Verwaltungsakte) dürften aus dieser Vorgabe keine wesentlichen Probleme erwachsen.

1.5.2.7 Zu Art. 11 Abs. 1: Befristung von Genehmigungen

Art. 11 Abs. 1 untersagt grundsätzlich die zeitliche Befristung von Genehmigungen. Ausnahmen hiervon sind unter a)-c) aufgeführt; dies betrifft die Befristung in Verbindung mit einer automatischen Verlängerung (a), die Begrenztheit der Zahl der erteilbaren Genehmigungen (b) und die objektiv durch zwingende Erfordernisse des Allgemeinwohls gerechtfertigte Befristung (c).

Für diese Vorgabe gilt ebenfalls, dass eine Vielzahl an unterschiedlichen Genehmigungen betroffen sein dürfte. Problematisch erscheint dabei die Pauschalität, mit der die Zulässigkeit von Befristungen eingeschränkt werden soll bzw. die engen Voraussetzungen zu ihrer Rechtfertigung.

So ist z.B. die gaststättenrechtliche Gestattung gemäß § 12 Abs. 1 GaststG zwingend zu befristen[393]. Die Gestattung wird für zeitlich begrenzte Ereignisse (Bsp.: mehrwöchiger Betrieb der Kantine einer Großbaustelle, Volksfest) in einem vereinfachten Verfahren erteilt. Da mit einem Gaststättenbetrieb grundsätzlich Gefahren und andere – u.U. störende – Auswirkungen verbunden sind, lässt sich die Gestattung unter vereinfachten Voraussetzungen nur durch eine Befristung rechtfertigen[394].

Der Schutz anderer, von der jeweiligen Tätigkeit tangierter Rechtsgüter von Dritten oder der Allgemeinheit dürfte i.d.R. auch in anderen Fachgeset-

---

393 Vgl. *Pöltl*, Gaststättenrecht, 5. Aufl. 2003, § 12, Rn. 17.
394 Vgl. *Pöltl*, Gaststättenrecht, 5. Aufl. 2003, § 12, Rn. 2, 19.

zen als Rechtfertigung für eine Befristung der Genehmigung einer grundsätzlich legalen Tätigkeit dienen. Die Bandbreite der möglichen Rechtfertigungsgründe in Art. 11 Abs. 1 ist relativ weit, denn z.b. sind gemäß Erwägungsgrund 29 die dafür genannten zwingenden Erfordernisse des Allgemeininteresses solche, die von der Rechtsprechung des Gerichtshofes zu den Art. 43 und 49 EGV anerkannt sind, insbesondere der Verbraucherschutz, der Schutz der Dienstleistungsempfänger, der Arbeitnehmer oder der städtischen Umwelt. Ob die Begründung zu den bestehenden Genehmigungsregelungen und ihre Ausgestaltung innerhalb eines Regelungssystems jedoch diesen Anforderungen an eine solche Rechtfertigung genügt, dürfte im Einzelfall zweifelhaft sein.

Da auch hier ein starker Anpassungsdruck besteht, sollte möglichst zeitnah eine Aufstellung und Überprüfung der betroffenen Regelungen vorgenommen werden.

Durch die große Bandbreite der betroffenen Normen im Verhältnis zum Umsetzungszeitraum von 2 Jahren, s. dazu auch oben unter B. II. 1.5.2.1, ist auch hier von einem hohen Aufwand auszugehen, so dass eine zeitlich oder sektoral gestaffelte Vorgehensweise angestrebt werden sollte. U.u. sollte daneben auf eine Erweiterung der Rechtfertigungsgründe (oder Ausnahmen) bestimmter Genehmigungsarten hingewirkt werden.

Zusammenfassung

Die globale Vorgabe in Art. 11 Abs. 1, grundsätzlich unbefristete Genehmigungen zu erteilen, könnte im Zusammenhang mit den zu eng gefassten Ausnahmeregelungen zu einem unzureichenden Schutz wichtiger Rechtsgüter führen.

Da die Abstufung in befristete und unbefristete Genehmigungen ein in vielen Fachgesetzen eingesetztes Regelungsinstrument ist (z.B. Wasserhaushaltsgesetz, Gaststättengesetz u.v.m.), wäre die Umgestaltung ganzer Regelungssysteme notwendig.

Dadurch erscheint die Umsetzbarkeit innerhalb von 2 Jahren – ohne den Schutz wichtiger Rechtsgüter deutlich zu reduzieren – unrealistisch.

1.5.2.8 Zu Art. 11 Abs. 3: Informationspflicht der Dienstleistungserbringer

Art. 11 Abs. 3 bezieht sich auf Verpflichtungen des Dienstleistungserbringers. Danach haben die Mitgliedstaaten diesen zu verpflichten, die betreffenden „einheitlichen Ansprechpartner" über wesentliche und für ihre Tätigkeit relevante Veränderungen zu informieren. Insoweit bildet die Bestimmung eine

Ausnahme zu den anderen Bestimmungen dieses Abschnitts, die ausschließlich die Behörden der Aufnahmemitgliedstaaten verpflichten.

Inwieweit dies im Zusammenhang mit den übrigen Vorgaben des Art. 11 steht, die sich auf die Geltungsdauer von Genehmigungen beziehen, bzw. ob dies beabsichtigt ist, ist aus dem Richtlinienvorschlag und den Erwägungen nicht klar bzw. direkt erkennbar. Art. 10 Abs. 4 des Richtlinienvorschlags sieht jedoch vor, dass eine Genehmigung auf dem gesamten Hoheitsgebiet eines Mitgliedstaates gilt und den Dienstleistungserbringer von dem Erfordernis der Einholung einer Genehmigung für jede einzelne Betriebsstätte befreit bzw. diese beinhaltet. Hierzu tritt Art. 11 Abs. 1, der die zeitlich unbefristete Geltung derartiger Genehmigungen vorsieht. Die Informationspflicht dürfte folglich als Korrelat zu diesen weitgehenden Freistellungen zu bewerten sein, um so ein Minimum an behördlicher Kontrolle zu ermöglichen.

Grundsätzlich erscheint die Regelung daher sinnvoll und geeignet, um eine Überwachung der Dienstleistungserbringer über einen längeren Zeitraum hinweg zu gewährleisten.

Unklar bleibt dabei jedoch, ob der Herkunftsmitgliedstaat oder der Aufnahmemitgliedstaat zur Schaffung bzw. Beibehaltung einer solchen Verpflichtung ermächtigt ist. Ebenso unklar bleiben die Möglichkeiten zur Ausgestaltung, insbesondere zur – realistischerweise wohl unumgänglichen – Schaffung von Sanktionsregelungen. Diese Weite entspricht zwar dem Charakter des Richtlinienvorschlags als Rahmenregelung, doch erscheint es insbesondere im Hinblick auf die derzeitige Situation empfehlenswert, auf eine genauere Klarstellung hinzuwirken.

Eine vergleichbare Regelung enthält bislang z.B. § 14 der GewO. Daraus folgt gemäß Abs. 1 (auch) die Anzeigepflicht für die Aufnahme des Betriebs einer Zweigniederlassung (Abs. 1 Satz 1) oder einer Veränderung des Gegenstands des Betriebs (Abs. 1 Satz 2 Nr. 1). Ob die aus dieser Bestimmung folgende Anzeigepflicht unter dem Aspekt der Dienstleistungsfreiheit mit dem Gemeinschaftsrecht vereinbar ist, ist seit einiger Zeit jedoch umstritten[395]. Insbesondere die neuere Rechtsprechung des EuGH könnte hier weitere Einschränkungen bewirken[396].

Insoweit könnte aus Art. 11 Abs. 3 auch eine Klarstellung bzw. Erweiterung dieser eher restriktiven Linie der Rspr. des EuGH – in Richtung auf eine

---

395 Vgl. *Marcks*, in: Landmann/Rohmer, GewO, Bd. 1, Stand: Febr. 2004, § 14, Rn. 35 a m.w.N.

396 Vgl. EuGH, Urt. v. 23.5.2003, Rs. C-215/01, (Bruno Schnitzer), EuZW 2004, S. 94 ff., ablehnend zur Vereinbarkeit der Eintragungspflicht in die Handwerksrolle mit dem Gemeinschaftsrecht.

zulässige Beibehaltung der Anzeigepflicht gemäß § 14 GewO – folgen. Voraussetzung ist jedoch eine klarere Abgrenzung dahingehend, in welcher Form und in welchem Umfang der Aufnahmemitgliedstaat dem Dienstleistungserbringern Informationspflichten gegenüber seinen Behörden auferlegen kann. Aufgrund der Bedeutung der Informationspflicht für die Kontrollmöglichkeiten der Behörden des Aufnahmemitgliedstaates sollte daher eine Klarstellung angestrebt werden bzw. eine diesem Erfordernis genügende Regelung in der Richtlinie.

> Zusammenfassung
>
> Aus Art. 11 Abs. 3 folgt die Verpflichtung für die Mitgliedstaaten, den Dienstleistungserbringern Informationspflichten über wesentliche Änderungen in ihrer Tätigkeit gegenüber den „einheitlichen Ansprechpartnern" aufzuerlegen. Dies erscheint als notwendiges Korrelat zu den räumlich und zeitlich unbeschränkten Genehmigungen, die Dienstleister nach dem Konzept des Richtlinienvorschlags zukünftig erhalten sollen.
>
> Die Vorgabe ist im Detail jedoch zu ungenau abgefasst (z.b. Ermächtigung bzw. Verpflichtung des Aufnahmemitgliedstaates oder des Herkunftsmitgliedstaates zur Schaffung solcher Regelungen, Sanktionsmöglichkeiten), so dass ohne eine Klarstellung keine sinnvolle Umsetzung möglich ist.

1.5.2.9 Zu Art. 12 Abs. 1 u. 2: Auswahl unter mehreren Antragstellern

Art. 12 Abs. 1 u. 2 verpflichtet die Mitgliedstaaten zur Anwendung eines neutralen und transparenten Verfahrens in Fällen, in denen die Zahl der überhaupt erteilbaren Genehmigungen aus tatsächlichen Gründen begrenzt ist. Zugleich sind sie verpflichtet, die Eröffnung des Verfahrens angemessen bekannt zu machen. Hier wiederum ist gemäß Abs. 2 die Genehmigung mit einer angemessen Befristung zu versehen; eine automatische Verlängerung scheidet aus.

Problematisch erscheint hierbei die Frage, welche Arten von Genehmigungen betroffen sein sollen, welche Anforderungen an das Verfahren – insbesondere die Bekanntmachung – zu stellen sind und wie z.B. mit Altfällen zu verfahren ist.

In Erwägungsgrund 28 nennt die Kommission selbst die Vergabe von analogen Radiofrequenzen oder den Betrieb von Wasserkraftwerken als Anwendungsbeispiele des Art. 12. Aufgrund der Weite des geplanten Anwendungsbereiches der Richtlinie kommen hier jedoch grundsätzlich auch gänzlich andere Bereiche in Betracht, wie z.B. die Auswahl der Gemeinde beim Zugang zu ihren öffentlichen Einrichtungen, z.B. von Schaustellern bei der Nutzung von Festplätzen bei Volksfesten oder die Auswahl der Gemeinde bei der Sondernutzung von öffentlichen Strassen, bei denen die Zahl der verfügbaren Genehmigungen ebenfalls aufgrund technischer Kapazitäten oder natürlicher Knappheiten begrenzt ist und die insoweit dem Anwendungsbereich gemäß Art. 12 unterfallen könnten.

Zur Ermessensausübung bei der Bewerberauswahl existiert eine stark ausdifferenzierte nationale Rechtsprechung, insbesondere unter Berücksichtigung des Gleichheitsgrundsatzes aus Art. 3 GG[397]. Ob diese – i.d.R. richterrechtlichen – Grundsätze jedoch den Anforderungen an das Verfahren gemäß Art. 12 genügen oder ob eine detaillierte Normierung – ähnlich z.B. dem Vergabeverfahren – erforderlich ist, bleibt unklar. Die genaue Ausdifferenzierung z.b. der Befristung der Genehmigungen oder die Betonung des Begriffes „Verfahren" in Art. 12 und im Erwägungsgrund 28 sprechen jedoch für das Erfordernis einer gesetzlichen Regelung.

Hinsichtlich der von der Kommission angeführten Wasserkraftwerke bestehen zwar gesetzliche Regelungen zum Ausgleich derartiger Situationen, doch erscheint es fraglich, ob diese normierten Verfahren den Anforderungen gemäß Art. 12 genügen.

So ist z.B. ein Flusskraftwerk i.d.R. als gemäß § 2 WHG i.V.m. § 3 Abs. 1 Nr. 1 WHG zumindest als genehmigungspflichtige Benutzung anzusehen – sofern nicht ein Planfeststellungsbeschluss erforderlich ist[398]. Regelungen, die das Zusammentreffen mehrerer Anträge auf Zulassung von Gewässerbenutzungen behandeln, finden sich in den Landeswassergesetzen, z.B. in § 30 LWG-Rheinland-Pfalz, dessen Ziel die Festlegung einer Prioritätsreihenfolge für mehrere sich widerstreitende (= sich ausschließende) Anträge ist[399].

Maßgebend bei der Bestimmung der Priorität ist dabei die Bedeutung des beabsichtigten Vorhabens für das Wohl der Allgemeinheit, das durch die Behörde entsprechend festzustellen und abzuwägen ist[400]. Bei gleicher Bedeutung gebührt gemäß § 30 Satz 2 LWG-Rheinland-Pfalz dem Vorhaben des Gewässereigentümers der Vorrang; im Übrigen genießt der zeitlich früher eingegangene Antrag Priorität[401]. Ob dies jedoch den beschriebenen Anforde-

---

397 Vgl. z.B. *Gern*, Kommunalrecht, 7. Aufl. 1998, Rn. 298; zum Straßenrecht: *Nagel*, Straßengesetz für Baden-Württemberg, 3. Aufl. 1997, § 16 StrG, Rn. 15 ff.

398 Vgl. *Czychowski*, in: Czychowski/Reinhardt, WHG, 8. Aufl. 2003, § 3 WHG, Rn. 17.

399 Vgl. *Kerkmann*, in: Jeromin, Kommentar zu Landeswassergesetz Rheinland-Pfalz und zum WHG, Stand: Sept. 2004, § 30, Rn. 2.

400 Vgl. *Kerkmann*, in: Jeromin, Kommentar zu Landeswassergesetz Rheinland-Pfalz und zum WHG, Stand: Sept. 2004, § 30, Rn. 12.

401 Vgl. *Kerkmann*, in: Jeromin, Kommentar zu Landeswassergesetz Rheinland-Pfalz und zum WHG, Stand: Sept. 2004, § 30, Rn. 13.

rungen – insbesondere im Hinblick auf die Transparenz des Verfahrens und die Bekanntmachung – genügt, erscheint fraglich.

Den Vorgaben des Art. 12 dürften aber auch andere Konstellationen in diesem Bereich unterfallen, z.b. die Kollision eines neuen Antrags auf Gewässernutzung mit einem alten Recht. Hierbei gilt z.B. wiederum § 8 Abs. 3 WHG, der seinerseits eine anders konzipierte Regelung zum Ausgleich der Interessen vorsieht.

An diesem speziellen Beispiel zeigt sich deutlich, welchen Aufwand allein eine Überprüfung dieses eng begrenzten Bereiches erfordern würde: Dies folgt bereits aus der Vielzahl an denkbaren Verfahren und Konstellationen allein im Zusammenhang mit der Nutzung von Oberflächengewässern.

Auch hier bedarf es daher zunächst einer genauen Klärung im Einzelfall. Auf den erheblichen Aufwand durch die große Bandbreite der in Frage kommenden bundes- und landesrechtlichen Regelungen und den ggf. erheblichen Änderungsbedarf im Zusammenhang mit dem Umsetzungszeitraum von 2 Jahren ist hinzuweisen.

Es sollte daher nach Feststellung der betroffenen Normen bzw. Sachverhalte eine Klarstellung in dem beschriebene Sinne angestrebt werden. Im Hinblick auf den Aufwand zur Umsetzung erscheint es dabei vorteilhaft, die Vorgabe eines normierten Verfahrens abzuwenden und auf die Gewährleistung durch die richterrechtliche bzw. allgemeine Ausgestaltung des Ermessens in derartigen Fällen hinzuwirken.

Zusammenfassung

Die Auswahl unter mehreren Antragstellern bei einer nur begrenzten Zahl erteilbarer Genehmigungen, die von den Vorgaben des Art. 12 erfasst wird, betrifft eine Vielzahl an bundes- und landesrechtlichen Fachgesetzen, unterschiedlichster Sachverhalten und Verfahren (z.B. kollidierende wasserrechtliche Nutzungen aber auch kollidierende Sondernutzungen an öffentlichen Strassen).

Unklar ist, ob eine allgemeine bzw. richterrechtlich geprägte Gestaltung des Ermessens in diesen Fällen den Anforderungen des Richtlinienvorschlags genügt oder ob regelrechte „Vergabeverfahren" geschaffen werden müssen.

Auch hier ergeben sich erhebliche Probleme aus dem Verhältnis zwischen der Zahl zu prüfender/ändernder Regelungen und dem kurzen Umsetzungszeitraum.

1.5.2.10 Zu Art. 13: Allgemeine verfahrensrechtliche Anforderungen

In Art. 13 sind allgemeine Anforderungen an Genehmigungsverfahren aufgeführt. Dies sind

- die klare Gestaltung eines objektiven und unparteiischen Verfahrens (Abs. 1);
- eine Ausgestaltung des Verfahrens, die weder abschreckend wirkt, noch den Antragsteller in zeitlicher und kostenmäßiger Hinsicht unangemessen benachteiligt (Abs. 2);
- die Beschleunigung des Verfahrens durch eine unverzügliche Durchführung innerhalb einer festgelegten (Bearbeitungs-) Frist (Abs. 3);
- eine Genehmigungsfiktion nach Ablauf der Bearbeitungsfrist – es sei denn eine anderweitige Regelung ist durch ein zwingendes Erfordernis des Allgemeinwohls objektiv gerechtfertigt (Abs. 4);
- die Verpflichtung, dem Antragsteller unverzüglich eine Empfangsbestätigung zu übermitteln (Abs. 5);
- die Verpflichtung, unvollständige Unterlagen unverzüglich nachzufordern bzw. auf nicht beachtete Formalien unverzüglich hinzuweisen (Abs. 6).

Auch in dieser Bestimmung werden in Bezug auf das Verwaltungsverfahren bzw. die dort geltenden Grundsätze und Grundrechte inhaltlich überwiegend die durch den EuGH bereits anerkannten Rechtssätze normiert, z.b. das Prinzip der Rechtssicherheit und des Vertrauensschutzes oder die Pflicht zur Begründung von Einzelfallentscheidungen[402].

Der überwiegende Teil dieser Vorgaben dürfte im deutschen Verwaltungsverfahrensrecht bereits jetzt aus bestehenden Regelungen des VwVfG (z.B. § 39 VwVfG) und der Fachgesetze bzw. aus allgemeinen Rechtsgrundsätzen folgen – z.b. aus dem Gleichbehandlungsgebot gemäß Art. 3 GG oder dem Rechtsstaatsprinzip.

Beschleunigungsregelungen ähnlicher Zielrichtung wie in Art. 13 Abs. 3-6 des Richtlinienvorschlags finden sich in den §§ 71 a ff. VwVfG und in den einschlägigen Fachgesetzen, die z.T. differenzierte bzw. weitergehende Beschleunigungsregelungen enthalten. Auch in Bezug auf Art. 13 des Richtlinienvorschlags liegt die grundsätzliche Problematik jedoch in der Vielzahl an

---

402 Vgl. dazu *Streinz*, Europarecht, 5. Aufl. 2001, Rn. 369, sowie *Stelkens/Sachs*, in: Stelkens/Bonk/Sachs, VwVfG, 6. Aufl. 2001, Einleitung, Rn. 134 a) ff., insbes. Rn. 134 e).

betroffenen Vorschriften und der ggf. notwendigen Anpassung im Einzelfall. So können in einzelnen relevanten Fachgesetzen Beschleunigungsregelungen der geforderten Art ganz oder teilweise fehlen.

Ein entsprechender Anpassungsdruck besteht daher auch hier. Dieser resultiert einerseits daraus, dass die betroffenen Genehmigungsregelungen in einem Vertragverletzungsverfahren oder einer anderweitigen gerichtlichen Überprüfung zur Anwendung kommen würden. Andererseits liegt es auch in Bezug auf die Voraussetzungen gemäß Art. 13 nahe, dass sie bei der Überprüfung und Notifizierung der Genehmigungsregelungen gemäß Art. 9 Abs. 1 in die dort aufgeführten Voraussetzungen für Genehmigungsregelungen ebenfalls mit einbezogen werden bzw. als Prüfungsmaßstab dienen.

Es ist folglich auch hier auf den erforderlichen Aufwand zur Umsetzung dieser Anforderungen im Verhältnis zu dem dafür zur Verfügung stehenden 2-Jahreszeitraum ab Inkrafttreten hinzuweisen.

Kritisch erscheint hierbei insbesondere die in Art. 13 Abs. 4 vorgesehene Genehmigungsfiktion nach Ablauf der Bearbeitungsfrist. Da mit Genehmigungsvorbehalten i.d.R. wichtige Rechtsgüter geschützt werden sollen, erscheint eine Genehmigungsfiktion ohne Erfüllung der materiellen Voraussetzungen zu deren Schutz unter rechtsstaatlichen Gesichtspunkten bedenklich. Zwar lässt die Regelung des Art. 13 Abs. 4 eine Abweichung von der Genehmigungsfiktion zu, wenn dies durch ein zwingendes Erfordernis des Allgemeininteresses objektiv gerechtfertigt ist. Durch diese bereits ihrem Wortlaut nach enge Ausnahmebestimmung könnte jedoch der Begründungsaufwand für die Ablehnung einer Genehmigungsfiktion in einzelnen Fachgesetzen stark zunehmen. Insbesondere wären diese nunmehr direkt einer Überprüfung durch den EuGH auf eine hinreichende Rechtfertigung hin ausgesetzt. Dies könnte z.T. zu erheblichen Wertungsunterschieden bei der Gewichtung der betroffenen Rechtsgüter führen und so im Ergebnis den bisherigen Schutzstandard in Bezug auf einzelne Rechtsgüter verändern oder u.U. erheblich reduzieren.

Es empfiehlt sich daher auch hier, zunächst die betroffenen Regelungen festzustellen und auf einen Veränderungsbedarf hin zu überprüfen. Zugleich sollte insbesondere versucht werden, den Spielraum für Abweichungen bzw. den Verzicht auf Genehmigungsfiktionen zu erhöhen, mindestens aber, diesen genauer zu beschreiben.

Zusammenfassung

Der überwiegende Teil der allgemeinen Vorgaben zu den Genehmigungsverfahren in Art. 13 folgt bereits jetzt aus bestehenden Regelungen des VwVfG (z.B. § 39 VwVfG) und der Fachgesetze bzw. aus allgemeinen Rechtsgrundsätzen.

> Die vorgegebenen Beschleunigungsregelungen sind überwiegend ebenfalls bereits in den LVwVfGen oder Fachgesetzen enthalten.
> Im Einzelfall besteht jedoch insbesondere in Bezug auf die Beschleunigungsregelungen Anpassungsbedarf.
> Bedenklich im Hinblick auf den ausreichenden Schutz wichtiger Rechtsgüter erscheint die pauschale Genehmigungsfiktion in Art. 13 Abs. 4, die grundsätzlich nach Ablauf der gesetzlichen Bearbeitungsfrist greifen soll. Die dabei vorgesehene Rechtfertigung von Ausnahmen enthält eine zu hoch angesetzte Schwelle bzw. lässt einen zu geringen Spielraum.

1.6 Unzulässige Anforderungen gemäß Art. 14

1.6.1 Regelung

Art. 14 enthält einen umfassenden Katalog an Anforderungen, die der Aufnahmemitgliedstaat von Dienstleistungserbringern aus einem anderen Mitgliedstaat nicht verlangen darf.

1.6.2 Kommentar

Im Überblick findet sich in der in Art. 14 Abs. 1-8 enthaltenen Aufzählung im Wesentlichen eine Wiedergabe der durch den EuGH für den freien Dienstleistungsverkehr als nicht gerechtfertigt bewerteten Beschränkungen der Dienstleistungsfreiheit[403]. Aufgrund der Breite des Anwendungsbereichs der Richtlinie kommt auch hier eine Fülle von spezialgesetzlichen Genehmigungsregelungen in Frage, die diesen umfangreichen Anforderungen genügen müssen.

Hinsichtlich der Konsequenzen der Normierung dieser (wohl überwiegend) bereits heute bestehenden Anforderungen kann auf die vorstehenden Ausführungen zu den Art. 10-13 verwiesen werden: Es spricht vieles – insbesondere die inhaltlichen Überschneidungen mit den in den Art. 9 Abs. 1 und Art. 15 Abs. 2 vorgesehenen Prüfungsmaßstäben – dafür, dass neben der Heranziehung als Beurteilungsmaßstab im Rahmen einer gerichtlichen Einzelfallentscheidung auch diese Anforderungen indirekt mit zu überprüfen sind, zumal in den Regelungssystemen des besonderen Verwaltungsrechts eine Ab-

---

403 Vgl. Erwägungsgrund 31, 32 des Richtlinienentwurfs sowie den Überblick bei *Geiger*, EUV/EGV, 4. Aufl. 2004, EGV Art. 50, Rn. 14, m. zahlreichen Nachweisen aus der Rspr. des EuGH.

trennung der Prüfung dieser explizit genannten Anforderungen kaum realisierbar sein dürfte.

Auch für die Umsetzung dieser Vorgaben steht ein Zeitraum von 2 Jahren ab Inkrafttreten der Richtlinie zur Verfügung, vgl. oben unter B. II. 1.5.2.1. Daneben dürften diese Vorgaben Bedeutung bei der gerichtlichen Überprüfung von Genehmigungsregelungen im Einzelfall bereits ab Inkrafttreten der Richtlinie entfalten.

Im Zusammenhang mit der Bandbreite der betroffenen Normen ergeben sich darüber hinaus erhebliche Probleme, die Vorgaben dieser Bestimmung in dem vorgesehenen 2-Jahreszeitraum zu erfüllen (s. dazu auch oben unter B. II. 1.3.2 und unter 1.5.2.1).

Daher sollten auch hier zunächst die betroffenen Regelungen ermittelt und überprüft werden. Im Anschluss sollte u.U. auf eine Ausnahme einzelner Bereiche oder eine zeitliche bzw. sektorale Abschichtung bei der Umsetzung hingewirkt werden.

Zusammenfassung
Die Vorgaben gemäß Art. 14 Nr. 1-8 beinhalten vorwiegend eine Wiedergabe der Rechtsprechung des EuGH zu nicht gerechtfertigten Beschränkungen der Dienstleistungsfreiheit.
Auch hier ergeben sich durch die Vielzahl an betroffenen Normen Schwierigkeiten bei der Umsetzung innerhalb des 2-Jahreszeitraums.

2. Dienstleistungserbringer ohne Niederlassung im Aufnahmemitgliedstaat

2.1 Geltung der im Aufnahmemitgliedstaat für die Erbringung der Dienstleistung bestehenden Anforderungen

2.1.1 Regelung

Gemäß Art. 16 Abs. 1 Satz 1 des Richtlinienvorschlags tragen die Mitgliedstaaten dafür Sorge, dass Dienstleistungserbringer lediglich den Bestimmungen ihres Herkunftsmitgliedstaates unterfallen, die vom koordinierten Bereich erfasst sind.

Dies sind nach Art. 16 Abs. 1 Satz 2 die nationalen Bestimmungen, die die Aufnahme und die Ausübung der Dienstleistung, insbesondere das Verhalten der Dienstleistungserbringer, die Qualität oder den Inhalt der Dienstleistung, die Werbung, die Verträge und die Haftung der Dienstleistungserbringer regeln.

Entsprechend bestimmt Art. 16 Abs. 3 e) des Richtlinienvorschlags, dass der Aufnahmemitgliedstaat den Dienstleistungserbringer u.a. nicht der Pflicht unterwerfen darf, die auf seinem Hoheitsgebiet für die Erbringung dieser Dienstleistung geltenden Anforderungen zu erfüllen.

Ausnahmen hiervon finden sich in Art. 17, der einen Katalog von Anwendungsfällen enthält. Dort sind z.B. diejenigen Anforderungen ausgenommen, die im Aufnahmemitgliedstaat gelten und die unmittelbar mit den besonderen Merkmalen des Ortes der Dienstleistungserbringung verknüpft sind und deren Beachtung unerlässlich ist zur Aufrechterhaltung der öffentlichen Ordnung oder Sicherheit oder zum Schutz der öffentlichen Gesundheit oder der Umwelt. Ein weiterer wichtiger Vorbehalt findet sich in Art. 17 Nr. 16, der das Herkunftslandprinzip für Dienstleistungen ausschließt, die in dem Mitgliedstaat, in den sich der Dienstleistungserbringer zwecks Erbringung seiner Dienstleistung begibt, unter ein generelles Verbot fallen, das aus Gründen der öffentlichen Ordnung, Sicherheit oder Gesundheit gerechtfertigt ist.

2.1.2 Kommentar

Fraglich erscheint es dabei, welche – insbesondere ordnungsrechtlichen – Anforderungen der Aufnahmemitgliedstaat an Dienstleistungserbringer unter Berücksichtigung des Herkunftslandprinzips stellen darf bzw. welche Vorschriften und Erfordernisse, die sich aus der nationalen Rechtsordnung ergeben, auch für diesen gelten.

Eng damit verbunden ist die Frage, ob und inwieweit der Aufnahmemitgliedstaat gegenüber diesen Dienstleistungserbringern durch Aufsicht oder Eingriff tätig werden kann – insbesondere auch auf welcher Rechtsgrundlage. Auf die Aspekte des Verwaltungsvollzugs wird im Einzelnen unten unter B. IV. 2.1 und 2.2 näher eingegangen.

2.1.2.1 Exkurs: Definition des Herkunftslandprinzips

In Anknüpfung an die ausführliche Darstellung in Teil 3 der Untersuchung sollen noch einmal kurz die wesentlichen Konturen des Herkunftslandprinzips umrissen werden.

Bestimmungen der Mitgliedstaaten, die einen Dienstleistungserbringer Genehmigungserfordernissen u.ä. Anforderungen unterwerfen, sind – wie bereits oben zur Niederlassung der Dienstleistungserbringer ausgeführt – regelmäßig als grundsätzlich verbotene Beschränkungen der Dienstleistungsfreiheit gemäß Art. 49 EGV anzusehen. Voraussetzung ihrer Rechtfertigung ist die Erforderlichkeit zur Erreichung des mit ihnen verfolgten Zieles.

D.h., eine Rechtfertigung scheidet aus, wenn das zwingende Allgemeininteresse, das der Mitgliedstaat mit einer Maßnahme (Genehmigungserfordernis o.ä.) verfolgen will, genauso wirksam durch eine Maßnahme verwirklicht werden kann, die den freien Dienstleistungsverkehr weniger beschränkt[404]. Erweist sich z.B. eine Beschränkung durch Anerkennung der Erfüllung der Erbringungsvoraussetzungen im Herkunftsmitgliedstaat als gleichwertig, ist sie nicht erforderlich (= Herkunftslandprinzip).

In diesem Zusammenhang vermeidet folglich das Herkunftslandprinzip mit der Überprüfung, ob das mit der beschränkenden Maßnahme verfolgte Ziel nicht bereits durch Vorschriften, Zulassungen, Anforderungen, Kontrollen, Prüfungen u.ä. des Herkunftsmitgliedstaates ausreichend geschützt wird, eine unnötige Verdoppelung der Beaufsichtigung des Dienstleistungserbringers[405].

Zusammenfassung
Erweist sich eine Beschränkung der Dienstleistungsfreiheit durch Anerkennung der Erfüllung der Erbringungsvoraussetzungen im Herkunftsmitgliedstaat als gleichwertig, ist sie nicht erforderlich (= Herkunftslandprinzip). Mit der Überprüfung, ob das mit der beschränkenden Maßnahme verfolgte Ziel nicht bereits durch Vorschriften, Zulassungen, Anforderungen, Kontrollen, Prüfungen u.ä. des Herkunftsmitgliedstaates ausreichend geschützt wird, vermeidet das Herkunftslandprinzip eine unnötige Verdoppelung der Beaufsichtigung des Dienstleistungserbringers.

2.1.2.2 Anwendungsbereich des Herkunftslandprinzips gemäß Art. 16 ff.

Neben dem oben unter B II. 1.5.2.3 bereits beschriebenen Anwendungsbereich des Herkunftslandprinzips gemäß Art. 10 Abs. 3 des Richtlinienvorschlags für den Bereich der Niederlassungsfreiheit betrifft die Vorgabe in Art. 16 ausschließlich die Freiheit des Dienstleistungsverkehrs.

Wie die Kommission selbst in Erwägungsgrund 19 ausführt, ergeben sich so zwischen diesen beiden Arten der Dienstleistungserbringung erhebliche Unterschiede: Begibt sich ein Marktteilnehmer in einen anderen Mitgliedstaat, um dort eine Dienstleistungstätigkeit auszuüben, muss zwischen Sachverhalten, die unter die Niederlassungsfreiheit und solchen, die unter die

---

404 Vgl. *Müller-Graff*, in: Streinz, EUV/EGV, 2003, Art. 49 EGV, Rn. 111 f.
405 Vgl. *Müller-Graff*, in: Streinz, EUV/EGV, 2003, Art. 49 EGV, Rn. 113.

Dienstleistungsfreiheit fallen, unterschieden werden, je nachdem, ob es sich um eine vorübergehende Tätigkeit handelt oder nicht. Im Falle der Niederlassung unterfallen die Dienstleistungserbringer grundsätzlich den Normen und dem Verwaltungsvollzug des Aufnahmemitgliedstaates, wenn auch unter den Voraussetzungen gemäß Art. 9-13 des Richtlinienvorschlags, dazu s. oben.

Üben sie ihre Tätigkeit jedoch nur „vorübergehend" im vorstehend beschriebenen Sinne von Erwägungsgrund 19 in einem anderen Mitgliedstaat aus, greift das Herkunftslandprinzip in seiner Ausgestaltung durch Art. 16 ff. ein.

Aus der Rechtsprechung des EuGH folgt wiederum, dass es nicht mit dem Verhältnismäßigkeitsgrundsatz vereinbar ist, eine zeitlich begrenzte Dienstleistung mit der selben administrativen Last zu verbinden wie die Niederlassung in einem anderen Mitgliedstaat[406]. Umgesetzt wird dies derzeit beispielsweise in dem Richtlinienvorschlag über die Anerkennung von Berufsqualifikationen, der für die vorübergehende Erbringung von Dienstleistungen deutlich geringere Anforderungen vorsieht[407].

Das insofern für die Abgrenzung des Anwendungsbereichs der Art. 16 ff. des Richtlinienvorschlags wesentliche Tatbestandsmerkmal „vorübergehend" entstammt Art. 50 Abs. 3 EGV. Nach der Rechtsprechung des Gerichtshofs hierzu ist der vorübergehende Charakter einer Dienstleistung nicht nur unter Berücksichtigung der Dauer der Leistung, sondern auch ihrer Häufigkeit, ihrer regelmäßigen Wiederkehr oder ihrer Kontinuität zu beurteilen. Der vorübergehende Charakter der Dienstleistung sollte nicht die Möglichkeit für den Dienstleistungserbringer ausschließen, sich im Bestimmungsmitgliedstaat mit einer bestimmten Infrastruktur (wobei es sich auch um ein Büro, eine Kanzlei oder eine Praxis handeln kann) auszustatten, soweit diese für die Erbringung der betreffenden Leistung erforderlich ist[408].

Dies kann auch Tätigkeiten einschließen, deren Erbringung sich über einen längeren Zeitraum – bis hin zu mehreren Jahren – erstreckt, z.B. wenn es sich um Dienstleistungen handelt, die im Rahmen eines Großbauprojekts

---

406 Vgl. *Lottes*, Das erweiterte Zeitmoment beim Begriff Dienstleistung, EuZW 2004, S. 112 ff. (114) m.w.N.

407 Vgl. KOM (2002) 119, Begr. zu Art. 5-9, 1. Abs.; sowie dazu zuletzt: Rat der Europäischen Union, Begründung zum gemeinsamen Standpunkt des Rates vom 21.12.2004 im Hinblick auf den Erlass der Richtlinie des Europäischen Parlaments und des Rates über die Anerkennung von Berufsqualifikationen, Dok. Nr. 13781/2/04, Rz. 16.

408 Vgl. Erwägungsgrund 19; zuletzt EuGH, Urt. v. 11.12.2003, Rs. C-215/01 (Bruno Schnitzer), EuZW 2004, S. 94 ff., Rn. 28 m.w.N.; *Müller-Graff*, in: Streinz, EUV/EGV, 2003, Art. 49 EGV, Rn. 27.

erbracht werden. Ebenso können Leistungen, die ein in einem Mitgliedstaat ansässiger Wirtschaftsteilnehmer mehr oder weniger häufig oder regelmäßig, auch über einen längeren Zeitraum, für Personen erbringt, die in einem oder mehreren anderen Mitgliedstaaten niedergelassen sind, Dienstleistungen im Sinne des EG-Vertrages sein, etwa die entgeltliche Beratung oder Auskunftserteilung[409]. Diese Abgrenzung greift die Kommission in Erwägungsgrund 19 nahezu wörtlich auf.

Daher erscheint der Schluss zulässig, dass hier ebenfalls beabsichtigt ist – im Sinne der vorstehend beschriebenen Rechtsprechung des EuGH zur Wahrung der Verhältnismäßigkeit – die erforderlichen administrativen Erleichterungen für Dienstleistungserbringer ohne Niederlassung durch die konsequente Anwendung des Herkunftslandprinzips auf diese Fälle zu erreichen.

Diese Auslegungskriterien lassen jedoch einen relativ weiten Interpretationsspielraum für die Beurteilung einer Tätigkeit als „vorübergehend" zu, was u.U. zu einer missbräuchlichen Inanspruchnahme der erleichterten Voraussetzungen für die nur vorübergehende Erbringung von Dienstleistungen führen kann.

So ging z.B. die EU-Kommission in ihrem Richtlinienvorschlag über die Anerkennung von Berufsqualifikationen[410] davon aus, dass dort die Anforderungen für die Erbringung von Dienstleistungen deutlich weniger streng gefasst seien als diejenigen für die Niederlassung. Daher sei es notwendig, den Begriff der Dienstleistungserbringung genauer zu definieren, um zu vermeiden, dass diese Vorschriften in Fällen in Anspruch genommen werden, bei denen es sich in Wirklichkeit eher um eine Niederlassung als um eine reine (vorübergehende) Erbringung von Dienstleistungen handele[411].

Diese Gefahr einer Umgehung dürfte sich auch im Falle des vorliegenden Richtlinienvorschlags stellen.

Um dementsprechend die Auslegungskriterien des EuGH genauer zu fassen, schlug die Kommission in Art. 5 Abs. 2 Unterabs. 1 des Vorschlags als Zeitkriterium für die „Erbringung von Dienstleistungen" eine berufliche Tätigkeit von höchstens 16 Wochen pro Jahr im Aufnahmestaat vor, wobei gemäß Art. 5 Abs. 2 Unterabs. 2 eine Einzelfallbewertung insbesondere unter Berücksichtigung der Dauer, der Häufigkeit, der regelmäßigen Wiederkehr

---

409 Vgl. EuGH, Urt. v. 11.12.2003, Rs. C-215/01 (Bruno Schnitzer), EuZW 2004, S. 94 ff., Rn. 28 m.w.N.; *Lottes*, Das erweiterte Zeitmoment beim Begriff Dienstleistung, EuZW 2004, S. 112 ff. (113).

410 KOM (2002) 119.

411 Vgl. KOM (2002) 119, Begr. zu Art. 5-9, 2. Abs.

und der Kontinuität der Dienstleistung möglich sein sollte[412]. Allerdings wurde diese Regelung durch den Europäischen Rat und das Europäische Parlament im Laufe des Gesetzgebungsverfahrens wieder verworfen, da eine derartige Pauschalisierung nicht allen in Frage kommenden Branchen und Berufen gerecht werden könne[413].

Im Ergebnis ist daher auf den hierdurch erweiterten Anwendungsbereich des Herkunftslandprinzips hinzuweisen. Durch die fehlende, genaue Abgrenzung könnte es darüber hinaus zu einer missbräuchlichen Ausnutzung kommen.

Welche Bedeutung dieser zukommt kann derzeit nicht abgeschätzt werden. Bei Betrachtung der nachfolgend beschriebenen Probleme sollte dieser weite und unklare Anwendungsbereich jedoch mit berücksichtigt werden.

Zusammenfassung

Mit dem Verhältnismäßigkeitsgrundsatz ist es nicht vereinbar, eine zeitlich begrenzte Dienstleistung mit der selben administrativen Last zu verbinden wie für die Niederlassung in einem anderen Mitgliedstaat. Dementsprechend schafft auch der Richtlinienvorschlag mit der umfassenden Geltung des Herkunftslandprinzips wesentliche Erleichterungen für Dienstleistungserbringer, die nur vorübergehend ihre Tätigkeit in einem anderen Mitgliedstaat ausüben.

Die vorhandenen Abgrenzungskriterien lassen jedoch einen relativ weiten Interpretationsspielraum für die Beurteilung einer Tätigkeit als „vorübergehend" zu, was u.U. zu einer missbräuchlichen Inanspruchnahme der erleichterten Voraussetzungen für die nur vorübergehende Erbringung von Dienstleistungen führen kann.

2.1.2.3 Umfassende Geltung des Herkunftslandprinzips gemäß Art. 16 ff.

Wie in Teil 3 der Untersuchung bereits ausgeführt, ist die umfassende Verwirklichung des Herkunftslandprinzips ein zentrales Element des Richtlinienvorschlags. Abweichend von der bislang in der beschriebenen Weise durch den EuGH vorgenommenen Prüfung im Einzelfall soll es nunmehr jedoch grundsätzlich und von vornherein zur Anwendung kommen.

---

412 Vgl. KOM (2002) 119, Begr. zu Art. 5-9, 2. Abs.
413 Vgl. Rat der Europäischen Union, Begründung zum gemeinsamen Standpunkt des Rates vom 21.12.2004 im Hinblick auf den Erlass der Richtlinie des Europäischen Parlaments und des Rates über die Anerkennung von Berufsqualifikationen, Dok. Nr. 13781/2/04, S. 5 (Rz.16 f.).

Entsprechend führt die Kommission in Erwägungsgrund 37 aus, dass es angebracht sei, dass ein Dienstleistungserbringer grundsätzlich nur den Gesetzen des Landes unterliege, in dem er niedergelassen ist, um so die Verwirklichung des freien Dienstleistungsverkehrs sicherzustellen und dafür zu sorgen, dass Dienstleistungsempfänger und -erbringer gemeinschaftsweit ohne Rücksicht auf die Binnengrenzen Dienstleistungen in Anspruch nehmen beziehungsweise erbringen können.

Unter Berücksichtigung des horizontalen Ansatzes des Richtlinienvorschlags ergibt sich hieraus, dass grundsätzlich alle Arten von öffentlich – rechtlichen Regelungen betroffen sein sollen. Die Verwendung des Begriffs „Anforderungen" in Art. 16 im Zusammenhang mit der Formulierung in Erwägungsgrund 37 – die „Gesetze des Landes" – legt es nahe, dass alle Arten von Genehmigungen wie auch sonstige ordnungsrechtliche Bestimmungen einbezogen werden sollen, die Auswirkungen auf die Tätigkeit des Dienstleisters haben können.

2.1.2.4 Ausnahmen vom Herkunftslandprinzip und ihre Rechtfertigung

Nach der Vorstellung der Kommission ist es jedoch auch angebracht, allgemeine oder vorübergehende Ausnahmen von der Anwendung des Rechts des Herkunftslandes vorzusehen[414]. Begründet wird dies damit, dass für einige Tätigkeiten oder bestimmte Bereiche eine zu große Unterschiedlichkeit der nationalen Ansätze oder ein zu geringes Maß gemeinschaftlicher Angleichung die Anwendung des Herkunftslandprinzips verhindern können[415]. Entsprechende Regelungen hierzu befinden sich z.B. in Art. 17 Nr. 17. Aufgrund ihrer Verallgemeinerungsfähigkeit dürfte es sich hierbei um die zentrale Norm für derartige Ausnahmen vom Herkunftslandprinzip handeln; sie soll daher beispielhaft untersucht werden.

Gemäß Art. 17 Nr. 17 sind diejenigen Anforderungen von der Geltung des Herkunftslandprinzips ausgenommen, die im Aufnahmemitgliedstaat gelten und

- die unmittelbar mit den besonderen Merkmalen des Ortes der Dienstleistungserbringung verknüpft sind **und**
- deren Beachtung unerlässlich ist zur Aufrechterhaltung der öffentlichen Ordnung oder
- Sicherheit oder

---

414 Vgl. Erwägungsgrund 40.
415 Vgl. Begr., Nr. 7 j).

- zum Schutz der öffentlichen Gesundheit oder
- der Umwelt.

Der Wortlaut der Norm spricht dafür, dass die Ausnahme nur für Regelungen gilt, die dem Schutz der genannten Rechtsgüter dienen, wenn dies zugleich mit den besonderen Merkmalen des Ortes der Dienstleistungserbringung verknüpft ist.

Eine denkbare Auslegung wäre die Unterscheidung nach personenbezogenen Genehmigungen bzw. personenbezogenen Aspekten, wie z.B. der Zuverlässigkeit eines Dienstleistungserbringers und betriebsstättenbezogenen Anforderungen, wie z.B. dem Schutz der Nachbarschaft. Erstere würden dem Herkunftslandprinzip unterfallen. Auf die Betriebsstätte bezogene Aspekte, die dem Schutz der genannten Rechtsgüter dienen, jedoch nicht, da sie – entsprechend dem Wortlaut – unmittelbar mit dem Ort der Dienstleistungserbringung verknüpft sind.

Diese Auslegung würde den Behörden des Aufnahmemitgliedstaates einen relativ weiten Spielraum bei der Anwendung inländischer Normen eröffnen. Dies erscheint grundsätzlich auch sinnvoll und geboten, da die personenbezogenen Genehmigungsvoraussetzungen in Bezug auf einen Dienstleistungserbringer am besten durch die Behörden seines Herkunftslandes beurteilt werden können, die auf die konkrete Betriebsstätte oder andere räumliche Gegebenheiten bezogenen Voraussetzungen jedoch durch die Behörde vor Ort[416].

Gegen diese „weite" Auslegung anhand des Wortlauts sprechen jedoch die Motive der Kommission, wie sie sich aus den Erwägungsgründen ergeben.

Aus Erwägungsgrund 40 ergibt sich, dass diese Ausnahmen allgemein auf das absolut Notwendige beschränkt sein müssen, um KMU die Rechtssicherheit zu garantieren, die notwendig ist, um sie zu veranlassen, ihre Dienste auch in anderen Mitgliedstaaten anzubieten. Zusammen mit der Intension der gesamten Richtlinie lässt dies bereits eine engere Auslegung als die vorstehend anhand des Wortlauts erlangte geboten erscheinen.

Auch die Heranziehung der speziellen Erwägungen zu Art. 17 Nr. 17 ergeben keine klarere Möglichkeit zur Abgrenzung der zulässigen Ausnahmen.So wird in Erwägungsgrund 43 erläutert, dass die dort genannte Aus-

---

[416] Eine ähnliche Regelung zur Anerkennung von Bescheinigungen über die – personenbezogene – Zuverlässigkeit und sonstige persönliche Verhältnisse von Gewerbetreibenden trifft – in Umsetzung von Gemeinschaftsrecht und des Herkunftslandprinzips – bereits heute Nr. 2.4 der Allgemeinen Verwaltungsvorschrift für die Anwendung des Gewerberechts auf Ausländer (AuslgewVwV; abgedruckt in: Landmann/ Rohmer, GewO, Bd. 2, Nr. 18). Allerdings hat hier bereits eine weitreichende Harmonisierung bis hin zu einem EU-weit einheitlichen Dokument stattgefunden.

nahme im Hinblick auf die besonderen Merkmale des Ortes der Dienstleistungserbringung insbesondere für Genehmigungen für die Sperrung oder Benutzung öffentlicher Verkehrswege, für Anforderungen für die Organisation öffentlicher Veranstaltungen oder für die Sicherheitsanforderungen an Baustellen gelten soll.

Prinzipiell betrifft die Anwendung des Herkunftslandprinzips auf die Anforderungen, die an Dienstleistungserbringer gestellt werden, jedoch eine weit größere Anzahl bzw. Bandbreite an Fachgesetzen. Durch die dort enthaltenen Genehmigungsregelungen und weiteren ordnungsrechtlichen Bestimmungen wird der Schutz einer Fülle unterschiedlichster Rechtsgüter gewährleistet – im Vergleich dazu erscheint diese Aufzählung wiederum sehr eng.

Durch die generell gewünschte enge Auslegung („..auf das absolut Notwendige beschränkt..") wird nicht hinreichend deutlich, ob diese Aufzählung lediglich beispielhaften Charakter hat, um z.B. die besonderen Merkmale des Ortes der Dienstleistungserbringung näher zu umschreiben oder ob sich daraus bereits Obergrenzen für die Art und Tragweite von Genehmigungserfordernissen ergeben sollen. Zwar spricht der Wortlaut „..insbesondere.." für den beispielhaften Charakter und gegen eine abschließende Wirkung dieser Aufzählung, doch wird dies durch den gesamten Kontext und die Wahl von Beispielen, die aus der Sicht des Dienstleistungserbringers eher nebensächliche oder wenig bedeutsame Anforderungen umfassen, nicht hinreichend deutlich.

Die Frage nach der durch ihre Bedeutung gebotenen genauen Auslegung dieser zentralen Ausnahmeregelung kann daher anhand des Richtlinienvorschlags nicht beantwortet werden.

Im Ergebnis bleibt somit in Bezug auf viele wichtige Regelungsbereiche unklar, ob sie als „spezifische Anforderungen im Hinblick auf die besonderen Merkmale des Ortes der Dienstleistung" gelten können oder nicht. Auf eine entsprechende Klarstellung sollte daher hingewirkt werden.

Rechtstechnisch wählt die Kommission auch in Art. 17 Nr. 17 den Weg, bestimmte Beschränkungen der Dienstleistungsfreiheit zu umschreiben und anschließend die Voraussetzungen aufzuführen, die diese „rechtfertigen" können – insoweit angelehnt an die bisherige Vorgehensweise des EuGH. Als eine solche Beschreibung der Anforderungen an eine Rechtfertigung stellt sich Art. 17 Nr. 17 2. HS dar.

Eine genauere Betrachtung der Voraussetzungen für diese Rechtfertigung des ausnahmsweisen Zugriffs auf die Dienstleistungserbringer durch den Aufnahmemitgliedstaat zeigt, dass die Anforderungen dafür sehr hoch angesetzt sind.

So könnte die Formulierung „unerlässlich" in Art. 17 Nr. 17 2. HS praktische Schwierigkeiten bei der Aufrechterhaltung von Anforderungen an den

Schutz der aufgeführten Rechtsgüter verursachen. Diese erscheint sehr eng, im Vergleich z.B. zu den „zwingenden Erfordernissen des Allgemeinwohls" bzw. der „Erforderlichkeit" als in der Rechtsprechung des EuGH anerkannten Rechtfertigungen für Beschränkungen der Dienstleistungsfreiheit. Bereits der im Vergleich zu diesen Begriffen aus der Rspr. deutlich engere Wortlaut ergibt, dass darin höhere Anforderungen als bisher an eine quasi „Rechtfertigung" der Ausnahmen enthalten sind.

Des Weiteren erscheint es fraglich, ob die enumerative Aufzählung der „schützenswerten" Rechtsgüter allen betroffenen Einzelbereichen gerecht werden kann. Zwar erscheinen die Begriffe der „öffentlichen Sicherheit, Ordnung und Gesundheit" nach deutschem Rechtsverständnis, z.B. in den Polizeigesetzen der Länder, sehr umfassend, doch geht der EuGH im Gegensatz dazu in ständiger Rechtsprechung von einer restriktiven Interpretation aus. Diese führt dazu, dass die genannten Rechtsgüter nur berührt sind, wenn eine tatsächliche und hinreichend schwerwiegende Gefährdung vorliegt, die ein Grundinteresse der Gesellschaft berührt[417].

Im Ergebnis müsste die Norm daher dahingehend ausgelegt werden, dass ordnungsrechtliche Regelungen des Aufnahmemitgliedstaates gegenüber dem Dienstleistungserbringer nur geltend gemacht werden können, wenn sie mit den besonderen Merkmalen des Ortes der Dienstleistung verknüpft sind und dadurch eine tatsächliche und schwere Gefährdung der öffentlichen Sicherheit, Ordnung oder Gesundheit verhindert wird, die so schwer wiegt, dass sie ein Grundinteresse der Gesellschaft berührt.

Bei konsequenter Anwendung dieser Auslegung erscheint jedoch der Schutz vieler Rechtsgüter, wie er in einzelnen Fachgesetzen aufgegriffen wurde und dort u.a. durch die Ausgestaltung von Genehmigungsregelungen erfolgt, kaum aufrecht zu erhalten.

Es ist daher zweifelhaft, ob der Schutz wichtiger Rechtsgüter in der bisherigen Weise bzw. auf dem bisherigen Niveau bei konsequenter Anwendung dieser Grundsätze erhalten bliebe.

Zu klären ist auch, wie in Fällen zu verfahren wäre, in denen nach bisherigem Recht – entweder in der Genehmigung selbst oder mittels Auflagen bzw. Nebenbestimmungen – zulässige und unzulässige Anforderungen gemeinsam aufgestellt werden. Dazu s. nachfolgend den Beispielsfall unter B. II. 2.1.2.5.

---

417 Vgl. *Geiger*, EUV/EGV, 4. Aufl. 2004, EGV Art. 39, Rn. 43 ff., m.w.N.; ebenso *Streinz*, Europarecht, 5. Aufl. 2001, Rn. 699, 704; *Bröhmer*, in: Calliess/Ruffert, EUV/EGV, 2. Aufl. 2002, Art. 46 EGV, Rn. 1 ff.

> Zusammenfassung
>
> Eine der zentralen Normen des Richtlinienvorschlags, die den Aufnahmemitgliedstaaten Ausnahmen vom Herkunftslandprinzip ermöglicht, ist Art. 17 Nr. 17. Danach gelten für den Dienstleistungserbringer Regelungen des Aufnahmemitgliedstaates, die der Aufrechterhaltung der öffentlichen Ordnung oder Sicherheit oder dem Schutz der öffentlichen Gesundheit oder der Umwelt dienen, wenn dies zugleich mit den besonderen Merkmalen des Ortes der Dienstleistungserbringung verknüpft ist.
>
> Aus der Richtlinie selbst ergibt sich hierfür jedoch eine enge Auslegung, die keine hinreichend klare Abgrenzung zulässt, welche Regelungen den notwendigen örtlichen Bezug aufweisen.
>
> Die Anforderungen, die an die Rechtfertigung solcher Beschränkungen gestellt werden, erscheinen vergleichsweise hoch. Einschlägige Regelungen in Fachgesetzen könnten ihnen wahrscheinlich in vielen Fällen nicht genügen.
>
> Im Ergebnis besteht bei einer unveränderten Beibehaltung bzw. ohne eine Klarstellung die **Gefahr**, dass der **Schutz vieler Rechtsgüter** in diesen Fachgesetzen der u.a. durch die Ausgestaltung von Genehmigungsregelungen erfolgt, nicht auf dem bisherigen Niveau aufrecht erhalten werden kann.

2.1.2.5 Exkurs: Beispielsfall zur Anwendung des Herkunftslandprinzips

Deutlich wird die Problematik am Beispiel der gaststättenrechtlichen Gestattung, z.B. für einen Festzeltbetreiber, der in Belgien niedergelassen ist. Dieser betreibt sein Festzelt mit Bewirtung in NRW mehrmals jährlich bei Volksfesten. Hierfür müsste er grundsätzlich gemäß § 12 GaststG für jedes einzelne Volksfest eine Gestattung beantragen. In dieser sind sowohl Anforderungen an die Betriebsstätte (z.B. immissionsschutzrechtliche Auflagen zum Schutz der Nachbarn vor Lärmbelästigung) wie auch persönliche Voraussetzungen (z.B. Zuverlässigkeit des Betreibers) enthalten[418].

Hinsichtlich der persönlichen und betriebsbezogenen Aspekte könnte das Herkunftslandprinzip angewendet werden (wenn auch u.U. mit den oben beschrieben Schwierigkeiten einer Vergleichbarkeit), z.B. indem die Behörde die – ihre Existenz unterstellt – belgischen Nachweise hinsichtlich der Zuverlässigkeit des Betreibers anerkennt. In Bezug auf die betriebsstättenbezogenen/räumlichen Aspekte der Gestattung käme es jedoch nicht zur Anwendung, da diese von den konkreten Umständen des Einzelfalls, z.B. Entfernung

---

418 Vgl. *Pöltl*, Gaststättenrecht, 5. Aufl. 2003, § 12, Rn. 12 ff.

des Festzeltes zur Wohnbebauung etc. abhängen und eine Abwägung der konkret betroffenen Interessen voraussetzen.

Folglich würde eine Abgrenzung des Anwendungsbereichs nach personenbezogenen und betriebsstättenbezogenen Aspekten hier grundsätzlich funktionieren bzw. den Schutz der betroffenen Rechtsgüter gewährleisten und zugleich den Dienstleister durch Anerkennung der Nachweise aus seinem Herkunftsland entlasten, soweit dies sinnvoll und möglich ist.

Ob allerdings derartige betriebstättenbezogene Auflagen i.S.v. Art. 17 Nr. 17 des Richtlinienvorschlags zum Schutz der Umwelt oder der öffentlichen Sicherheit und Ordnung unerlässlich – und damit gerechtfertigt – wären, erscheint anhand der vorstehend beschriebenen Auslegung zweifelhaft. Bei konsequenter Anwendung der Grundsätze gemäß Art. 17 Nr. 17 müsste dazu nachgewiesen werden, dass eine tatsächliche und hinreichend schwerwiegende Gefährdung vorliegt, die ein Grundinteresse der Gesellschaft berührt und derartige Maßnahmen zu ihrer Abwehr unerlässlich wären[419].

Daran zeigt sich, dass der Richtlinienvorschlag an dieser Stelle eine den betroffenen Interessen gerechte Regelung nicht enthält bzw. eine praktikable Abgrenzungsmöglichkeit fehlt. Auch die vorgeschlagene, praktikable Unterscheidung anhand der Personenbezogenheit der Genehmigungsvoraussetzungen ließe sich hier aufgrund der unklaren bzw. zu engen Tatbestandsvoraussetzungen nicht in geeigneter Weise durchführen. Im Ergebnis wäre somit aufgrund der Vorgaben des Richtlinienvorschlags z.B. der Nachbarschutz vor Ort durch die Behörden des Aufnahmemitgliedstaates nicht mehr zu gewährleisten.

2.1.3 Empfehlung

Es sollte daher auf eine Klarstellung und Einfügung eines Abgrenzungskriteriums hinsichtlich der zugelassenen Ausnahmen vom Herkunftslandprinzip hingewirkt werden, das es dem deutschen Gesetzgeber ermöglicht, den bestehenden Schutz wichtiger Rechtsgüter weiterhin aufrecht zu erhalten. Im Grundsatz könnte dabei z.B. nach personenbezogenen und betriebsstättenbezogenen Genehmigungsvoraussetzungen unterschieden werden.

Die Rechtfertigungsgründe für die ausnahmsweise Anwendung von Vorschriften des Aufnahmemitgliedstaates sollten genauer formuliert und weiter gefasst werden, da anderenfalls eine praxistaugliche Abgrenzung und ggf. ein

---

419 Vgl. *Geiger*, EUV/EGV, 4. Aufl. 2004, EGV Art. 39, Rn. 43 ff., m.w.N.; ebenso *Streinz*, Europarecht, 5. Aufl. 2001, Rn. 699, 704; *Bröhmer*, in: Calliess/Ruffert, EUV/EGV, 2. Aufl. 2002, Art. 46 EGV, Rn. 1 ff.

ausreichender Schutz wichtiger Rechtsgüter nicht gewährleistet werden kann. Bei der konkreten Ausgestaltung derartiger Vorschläge ist allerdings die oben unter B. II. 2.1.2.2 beschriebene Rechtsprechung des EuGH zu beachten, der für die nur vorübergehende Tätigkeit in einem anderen Mitgliedstaat zur Wahrung der Verhältnismäßigkeit dieser Beschränkung deutlich reduzierte Erfordernisse verlangt.

I.Ü. erscheint es fraglich, ob nicht grundsätzlich eine vorherige oder parallele, sektorale Harmonisierung von Ordnungsvorschriften sinnvoll wäre, da dies die Umsetzung des grundsätzlich berechtigten Herkunftslandprinzips stark erleichtern würde.

2.2 Verzicht auf vorherige Anzeige bzw. Registrierungspflicht

2.2.1 Regelung

Gemäß Art. 16 Abs. 3 b) dürfen die Mitgliedstaaten Dienstleistungserbringer aus anderen Mitgliedsländern der EU nicht der Pflicht unterwerfen, bei ihren zuständigen Stellen eine Erklärung oder Meldung abzugeben oder eine Genehmigung zu beantragen; dies gilt auch für die Verpflichtung zur Eintragung in ein Register oder die Mitgliedschaft in einer Standesorganisation auf ihrem Hoheitsgebiet.

2.2.2 Kommentar

Kritisch erscheint diese Vorgabe insbesondere in Bezug auf die Gewerbeanzeige gemäß § 14 GewO. Diese Norm sieht die Anzeigepflicht für die Aufnahme oder Änderung des selbstständigen Betriebs eines stehenden Gewerbes vor. Aufgrund der Breite ihres Anwendungsbereichs soll sie hier exemplarisch herangezogen werden; daneben existiert jedoch eine ganze Reihe besonderer, gewerbebezogener Anzeigepflichten in weiteren Fachgesetzen, die auf den von dem Richtlinienvorschlag erfassten Dienstleistungsbereich Anwendung finden (vgl. z.B. das GSG, GaststG, HwO, PfandlV, BewachV, MaBV, SprengG, HeimG, AO[420]).

Zweck der Norm ist gemäß § 14 Abs. 1 Satz 3 GewO, der zuständigen Behörde die Überwachung der Gewerbeausübung zu ermöglichen[421]. Mittelbar werden damit auch sonstige staatliche Zwecke, wie etwa das Erheben von

---

420 Zu den Fundstellen im Einzelnen s. Marcks, in: Landmann/Rohmer, GewO, Bd. 1, Stand: Febr. 2004, § 14, Rn. 11.
421 Vgl. *Tettinger*, in: Tettinger/Wank, GewO, 7. Aufl. 2004, § 14 GewO, Rn. 1.

Steuern, verfolgt[422]. In Bezug auf die Überwachung ist auch auf die Weitergabe der Gewerbeanzeige an eine Reihe weiterer Behörden hinzuweisen, wie sie sich in § 14 Abs. 5 GewO zeigt (z.b. IHK, Eichamt, Handwerkskammer, Bundesagentur für Arbeit, Berufsgenossenschaften, Registergericht). Als notwendiges Korrelat zur Gewerbefreiheit kann sie so z.b. Anstoß zum Einschreiten der Behörden in Bezug auf eine Überprüfung der Zuverlässigkeit des Gewerbetreibenden geben. Bezogen auf ausländische Gewerbetreibende gibt die Anzeige Veranlassung zu der Prüfung, ob der Betreffende die für das jeweilige Gewerbe erforderlichen Voraussetzungen erfüllt[423].

Ob die aus dieser Bestimmung folgende Anzeigepflicht unter dem Aspekt der Dienstleistungsfreiheit mit dem Gemeinschaftsrecht vereinbar ist, ist seit einiger Zeit jedoch umstritten[424]. Insbesondere die neuere Rechtsprechung des EuGH könnte hier weitere Einschränkungen bewirken[425].

Nach dem bisherigen Stand der Rspr. und der h.M. in der Bundesrepublik Deutschland erscheint die Gewerbeanzeige zwar als Beschränkung der Niederlassungsfreiheit, eine Diskriminierung ausländischer Unternehmer dadurch wird jedoch ausgeschlossen. Diese Beschränkung sei auch zur Wahrung zwingender Gründe des Allgemeininteresses erforderlich. Als ein Hauptgrund wird die dadurch ermöglichte Information der Arbeitsverwaltung zur Bekämpfung von Schwarzarbeit und illegaler Beschäftigung angesehen[426].

Ein Verzicht auf jegliche Form der Anzeige der Ausübung einer Dienstleistung in einem anderen als dem Herkunftsmitgliedstaat würde daher eine Erschwerung oder sogar eine Vereitelung behördlicher Aufsicht und Kontrolle auf diesem Gebiet bedeuten, da sich dem Richtlinienvorschlag (vgl. dazu insbes. Art. 33 ff.) keine Pflicht der Behörden des Herkunftsmitgliedstaates entnehmen lässt, von sich aus die Tätigkeit eines Dienstleisters außerhalb ih-

---

422 Vgl. *Tettinger*, in: Tettinger/Wank, GewO, 7. Aufl. 2004, § 14 GewO, Rn. 1.

423 Vgl. *Marcks*, in: Landmann/Rohmer, GewO, Bd. 1, Stand: Febr. 2004, § 14, Rn. 8; *Schwannecke/Heck*, Die Handwerksordnungsnovelle 2004, GewArch 2004, S. 129 ff.

424 Vgl. *Marcks*, in: Landmann/Rohmer, GewO, Bd.1, Stand: Febr. 2004, § 14, Rn. 35 a m.w.N.

425 Vgl. EuGH, Urt. v. 23.5.2003, Rs. C-215/01 (Bruno Schnitzer), EuZW 2004, S. 94 ff., ablehnend zur Vereinbarkeit der Eintragungspflicht in die Handwerksrolle mit dem Gemeinschaftsrecht; *Hök*, Sitztheorie und Baurecht: Zu den Auswirkungen der Entscheidung Überseering (Rs. C-208/00) des EuGH auf den Bausektor, ZfBR 2003, S. 320 ff.; *Füßer/Schiedt*, Anzeigepflicht gem. § 14 GewO im Lichte der neueren Rechtsprechung des EuGH zu den Grundfreiheiten, NVwZ 1999, S. 620 ff.

426 Vgl. *Marcks*, in: Landmann/Rohmer, GewO, Bd. 1, Stand: Febr. 2004, § 14, Rn. 35 a ff.

res Hoheitsgebietes dem betreffenden Aufnahmemitgliedstaat mitzuteilen – sofern sie selbst davon überhaupt Kenntnis erlangen.

So würde die vorübergehende Tätigkeit in einem anderen EU-Mitgliedstaat durch einen Dienstleistungserbringer mit Sitz in der Bundesrepublik Deutschland regelmäßig nicht der Meldepflicht gemäß § 14 GewO unterfallen, da weder die Verlegung eines Betriebs noch eine Betriebsaufgabe oder ein Wechsel des Gewerbegegenstands vorläge[427].

Von Seiten einiger Betroffener wird daher von einem Verzicht auf die Anzeigepflicht insbesondere eine Gefährdung der Schwarzarbeitskontrolle und der Durchsetzung der Arbeitnehmerentsenderichtlinie befürchtet (z.B. europäische Bauunternehmen[428], DGB, Zollverwaltung, BdA[429]).

Nach Vorstellung der Kommission soll zukünftig eine Überwachung der Dienstleistungserbringer auch bei Tätigkeiten im Ausland durch die Behörden des Herkunftsmitgliedstaates erfolgen, vgl. die Regelung in Art. 16 Abs. 2 des Richtlinienvorschlags oder die Bestimmungen in den Art. 33, 34 ff.

So könnte aus Art. 34 Abs. 2 des Richtlinienvorschlags eine Verpflichtung der Mitgliedstaaten zur Schaffung einer „Abmeldepflicht" für Dienstleister, die eine Tätigkeit außerhalb ihres Herkunftsmitgliedstaates aufnehmen möchten, abgeleitet werden. Danach sind die Mitgliedstaaten verpflichtet, dafür Sorge zu tragen, dass die Dienstleistungserbringer ihren zuständigen Stellen alle Informationen zur Verfügung stellen, die für die Kontrolle ihrer Tätigkeiten erforderlich sind. Dies könnte auch eine derartige Anzeigepflicht beinhalten, eine explizite Regelung dafür fehlt jedoch. Aufgrund der notwendigen Vereinheitlichung der einer solchen Meldepflicht zu Grunde zu legenden Tatbestände und der notwendigen Gegenseitigkeit zwischen den Mitgliedstaaten, reicht diese nur denkbare und nicht ausgestaltete Möglichkeit jedoch nicht aus.

Die Behörden des Aufnahmemitgliedstaates erlangen somit i.d.R. keine Kenntnis vom Aufenthalt des Dienstleisters, ebenso wenig das Herkunftsland selbst. Folglich besteht hier die Gefahr der Umgehung von Bestimmungen sowohl des Herkunftsmitgliedsstaates als auch des Aufnahmemitgliedstaates;

---

427 Vgl. *Tettinger*, in: Tettinger/Wank, GewO, 7. Aufl. 2004, § 14 GewO, Rn. 38 ff.

428 Vgl. die Stellungnahme der FIEC in der Anhörung zu dem Richtlinienvorschlag im Europäischen Parlament am 11.11.2004 sowie die Stellungnahme der Bauwirtschaft in NRW an das Ministerium für Wirtschaft und Arbeit NRW v. 24.5.2004.

429 Vgl. die Ergebnisse der Anhörung dieser Verbände durch die SPD-Bundestagsfraktion zum Richtlinienvorschlag am 27.10.2004, zusammengefasst im Informationsbrief der Arbeitsgruppe Europäische Union und der Arbeitsgruppe Wirtschaft und Arbeit zur EU-Dienstleistungsrichtlinie.

entsprechend würde bei einer unveränderten Beibehaltung der Regelung die Entstehung einer nur äußerst schwer zu überwachenden Grauzone ermöglicht. Durch Überschneidungen mit dem Anwendungsbereich der Richtlinie über die Anerkennung von Berufsqualifikationen könnte es allerdings in vielen Bereichen zu einer Entschärfung dieses Problems kommen, da dort nach dem aktuellem Stand der Rechtssetzung (gemäß dem politischen Standpunkt des Rates[430]) für die reglementierten Berufe eine Vorab-Meldepflicht bestehen bleiben wird.

2.2.3 Empfehlung

Um sowohl dem Herkunftsmitgliedstaat als auch dem Aufnahmemitgliedstaat eine im Allgemeininteresse dringend gebotene Überwachung der Dienstleistungserbringer zu ermöglichen, sollte die Einführung einer stark vereinfachten, einheitlichen Anzeigepflicht im Aufnahmemitgliedstaat oder einer entsprechenden Abmeldepflicht im Herkunftsland (dann verbunden mit der Verpflichtung des Herkunftsmitgliedstaates, dies vor Tätigkeitsaufnahme an den Aufnahmemitgliedstaat weiterzuleiten) angestrebt werden. Eine solche Regelung könnte z.B. in die Zuständigkeit des einheitlichen Ansprechpartners fallen. Die Form der Anzeige könnte stark vereinfacht werden, z.B. elektronisch erfolgen, so dass die Belastung für den Dienstleistungserbringer auf ein Minimum reduziert würde.

Zugleich sollte hier im Interesse der Dienstleistungserbringer eine Anpassung und Zusammenführung mit den Regelungen bzw. dem Vorgehen in Bezug auf den Richtlinienvorschlag zur Anerkennung von Berufsqualifikationen überprüft werden.

Im Verlauf des Rechtsetzungsverfahrens wurde dort auf Anregung des Parlaments und des Europäischen Rates in Art. 6 u. 7 ein entsprechendes Meldeverfahren aufgenommen[431]. Zweck ist eine Wahrung des Gleichgewichts zwischen der Erleichterung der vorübergehenden und gelegentlichen grenzüberschreitenden Erbringung von Dienstleistungen einerseits und der

---

430 Vgl. die geänderten Art. 6 und 7 i.d.F. der Begründung zum gemeinsamen Standpunkt des Rates vom 21.12.2004 im Hinblick auf den Erlass der Richtlinie des Europäischen Parlaments und des Rates über die Anerkennung von Berufsqualifikationen, Dok. Nr. 13781/2/04 REV2, sowie die Begr., Dok. Nr. 13781/2/04, S. 6 (Rz. 19 ff.).

431 Vgl. die geänderten Art. 6 und 7 i.d.F. der Begründung zum gemeinsamen Standpunkt des Rates vom 21.12.2004 im Hinblick auf den Erlass der Richtlinie des Europäischen Parlaments und des Rates über die Anerkennung von Berufsqualifikationen, Dok. Nr. 13781/2/04 REV2.

strikten Wahrung der Belange der öffentlichen Gesundheit und Sicherheit und des Verbraucherschutzes andererseits[432].

Hierzu sollen die Dienstleister in den reglementierten Berufen gemäß Art. 5 Abs. 3 den berufsständischen oder verwaltungsrechtlichen Disziplinarbestimmungen unterliegen, die dort in unmittelbarem Zusammenhang mit der Berufsqualifikation auch für Inländer gelten. Ermöglicht wird dies durch eine stark vereinfachte „Pro forma"-Mitgliedschaft bei einer Berufsorganisation im Aufnahmemitgliedstaat (Art. 6 a) u. b)) und eine Meldepflicht bei Ortswechsel oder sonstigen wesentlichen Veränderungen (Art. 7).

Aufgrund der im Wesentlichen gleichen Problemlage im Richtlinienvorschlag über Dienstleistungen im Binnenmarkt sollte daher eine entsprechende Anpassung an die Bestimmungen in Bezug auf die Anerkennung von Berufsqualifikationen erreicht werden. Hierbei könnte auch eine Zusammenführung der dort zuständigen Ansprechpartner mit den hier in Art. 6 genannten erfolgen. Dies würde sowohl aus Sicht der Mitgliedstaaten eine Bündelung und bessere Ausnutzung der zu schaffenden Kompetenzen bedeuten. Ebenso könnte auf diese Weise ein für alle Dienstleister „einheitlicher" Ansprechpartner zur Verfügung gestellt werden.

Zusammenfassung
Der **Verzicht auf** jede Form einer vorherigen **Anzeige oder Registrierung** des Dienstleisters im Aufnahmemitgliedstaat gemäß Art. 16 Abs. 3 b) des Richtlinienvorschlags könnte dazu führen, dass weder die Behörden des Aufnahmemitgliedstaates noch diejenigen des Herkunftslands Kenntnis vom Aufenthalt des Dienstleisters erlangen.
Folglich besteht hier die **Gefahr der Umgehung von Bestimmungen sowohl des Herkunftsmitgliedstaates als auch des Aufnahmemitgliedstaates.** Bei einer unveränderten Beibehaltung der Regelung würde der Entstehung einer kaum zu überwachenden **Grauzone** Vorschub geleistet. Diese könnte zu einer **Gefährdung wichtiger Rechtsgüter**, deren Schutz gemeinschaftsrechtlich anerkannt ist, führen.
Es sollte daher die Einführung einer stark **vereinfachten Anmelde- oder Abmeldepflicht** für die Dienstleistungserbringer angestrebt werden. Dies könnte weitgehend in **Anpassung** an die entsprechenden Bestimmungen des derzeitigen **Richtlinienvorschlags über die Anerkennung von Berufsqualifikationen** geschehen.

---

[432] Vgl. die Begr. zu Art. 6 und 7 i.d.F. der Begründung zum gemeinsamen Standpunkt des Rates vom 21.12.2004 im Hinblick auf den Erlass der Richtlinie des Europäischen Parlaments und des Rates über die Anerkennung von Berufsqualifikationen, Dok. Nr. 13781/2/04, S. 5 (Rz. 16 ff.).

III. Ausführung

1. Dienstleister mit Niederlassung im Aufnahmemitgliedstaat

Diese unterliegen auch nach dem Richtlinienvorschlag weiterhin den Regelungen des Aufnahmemitgliedstaates. Hierfür gelten allerdings die oben beschriebenen Vorgaben der Art. 10-15 mit den daraus folgenden, weitgehenden Überprüfungen und Anpassungen des nationalen Rechts.

2. Dienstleistungserbringer ohne Niederlassung im Aufnahmemitgliedstaat

2.1 Geltung technischer Normen für Dienstleistungen/Sicherheit von Dienstleistungen

2.1.1 Regelung

Gemäß Art. 16 Abs. 1 unterfallen die Dienstleistungserbringer lediglich den Bestimmungen ihres Herkunftsmitgliedstaates, die vom koordinierten Bereich erfasst sind. Gemäß Art. 16 Abs. 3 e) betrifft dies generell die Anforderungen, die im Aufnahmemitgliedstaat für die Erbringung der Dienstleistung gelten, als auch gemäß Art. 16 Abs. 3 h) die Anforderungen, die an die Verwendung von Ausrüstungsgegenständen gestellt werden, die integraler Bestandteil der Dienstleistung sind.

2.1.2 Kommentar

„Anforderungen" im Sinne des Richtlinienvorschlags sind gemäß der dortigen Begriffsbestimmung in Art. 4 Nr. 7 alle Bestimmungen, wie Auflagen, Verbote, Bedingungen oder Beschränkungen, die in den Rechts- oder Verwaltungsvorschriften der Mitgliedstaaten festgelegt sind oder sich aus der Rechtsprechung, der Verwaltungspraxis, den Standesregeln oder den kollektiven Regeln ergeben, die von Berufskammern, -verbänden oder sonstigen Berufsorganisationen in Ausübung ihrer Rechtsautonomie erlassen wurden.

Grundsätzlich betrifft das Herkunftslandprinzip daher auch die in der Praxis sehr bedeutenden untergesetzlichen Regelwerke, wie DIN-Normen oder sonstige technische Regelwerke, z.B. die VdE-Richtlinien. Hier würden folglich Dienstleistungserbringer ihre technischen Standards in den Aufnahmemitgliedstaat „mitbringen". Aufgrund der bestehenden Unterschiede innerhalb der Gemeinschaft könnten daraus jedoch erhebliche Probleme resultieren.

Wie die Kommission selbst in der Begründung zu dem Richtlinienvorschlag feststellt, bestehen bei den Anforderungen an die Sicherheit von Dienstleistungen bzw. bei den jeweils geltenden technischen Regeln stark unterschiedliche Regelungsansätze und Inhalte in den Mitgliedstaaten. Diese Problematik sei durch den entsprechenden Bericht vom Dezember 2003 (KOM (2003) 313) bekannt. Die Kommission weist an dieser Stelle ebenfalls auf eine möglicherweise notwendige Harmonisierung auf diesem Gebiet hin[433].

Aus dieser Unterschiedlichkeit könnten erhebliche Gefährdungen für die Dienstleistungsempfänger aber auch für die Allgemeinheit folgen, da u.U. durch Dienstleistungserbringer aus anderen EU-Mitgliedstaaten sicherheitsrelevante Dienstleistungen zu anderen, im Hinblick auf die Sicherheit möglicherweise niedrigeren, Standards erbracht würden.[434] In Einzelbereichen, in denen Akteure aus anderen EU-Mitgliedstaaten aus wirtschaftlichen Gründen besonders erfolgreich sind, könnte dies auch zu einem verbreiteten Absinken der im Aufnahmemitgliedstaat vorhandenen, höheren Sicherheitsstandards führen.

Hinzu käme, dass dadurch einzelne Dienstleistungen u.U. nicht „systemkonform" sind. So erscheint es grundsätzlich vorstellbar, dass z.B. im Bauhandwerk ein einzelnes Gewerk von einem Dienstleister aus einem anderen Mitgliedstaat zu dessen Standards erbracht wird, den anderen am Bau beteiligten Handwerkern diese jedoch genauso wenig bekannt sind wie dem Dienstleister diejenigen des Aufnahmemitgliedstaates. U.U. könnten hieraus Gefahren für die am Bau Beteiligten folgen, z.B. bei der Verlegung von Leitungen nach unterschiedlichen technischen Regelwerken/Standards.

Auch im Hinblick auf die von Endverbrauchern abgenommenen Dienstleistungen ergibt sich daraus ein Gefährdungspotential, da diesen derartige Unterschiede i.d.R. nicht bekannt sein dürften, sie jedoch vielfach auf die ihnen bekannten, inländischen Standards vertrauen, z.B. bei der Lage von Elektroleitungen innerhalb der Wand.

Aufgrund des breiten Anwendungsbereichs des Richtlinienvorschlags sollte daher baldmöglichst durch eine Anhörung der betroffenen Branchen festgestellt werden, ob und wo die hierdurch am stärksten gefährdeten Bereiche liegen, um dort mit der entsprechenden Priorität auf eine Harmonisierung hinzuwirken. Zusätzlich sollten dort Übergangsregelungen in Bezug auf eine

---

433 Vgl. Begr. Nr. 5, 5. Spiegelstrich.
434 Vgl. dazu auch oben, Teil 2 B. II.

temporäre Weitergeltung inländischer Standards angestrebt werden[435]. Dabei ist auf die große Zahl unterschiedlicher Regelungsansätze in den 25 Mitgliedstaaten, die sowohl diese potentielle Gefahr noch verstärken als auch eine Überprüfung erschweren dürften, hinzuweisen.

Unklar ist aufgrund des Richtlinienvorschlags ebenfalls, welche in Gesetzesform existierenden Vorgaben des Aufnahmemitgliedstaates für die Ausführung von Dienstleistungen ausnahmsweise Anwendung finden können. Auch für diese Ausnahmen vom Herkunftslandprinzip gilt Art. 17 Nr. 17 des Richtlinienvorschlags, der Ausnahmen für die spezifischen Anforderungen in dem Mitgliedstaat, in den sich der Dienstleistungserbringer zwecks Erbringung seiner Dienstleistung begibt, vorsieht, die unmittelbar mit den besonderen Merkmalen des Ortes der Dienstleistungserbringung verknüpft sind, und deren Beachtung unerlässlich ist zur Aufrechterhaltung der öffentlichen Ordnung oder Sicherheit oder zum Schutz der öffentlichen Gesundheit oder der Umwelt.

Die obigen Ausführungen zu der generellen Abgrenzungsproblematik unter B. II. 2.1.2.4 treffen auch hier zu, insoweit wird darauf verwiesen.

Allerdings wird das beschriebene Gefahrenpotential durch mehrere Faktoren relativiert.

So sind bereits jetzt die Mitgliedstaaten aufgrund der Richtlinie 83/189 EWG[436] bzw. 98/34 EG[437] verpflichtet, der Kommission alle ihre Entwürfe für neue technische Vorschriften mitzuteilen (= "Notifizierung"), um eine (vorrangige) Vereinheitlichung/Harmonisierung auch auf dem Gebiet der Dienstleistungen zu ermöglichen. Hier ist eine weitere Ausweitung der Dienstleistungen betreffenden Normen vorgesehen: eine entsprechende Novellierung

---

435 Die gewählten Beispiele sollen nur der Illustration des grundsätzlich vorhandenen Problems dienen; ob eine derartige Konstellation in den gewählten Fällen denkbar ist, konnte in der kurzen Bearbeitungszeit ohne die Einbeziehung von technischem Sachverstand nicht geklärt werden. Aufgrund des prinzipiell bestehenden Gefahrenpotentials erscheint die vorgeschlagene Klärung, ob und wo genau solche Schäden drohen, jedoch dringend geboten.

436 RL 83/189/EWG des Rates v. 28.3.1983 über ein Informationsverfahren auf dem Gebiet der Normen und technischen Vorschriften, ABl.EG 1983 Nr. L 109/8, die durch die Nachfolge-RL 98/34/EG aufgehoben wurde.

437 RL 98/34/EG des Europäischen Parlaments und des Rates v. 22.6.1998 über ein Informationsverfahren auf dem Gebiet der Normen und technischen Vorschriften, ABl.EG 1998 Nr. L 204/37.

der genannten Richtlinien im Rahmen der Binnenmarktstrategie ist derzeit in Vorbereitung[438].

Im Ergebnis dürfte es daher zumindest mittelfristig zu einer weitgehenden Harmonisierung dieser Bestimmungen kommen. Für einen Übergangszeitraum dürften sich allerdings jeweils branchenspezifische Probleme aufgrund unterschiedlicher Vorgaben in den Mitgliedstaaten ergeben.

Darüber hinaus ist zu berücksichtigen, dass die Qualitäts-/Produktbeschreibungen anhand von technischen Normen bereits jetzt weitgehend der vertraglichen Regelung zwischen Dienstleister und Kunde unterliegen bzw. ihre Geltung eine vertragliche Einbeziehung voraussetzt. Daher dürfte zumindest in den Bereichen, in denen beide Parteien fachkundig sind bzw. fachkundige Beratung erhalten, Klarheit über die anzuwendenden Standards bestehen.

Zusätzlich ist auf die umfassenden Regelungen des Richtlinienvorschlags bezüglich der Informationspflichten gegenüber den Abnehmern der Dienstleistung (Art. 22 ff.) sowie auf das „Alternativkonzept" der Kommission, die freiwilligen, europaweiten Vereinbarungen zur Qualitätssicherung, in Art. 31 hinzuweisen, die zumindest grundsätzlich geeignet sind, diese Situation zu entschärfen. Allerdings erscheint es gerade aufgrund der fehlenden Verbindlichkeit fraglich, ob und wann diese Maßnahmen unfassend greifen.

Diese Regelungen deuten darauf hin, dass die Kommission auch hier die klassische ordnungsrechtliche Konzeption zur Gewährleistung bestimmter Standards und Prinzipien bzw. zum Schutz der Allgemeinheit durch eine verstärkte Selbstüberwachung der Wirtschaft und eine eigenständige Rechtsverfolgung durch die Verbraucher ersetzen möchte – insoweit also an eine konsequente Deregulierung gedacht ist[439].

Dieser Ansatz ist jedoch bereits in einem funktionierenden (Teil-) Markt mit einheitlichem Regelwerk schwer zu realisieren. In einer derartigen Vielzahl unterschiedlichster Märkte und bei der weitgehenden Uneinheitlichkeit der zu Grunde liegenden Regelwerke erscheint es zweifelhaft, ob ein dem bisherigen Standard vergleichbares Schutzniveau erhalten werden kann.

Hinzu kommt die aus dem Richtlinienvorschlag folgende, nachstehend unter B. IV. 2.2 beschriebene Vollzugsproblematik, die z.B. den Zugriff der Behörden aufgrund wiederholter Verstöße gegen sicherheitsrelevante Vorschrif-

---

438 Vgl. *Faßbender*, Die Bindungswirkung technischer Normen der Europäischen Gemeinschaft bei der Vergabe öffentlicher Aufträge, VergabeR 2003, S. 381 ff.; *Fluck/Sechting*, Öffentlich-rechtliches Verbraucherschutz- und Produktsicherheitsrecht, DVBl. 2004, S. 1392 ff.

439 Vgl. *Fluck/Sechting*, Öffentlich-rechtliches Verbraucherschutz- und Produktsicherheitsrecht, DVBl. 2004, S. 1392 ff.

ten erschweren würde. Hierdurch würde das auch bei einem derart marktwirtschaftlichen Konzept erforderliche Mindestmaß an Kontrolle der Akteure zumindest deutlich erschwert.

Im Ergebnis spricht vieles dafür, dass für sich einen derzeit nicht abschätzbaren Übergangszeitraum bereits jetzt existierende Schwierigkeiten, die aus dem Nebeneinander unterschiedlicher Standards für die Erbringung von Dienstleistungen folgen, noch verstärken werden. Die diesbezüglichen Ansätze des Richtlinienvorschlags und andere Aktivitäten innerhalb der Gemeinschaft könnten zumindest mittelfristig dazu beitragen, diese Problematik zu entschärfen.

2.1.3 Empfehlung

Es sollten daher vorrangig Anstrengungen zu einer forcierten Harmonisierung unternommen werden.

Parallel dazu sollte die Schaffung von Übergangsregelungen, insbesondere eines angemessen langen Übergangs-/Anpassungszeitraums für die umfassende Geltung des Herkunftslandprinzips angestrebt werden. Denkbar wäre auch hier eine zeitlich bzw. sektoral gestaffelte Verwirklichung innerhalb eines für die Mitgliedstaaten verbindlichen Zeitplans.

Zusammenfassung

Grundsätzlich betrifft das **Herkunftslandprinzip** auch die in der Praxis sehr bedeutenden **untergesetzlichen Regelwerke**, wie DIN-Normen oder sonstige **technische Regelwerke**, z.B. die VdE-Richtlinien. Hier würden folglich Dienstleistungserbringer ihre technischen Standards in den Aufnahmemitgliedstaat „mitbringen". Aufgrund der bestehenden Unterschiede innerhalb der Gemeinschaft könnten durch dieses Aufeinandertreffen erhebliche Probleme entstehen.

Zugleich könnte es in einzelnen Branchen zu einem **Absinken erreichter Standards** kommen.

Die Regelungen des Richtlinienvorschlags hierzu sowie die weitere Politik der Gemeinschaft lassen **mittelfristig** eine **Entschärfung** des Problems erwarten. Für einen derzeit nicht abschätzbaren **Übergangszeitraum** könnte es jedoch zu u.U. gravierenden **Gefährdungen** kommen.

2.2 Geltung der im Aufnahmemitgliedstaat für die Erbringung der Dienstleistung bestehenden Anforderungen – Gefahr einer Umgehung

2.2.1 Folgen der Wahl einer „vorteilhaften Rechtsordnung" und der weiten Auslegung des „vorübergehenden Aufenthalts" eines Dienstleisters im Zusammenhang mit dem Herkunftslandprinzip

In Bezug auf die für die Erbringung von Dienstleistungen geltenden Standards der Mitgliedstaaten ist auf die bereits heute bestehende Umgehungsgefahr hinzuweisen, die durch die umfassende Geltung des Herkunftslandprinzips noch verschärft werden könnte.

Bereits jetzt zwingt die Rspr. des EuGH nach verbreiteter Ansicht zur weitgehenden Anerkennung ausländischer Gesellschaften des privaten Rechts – auch wenn für deren Gründung in dem anderen EU-Mitgliedstaat niedrigere Anforderungen als im Inland gelten, z.B. in Bezug auf ihre Ausstattung mit Haftungskapital u.ä.[440] Dies gilt auch dann, wenn eine Auslandsgründung mit dem Ziel erfolgt, in den Genuss vorteilhafter Rechtsvorschriften zu kommen[441]. Danach können bereits heute Inländer – auch in eindeutiger Umgehungsabsicht nationaler Vorschriften – im EU-Ausland Gesellschaften gründen bzw. übernehmen, auf die sie ihre ausschließlich inländischen Geschäftsaktivitäten verlagern[442]. So könnte ein Dienstleistungserbringer bereits heute gezielt den Sitz seines Unternehmen in einen Mitgliedstaat verlegen, in dem die niedrigsten Anforderungen für die Zulassung oder Ausführung der betreffenden Dienstleistung gelten[443].

Errichtet diese Gesellschaft eine Zweigniederlassung im Inland, um von dort ihre Aktivitäten zu entfalten, handelt sie im Rahmen der Niederlassungsfreiheit[444].

---

440 Vgl. *Hök*, Sitztheorie und Baurecht: Zu den Auswirkungen der Entscheidung Überseering (Rs. C-208/00) des EuGH auf den Bausektor, ZfBR 2003, S.320 ff.

441 Vgl. EuGH, Urt. v. 30.9.2003, Rs. C-167/01 (Inspire Art), Slg. 2003, I-10155, Rn. 95 f. m.w.N.

442 Vgl. EuGH, Urt. v. 5.11.2002, Rs. C-208/00 (Überseering), Slg. 2002, I-9919; vgl. *Hök*, Sitztheorie und Baurecht: Zu den Auswirkungen der Entscheidung Überseering (Rs. C-208/00) des EuGH auf den Bausektor, ZfBR 2003, S.320 ff.; sowie EuGH, Urt. v. 30.9.2003, Rs. C-167/01 (Inspire Art), Slg. 2003, I-10155, Rn. 95 f.

443 Vgl. insbesondere m. Bsp. aus dem Bereich des Handwerks: *Hök*, Sitztheorie und Baurecht: Zu den Auswirkungen der Entscheidung Überseering (Rs. C-208/00) des EuGH auf den Bausektor, ZfBR 2003, S. 320 ff.

444 Vgl. EuGH, Urt. v. 5.11.2002, Rs. C-208/00 (Überseering), Slg. 2002, I-9919; vgl. *Hök*, Sitztheorie und Baurecht: Zu den Auswirkungen der Entscheidung Überseering

Entsprechend dem Richtlinienvorschlag würde sie dann grundsätzlich den Bestimmungen des Aufnahmemitgliedstaates in Bezug auf die Zulassung und Ausführung ihrer Dienstleistung unterfallen – wenn auch in den dort abgesteckten Grenzen, s.o. die Ausführungen zu Art. 9-13 des Richtlinienvorschlags.

Würde sie nur vorübergehend im Aufnahmemitgliedstaat tätig, könnte sie sich jedoch auf die umfassende Geltung des Herkunftslandprinzips berufen. D.h., die dafür hier aufgezeigten Probleme in Bezug auf Zulassung, Überwachung und Kontrolle, die sich daraus für „echte" ausländische Dienstleistungserbringer ergeben, ergeben sich auch bei derartigen Umgehungssachverhalten.

Wie oben unter B. II. 2.1.2.2 beschrieben, besteht darüber hinaus ein Interpretationsspielraum bei der Entscheidung der Frage, ob ein Dienstleistungserbringer „vorübergehend" in einem anderen Mitgliedstaat tätig ist oder ob er sich dort niederlässt.

Nach der – auch für diesen Richtlinienvorschlag übernommenen[445] – Rechtsprechung des EuGH hierzu können auch Tätigkeiten als vorübergehend anzusehen sein, deren Erbringung sich über einen längeren Zeitraum – bis hin zu mehreren Jahren – erstreckt, z.B. wenn es sich um Dienstleistungen handelt, die im Rahmen eines Großbauprojekts erbracht werden. Ebenso können Leistungen, die ein in einem Mitgliedstaat ansässiger Wirtschaftsteilnehmer mehr oder weniger häufig oder regelmäßig, auch über einen längeren Zeitraum, für Personen erbringt, die in einem oder mehreren anderen Mitgliedstaaten niedergelassen sind, vorübergehende Dienstleistungen im Sinne des Vertrages sein[446].

Dieser relativ weite Spielraum vergrößert an sich bereits die Zahl der Fälle, in denen in Anwendung des Richtlinienvorschlags durch das Herkunftslandprinzip die Anforderungen und Standards des Aufnahmemitgliedstaates keine (oder nur eine sehr begrenzte) Geltung erlangen würden. Im Einzelfall könnte es bei einer missbräuchlichen Ausnutzung auch zu einer Umgehung der strikteren Anforderungen bei einer Niederlassung durch „echte" ausländische Dienstleister kommen.

(Rs. C-208/00) des EuGH auf den Bausektor, ZfBR 2003, S. 320 ff., sowie EuGH, Urt. v. 30.9.2003, Rs. C-167/01 (Inspire Art), Slg. 2003, I-10155, Rn. 95 f.

445 S. oben unter B. II. 2.1.2.2, sowie Erwägungsgrund 19.

446 Vgl. EuGH, Urt. v. 11.12.2003, Rs. C-215/01 (Bruno Schnitzer), EuZW 2004, S. 94 ff., Rn. 28 m.w.N.; *Lottes*, Das erweiterte Zeitmoment beim Begriff Dienstleistung, EuZW 2004, S. 112 ff. (113).

Die Bedeutung dieser Umgehungsmöglichkeit könnte jedoch durch die nunmehr anerkannte Wahl einer „vorteilhafteren Rechtsordnung" durch inländische Unternehmen noch zunehmen, da auch sie wie „echte" ausländische Unternehmen die aus der Anwendung des Herkunftslandprinzips folgenden Vorteile nutzen könnten. Aufgrund des Herkunftslandprinzips könnte diese – rechtlich gesehen – ausländische Gesellschaft somit die niedrigeren Standards auch für ihre inländischen Geschäftsaktivitäten in Anspruch nehmen.

Im Ergebnis könnte so – branchenabhängig – eine Bewegung in die Mitgliedstaaten mit den jeweils niedrigsten Standards oder dem größten Vollzugsdefizit einsetzen. Folge könnte ein Absinken von Standards in Form eines „race to the bottom" in einigen EU-Mitgliedstaaten sein.

Darüber hinaus ist aufgrund der fortschreitenden Integration zumindest mittel- und langfristig mit einer Angleichung von Standards im weiteren Sinne zu rechnen, so dass dieses Problem in erster Linie eine Übergangsphase – von allerdings unklarer Dauer – betrifft.[447] Hierfür spricht auch, dass die in dem Richtlinienvorschlag zur Verwaltungszusammenarbeit geschaffenen Instrumentarien zumindest mittel- und langfristig dazu beitragen können, die u.U. vorhandenen Lücken im Gesetzesvollzug einzelner Mitgliedstaaten zu schließen.

Allerdings sind Konstellationen in einzelnen Branchen vorstellbar, in denen das Gefälle zwischen einzelnen Mitgliedstaaten so groß ist, dass inländische Dienstleistungserbringer aus wirtschaftlichen Gründen nahezu „gezwungen" sein könnten, derartige Spielräume auszunutzen, um am Markt weiter bestehen zu können. Dies könnte wiederum die Bedeutung derartiger Umgehungsversuche für die Aufrechterhaltung hiesiger Standards erhöhen, zumal sich dann der wirtschaftliche Druck auf die „zurückbleibenden" Unternehmen zusätzlich erhöhen würde.

Aufgrund der großen Breite des Anwendungsbereichs des Richtlinienvorschlags lassen sich insoweit die konkreten Folgen für die Bundesrepublik bzw. das Land NRW derzeit kaum abschätzen. Dies könnte nur im Rahmen einer umfangreichen Untersuchung von aus wirtschaftlichen Gründen möglicherweise primär betroffener Branchen erfolgen.

2.2.2 Empfehlung

Zu empfehlen ist daher generell, die Harmonisierung relevanter Normen der Mitgliedstaaten in den einzelnen Sektoren zu forcieren. Wie oben bereits ausgeführt, sollte eine Beibehaltung der Anzeigepflicht gegenüber den Behörden

---

447 Vgl. dazu auch oben, Teil 2 B. V.

des Aufnahmemitgliedstaates angestrebt werden, ebenso die Schaffung einer besseren Ausgestaltung der Ausnahmen vom Herkunftslandprinzip, um ein Minimum an Überwachung auch in diesen Fällen zu gewährleisten.

Die von der Kommission in Art. 31 ff. zur Qualitätssicherung vorgeschlagenen Maßnahmen, wie die freiwillige Schaffung europaweiter Qualitätsstandards, sollten ebenfalls baldmöglichst aufgegriffen und nachdrücklich verfolgt werden.

Zusammenfassung

Bereits heute ist es für Dienstleister möglich, innerhalb der EU die für sie „günstigste" Rechtsordnung zu wählen. Durch die umfassende Geltung des Herkunftslandprinzips gemäß dem Richtlinienvorschlag könnte so eine **Bewegung in die Mitgliedstaaten mit den niedrigsten Standards einsetzen** bzw. noch verstärkt werden (Gefahr eines **„race to the bottom"**).

Durch die weite Auslegung des Begriffs der „vorübergehenden" Erbringung von Dienstleistungen im Aufnahmemitgliedstaat könnte sich dieses Problem – zumindest für einen nicht abschätzbaren Übergangszeitraum – noch verschärfen.

IV. Kontrolle

1. Dienstleister mit Niederlassung im Aufnahmemitgliedstaat

Diese unterliegen auch nach dem Richtlinienvorschlag weiterhin den Regelungen des Aufnahmemitgliedstaates. Hierfür gelten allerdings die oben beschriebenen Vorgaben der Art. 10-15 mit den daraus folgenden, weitgehenden Überprüfungen und Anpassungen des nationalen Rechts.

2. Dienstleister ohne Niederlassung im Aufnahmemitgliedstaat

2.1 Allgemeine Überwachung der Dienstleister in Bezug auf die Ausführung ihrer Tätigkeit

Hinsichtlich der Überwachung eines im Aufnahmemitgliedstaat tätigen Dienstleistungserbringers während der Ausübung seiner Tätigkeit ergibt sich für die dortigen Behörden in erster Linie das oben unter B. II. 2.2 beschriebene Problem, dass sie nach dem Konzept des Richtlinienvorschlags zunächst keine Kenntnis von dessen Existenz haben. Eine routinemäßige, präventive Überprüfung und ggf. zum Schutz wichtiger Rechtsgüter erforderliche Routinekontrolle (z.b. Lebensmittelhygiene, Einhaltung von Arbeitsschutzvorschriften, Schwarzarbeitskontrolle, etc.) kann so zwangsläufig nicht stattfinden.

Kenntnis würden die Behörde im Aufnahmemitgliedstaat – und somit auch im Herkunftsland – überwiegend erst nach Eintritt eines Schadens erlangen. Eine Prävention durch verwaltungsbehördliche Kontrolle würde daher in den betroffenen Bereichen weitgehend vereitelt. Zwar wären hiervon grundsätzlich nur Dienstleistungserbringer aus anderen EU-Mitgliedstaaten betroffen, doch durch die bereits jetzt bestehende Rechtslage zur Sitzverlegung in einen anderen EU-Staat, die der Aufnahmemitgliedstaat auch dann anerkennen muss, wenn dies nur zur Umgehung inländischer Rechtsvorschriften geschieht, könnte es zu einer Ausdehnung dieses Bereiches kommen (näher zu dieser speziellen Problematik s. oben, B. III. 2.2).

In Anknüpfung an die vorstehenden Ausführungen ist ergänzend noch auf die Einschränkungen in Art. 36 Abs. 2 in Bezug auf die Möglichkeiten der Sachverhaltsermittlung durch die Behörden des Aufnahmemitgliedstaates hinzuweisen. So sind sie gemäß Art. 36 Abs. 2 von Amts wegen – ohne vorheriges Ersuchen des Herkunftsmitgliedstaates – nur dazu berechtigt, Überprüfungen, Untersuchungen und Ermittlungen vor Ort vornehmen, sofern sie die folgenden Voraussetzungen erfüllen:

a) diese bestehen nur in der Feststellung des Sachverhalts und ziehen keine anderen Maßnahmen gegen den Dienstleistungserbringer nach sich; ausgenommen sind Maßnahmen im Einzelfall gemäß Art. 19;[448]

b) sie sind diskriminierungsfrei und nicht dadurch begründet, dass der Dienstleistungserbringer seine Niederlassung in einem anderen Mitgliedstaat hat;

c) sie sind objektiv durch einen zwingenden Grund des Allgemeininteresses gerechtfertigt und im Verhältnis zu dem damit verfolgten Zweck angemessen.

Hieraus folgen sowohl Einschränkungen der im geltenden Recht vorhanden Instrumente zur Sachverhaltsfeststellung als auch erhöhte Anforderungen an deren Rechtfertigung. Folge wäre hier ggf. eine Einschränkung und damit verbunden u.U. ein Verlust an Effektivität verwaltungsbehördlicher Kontrolle. Folglich müssten die im geltenden Recht vorhandenen Ermächtigungsgrundlagen für Maßnahmen zur Sachverhaltsermittlung zunächst anhand der Vorgaben des Art. 36 überprüft werden.

---

448 Dazu sogleich unten, B. IV. 2.3.1.

2.2 Empfehlung

Um sowohl dem Herkunftsmitgliedstaat als auch dem Aufnahmemitgliedstaat eine im Allgemeininteresse dringend gebotene Überwachung der laufenden Tätigkeit der Dienstleistungserbringer bzw. während der Ausführung der Dienstleistung zu ermöglichen, sollte die Einführung einer stark vereinfachten, einheitlichen Anzeigepflicht im Aufnahmemitgliedstaat oder einer entsprechenden Abmeldepflicht im Herkunftsland (dann verbunden mit der Verpflichtung des Herkunftsmitgliedstaates, dies vor Tätigkeitsaufnahme an den Aufnahmemitgliedstaat weiterzuleiten) angestrebt werden. Eine solche Regelung könnte z.b. in die Zuständigkeit des einheitlichen Ansprechpartners fallen. Die Form der Anzeige könnte z.b. elektronisch erfolgen, so dass die Belastung für den Dienstleistungserbringer auf ein Minimum reduziert würde.

Zugleich sollte hier im Interesse der Dienstleistungserbringer eine Anpassung und Zusammenführung mit den Regelungen bzw. dem Vorgehen in Bezug auf den Richtlinienvorschlag zur Anerkennung von Berufsqualifikationen überprüft werden. Hierzu s. auch ausführlich oben unter B. II. 2.2 bzw. 2.2.3.

Zusammenfassung
Aufgrund der fehlenden Anzeige- bzw. Registrierungspflicht ist eine (präventive) Überwachung auch der laufenden Tätigkeit der Dienstleistungserbringer kaum möglich.
Aufgrund der daraus möglicherweise resultierenden erheblichen **Gefahren** sollte daher eine **stark vereinfachte Anzeigepflicht** (in **Anpassung** an die entsprechenden Bestimmungen des **Richtlinienvorschlags zur Anerkennung von Berufsqualifikationen**) in die Richtlinie aufgenommen werden.

2.3 Maßnahmen gegenüber Dienstleistungserbringern im Einzelfall

2.3.1 Regelung

Gemäß Art. 19 Abs. 1 können die Mitgliedstaaten abweichend von Art. 16 ausnahmsweise hinsichtlich eines in einem anderen Mitgliedstaat niedergelassenen Dienstleistungserbringers Maßnahmen ergreifen, die sich auf einen der folgenden Bereiche beziehen:

a) die Sicherheit der Dienstleistungen, einschließlich der mit der öffentlichen Gesundheit zusammenhängenden Aspekte;

b) die Ausübung einer Tätigkeit im Gesundheitswesen;

c) den Schutz der öffentlichen Ordnung, insbesondere die mit dem Schutz Minderjähriger zusammenhängenden Aspekte.

Gemäß Art. 19 Abs. 2 können sie diese Maßnahmen nur unter Einhaltung des Verfahrens der gegenseitigen Unterstützung nach Art. 37 und unter folgenden Voraussetzungen ergreifen:

a) die innerstaatlichen Rechtsvorschriften, aufgrund derer die Maßnahme getroffen wird, waren nicht Gegenstand einer Harmonisierung auf Gemeinschaftsebene in den in Absatz 1 genannten Bereichen;

b) die Maßnahme bewirkt für den Dienstleistungserbringer einen größeren Schutz als diejenigen, die der Herkunftsmitgliedstaat aufgrund seiner innerstaatlichen Vorschriften ergreifen würde;

c) der Herkunftsmitgliedstaat hat keine bzw. hat im Hinblick auf Art. 37 Abs. 2 unzureichende Maßnahmen ergriffen;

d) die Maßnahme muss verhältnismäßig sein.

Das Verfahren der „Gegenseitigen Unterstützung bei Ausnahmen vom Herkunftslandprinzip im Einzelfall" in Art. 37 ist dort wie folgt ausgestaltet:

Gemäß Art. 37 Abs. 2 ersucht der Aufnahmemitgliedstaat den Herkunftsmitgliedstaat, Maßnahmen gegen den betreffenden Dienstleistungserbringer zu ergreifen und übermittelt alle zweckdienlichen Informationen über die in Frage stehende Dienstleistung und den jeweiligen Sachverhalt.

Der Herkunftsmitgliedstaat stellt sodann unverzüglich fest, ob der Dienstleistungserbringer seine Tätigkeit rechtmäßig ausübt und überprüft den Sachverhalt, der Anlass des Ersuchens ist. Er teilt dem ersuchenden Mitgliedstaat unverzüglich mit, welche Maßnahmen getroffen wurden oder beabsichtigt sind oder aus welchen Gründen keine Maßnahmen getroffen wurden.

Gemäß Art. 37 Abs. 3 hat der betreffende Aufnahmemitgliedstaat sowohl dem Herkunftsmitgliedstaat als auch der Kommission mitzuteilen, aus welchen Gründen er die vom Herkunftsmitgliedstaat getroffenen oder beabsichtigten Maßnahmen für unzureichend hält und warum er der Auffassung ist, dass die von ihm beabsichtigten Maßnahmen die Voraussetzungen des Art. 19 erfüllen. Daraufhin überprüft gemäß Abs. 5 die Kommission unverzüglich, ob diese Maßnahmen mit dem Gemeinschaftsrecht vereinbar sind.

Er kann dann gemäß Abs. 4 Maßnahmen im Einzelfall frühestens 15 Arbeitstage nach dieser Mitteilung gemäß treffen.

Art. 37 Abs. 6 ermächtigt den Mitgliedstaat wiederum, in dringenden Fällen von diesem Vorgehen abzuweichen. In diesem Fall sind die getroffenen Maßnahmen unverzüglich unter Begründung der Dringlichkeit der Kommission und dem Herkunftsmitgliedstaat mitzuteilen.

2.3.2 Kommentar

Aus Art. 19 (Ausnahmen) ergibt sich, dass grundsätzlich auch die Aufnahmemitgliedstaaten Maßnahmen im Einzelfall gegenüber einem Dienstleistungserbringer zur Wahrung der Sicherheit der Dienstleistung oder zum Schutz der öffentlichen Ordnung ergreifen können.

Hinsichtlich des dabei einzuhaltenden Verfahrens ergibt sich jedoch aus Art. 37, dass es sich dabei vorrangig um die Veranlassung von Maßnahmen des Herkunftsmitgliedstaates handelt. Der Erlass und Vollzug, z.B. von Untersagungsverfügungen, im Einzelfall soll nach den Vorstellungen der Kommission auf dringende Fälle beschränkt bleiben.

Es erscheint jedoch fraglich, ob auf diese Weise ein ausreichender Vollzug bestehender Regelungen des Herkunftsmitgliedstaates und des Aufnahmemitgliedstaates gewährleistet werden kann. Es sprechen einige Argumente dafür, dass hierdurch in einigen Bereichen der Entstehung eines erheblichen Vollzugsdefizits Vorschub geleistet würde.

2.3.2.1 Eignung des Verfahrens gemäß Art. 37 zur Gefahrenabwehr

Problematisch erscheint dabei zunächst, dass, wie oben beschrieben, Aufnahmemitgliedstaat und Herkunftsmitgliedstaat durch den Verzicht auf eine vorherige Anzeigepflicht keine Kenntnis von der Tätigkeit des Dienstleisters haben. D.h., wenn am Ort der Dienstleistung die zuständigen Behörden Kenntnis erlangen, hat sich eine Gefahr für die aufgeführten Rechtsgüter bereits verwirklicht oder deren Eintritt steht kurz bevor.

Gemäß Art. 37 Abs. 4 darf der Aufnahmemitgliedstaat – bei Vorliegen der weiteren Voraussetzungen – eigene Maßnahmen frühestens 15 Tage nach der Mitteilung an den Herkunftsmitgliedstaat ergreifen. Bei der oftmals kurzen Verweildauer der Dienstleister und der fehlenden Vorabinformation würde das Verfahren der Zusammenarbeit sich somit allenfalls zur nachträglichen Ahndung von Vergehen eignen, zur (präventiven) Gefahrenabwehr jedoch nicht.

Ein Abweichen von diesem Prozedere gestattet Art. 37 Abs. 6 in „dringenden Fällen". In der Praxis dürfte daher regelmäßig die Ausnahmebestimmung gemäß Art. 37 Abs. 6 zur Anwendung kommen (bzw. die zur Umsetzung dieser Bestimmung erlassenen/angepassten nationalen Vorschriften), da eine Gefahrenabwehr anders kaum möglich erscheint. Im Ergebnis kommt es so voraussichtlich zu einer Umkehrung des Regel-Ausnahme-Verhältnisses in Art. 37.

Neben der daraus folgenden Aufweichung des eigentlichen Konzepts erscheinen auch die Tatbestandsmerkmale der Art. 19 und 37 für eine Umsetzung durch den nationalen Gesetzgeber und den Vollzug in der Praxis ungeeignet.

So fehlt es an einer genaueren Bestimmung des Begriffes „dringender Fall" in Art. 37 Abs. 6. Eine Ausfüllung dieses unklaren Begriffs durch die Mitgliedstaaten ist daher zwar erforderlich, doch der dafür bestehende Spielraum ist ohne eine weitergehende Klarstellung seitens der Kommission bzw. im weiteren Rechtsetzungsverfahren nur schwer feststellbar.

Denkbar ist daher z.b. eine unveränderte Übernahme dieses dem deutschen Recht fremden Begriffs. Dies könnte jedoch dazu führen, dass die Grenzen rechtmäßigen Verwaltungshandelns im Sinne des Richtlinienvorschlags in der Praxis vorab nicht abgeschätzt werden können. Da die Mitgliedstaaten gemäß Art. 37 Abs. 6 des Richtlinienvorschlags zur Mitteilung der „Maßnahmen im Einzelfall" an die Kommission verpflichtet sind, die sie in Abweichung vom Prozedere der gegenseitigen Zusammenarbeit ergreifen, laufen sie regelmäßig Gefahr, sich einem Vertragsverletzungsverfahren und ggf. Haftungsansprüchen des Dienstleistungserbringers auszusetzen.

Es sollte daher geprüft werden, ob für die Praxis nicht eine abgestufte Generalklausel in Bezug auf die Gefahrenabwehr – z.B. ähnlich den landesrechtlichen Regelungen im Polizeirecht – besser geeignet wäre.

2.3.2.2 Einschränkungen durch die Tatbestandsmerkmale gemäß Art. 19 Abs. 1 u. 2

Einige der Tatbestandsmerkmale von Art. 19 Abs. 1 und Abs. 2 erscheinen in Bezug auf die dort genannten Rechtsgüter, deren Schutz ein Eingreifen rechtfertigt, zu eng und für eine Anwendung in der Praxis nach erfolgter Umsetzung ungeeignet.

So ist insbesondere der Begriff des Schutzes der öffentlichen Ordnung in Art. 19 Abs. 1 c) in Anbetracht der oben unter II. Nr. 2.1.2.4 beschriebenen, restriktiven Auslegung durch den EuGH nicht ausreichend, um alle bislang als schützenswert anerkannten Rechtsgüter einzubeziehen.

Zu weit geht die Einschränkung gemäß Art. 19 Abs. 2 a), wonach die innerstaatlichen Rechtsvorschriften, aufgrund derer die Maßnahme getroffen wird, nicht Gegenstand einer Harmonisierung auf Gemeinschaftsebene gewesen sein darf.

Bei uneingeschränkter bzw. wortlautgetreuer Anwendung hätte dies zur Folge, dass z.B. die Bestimmungen der 32. BImSchV nicht auf Dienstleistungserbringer aus anderen Mitgliedstaaten angewandt werden könnten. In

Umsetzung von EU-Recht dient diese Norm dem Schutz der Allgemeinheit vor Geräte- und Maschinenlärm. Neben Bestimmungen zur Zulassung enthält sie auch Vorgaben zur Verwendung der im Anhang aufgezählten Maschinen und Geräte, auch durch Dienstleistungserbringer, wie zu Ort und Zeit der zulässigen Nutzung.

Gemäß § 7 der 32. BImSchV i.V.m. dem Anhang ist der Betrieb eines lauten Gerätes, z.b. einer Baustellenkreissäge, in Wohngebiet zwischen 20.00 Uhr und 7.00 Uhr untersagt. Da diese innerstaatlichen Rechtsvorschriften Gegenstand einer Harmonisierung waren, könnten folglich keine darauf gestützten Maßnahmen im Einzelfall durch die in Deutschland jeweils zuständigen Behörden erlassen werden. Ob sich ein Vollzug durch die Behörden des Herkunftsmitgliedstaates zum Schutz der betreffenden Rechtsgüter eignet, erscheint jedoch fraglich.

Die Bestimmung in Art. 19 Abs. 2 b) begegnet ebenfalls Bedenken, da die Prüfung, ob der Dienstleistungserbringer durch die Vorschriften des Aufnahmemitgliedstaates stärker geschützt würde als durch diejenigen seines Herkunftslandes, in der Praxis durch die Behörden kaum durchführbar wäre: Hierfür wäre eine gesicherte Kenntnis dieser Normen erforderlich sowie entsprechende Sprachkenntnisse. Hinzu kommen die durch die fehlende Harmonisierung verursachten Schwierigkeiten.

Im Ergebnis sind somit die Voraussetzungen, unter denen der Aufnahmemitgliedstaat Maßnahmen im Einzelfall ergreifen darf, unklar und teilweise zu eng ausgestaltet, um einen wirksamen Schutz wichtiger Rechtsgüter gewährleisten zu können.

2.3.2.3 Vollzugseignung der in der Richtlinie geregelten Verfahren

Weitere Probleme im Hinblick auf die Vollzugseignung könnten hier durch das Auseinanderfallen von Sachverhaltsfeststellung und Vollzug verursacht werden.

So erfolgt die Feststellung eines relevanten Sachverhalts durch Behörden des Aufnahmemitgliedstaates vor Ort, während die Prüfung, ob ein rechtswidriges Verhalten vorliegt sowie dessen Ahndung jedoch dem Herkunftsmitgliedstaat obliegt. Es kommt damit zu einem Auseinanderfallen vom Ort des Schadens bzw. der Gefährdung wichtiger Rechtsgüter und damit der Sachverhaltsermittlung und der Vollzugskompetenz.

Dabei sind deutliche Verluste an Effizienz und Effektivität zu befürchten, da aufgrund der vielfach fehlenden Harmonisierung der materiellen Anforderungen an die Ausführung von Dienstleistungen noch erhebliche Unterschiede zwischen Aufnahmemitgliedstaat und Herkunftsmitgliedstaat bestehen. Somit würden die Prüfung und Ermittlung des Sachverhaltes in der Praxis bei realistischer Betrachtung normaler Weise anhand der Bestimmungen des Aufnahmemitgliedstaates erfolgen. Diese „passen" u.U. jedoch nicht zu den Tatbestandserfordernissen der auf den Vollzug anwendbaren Bestimmungen des Herkunftsmitgliedstaates, so dass Ermittlungen entweder nur unzureichend geführt oder wesentlich kompliziert würden.

Verschärft wird dies durch die – faktisch wohl weiter existierenden – Sprachprobleme.

Auf das im Einzelfall gelegentlich fehlende Interesse des Herkunftsmitgliedstaates an einem Vollzug im Einzelfall ist ebenfalls hinzuweisen. Allein aufgrund kultureller Unterschiede (Bsp.: Bedeutung ruhestörenden Lärms, der von einer Baustelle des Dienstleisters ausgeht) dürfte es dabei zu Wertungsunterschieden kommen, die den Vollzug im Einzelfall deutlich hemmen könnten.

2.3.3 Empfehlung und Zusammenfassung

Im Ergebnis erscheinen die getroffenen Regelungen nicht geeignet, einen effektiven und geordneten Vollzug des für die Ausübung einer Dienstleistung im Herkunftsmitgliedstaat und im Aufnahmemitgliedstaat geltenden Rechts zu gewährleisten. Die Möglichkeiten der Aufnahmemitgliedstaaten zur Gefahrenabwehr sind ebenfalls unzureichend ausgestaltet. Durch das daraus möglicherweise folgende Vollzugsdefizit könnte es gemeinschaftsweit zu einem Absinken des Schutzes wichtiger Rechtsgüter kommen.

In einem längeren Übergangszeitraum sollten weiterhin Überwachung und Kontrolle bei den Aufnahmemitgliedstaaten liegen, insbesondere auf Gebieten, die bereits harmonisiert sind, s. das Bsp. der 32. BImSchV. Parallel dazu sollten die Anstrengungen zur Harmonisierung forciert werden.

Zugleich könnte anhand eines verbindlichen Zeitraums probeweise die zeitlich und sektoral gestaffelte Einführung des in Art. 37 Abs. 2 beschriebenen Verfahrens der gegenseitigen Unterstützung vorgenommen werden. Dabei sollte eine Überprüfung auf Praxiseignung durch gründliche Evaluierung erfolgen.

Als Minimum sollte die Einführung einer praxistauglichen, gestaffelten Gefahrenabwehrregelung für die Behörden der Aufnahmemitgliedstaaten in Art. 37 Abs. 3 angestrebt werden.

V. Zusammenfassung der Ergebnisse

1. Zulassung

1.1 Dienstleistungserbringer mit Niederlassung im Aufnahmemitgliedstaat

1.1.1 Anforderungen an Genehmigungserfordernisse und die allgemeine Überprüfung und Notifizierung dieser Bestimmungen

Eine der grundlegenden Neuerungen des Richtlinienvorschlags ist die Überprüfung aller in ihren Rechtsordnungen für die Aufnahme und Ausübung von Dienstleistungstätigkeiten vorgesehenen Genehmigungsregelungen (**Art. 9 Abs. 1**) anhand der Vorgaben gemäß **Art. 9 Abs. 2** durch die Mitgliedstaaten. Ziel ist eine weitgehende Vereinfachung dieser Verfahren und der Abbau eventuell noch vorhandener (versteckter) Diskriminierungen.

In Bezug auf den dabei an die nationalen Bestimmungen anzulegenden Prüfungsmaßstab ergeben sich aus dem Wortlaut des Vorschlags jedoch Unklarheiten.

In Anbetracht des beschrieben Umfangs der Überprüfung – alle denkbaren Genehmigungsregelungen in einer Vielzahl von Dienstleistungsbranchen – erscheint der Zeitraum von 2 Jahren, der dafür zur Verfügung steht, zu knapp bemessen.

Es ist daher fraglich, ob die Vorgabe in Art. 9 in dem vorgegebenen Zeitraum überhaupt erfüllbar ist bzw. ob dies mit vertretbarem Aufwand geleistet werden kann. Dies dürfte entscheidend vom Ausmaß der notwendigen Rechtsänderungen abhängen, so dass vorrangig zunächst ein Überblick über die betroffenen Regelungen erstellt werden sollte. Gegebenenfalls sollte dann z.B. auf eine Verlängerung der im Richtlinienvorschlag vorgesehenen Frist oder eine sektorale Abschichtung (= ein zeitlich nach Wirtschaftszweigen gestaffeltes Vorgehen) hingewirkt werden.

Die alternative, kurzfristig realisierbare Schaffung von Ausnahmebestimmungen für EU-Ausländer könnte zwar zur Einhaltung der Anforderungen aus dem Richtlinienvorschlag beitragen, würde jedoch eine u.U. erhebliche Inländerdiskriminierung mit sich bringen.

Da auch der „Katalog" an zu prüfenden Anforderungen gemäß **Art. 15 Abs. 2** eine umfangreiche Überprüfung einer Vielzahl betroffener Regelungen erfordert und auch hier der enge 2-Jahreszeitraum ab Inkrafttreten der Richtlinie gilt, stellen sich im Hinblick auf die Umsetzbarkeit die gleichen Probleme wie bei der zuvor beschriebenen Überprüfung gemäß Art. 9 Abs. 2 des Richtlinienvorschlags. Dies dürfte entscheidend vom Ausmaß der notwendigen

Rechtsänderungen abhängen, so dass vorrangig zunächst auch hier ein Überblick über die betroffenen Regelungen erstellt werden sollte. Gegebenenfalls sollte dann z.b. auf eine Verlängerung der im Richtlinienvorschlag vorgesehenen Frist oder eine sektorale Abschichtung (= ein zeitlich nach Wirtschaftszweigen gestaffeltes Vorgehen) hingewirkt werden.

Die Überprüfung könnte im Detail dazu führen, dass einzelne Regelungen, die aus Sicht der Mitgliedstaaten u.U. unumgänglich sind, nicht oder nur stark verändert fortbestehen könnten. Betroffen sein könnte hiervon z.b. die HOAI.

Die Prüfkriterien in **Art. 15 Abs. 3** erscheinen z.T. ebenfalls unklar und zu eng formuliert. Im Ergebnis sollte daher auch hier geprüft werden, ob und wie die Anforderungen erfüllt werden können.

1.1.2 Besondere Anforderungen an Genehmigungsregelungen – insbesondere die Ausgestaltung der Verfahren

Die Vorgaben der **Art. 10-13** des Richtlinienvorschlags sind grundsätzlich – wie auch Art. 9 – eng an die vom EuGH für Beschränkungen der Niederlassungs- bzw. Dienstleistungsfreiheit anerkannten Rechtfertigungsgründe angelehnt (nicht diskriminierend, verhältnismäßig etc.).

Durch den Richtlinienvorschlag soll auch an dieser Stelle die Grundlinie der bereits vorhandenen Auslegung der beiden betroffenen Grundfreiheiten durch den EuGH durch ihre Übernahme in das Sekundärrecht der Gemeinschaft weiter verstetigt werden.

Die **Art. 10-13** enthalten neben Anforderungen, die auf das materielle Recht wirken, eine Reihe weitreichender verfahrensrechtlicher Vorgaben, die im Einzelnen erhebliche Anpassungen erforderlich machen. Auch für die Vorgaben der Art. 10-13 für Genehmigungsverfahren gilt der Umsetzungszeitraum von 2 Jahren ab Inkrafttreten. Da sie eine Vielzahl materiell- und verfahrensrechtlicher Regelungen betreffen, ist ein erheblicher Aufwand erforderlich, der eine Realisierung in der vorgegebenen Zeit fraglich erscheinen lässt.

Die Zielrichtung der Vorgaben in **Art. 10 Abs. 1 u. 2** des Richtlinienvorschlags ist schwerpunktmäßig die Verhinderung von Diskriminierungen und der Abbau von Beschränkungen des Dienstleistungsverkehrs innerhalb der EU durch die Schaffung entsprechender Kriterien für Ermessensentscheidungen der Behörden der Mitgliedstaaten.

Da diese Aspekte bislang vielfach nicht hinreichend berücksichtigt sein dürften, ergibt sich aus dieser Bestimmung ein deutlicher Anpassungsdruck für das bestehende deutsche Recht – sowohl für verfahrensrechtliche Regelungen als auch – durch das Abstellen auf die Ermessensausübung – für materiellrechtliche Regelungen.

Durch den Anwendungsvorrang des Gemeinschaftsrechts entfalten diese Vorgaben ab Inkrafttreten Wirkung für die Auslegung und Anwendung der betroffenen Normen.

Im Zusammenhang mit der Bandbreite der betroffenen Normen ergeben sich gleichfalls erhebliche Probleme, die Vorgaben dieser Bestimmung in dem vorgesehenen 2 Jahreszeitraum zu erfüllen.

Die Regelung in **Art. 10 Abs. 3** greift die Rechtsprechung des EuGH zur Geltung des Herkunftslandprinzips auf. Durch die umfassende Geltung im Bereich „aller" Genehmigungsregelungen soll eine unnötige Verdoppelung der Beaufsichtigung des Dienstleistungserbringers verhindert werden.

Auch hier ist eine große Anzahl an Normen und Rechtsgebieten betroffen. Zugleich sind jedoch zur Feststellung der Gleichwertigkeit von Anforderungen in unterschiedlichen, mitgliedstaatlichen Regelungen ein größerer Aufwand und eine (teilweise) Harmonisierung unumgänglich. Daher bestehen ebenfalls erhebliche Probleme, die Vorgaben dieser Bestimmung in dem vorgesehenen 2-Jahreszeitraum zu erfüllen

Aus **Art. 10 Abs. 4** folgt die pauschale Geltung von Genehmigungen für die Aufnahme oder Ausübung von Dienstleistungstätigkeiten im gesamten Hoheitsgebiet eines Mitgliedstaates. Dies dürfte aufgrund des föderalen Systems der Bundesrepublik verfassungsrechtliche Probleme hervorrufen.

Zugleich fehlt eine (sachgerechte) Differenzierung, z.B. für ortsabhängige Genehmigungsvoraussetzungen in der insgesamt unklaren und zu engen Ausnahmeregelung.

Auch hier erscheint der Umsetzungszeitraum von 2 Jahren zu eng.

Art. 10 Abs. 5 beinhaltet eine Ermessensreduzierung für die Behörden der Mitgliedstaaten bei der Erteilung von Genehmigungen an Dienstleister aus anderen Mitgliedstaaten, die sich in ihrem Hoheitsgebiet niederlassen: Die Genehmigung muss erteilt werden, sobald die Voraussetzungen erfüllt sind.

Unklar bleibt dabei, ob entsprechende gesetzliche Regelungen („Soll-Vorschriften", gebundenes Ermessen) getroffen werden müssen oder ob lediglich eine (im Wesentlichen deklaratorische) allgemeine Auslegungsregel für die Ermessensausübung in diesen Fällen geschaffen werden soll. Im ersten Fall würden auch hier erhebliche Schwierigkeiten in Bezug auf die Umsetzbarkeit innerhalb von 2 Jahren entstehen.

Die globale Vorgabe in **Art. 11 Abs. 1**, grundsätzlich unbefristete Genehmigungen zu erteilen, könnte im Zusammenhang mit den zu eng gefassten

Ausnahmeregelungen zu einem unzureichenden Schutz wichtiger Rechtsgüter führen.

Da die Abstufung in befristete und unbefristete Genehmigungen ein in vielen Fachgesetzen eingesetztes Regelungsinstrument ist (z.b. Wasserhaushaltsgesetz, Gaststättengesetz u.v.m.), wäre die Umgestaltung ganzer Regelungssysteme notwendig. Dadurch erscheint die Umsetzbarkeit innerhalb von 2 Jahren – ohne den Schutz wichtiger Rechtsgüter deutlich zu reduzieren – unrealistisch.

Aus **Art. 11 Abs. 3** folgt die Verpflichtung für die Mitgliedstaaten, den Dienstleistungserbringern Informationspflichten über wesentliche Änderungen in ihrer Tätigkeit gegenüber den „einheitlichen Ansprechpartnern" aufzuerlegen. Dies erscheint als notwendiges Korrelat zu den räumlich und zeitlich unbeschränkten Genehmigungen, die Dienstleister nach dem Konzept des Richtlinienvorschlags zukünftig erhalten sollen. Die Vorgabe ist im Detail jedoch zu ungenau abgefasst (z.B. Ermächtigung bzw. Verpflichtung des Aufnahmemitgliedstaates oder des Herkunftsmitgliedstaates zur Schaffung solcher Regelungen, Sanktionsmöglichkeiten), so dass ohne eine ergänzende Klarstellung keine sinnvolle Umsetzung möglich ist.

Die Auswahl unter mehreren Antragstellern bei einer nur begrenzten Zahl erteilbarer Genehmigungen, die von den Vorgaben des **Art. 12** erfasst wird, betrifft eine Vielzahl an bundes- und landesrechtlichen Fachgesetzen, unterschiedlichsten Sachverhalten und Verfahren (z.B. kollidierende wasserrechtliche Nutzungen aber auch kollidierende Sondernutzungen an öffentlichen Straßen).

Unklar ist, ob eine allgemeine bzw. richterrechtlich geprägte Gestaltung des Ermessens anhand der Vorgaben von Art. 12 des Richtlinienvorschlags in diesen Fällen den Anforderungen des Richtlinienvorschlags genügt oder ob regelrechte „Vergabeverfahren" geschaffen werden müssen. Auch hier ergeben sich daher erheblich Probleme aus dem Verhältnis zwischen der Zahl an zu prüfenden/ändernden Regelungen und dem kurzen Umsetzungszeitraum.

Der überwiegende Teil der allgemeine Vorgaben zu den Genehmigungsverfahren in **Art. 13** folgt bereits jetzt aus bestehenden Regelungen des VwVfG (z.B. § 39 VwVfG) und der Fachgesetze bzw. aus allgemeinen Rechtsgrundsätzen.

Die dort vorgegebenen Beschleunigungsregelungen sind überwiegend ebenfalls bereits in den LVwVfGen oder Fachgesetzen enthalten.

Im Einzelfall besteht jedoch insbesondere in Bezug auf die Beschleunigungsregelungen Anpassungsbedarf. Bedenklich im Hinblick auf den ausreichenden Schutz wichtiger Rechtsgüter erscheint dabei die pauschale Genehmigungsfiktion in **Art. 13 Abs. 4**, die grundsätzlich nach Ablauf der gesetzlichen Bearbeitungsfrist greifen soll. Die dabei vorgesehene Rechtfertigung von Ausnahmen enthält eine zu hoch angesetzte Schwelle bzw. lässt einen zu geringen Spielraum.

1.1.3 Unzulässige Anforderungen gemäß Art. 14

Die Vorgaben gemäß **Art. 14 Nr. 1-8** beinhalten vorwiegend eine Wiedergabe der Rechtsprechung des EuGH zu nicht gerechtfertigten Beschränkungen der Dienstleistungsfreiheit. Auch hier ergeben sich durch die Vielzahl an betroffenen Normen Schwierigkeiten bei der Umsetzung innerhalb des 2-Jahreszeitraums.

1.2 Dienstleistungserbringer ohne Niederlassung im Aufnahmemitgliedstaat

1.2.1 Definition und Anwendungsbereich des Herkunftslandprinzips im Richtlinienvorschlag

Erweist sich eine Beschränkung der Dienstleistungsfreiheit durch Anerkennung der Erfüllung der Erbringungsvoraussetzungen im Herkunftsmitgliedstaat als gleichwertig, ist sie nicht erforderlich (= **Herkunftslandprinzip**). Mit der Überprüfung, ob das mit der beschränkenden Maßnahme verfolgte Ziel nicht bereits durch Vorschriften, Zulassungen, Anforderungen, Kontrollen, Prüfungen u.ä. des Herkunftsmitgliedstaates ausreichend geschützt wird, vermeidet das Herkunftslandprinzip eine unnötige Verdoppelung der Beaufsichtigung des Dienstleistungserbringers.

Nach der Rechtsprechung des EuGH ist es mit dem Verhältnismäßigkeitsgrundsatz nicht vereinbar, eine zeitlich begrenzte Dienstleistung mit der selben administrativen Last zu verbinden wie die Niederlassung in einem anderen Mitgliedstaat.

Dementsprechend schafft auch der Richtlinienvorschlag mit der umfassenden Geltung des Herkunftslandprinzips wesentliche Erleichterungen für Dienstleistungserbringer, die nur vorübergehend ihre Tätigkeit in einem anderen Mitgliedstaat ausüben.

Die vorhandenen Abgrenzungskriterien lassen jedoch einen relativ weiten Interpretationsspielraum für die Beurteilung einer Tätigkeit als „vorübergehend" zu, was u.U. zu einer missbräuchlichen Inanspruchnahme der erleichterten Voraussetzungen für die nur vorübergehende Erbringung von Dienstleistungen führen kann.

1.2.2 Ausnahmen vom Herkunftslandprinzip und ihre Rechtfertigung im Richtlinienvorschlag

Eine der zentralen Normen des Richtlinienvorschlags, die den Aufnahmemitgliedstaaten Ausnahmen vom Herkunftslandprinzip ermöglicht, ist **Art. 17 Nr. 17.** Danach gelten für den Dienstleistungserbringer Regelungen des Aufnahmemitgliedstaates, die der Aufrechterhaltung der öffentlichen Ordnung oder Sicherheit oder dem Schutz der öffentlichen Gesundheit oder der Umwelt dienen, wenn dies zugleich mit den besonderen Merkmalen des Ortes der Dienstleistungserbringung verknüpft ist.

Aus der Richtlinie selbst ergibt sich hierfür jedoch eine enge Auslegung, die keine hinreichend klare Abgrenzung zulässt, welche Regelungen den notwendigen örtlichen Bezug aufweisen.

Die Anforderungen, die an die Rechtfertigung solcher Beschränkungen gestellt werden, erscheinen vergleichsweise hoch. Einschlägige Regelungen in Fachgesetzen könnten ihnen wahrscheinlich in vielen Fällen nicht genügen.

Im Ergebnis besteht bei einer unveränderten Beibehaltung bzw. ohne eine Klarstellung die Gefahr, dass der Schutz vieler Rechtsgüter in diesen Fachgesetzen der u.a. durch die Ausgestaltung von Genehmigungsregelungen erfolgt, nicht auf dem bisherigen Niveau aufrecht erhalten werden kann.

1.2.3 Verzicht auf vorherige Anzeige- bzw. Registrierungspflicht

Der Verzicht auf jede Form einer vorherigen Anzeige oder Registrierung des Dienstleisters im Aufnahmemitgliedstaat gemäß **Art. 16 Abs. 3 b)** des Richtlinienvorschlags könnte dazu führen, dass weder die Behörden des Aufnahmemitgliedstaates Kenntnis vom Aufenthalt des Dienstleisters erlangen, noch diejenigen des Herkunftslands.

Folglich besteht hier die Gefahr der Umgehung von Bestimmungen sowohl des Herkunftsmitgliedstaates als auch des Aufnahmemitgliedstaates. Bei einer unveränderten Beibehaltung der Regelung würde so der Entstehung einer kaum zu überwachenden Grauzone Vorschub geleistet. Dies könnte zu einer Gefährdung wichtiger Rechtsgüter, deren Schutz gemeinschaftsrechtlich anerkannt ist, führen.

Es sollte daher die Einführung einer stark vereinfachten Anmelde- oder Abmeldepflicht für die Dienstleistungserbringer angestrebt werden. Dies könnte weitgehend in Anpassung an die entsprechenden Bestimmungen des derzeitigen Richtlinienvorschlags über die Anerkennung von Berufsqualifikationen geschehen.

2. Ausführung

2.1 Dienstleistungserbringer mit Niederlassung im Aufnahmemitgliedstaat

Diese unterliegen auch nach dem Richtlinienvorschlag weiterhin den Regelungen des Aufnahmemitgliedstaates. Hierfür gelten allerdings die oben beschriebenen Vorgaben der **Art. 10-15** mit den daraus folgenden, weitgehenden Überprüfungen und Anpassungen des nationalen Rechts.

2.2 Dienstleistungserbringer ohne Niederlassung im Aufnahmemitgliedstaat

2.2.1 Geltung technischer Normen für Dienstleistungen/Sicherheit von Dienstleistungen

Grundsätzlich betrifft das Herkunftslandprinzip auch die in der Praxis sehr bedeutenden untergesetzlichen Regelwerke, wie DIN-Normen oder sonstige technische Regelwerke, z.B. die VdE-Richtlinien. Hier würden folglich Dienstleistungserbringer ihre technischen Standards in den Aufnahmemitgliedstaat „mitbringen". Aufgrund der bestehenden Unterschiede innerhalb der Gemeinschaft könnten durch dieses Aufeinandertreffen erhebliche Probleme entstehen.

Zugleich könnte es in einzelnen Branchen zu einem Absinken erreichter Standards kommen.

Die Regelungen des Richtlinienvorschlags hierzu sowie die weitere Politik der Gemeinschaft lassen mittelfristig eine Entschärfung des Problems erwarten. Für einen derzeit nicht abschätzbaren Übergangszeitraum könnte es jedoch zu u.U. gravierenden Gefährdungen kommen.

2.2.2 Geltung der im Aufnahmemitgliedstaat für die Erbringung der Dienstleistung bestehenden Anforderungen – Gefahr einer Umgehung

Bereits heute ist es für Dienstleister möglich, innerhalb der EU die für sie „günstigste" Rechtsordnung zu wählen. Durch die umfassende Geltung des Herkunftslandprinzips gemäß dem Richtlinienvorschlag könnte so eine Bewegung in die Mitgliedsstaaten mit den niedrigsten Standards einsetzen bzw. noch verstärkt werden (Gefahr eines „race to the bottom").

Durch die weite Auslegung des Begriffs der „vorübergehenden" Erbringung von Dienstleistungen im Aufnahmemitgliedsstaat könnte sich dieses Problem – zumindest für einen nicht abschätzbaren Übergangszeitraum noch verschärfen.

3. Kontrolle

3.1 Dienstleistungserbringer mit Niederlassung im Aufnahmemitgliedsstaat

Diese unterliegen auch nach dem Richtlinienvorschlag weiterhin den Regelungen des Aufnahmemitgliedstaates. Hierfür gelten allerdings die oben beschriebenen Vorgaben der Art. 10-15 mit den daraus folgenden, weitgehenden Überprüfungen und Anpassungen des nationalen Rechts.

3.2 Dienstleistungserbringer ohne Niederlassung im Aufnahmemitgliedstaat

3.2.1 Allgemeine Überwachung der Dienstleister in Bezug auf die Ausführung ihrer Tätigkeit

Aufgrund der fehlenden Anzeige- bzw. Registrierungspflicht ist eine (präventive) Überwachung auch der laufenden Tätigkeit der Dienstleistungserbringer kaum möglich.

Da daraus möglicherweise erhebliche Gefahren resultieren können, sollte eine stark vereinfachte Anzeigepflicht (in Anpassung an die entsprechenden Bestimmungen des Richtlinienvorschlags zur Anerkennung von Berufsqualifikationen) in die Richtlinie aufgenommen werden.

3.2.2 Maßnahmen gegenüber Dienstleistungserbringern im Einzelfall

Gemäß Art. 19 i.V.m. Art. 37 des Richtlinienvorschlags kann der Aufnahmemitgliedstaat gegenüber den Dienstleistungserbringern Maßnahmen im Einzelfall treffen.

Die hierzu vorgesehenen Verfahren zum Verwaltungsvollzug erscheinen nicht geeignet, einen effektiven und geordneten Vollzug zu gewährleisten. Dies betrifft sowohl die Überwachung der Einhaltung von Regelungen des Herkunftsmitgliedstaat durch diesen selbst, als auch das Verfahren der gegenseitigen Zusammenarbeit gemäß Art. 37, in dem Maßnahmen im Einzelfall auf Ersuchen des Aufnahmemitgliedstaates vorrangig durch den Herkunftsmitgliedstaat vollzogen werden sollen.

Die als Ausnahme ausgestalteten Möglichkeiten der Aufnahmemitgliedstaaten selbst, zur Gefahrenabwehr Maßnahmen im Einzelfall gegenüber Dienstleistungserbringern zu ergreifen, sind in den Art. 19 i.V.m. Art. 37 ebenfalls unzureichend ausgestaltet. Durch das daraus möglicherweise folgende Vollzugsdefizit könnte es gemeinschaftsweit zu einem Absinken des Schutzniveaus wichtiger Rechtsgüter kommen.

In einem längeren Übergangszeitraum sollten daher weiterhin Überwachung und Kontrolle der Tätigkeit der Dienstleistungserbringer bei den Aufnahmemitgliedstaaten liegen, insbesondere auch auf Gebieten, die bereits harmonisiert sind. Parallel dazu sollten die Anstrengungen zur Harmonisierung der zu Grunde liegenden Regelungen forciert werden.

Zugleich könnte anhand eines verbindlichen Zeitraums probeweise die zeitlich und sektoral gestaffelte Einführung des in Art. 37 Abs. 2 beschriebenen Verfahrens der gegenseitigen Unterstützung vorgenommen werden. Dabei sollte eine Überprüfung auf Praxiseignung durch gründliche Evaluierung erfolgen.

Als Minimum sollte die Einführung einer praxistauglichen, gestaffelten Gefahrenabwehrregelung für die Behörden der Aufnahmemitgliedstaaten in Art. 37 Abs. 3 angestrebt werden.

VI. Bewertung

Der umfassende, horizontale Ansatz des Richtlinienvorschlags macht eine auch nur näherungsweise Abschätzung seiner Folgen nahezu unmöglich. Allein um die Umsetzung überhaupt zu ermöglichen bzw. vorzubereiten, müssen weitere, umfangreiche Untersuchungen vorgenommen werden.

Die Umsetzung der Vorgaben in Bezug auf Genehmigungsregelungen macht entweder die umfassende Neugestaltung weiter Teile des Wirtschaftsverwaltungsrechts erforderlich oder aber die Schaffung von Ausnahmeregelungen für Dienstleistungserbringer aus anderen EU-Mitgliedstaaten. Hieraus dürfte aber eine starke Inländerdiskriminierung – und wohl auch eine wirtschaftliche Benachteiligung einheimischer Unternehmen – folgen. Mittelfristig könnten daher heute bestehende bzw. dann nur noch für Inländer weitergeltende Regelungen politisch kaum aufrecht erhalten werden. Der Richtlinienvorschlag würde so, bei unveränderter Umsetzung, in jedem Fall seine (beabsichtigte) Dynamik entfalten.

Viele in dem Vorschlag enthaltenen Regelungen betreffen Forderungen, die auch von inländischen Unternehmen seit geraumer Zeit an die Verwaltung bzw. den Staat gestellt werden. Dies betrifft z.B. die Schaffung verbindlicher Bearbeitungsfristen für Behörden, die Einrichtung von One-Stop-Shops und vor allem den Abbau von (belastenden) Standards. Durch den Zwang zur Schaffung derartiger Bestimmungen oder Institutionen für Konkurrenten aus dem EU-Ausland würde auch hier der politische Druck der Inländer, die – möglicherweise zu Recht – eine Benachteiligung befürchten, wachsen.

Die positive Konsequenz könnte daher eine erhebliche Beschleunigung der z.T. fälligen Verwaltungsmodernisierung zu Gunsten der Unternehmen in der Europäischen Gemeinschaft sein.

Auch die konkreten Einzelmaßnahmen des Vorschlags erscheinen in Bezug auf die mit ihnen angestrebten Ergebnisse überwiegend positiv. So wirkt die Vision eines grenzenlosen Wirtschaftsraums, in dem die verbleibenden nationalen Verwaltungen auf der Grundlage weitgehend harmonisierter Bestimmungen nach den modernsten Konzepten der Verwaltungstätigkeit intensiv zusammenarbeiten, durchaus erstrebenswert. Für die (Dienstleistungs-) Unternehmen fallen so die „kleinstaatlichen" administrativen Hemmnisse, und die staatliche Kontrolle wird auf ein annehmbares und zeitgemäßes Maß reduziert. Viele unzeitgemäße, nationalstaatliche Restriktionen für Inländer fallen dann ebenfalls weg.

Negativ wirkt sich dabei jedoch zunächst aus, dass durch den Richtlinienvorschlag eine einseitige Berücksichtigung nur der Belange der Wirtschaft verfolgt wird.

Die Vision bzw. das Ziel ist dabei eine weitgehende Deregulierung und die z.T. wohl drastische Reduzierung staatlicher Präventivkontrolle. An deren Stelle soll eine weitgehend den betroffenen Privaten überlassene Verfolgung ihrer Interessen treten.

Unabhängig von der Bewertung dieses sehr liberalen bzw. marktwirtschaftlich geprägten Konzepts folgt daraus eine drastische Einschränkung des Spielraums nationaler Politik. Auch sie wäre dann in der Konsequenz nicht nur in Teilbereichen, sondern vor allem in ihren Grundsätzen insoweit determiniert.

Grundsätzlich können auch die Berücksichtigung des Gemeinwohls, z.B. im Sinne einer Verfolgung sozialer und ökologischer Ziele, aber auch die Funktionsfähigkeit derartiger Marktkonzepte zumindest in Zweifel gezogen werden, da der praktische Beweis dafür bislang noch aussteht.

Diese Negativaspekte könnten sich bereits aus dem ehrgeizigen Zeitplan ergeben. So haben die betroffenen nationalen Regelungen überwiegend eine Berechtigung durch den mit ihnen verfolgten Schutz wichtiger – zumindest durch den nationalen Gesetzgeber anerkannter – Rechtsgüter. Durch die notwendige Beschleunigung bei der Umsetzung innerhalb von 2 Jahren wird dieser Schutzaspekt zwangsläufig in den Hintergrund treten müssen, da der Richtlinienvorschlag andere Prioritäten setzt und zugleich auch sehr hohe Hürden für derartige Beschränkungen vorsieht: die Schaffung von interessengerechten Alternativregelungen dürfte deutlich mehr Zeit als dort vorgesehen erfordern. Konsequenz könnte ein kurzfristiger, weitgehender Verzicht auf diese staatlichen Eingriffe sein. Ob dies genügt, den notwendigen Schutz überhaupt oder auf dem bisherigen Niveau aufrecht zu erhalten, erscheint zweifelhaft.

Hinzu kommt, dass der Richtlinienvorschlag sich auf die Vorgabe der Ziele beschränkt, hinsichtlich des einzuhaltenden Weges die erforderlichen Vorgaben jedoch weitgehend fehlen. So kann mit Sicherheit davon ausgegangen werden, dass erhebliche Probleme und Friktionen beim Übergang in diesen grenzenlosen Wirtschaftsraum entstehen werden.

Neben diesen übergeordneten Aspekten zeigen sich bereits in dieser ersten Überprüfung z.T. gravierende Mängel bzw. Lücken, die zu einem erheblichen Verlust an Effektivität staatlichen Handelns und damit zu einer Gefährdung wichtiger Rechtsgüter führen können.

Als Fazit lässt sich daher feststellen, dass das mit dem Richtlinienvorschlag verfolgte Ziel zumindest anzweifelbar ist.

Dies betrifft sowohl das Funktionieren der davon betroffenen Märkte als auch den Ausgleich der betroffenen Interessen – im Sinne einer Berücksichtigung von Zielen des Allgemeinwohls.

Die Folgen des Richtlinienvorschlags sind aufgrund seines horizontalen Ansatzes kaum abschätzbar.

Zumindest in einem ebenfalls nicht abschätzbaren Übergangszeitraum dürfte er erhebliche Probleme und Verwerfungen mit sich bringen, da entsprechende Konzepte fehlen.

Es erscheint daher sinnvoll, den Modus bzw. die sehr effektiven Instrumente des Richtlinienvorschlags nur sektoral aufgegliedert einzusetzen. D.h., die Vorgehensweise aus dem Richtlinienvorschlag sollte jeweils für eine bestimmte Branche eingesetzt werden. Übergangsregelungen und eine parallele Evaluierung müssten hinzu kommen. Damit könnten die beschriebenen negativen Folgen minimiert werden, ein gezieltes „Nachsteuern" wäre gleichfalls ohne allzu große Verwerfungen ebenfalls möglich. Dafür wäre allerdings ein erheblicher Zeitverlust gegenüber dem bisherigen Konzept in Kauf zu nehmen.

C. Verflechtungsanalysen*

I. Konvergenzen

Konvergenzprogramme[449] unterstreichen den programmatisch-dynamischen Ansatz des Richtlinienkonzepts, das insoweit – seine Implementation vorausgesetzt – zunächst keine unmittelbar verbindlichen Rechtsfolgen auslösen will, sondern eher Regulierungstendenzen zu weisen gewillt ist. Indessen haben diese Programme zunächst noch keine unmittelbar inhaltlichen Auswirkungen im Sinne einer Konvergenz derjenigen Voraussetzungen, unter denen Dienstleistungen in den einzelnen Sparten erbracht werden sollen; vielmehr geht es um „begleitende Maßnahmen", deren Ziel es sein soll, „die Ausarbeitung gemeinschaftsrechtskonformer Verhaltenskodizes auf Gemeinschaftsebene zu fördern",[450] insbesondere erstens mit Blick auf die „Modalitäten kommerzieller Kommunikation" (der berufsspezifischen Inhalte von Mitgliedern reglementierter Berufsgruppen)[451] sowie zweitens mit Blick auf „die Standesregeln der reglementierten Berufe", die „vor allem die Unabhängigkeit, Unparteilichkeit und die Wahrung des Berufsgeheimnisses gewährleisten sollen".[452]

Allerdings deutet zumindest der Bezug zu den Standesregeln auf ein behutsames gemeinschaftlich initiiertes und auch inhaltlich aufzuladendes Qualitätsmanagement hin. Dieses will der Richtlinienentwurf im Übrigen noch deutlich dadurch unterstützen, dass er die Mitgliedstaaten auffordert, durch weitere „begleitende Maßnahmen" die Standesorganisationen und die Berufsverbände, die Berufskammern und die Berufsorganisationen „zu ermutigen, die auf Gemeinschaftsebene verabschiedeten Verhaltenskodizes auf nationaler Ebene anzuwenden".[453]

Bereits aus diesem Ermutigungskurs des Richtlinienvorschlags ergibt sich die Intention, keineswegs alles dem Herkunftslandprinzip zu überantworten, jedenfalls aber das Herkunftslandprinzip gemeinschaftsrechtlich und europaberufspolitisch dermaßen aufzuladen, dass sich zumindest im Bereich der reglementierten Berufe die Herausforderungen, die sich aus den importierten Standards und Berufsauffassungen für die Rechts- und Berufsordnungen der

---

* *Koch.*
449 Art. 39 ff. des Richtlinienvorschlags.
450 Laut Art. 39 Abs. 1 des Richtlinienvorschlags.
451 Gemäß Art. 39 Abs. 1 a) des Richtlinienvorschlags.
452 Art. 39 Abs. 1 b) des Richtlinienvorschlags.
453 Art. 39 Abs. 4 des Richtlinienvorschlags.

jeweiligen Aufnahme-, Ziel- bzw. Dienstleistungsstaaten ergeben könnten, wesentlich weniger dramatisch ausnehmen würden als dies zunächst den Anschein hat.

Voraussetzung ist indessen eine inhaltlich tragfähig konsentierte Ausarbeitung von Verhaltenskodizes und ihre konsequente Implementation.

> Die mögliche Ordnungsfunktion des Richtlinienvorschlags wird daher zunächst zu Lasten einer weiteren Gestaltungsstufe zurückgestellt, die jenseits eigener materiellrechtlicher Vorgaben des Richtlinienvorschlags erneut auf den gemeinschaftlichen Gestaltungswillen und die gemeinschaftsorientierte Gestaltungskraft der maßgeblichen Berufsgruppen setzt.

Hier ergibt sich eine nahezu zwangsläufige Tendenz hin zu Gestaltungsaufträgen an die bereits auf der Ebene der Europäischen Union organisierten berufspolitischen Interessen; die entsprechenden Verbände werden nicht umhin kommen, diese Gestaltungs- und Implementationsaufgabe mit zu übernehmen. Auch und gerade an die entsprechend repräsentativen Akteure des Sozialen Dialogs wird hier zu denken sein. Und im Übrigen macht Art. 39 Abs. 4 des Richtlinienvorschlags einmal mehr deutlich, dass auch die Europäische Union einen Schwerpunkt der Umsetzungsverantwortung bei den berufsständischen Organisationen in den Mitgliedstaaten sieht und auch insofern dem Subsidiaritätsgedanken folgen will.

Welche Konsequenzen sich aus dieser auf dezentrale Umsetzungsverantwortung, auf das Selbstverwaltungsprinzip hin orientierten Grundsatzentscheidung für die Ausgestaltung (und Regulierung und Finanzierung) der mitgliedstaatlichen „einheitlichen Ansprechpartner" bzw. „Kontaktstellen" im Sinne von Art. 6 des Richtlinienvorschlags ergeben könnten, kann an dieser Stelle im einzelnen noch unbeantwortet bleiben.

II. Der Kohärenzgedanke als Leitprinzip: Der „Querschnitts"-Ansatz

Die Richtlinie verfolgt einen horizontalen Ansatz in dem Sinne, dass sie einen „Rechtsrahmen" schaffen will, der „für alle Dienstleistungstätigkeiten gilt", wenn auch nicht vollkommen ausnahmslos.[454]

---

454 Begr. Nr. 3 a), S. 9.

> Das Prinzip „Dienstleistung" enthält eine Querschnittsfunktion, angesichts seines allgemeinen Begriffsinhalts, aber auch wegen seines spezifisch marktfreiheitlichen Grundlagencharakters für Integration und Zusammenhalt der europäischen (Politik-, Markt-, Wirtschafts- und Sozial-) Gemeinschaft.

1. Begrenzte Einzelermächtigung

Diese Querschnittsfunktion steht aber nach wie vor zumindest grundsätzlich im Widerstreit zum Prinzip der begrenzten Einzelermächtigung. Gerade in der intendierten Breite, mit der Dienstleistungen durch die Rahmenrichtlinie erfasst werden sollen (von den im Vorschlag vorläufig definierten Ausnahmebereichen abgesehen), regen sich Zweifel, ob hier die Grenzen des EG-vertraglich Zulässigen noch respektiert sind. Zu den diversen Gruppen von Dienstleistungen und zu den ihnen entsprechenden Fertigkeiten, Berufsfeldern und Berufsgruppen lassen sich zumeist jeweils auch solche fachlich-inhaltlichen Bezüge aufbauen, die in die jeweiligen als Zuständigkeitsrahmen der Union vereinbarten Tätigkeitsbereiche im Sinne von Art. 3 EGV müssten zurückgebunden werden können.

Obzwar die „Tätigkeiten" im Sinne von Art. 3 EGV dort in unterschiedlichem Maße konkretisiert umschrieben sind, muss doch auf die insoweit immer mitschwingende in mehreren Dimensionen begrenzende Subsidiaritätsformel in Art. 5 EGV Bedacht genommen werden: „(1) Die Gemeinschaft wird innerhalb der Grenzen der ihr in diesem Vertrag zugewiesenen Befugnisse und gesetzten Ziele tätig. (2) In den Bereichen, die nicht in ihre ausschließliche Zuständigkeit fallen, wird die Gemeinschaft nach dem Subsidiaritätsprinzip nur tätig, sofern und soweit die Ziele der in Betracht gezogenen Maßnahmen auf Ebene der Mitgliedstaaten nicht ausreichend erreicht werden können und daher wegen ihres Umfangs oder ihrer Wirkungen besser auf Gemeinschaftsebene erreicht werden können. (3) Die Maßnahmen der Gemeinschaft gehen nicht über das für die Erreichung der Ziele dieses Vertrags erforderliche Maß hinaus".

2. Rahmencharakter versus subsidiariätsgerechte Gestaltung

Schon der „Rahmen"-Charakter der Dienstleistungsrichtlinie wird möglicherweise den Anforderungen aus Art. 5 Abs. 2 EGV nicht gerecht; man könnte sich auf den Standpunkt stellen, dass dem Subsidiaritätsgedanken jedenfalls dann, wenn ein Regulierungssystem sich in horizontaler Breite über einen oder mehrere Politikbereiche lagert, schon angesichts der damit notwendigen Pauschalität des Regulierungsansatzes nicht hinreichend Rechnung getragen werden kann. Eine subsidiaritätsgerechte Gestaltung könnte vielmehr eher in tätigkeitsfeld- oder berufsgruppenspezifisch angelegten Teilregulierungen zu suchen sein.

Für einen solchen berufsgruppenspezifischen Ansatz steht ebenso beispielgebend wie für einen Teilaspekt verbindlich Art. 47 EGV, indem er die Rechtsgrundlage für die gegenseitige Anerkennung von Zeugnissen und Diplomen (und dies nach Maßgabe der Verweisungsvorschrift in Art. 55 EGV auch im Rahmen der Dienstleistungsfreiheit nach Art. 49 ff. EGV) darstellt:

„(1) Um die Aufnahme und Ausübung selbstständiger Tätigkeiten zu erleichtern, erlässt der Rat nach dem Verfahren des Artikels 251 Richtlinien für die gegenseitige Anerkennung der Diplome, Prüfungszeugnisse und sonstigen Befähigungsnachweise. (2) Zu dem gleichen Zweck erlässt der Rat gemäß dem Verfahren des Artikels 251 Richtlinien zur Koordinierung der Rechts- und Verwaltungsvorschriften der Mitgliedstaaten über die Aufnahme und Ausübung selbstständiger Tätigkeiten. Der Rat beschließt im Rahmen des Verfahrens des Artikels 251 einstimmig über Richtlinien, deren Durchführung in mindestens einem Mitgliedstaat eine Änderung bestehender gesetzlicher Grundsätze der Berufsordnung hinsichtlich der Ausbildung und der Bedingungen für den Zugang natürlicher Personen zum Beruf umfasst. Im Übrigen beschließt der Rat mit qualifizierter Mehrheit. (3) Die schrittweise Aufhebung der Beschränkungen für die ärztlichen, arztähnlichen und pharmazeutischen Berufe setzt die Koordinierung der Bedingungen für die Ausübung dieser Berufe in den einzelnen Mitgliedstaaten voraus."

Vor allem im Zusammenhang der materiellrechtlichen und prozeduralen Elemente bestärken diese Bestimmungen den behutsam koordinierenden Ansatz bewusster berufsbildsystematischer, nicht marktzufälliger Koordinierung. Gerade die letztzitierte Regelung zeigt (in Absatz 3) deutlich diesen engeren, subsidiaritätsgerechten und im Übrigen grundsätzlich bilateral vergleichend angelegten Ansatz.

> Dementsprechend wird der Richtlinienvorschlag sich daran messen lassen müssen, inwieweit er dieses ausbildungs- und berufsbildkoordinierende System des EG-Vertrags mit Blick zumindest auf die Dienstleistungen Selbständiger zu integrieren imstande ist.

Einiges spricht indessen dafür, dass der Richtlinienentwurf bewusst die berufsbildkonzentrierten Angleichungsprozesse in sein „quergelagertes" Konzept integriert. Hier stößt der Richtlinienvorschlag auch aus dem Blickwinkel der EG-Vertragsgerechtigkeit an Grenzen.

Allerdings: Primärvertraglicher Koordinierungsauftrag und Richtlinienvorschlag berühren sich nur in Teilbereichen. Der Richtlinienvorschlag betrifft eine Folgephase der beruflichen Integration und steht in all denjenigen Dienstleistungsbereichen außerhalb jenes ausbildungs- und berufsbildbezogenen Regulierungsansatzes des EG-Vertrags, in denen solche Ausbildung und Berufsbild prägenden Voraussetzungen nicht erkennbar entwickelt sind oder angesichts der Spezifität, der regionalen oder fachlichen Begrenzung einer Dienstleistung nicht sonderlich zum Tragen kommen.

III. Flankierende Initiativen und Regulierungsvorschläge in Richtlinienform

Als Regulierungssystem, in dessen Zentrum eine Richtlinie steht, sind flankierende Initiativen und Bestandsaufnahmen über erreichte Standards und über in Geltung gebrachte Regelungen ebenso von Bedeutung wie weitere Regulierungsvorschläge in Richtlinienform, in deren Kontext sich die Dienstleistungsrichtlinie überhaupt erst würde entfalten können. Die Richtlinie ist (ihre Realisierbarkeit und Akzeptanz vorausgesetzt) Auslöser umfangreicher Umsetzungs- und Implementierungsprozesse in den Mitgliedstaaten. Sie entfaltet in der Tat (wie es in Begr. Nr. 3 d) heißt) ein „dynamisches Konzept", das phasenversetzt schon angesichts der bekannten Hindernisse erst nach geraumer Zeit „die Schaffung eines wirklichen Raumes ohne Binnengrenzen für den Dienstleistungssektor" wird sicherstellen können.

Erforderlich ist eine „Kohärenz mit anderen Politikbereichen der Gemeinschaft" (Begr. Nr. 5), mittels einer „Reihe flankierender Maßnahmen". Gewissen Zweifeln begegnet die Behauptung, der Richtlinienvorschlag füge sich „in juristischer Hinsicht problemlos in das bestehende Gemeinschaftsrecht ein: Wird eine Dienstleistungstätigkeit bereits von einem oder mehreren Gemeinschaftsrechtsakten erfasst, werden die Richtlinie und diese anderen Rechtsakte kumulativ angewandt, d.h. die jeweiligen Anforderungen addieren sich". Ob die Grenzen dieser Akkumulation mit Hilfe der eingerichteten Ausnahmen hinreichend erfasst werden können, bleibt abzuwarten. Ausweislich der Begründung wurden jedenfalls „im Hinblick auf Artikel, bei denen Probleme mit der Vereinbarkeit mit bestehenden Rechtsakten hätten entstehen können", offenbar „Ausnahmen (beispielsweise in Art. 17) oder geeignete Vorschriften, die das Verhältnis dieser Rechtsakte zueinander regeln, vorgesehen, um die Kohärenz der Richtlinie mit den betreffenden Gemeinschaftsrechtsakten sicherzustellen".

Im „Verhältnis zu derzeitigen Initiativen" sei ein Blick auf einen maßgeblichen Stabilisierungsfaktor geworfen: den Vorschlag zu Berufsqualifikationen. Der Dienstleistungsrichtlinienvorschlag ergänzt den Vorschlag für eine

Richtlinie über die Anerkennung von Berufsqualifikationen[455], „denn er behandelt andere Fragen, etwa die der Berufshaftpflichtversicherung, der kommerziellen Kommunikation oder der multidisziplinären Tätigkeiten. Die beiden Vorschläge sind uneingeschränkt kohärent, denn beide wollen Dienstleistungserbringern die Wahrnehmung der Niederlassungsfreiheit erleichtern und beruhen in Bezug auf den freien Dienstleistungsverkehr auf dem Herkunftslandprinzip". Auf diese Flankierung sei daher näher eingegangen:

1. Berufsqualifikationen und Berufsplattformen: Der Richtlinienvorschlag KOM (2002) 119 vom 7.3.2002

Zur Überprüfung der *Leistungsfähigkeit des Herkunftslandprinzips* als maßgebendem Kriterium für die Sicherung der Dienstleistungsfreiheit gemäß dem Vorschlag für eine Dienstleistungsrichtlinie kann nicht zuletzt der Vorschlag für eine Richtlinie des Europäischen Parlaments und des Rates über die Anerkennung von Berufsqualifikationen[456] dienen. Zwar mag es auf den ersten Blick zweifelhaft erscheinen, gerade zwei Richtlinienvorschläge zueinander in Beziehung zu setzen und so allenfalls relative und ausgesprochen entwicklungsoffene Aussagen zu erhalten. Indessen: Dieser Richtlinienvorschlag markiert die derzeit letzte Phase in dem intensiven Angleichungs- und Harmonisierungsprozess, der gleichsam hinter den Kulissen des Binnenmarktes in vor allem bilateral-transnational strukturierten Vergleichungs- und Anpassungsprozessen wesentliche Berufsbilder und Berufsbildgruppen von Seiten der für erforderlich gehaltenen Qualifikationen aneinander anzugleichen sucht, nicht ohne eigene gemeinschaftliche materielle Standards hinzuzusetzen.

Hier im Vordergrund des Vorschlags (Berufsqualifikationen) steht die Verbesserung und Erleichterung der Anerkennung von Berufsbildern für die reglementierten Berufe, mit dem Ziel, die bestehenden Systeme beruflicher Anerkennung solcher Berufe zu konsolidieren. Dieser Vorschlag will die Bedingungen für die grenzüberschreitende Erbringung von Dienstleistungen gegenüber denjenigen Bedingungen vereinfachen, die für die Niederlassungsfreiheit gelten, im Sinne weiterer Flexibilisierung des Arbeits- und Dienstleistungsmarktes.[457]

> Gegenstand des Richtlinienvorschlags ist die Anerkennung der Berufs*qualifikation*, nicht die Anerkennung der Genehmigung zur Berufs*ausübung*.

---

455 Vorschlag für eine Richtlinie des Europäischen Parlaments und des Rates über die Anerkennung von Berufsqualifikationen, KOM (2002) 119.

456 KOM (2002) 119.

457 KOM (2002) 119, dort Begr. Nr. 2.1.

Der in Bezug genommene Richtlinienvorschlag setzt sich intensiv mit dem Subsidiaritätsgrundsatz auseinander und nimmt damit hier einen Maßstab in Anspruch, der einigermaßen kompatibel zum Herkunftslandprinzip ist. Aber anders als dieses ist das Subsidiaritätskonzept im Rahmen der Anerkennungsrichtlinie (Entwurf) dahin ausgelegt, die Merkmale erforderlicher Berufsqualifikation bereits auf Harmonisierungsaspekte hin abzustimmen; zumindest transnational wird der Harmonisierungseffekt gewissermaßen antizipiert.

Einen weiteren interessanten Ansatz verfolgt die Anerkennungsrichtlinie (Entwurf) mit dem Modell der „Berufsplattformen".[458] Diese werden als Rahmen für „eine enge Partnerschaft zwischen öffentlichem und privatem Sektor" gesehen. Im Übrigen wird „eine verstärkte Nutzung von Ausschussverfahren" empfohlen und damit ein typisches Organisationselement für eine gemeinschaftliche fachlich geprägte Verwaltungsstruktur „in being" herangezogen. Mit dem Bild der „Plattform", das der Richtlinienvorschlag verwendet, ist erstens die institutionell-organisatorische Dimension bezeichnet, hier vor allem mit Blick auf die Frage nach dem Fortbestand der berufsspezifischen Selbstorganisation. Inwieweit die wirtschaftliche Selbstverwaltung als tragfähige Organisation des gemeinschaftlichen Dienstleistungssystems wird gelten können (von der *One-Stop-Shop*-Problematik abgesehen), hängt nicht zuletzt von der Verankerung des Selbstverwaltungsprinzips auf Gemeinschaftsebene ab. Zweitens stabilisiert die Plattform aber auch die inhaltliche Dimension, die mit dieser berufsbezogenen Anknüpfung an das Prinzip der Selbstverwaltung verbunden werden kann.

Ergänzend hervorgehoben sei der erklärtermaßen beabsichtigte Beitrag der Anerkennungsrichtlinie (Entwurf) zur Verfahrensvereinfachung nach Maßgabe der Grundsätze einer guten Verwaltung.[459] Über die Institutionalisierung der (mittlerweile alltäglichen) Ausschüsse nationaler Beamter (Koordinatoren) soll das System für die „Hinzuziehung externer Meinungen auf Initiative der Kommission oder eines Mitgliedstaates"[460] geöffnet werden.

Die existierenden Einzelrichtlinien lassen sich zusammengefasst dahin charakterisieren, dass sie die automatische Anerkennung auf der Basis einer Mindestkoordination der Ausbildungsanforderungen vorsehen. Das System der Mindestgarantien als das allgemeine Regulierungsprinzip, mit dem die berufsabschlussbezogenen Anerkennungsverfahren arbeiten, scheint in diesem Kontext (der Anerkennung von Berufsqualifikationen) bereits in erheblichem

---

458 KOM (2002) 119, Begr. Nr. 4.1.

459 *Koch*, Arbeitsebenen der Europäischen Union – Das Verfahrensrecht der Integrationsverwaltung, 2003, S. 500 f.

460 KOM (2002) 119, S. 7.

Maße akzeptiert zu sein, und zwar (und darauf kommt es hier an:) „regelmäßig ohne Anwendung von Ausgleichsmaßnahmen in Form von Eignungsprüfungen oder Anpassungslehrgängen".[461] Betont wird dort auch, dass für einzelne einschlägige Berufe „bereits intensiv an der Entwicklung einer gemeinsamen Plattform gearbeitet wird, die zum Verständnis und zur Anerkennung von Qualifikationen beitragen kann".

Schließlich seien die Linien des noch geltenden Systems der Koordinierung, Kompatibilisierung und Harmonisierung nachgezogen, nicht zuletzt um des Nachweises willen, dass im mitgliedstaatlichen „Hintergrund" zu dem Projekt der Dienstleistungslichtlinie bereits erhebliche Vorarbeiten zum Abgleich der berufsqualifizierenden Voraussetzungen mit dem Gemeinschaftsrecht unternommen worden sind.

Die Angleichung der mitgliedstaatlichen Berufsbilder ist als Auftrag, der aus den Grundfreiheiten resultiert, aus der Binnenmarktperspektive nicht mehr wegzudenken, stellt er doch das „personale" Substrat der Wettbewerbsfreiheit in wichtigen Wirtschaftssektoren dar.[462] Zugleich ergeben sich – auch hier den prägenden Vorgaben des Gerichtshofs aus einem Mosaik differenziertester Einzelfallgestaltungen folgend – Bausteine für ein grundrechtliches Systemelement der Berufswahl- und Berufsausübungsfreiheit,[463] zuletzt auch in der Grundrechte-Charta der Europäischen Union formuliert. Wechselseitige Anerkennung von Diplomen und den sonstigen Studien- und Berufsabschlüssen erhöht aber auch die Kompatibilität der Zugangsvoraussetzungen zu den Systemen des öffentlichen Dienstes in den Mitgliedstaaten und steigert damit den politischen und rechtlichen Druck auf wechselseitige Öffnung.

Die Vergleichbarkeit der Berufsbilder mit allen Konsequenzen für Berufsausbildung, Berufszugangs- und Berufsausübungsfreiheit eröffnet neben

---

461 KOM (2002) 119 , Begr. Nr. 2.3.

462 Allgemeines zu den Grundlagen der Entwicklung von Niederlassungs- und Dienstleistungsfreiheit in der Gemeinschaft: *Oppermann*, Europarecht, 3. Aufl. 2005, S. 534 ff., 548 ff., 556 f., sowie *Hailbronner/Nachbaur*, Niederlassungs- und Dienstleistungsfreiheit im Binnenmarkt 1992, WiVerw 1992, S. 57 ff.; *Hailbronner/Nachbaur*, Die Dienstleistungsfreiheit in der Rechtsprechung des EuGH, EuZW 1992, S. 105 ff.; *Stumpf*, Freie Berufe und Handwerk (E. II.), in: Dauses (Hrsg.), Handbuch des EG-Wirtschaftsrechts, Loseblattausg., 1994 ff.; für Rechtsanwälte: *Rabe*, Dienstleistungs- und Niederlassungsfreiheit der Rechtsanwälte in der EG, AnwBl 1992, S. 146 ff.; *Wackie Eysten*, The Legal Profession in Europe: officium nobile et mobile, EuZW 1993, S. 721 ff.

463 Vgl. hier zur gemeinschaftsrechtlichen Grundrechtsgenese nur Penski/Elsner, Eigentumsgewährleistung und Berufsfreiheit als Gemeinschaftsgrundrechte in der Rechtsprechung des Europäischen Gerichtshofs, DÖV 2001, S. 265 ff. (270 ff.).

der marktbezogenen und insbesondere wettbewerbsorientierten Dimension auch eine erhebliche sozialpolitische Perspektive:

> Das Management der sozialen Absicherung des Wanderarbeitnehmers und Dienstleisters, also desjenigen Unionsbürgers, der die Kompatibilität mitgliedstaatlicher Berufsbilder und ihrer Ordnung insbesondere herausfordert und für sich in Anspruch nimmt, erweist sich so als notwendige Begleitstruktur der Dienstleistungs- und Niederlassungsfreiheit.

Allerdings hat sich die Europäische Gemeinschaft auf der sekundärrechtlichen Ebene nicht für eine umfassende Gestaltung entschieden, sondern sich vielmehr auf einige Berufsbilder beschränkt, in denen typischerweise das Element, sich auch in anderen Mitgliedstaaten vor allem als Selbständiger niederzulassen, zum Tragen kommt.[464]

2. Verbraucherschutz und Produktsicherheit als Schnittstellenprobleme

Angeregt durch die flankierenden Initiativen zum Bereich „Sicherheit der Dienstleistungen" und unter Bezug auf den in der Richtlinienbegründung herangezogenen Kommissionsbericht über die Sicherheit von Dienstleistungen für Verbraucher[465] (in dem insbesondere ein gravierendes Defizit an Informationen über das Ausmaß der mit Dienstleistungen verbundenen Gefahren bzw. über ihre Sicherheit festgestellt wird) sei im Folgenden eher beispielhaft auf eines der vielen mitgliedstaatlichen Gesetze hingewiesen, das sowohl ergänzende und flankierende Bedeutung gewinnen als auch zumindest institutionell-organisatorisch (und wohl auch binnenstaatlich-kompetenziell) neue Probleme auslösen könnte: auf das neuere deutsche Geräte- und Produktsicherheitsgesetz (GPSG).[466]

Hintergrund ist überdies die Zusammenarbeit zwischen den zuständigen nationalen Stellen für die Anwendung des Verbraucherschutzrechts, nach Maßgabe des Vorschlags für eine Verordnung über die Zusammenarbeit für die Durchsetzung der Verbraucherschutzgesetze.[467] Er würde „ein Netzwerk

---

464 Vgl. zum Abgrenzungsproblem der „Scheinselbstständigen" aus gemeinschaftsrechtlicher Sicht *Jacobs*, Arbeitnehmer und Selbständige – Einige Bemerkungen aus internationaler Sicht, NZA 1999, S. 23 ff.

465 Bericht über die Sicherheit von Dienstleistungen für Verbraucher, KOM (2003) 313.

466 Vom 6.1.2004 (BGBl. I S. 2, Ber. vom 11.2.2004, BGBl. I S. 219).

467 Vorschlag für eine Verordnung des Europäischen Parlaments und des Rates über die Zusammenarbeit zwischen den für die Durchsetzung der Verbraucherschutzgesetze zuständigen nationalen Behörden („Verordnung über die Zusammenarbeit im Verbraucherschutz"), KOM (2003) 443.

der zuständigen öffentlichen Stellen im Hinblick auf den Verbraucherschutz bei grenzüberschreitenden Sachverhalten" schaffen und sicherstellen, „dass jeder Mitgliedstaat, auf gesondertes Ersuchen, die Verbraucher der EU effektiv gegenüber in seinem Mitgliedstaat auftretenden unseriösen Geschäftsleuten schützt". Indem die Verordnung Eingriffsbefugnisse und Verfahren der zuständigen Stellen der Mitgliedstaaten vereinfachen würde, wäre sie möglicherweise in der Lage, „eine wirksame Kontrolle bei grenzüberschreitenden Sachverhalten sicherzustellen".

Ein eigenes, partiell wirkendes Schnittstellenproblem, das einmal mehr den gemeinschaftsrechtlich bereits aufgeladenen Handlungsrahmen des Herkunftslandprinzips unterstreicht, zeitigt das Geräte- und Produktsicherheitsgesetz. Von seinem Anwendungsbereich her (in § 1 GPSG näher bestimmt) reicht das Gesetz weit in den Dienstleistungssektor (in seinem weiten Verständnis des Vorschlags zur Dienstleistungsrichtlinie) hinein; es erfasst „das Inverkehrbringen und Ausstellen von Produkten, das selbständig im Rahmen einer wirtschaftlichen Unternehmung erfolgt" (§ 1 Abs. 1 Satz 1 GPSG); das Gesetz „gilt auch für die Errichtung und den Betrieb überwachungsbedürftiger Anlagen, die gewerblichen oder wirtschaftlichen Zwecken" (mit einer Reihe von Ausnahmen, § 1 Abs. 2 GPSG).

Das Gesetz nimmt eine beeindruckende Vielzahl gemeinschaftsrechtlicher Normen (insbesondere 14 Richtlinien mit zumeist technischen Standardsetzungen, jeweils noch ergänzt um Anpassungs- bzw. Änderungsrichtlinien) ausdrücklich in Bezug, deren Umsetzung es dient. Ein Blick auf diese Richtlinien belegt den hohen Detaillierungsgrad des regelnden Zugriffs der Rechtsgemeinschaft. Und gerade die technischen Standardsetzungen gehen eben schon mit Verbindlichkeit für den rechtlichen Wirkungskreis eines jeden Mitgliedstaates in die entsprechenden Dienstleistungen ein. Von daher würde also ein etwa befürchteter Wildwuchs an Unterschreitungen arbeits- und betriebstechnischer Standards durch das Herkunftslandprinzip zumindest aus dieser Perspektive der Geräte- und Produktsicherheit, jedenfalls gemessen am gemeinschaftsweit erreichten Richtlinienstandard, kaum zu befürchten sein. Ernsthafte Bedenken unter diesen Voraussetzungen könnten allenfalls daher rühren, dass die technischen Standards selbst eben nur in Richtlinienform gefasst sind (und nicht als Verordnungen unmittelbar anwendbares Recht in den Mitgliedstaaten) und damit der Implementationsprozess zu Geltungsvarianten von Mitgliedstaat zu Mitgliedstaat würde führen können, die auch eklatante Umsetzungsmängel bis hin zu völliger Ignoranz nicht unbedingt ausschließen.

Indessen könnte insofern gerade das Herkunftslandprinzip einen gegenteiligen Effekt erzeugen: Der Dienstleistende, der unter Umgehung solcher Richtlinien-Standards Dienstleistungen in einem anderen Mitgliedstaat anbietet, würde sich von seinen inländischen (und den aus anderen Mitgliedstaaten stammenden) Mitbewerbern vorhalten lassen müssen, Gemeinschaftsrecht unbeachtet gelassen zu haben. Dies könnte ihm (was das Einhalten von Standards betrifft) einen beachtlichen Wettbewerbsnachteil bringen. Hieraus kann sich für den betreffenden Mitbewerber indessen zugleich die Perspektive ergeben, gegenüber seinem Herkunftsstaat mit Hilfe des Europäischen Gerichtshofs die verbindliche Umsetzung solcher Standards in seinem Herkunftsstaat im Wege unmittelbarer (jurisdiktioneller) Umsetzung im Einzelfall durchzusetzen oder aber die ihn treffenden Wettbewerbsnachteile haftungsrechtlich gegenüber dem Herkunftsstaat geltend zu machen.

Das Herkunftslandprinzip würde in solchen Konstellationen einen Beitrag leisten, um Implementationsdefizite als Wettbewerbsnachteile offenbar werden zu lassen und könnte durchaus wirtschaftspolitischen Druck auf den Herkunftsstaat auslösen, diese zu beseitigen.

Im Übrigen zeigt der Blick auf das Geräte- und Produktsicherheitsgesetz als eine dem Gemeinschaftsrecht geschuldete Umsetzungsordnung einmal mehr die in ihrer Vielfalt auf die Rechtsordnungen der Herkunftsstaaten verlagerten rechtsgemeinschaftlichen Angleichungsprozesse, die geeignet sein können, dem Herkunftslandprinzip mit größerer Gelassenheit zu begegnen, jedenfalls die „Dumping"-Argumente schneller vergessen zu machen.

IV. Besondere Problemfelder im Zusammenhang mit Beitrittsländern und Drittstaaten

1. Übergangsregelungen für Beitrittsländer - Vorüberlegungen

Im Zuge der Einpassungsnotwendigkeiten und angeregt durch die Überlegungen in der Begründung zum Richtlinienvorschlag über „Verhandlungen im Rahmen des GATS" sei auf Übergangsregelungen für Beitrittsländer eingegangen. Im Entwurf zur Dienstleistungsrichtlinie wird klargestellt: „Der Richtlinienvorschlag ist eine Regelung für den Binnenmarkt und bezieht sich daher ausschließlich auf Dienstleistungserbringer, die in einem Mitgliedstaat niedergelassen sind, worunter gemäß Artikel 48 des Vertrages auch solche Gesellschaften fallen, die nach den Rechtsvorschriften eines Mitgliedstaates gegründet worden sind und ihren satzungsmäßigen Sitz, ihre Hauptverwaltung oder ihre Hauptniederlassung innerhalb der Gemeinschaft haben. Sie behandelt keine externen Aspekte" so dass „insbesondere" die folgenden Konstellationen ausdrücklich nicht erfasst sein sollen: erstens die Niederlassung von Unternehmen aus Drittländern in einem Mitgliedstaat (Erstniederlassung in der EU); zweitens Dienstleistungen von Unternehmen aus Drittländern in der EU, sowie drittens die Errichtung von Zweigstellen durch Gesellschaften aus Drittländern in einem Mitgliedstaat (es sei denn, sie seien nach den

Rechtsvorschriften eines Mitgliedstaates gegründet worden). Und ausdrücklich wird betont: „Die Regelungen der Richtlinie berühren nicht die internationalen Verhandlungen zur Erleichterung des Dienstleistungshandels, bei denen betont wird, dass die EU schnell einen wirklichen Binnenmarkt für Dienstleistungen schaffen muss, wenn sie die Wettbewerbsfähigkeit der europäischen Unternehmen sicherstellen und ihre Verhandlungsposition stärken will".

Vor diesem Hintergrund sei ein Blick auf besondere Näheverhältnisse zwischen der Europäischen Union und Drittstaaten geworfen, was den Ausbau der Dienstleistungs- bzw. Niederlassungsfreiheit anbetrifft.

Übergangsregelungen im Vorschlag zur Dienstleistungsrichtlinie stehen unter mehreren Vorbehalten: erstens dem der Validität und Realisierbarkeit der prognostizierten Übergangsphasen und zweitens dem, der aus dem mehr oder weniger konsolidierten Vorschlagscharakter der Dienstleistungsrichtlinie selbst resultiert. Und mit Blick auf den Aspekt „Beitrittsländer" kommen drittens Vorbehalte aus den inhaltlichen, prozeduralen und zeitlichen Unwägbarkeiten jeweiliger bisheriger Assoziierungs- und nunmehriger Beitrittspolitiken im Kontext einer auf 25 Mitgliedstaaten herangewachsenen Europäischen Union hinzu.

2. Assoziierung zwischen Marktintegration und supranationaler Distanz

Anliegen jeder Assoziierung mit einem Binnenmarktsystem muss es sein, den Vertragspartner in eine relative Nähe zum Binnenhandel zu positionieren, ihn an den Grundfreiheiten des Marktsystems teilhaben zu lassen und ihn zugleich spezifischen Kontrollmechanismen eines lediglich teildirigierten Wettbewerbs zu unterwerfen.[468] Dies gilt insbesondere für die Ausprägungen der Dienstleistungs- und der Niederlassungsfreiheit.

Ausgehend von der primärvertraglichen Basis in Art. 310 EGV[469] lassen sich Abkommen gestalten, mit deren Hilfe die Vertragspartner, die Gemeinschaft einerseits und dritte Staaten oder internationale Organisationen ande-

---

468 Vgl. etwa den (zusammenfassenden) Beschluss des Rates und bezüglich des Abkommens über die wissenschaftliche und technische Zusammenarbeit der Kommission v. 4.4.2002 über den Abschluss von sieben Abkommen mit der Schweizerischen Eidgenossenschaft (2002/309/EG, Euratom), ABl.EG 2002 Nr. L 114/1; vgl. fernerhin *Bruha*, Binnenmarktassoziierungen, in: Hilf/Bruha (Hrsg.), Perspektiven für Europa: Verfassung und Binnenmarkt, EuR, Beiheft 3/2002, S. 109 ff., dort im Sinne eines offenen Konzepts.

469 *Herrnfeld*, in: Schwarze, EU-Kommentar, 2000, Art. 310 EGV, Rn. 8-11, unterscheidet hier Freihandels-, Beitritts- und Entwicklungsassoziierung.

rerseits, ein Assoziierungsverhältnis herstellen können, das mit gegenseitigen Rechten und Pflichten ausgestattet ist, unter Einsatz besonderer Verfahren. Die so genannte Privilegierte Partnerschaft unterscheidet sich von der Assoziierung nicht prinzipiell, was die vorläufige Nähe zur Europäischen Union, zu ihren Märkten und eben auch zu ihren Dienstleistungen anbelangt, nur fehlt eben der Beitrittsvorbehalt (und es fehlt wohl nach verbreiteter Ansicht auch eine Beitrittsoption).

Die in Art. 310 EGV gewählte Formulierung trägt der Tatsache Rechnung, dass verschiedene Phasen der Annäherung unterschiedlich ausgestalteten vertraglichen Regimes folgen können: So waren gerade im Hinblick auf die mittel- und osteuropäischen Staaten Vertragstypen ausgeformt worden, die nach der Überzeugung der Vertragspartner „dazu beitragen, zu gegebener Zeit und wenn die Voraussetzungen dafür erfüllt sind, das Ziel eines Assoziationsabkommens zu erreichen", die also selbst nur eine durchaus dynamisierte Vorstufe bilden sollten, verbunden mit mehr oder weniger konkret ausgestalteten, aber ernsthaften Assoziierungsoptionen.

Unter den ausgeprägten Assoziierungsabkommen sei hier vor allem das *System der Europa-Abkommen* in Erinnerung gerufen.[470] Ihnen ist das Assoziationsziel gemein, verknüpft mit einer relativ konkret ausgestalteten Beitrittsoption. In einer Charakterisierung als „Beitrittsassoziierung"[471] wird allerdings ein übertriebener Eindruck erweckt, da die Europa-Abkommen über das Leitziel einer Beitrittsoption hinaus keineswegs als ein verbindlich ausgestaltetes Beitrittsprogramm gewertet werden könnten; hier wurde eher das Element einer binnenpolitisch ausgerichteten *Selbstverpflichtung* artikuliert, die eigene Rechts-, Wirtschafts- und Sozialordnung dem Standard der Gemeinschaft – soweit als solcher erfassbar – anzunähern und kompatibel zu gestal-

---

470 Neben dem Europa-Abkommen zur Gründung einer Assoziation zwischen den Europäischen Gemeinschaften und ihren Mitgliedstaaten einerseits und der Republik Ungarn andererseits vom 16.12. 1991, ABl.EG 1993 Nr. L 347/2, gehörten hierzu die entsprechenden Abkommen mit der Republik Polen, ABl.EG 1993 Nr. L 348/1, der Slowakischen Republik, ABl.EG 1994 Nr. L 359/1, mit Zusatzprotokoll v. 22.4.1996, ABl.EG 1996 Nr. L 115/43, der Tschechischen Republik, ABl.EG 1994 Nr. L 360/12, noch aktuell insbesondere mit Rumänien, ABl.EG 1994 Nr. L 357/1, mit Zusatzprotokoll v. 4.12.1995, ABl.EG 1995 Nr. L 317/39, und der Republik Bulgarien, ABl.EG 1994 Nr. L 358/1. Unter den das System der Europa-Abkommen flankierenden Interimsabkommen sei auf das „Interimsabkommen über Handel und Handelsfragen zwischen der Europäischen Wirtschaftsgemeinschaft und der Europäischen Gemeinschaft für Kohle und Stahl einerseits und Rumänien andererseits" v. 8.3.1993, ABl.EG 1993 Nr. L 81/1, hingewiesen, auch hier in der Erwägung, die Bestimmungen des Europa-Abkommens „so schnell wie möglich" in Kraft setzen zu sollen.

471 Siehe *Breitenmoser/Bühler*, Praxis des Europarechts, 1996, S. 225, 226 f.

ten, beispielsweise in einem *vorauseilenden Nachvollzug des Gemeinschaftsrechts*. Für den *Dienstleistungssektor* ergeben sich aus diesem Konzept (so es im Assoziierungsprozess angewendet wird) gerade mit Blick auf das Herkunftslandprinzip keine besonderen Schwierigkeiten, hätte es doch in jedem Fall Ziel des assoziierungswilligen Staates zu sein, auch mit Blick auf Dienstleistungsstandards in den verschiedenen Sektoren und Sparten so bald als möglich die gemeinschaftlichen Standards zu antizipieren.

Assoziierungsverträge (und unter ihnen insbesondere die Europa-Abkommen, rechts- und verwaltungskulturell betrachtet zumeist „*Re*-Integrationsverträge") dienen der Verwirklichung eines Beziehungs-Konzepts,[472] in dem eine Vielzahl verschiedener Teilziele unterschiedlichen Gewichts und unterschiedlicher Intensität gebündelt werden. So sollten in den Europa-Abkommen erstens ein Rahmen für den politischen Dialog geschaffen werden, zweitens die Handelsbeziehungen und die wirtschaftliche Entwicklung gefördert werden, drittens eine Grundlage gegeben werden, um in wirtschaftlichen, finanziellen, sozialen und kulturellen Angelegenheiten zusammenarbeiten zu können, viertens Hilfestellung geleistet werden, soweit die Vertragspartner unterstützt werden möchten, um den Übergang zur Marktwirtschaft leichter bewerkstelligen und die demokratische Verfassungsordnung stabilisieren zu können, und fünftens Institutionen für den wirksamen Vollzug der Assoziation eingerichtet und sechstens schließlich die Voraussetzungen für eine allmähliche Integration in die Europäische Union geschaffen werden.[473] Aus dieser Verbindung von Kooperationselementen mit einem dynamischen Prinzip ergibt sich das Funktionsprinzip der hier vor allem als Typus in Erinnerung gerufenen assoziierenden Europa-Abkommen.

> Unter langfristig und dynamisch, prozesshaft gestalteter Annäherung wandeln sich die Dienstleistungs-Bedingungen des Herkunftslandes ebenfalls nach Maßgabe des Anspruchs, den die gemeinschaftlichen Standards setzen.

Jedenfalls werden kaum jemals die Bedingungen des Herkunftslandes unvermittelt auf diejenigen Standards stoßen, die in den Marktordnungen der Mitgliedstaaten gelten. Zu vielfältig sind die Annäherungen, sowohl mit Blick auf die Bedingungen der Rechtsgemeinschaft als auch in sonst den Anforderungen des „Ziel"-Marktes sich anpassendem Marktverhalten.

Andererseits ist das dynamische Konzept des Vorschlags zur Dienstleistungsrichtlinie natürlich selbst noch auf längere Sicht zu instabil, um für die

---

472 Vgl. *Koch*, Arbeitsebenen der Europäischen Union – Das Verfahrensrecht der Integrationsverwaltung, 2003, S. 414 ff.

473 *Breitenmoser/Bühler*, Praxis des Europarechts, 1996, S. 226.

Dienstleistungsstrukturen des Beitrittsstaates als Herkunftsland hinreichende Orientierung zu bieten.

3. Assoziationsrat als zentrales bilaterales Steuerungsinstrument

Für Assoziierungs- ebenso wie Partnerschafts-Szenarien in ihren unterschiedlichen, durchaus spannungsreichen Phasen der Annäherung bedarf es einer institutionell-organisatorischen Stabilisierung. Typischerweise bildete ein *Assoziationsrat* das zentrale bilaterale Steuerungsinstrument im Assoziierungsverhältnis, das nach Zusammensetzung, Funktionsweise und Kompetenzrahmen in dem jeweiligen Assoziierungsabkommen einzurichten war. Sein Einsatz ist auch für Angleichungsmaßnahmen im Dienstleistungssektor denkbar bzw. zur Steuerung des Zugangs zu Dienstleistungsteilmärkten aus dem assoziierten Drittstaat in die Union. Andere institutionell-organisatorische Formen jenseits des Assoziationsrates sind indessen denkbar und wurden in der Vergangenheit bereits praktiziert, so der „Gemischte Ausschuss", bestehend aus Vertretern der Kommission und der Vertragspartner, also durchaus auch Vertretern aller anderen Mitgliedstaaten.[474]

Die spezifische Integrationsleistung, die insbesondere der Assoziationsrat im Rahmen der vorgegebenen vertraglichen Möglichkeiten zu erbringen vermöchte, und sein Beitrag, das jeweilige Abkommen mit Leben zu erfüllen und durch Konfliktmanagement die Akzeptanz des erreichten Kooperationsstatus auch prozedural zu erhalten, können nicht hoch genug eingeschätzt werden.

Übergangsregelungen für solche Mitgliedstaaten, die jedenfalls der Form nach den Beitritt abgeschlossen haben, bedürfen in ihrem Ausnahmecharakter sorgfältiger Betrachtung. Vor allem bedeutet jede Übergangsregelung eine Ausnahme vom Prinzip der termingerechten mitgliedstaatlichen Umsetzung, es sei denn, sie sei in ihren einzelnen Phasen oder zumindest hinsichtlich ihres Abschlusses hinreichend bestimmt. Jede Übergangsregelung verzögert die Umsetzung einer Richtlinie. Diese Imponderabilien wiegen um so schwerer, als der Richtlinie selbst bereits ein dynamisches Prinzip innewohnt, in welches durch Übergangsregelungen retardierend eingegriffen wird. Indessen: Das eigene Entwicklungs- und Zeitmaß, das eine Übergangsregelung in einen regional begrenzten transnational ausgerichteten Teilmarkt einbringt, dürfte mit Blick auf das der Dienstleistungsrichtlinie (Vorschlag) innewohnende Herkunftslandprinzip nicht allzu schwer wiegen.

---

[474] Beispielsweise im „Abkommen zwischen der Europäischen Wirtschaftsgemeinschaft und der Republik Estland über den Handel und die handelspolitische und wirtschaftliche Zusammenarbeit" v. 21.12.1992, ABl.EG 1992 Nr. L 403/1, dort Art. 18.

4. Der Richtlinienvorschlag: Assoziierung und Beitritt als Ausnahmen vom Herkunftslandprinzip – begrenzter Fortbestand bisheriger Regelungen

Der hiesige Richtlinienvorschlag sieht hier bewusst von einer differenzierenden Regulierung ab, soweit sie über zum Teil befristete Ausnahmen vom Herkunftslandprinzip hinausgehen würde. Der Zielkonzeption der Dynamisierung folgend, seien insbesondere die in ihrer Intensität zeitlich gestaffelten Ausnahmen vom Herkunftslandprinzip hervorgehoben, wie sie in den Art. 17-19 des Vorschlags enthalten sein können. Eine ausdrückliche Differenzierung zu Lasten bestimmter oder sämtlicher Beitrittsstaaten ist hier nicht erkennbar.

Demgegenüber enthalten die ratifizierten Beitrittsverträge Übergangsregelungen. Denn in den Bereichen – so die Antwort der Bundesregierung auf eine große Anfrage[475] –, in denen Deutschland „eine Übergangsfrist zur Dienstleistungsfreiheit in Anspruch nimmt, also insbesondere im Bausektor einschließlich der verwandten Wirtschaftszweige, ist eine Tätigkeit entsandter Arbeitnehmer wie bisher auf der Grundlage der bilateralen Werkvertragsvereinbarungen Deutschlands mit Lettland, Polen, der Slowakischen Republik, Slowenien, der Tschechischen Republik und Ungarn möglich". Es handelt sich um den begrenzten Bereich der sogenannten „Werkvertragsarbeitnehmerkontingente". Die insoweit maßgebliche Schnittstelle ist das „Gesetz über den Arbeitsmarktzugang im Rahmen der EU-Erweiterung" (in dem Aspekte der Dienstleistungsfreiheit mit angeregelt sind).

Einen besonderen Blickwinkel öffnet das „Gesetz zur Steuerung und Begrenzung der Zuwanderung und zur Regelung des Aufenthalts und der Integration von Unionsbürgern und Ausländern (Zuwanderungsgesetz) vom 30. Juli 2004,[476] indem es die „Zulassung ausländischer Beschäftigter" (und damit zugleich: ihre Mitwirkung an Dienstleistungen) an drei insbesondere arbeitsmarktpolitisch motivierten Hauptkriterien orientiert, nämlich erstens „an den Erfordernissen des Wirtschaftsstandortes Deutschland", zweitens „unter Berücksichtigung der Verhältnisse auf dem Arbeitsmarkt" sowie drittens an „dem Erfordernis, die Arbeitslosigkeit wirksam zu bekämpfen".[477] Unter Beachtung dieser Vorgaben kann einem Ausländer (aus einem Drittstaat also) „ein Aufenthaltstitel zur Ausübung einer Beschäftigung erteilt werden", wenn diese keine qualifizierte Ausbildung voraussetzt und wenn weitere Voraussetzungen erfüllt sind, insbesondere die Bundesagentur für Arbeit zugestimmt hat oder diese Zustimmung insbesondere durch zwischenstaatliche Vereinba-

---

475 Bundestag, BT-Drs. 15/3900 v. 14.10.2004, S. 14.
476 BGBl. I S. 1950.
477 § 18 Abs. 1 Satz 1 Zuwanderungsgesetz.

rung ersetzt worden ist.[478] Hinzutreten muss indessen „ein konkretes Arbeitsplatzangebot".[479]

Soweit hingegen eine qualifizierte Berufsausbildung vorauszusetzen ist, darf den Bestimmungen des neu gefassten Zuwanderungsgesetzes zufolge jener Aufenthaltstitel „nur für eine Beschäftigung in einer Berufsgruppe erteilt werden, die durch Rechtsverordnung nach § 42 zugelassen worden ist".[480] Indessen: „Im begründeten Einzelfall kann eine Aufenthaltserlaubnis für eine Beschäftigung erteilt werden, wenn an der Beschäftigung ein öffentliches, insbesondere ein regionales, wirtschaftliches oder arbeitsmarktpolitisches Interesse besteht".[481] Hierin zeigt sich ein mitgliedstaatliches Zulassungsmoment, das sich zumindest mittelbar für den Dienstleistenden beschränkend auswirken kann.

Weitergehend gefasst sind erwartungsgemäß die Restriktionen für eine Niederlassungserlaubnis (auch in ihrem Rahmen werden schließlich Dienstleistungen erbracht): Diese ist auf „hoch qualifizierte Ausländer" beschränkt und nur „in besonderen Fällen" zu erteilen und im Übrigen ebenfalls an die Zustimmung der Bundesagentur für Arbeit, an eine entsprechende Rechtsverordnung oder an zwischenstaatliche Vereinbarungen geknüpft. In allen Fällen muss „die Annahme gerechtfertigt" sein, „dass die Integration in die Lebensverhältnisse der Bundesrepublik Deutschland und die Sicherung des Lebensunterhalts ohne staatliche Hilfe gewährleistet sind".[482] Zur Gruppe der „Hochqualifizierten" werden „Wissenschaftler mit besonderen fachlichen Kenntnissen" ebenso gerechnet wie Lehrpersonen oder wissenschaftliche Mitarbeiter, aber jeweils nur „in herausgehobener Funktion"[483] sowie „Spezialisten und leitende Angestellte mit besonderer Berufserfahrung", in einer durchaus fragwürdigen gehaltsbezogenen Abgrenzung, da sie ein „Gehalt in Höhe von mindestens dem Doppelten der Beitragsbemessungsgrenze der gesetzlichen Krankenversicherung" nachweisen müssen.[484]

Auf die besonderen Voraussetzungen für die Ermessensentscheidung, selbständige Tätigkeiten von Ausländern aus Drittstaaten nach dem Zuwanderungsgesetz zu gestalten, sei hier nicht mehr eingegangen; sie entsprechen im

---

478 § 18 Abs. 2 Satz 1 Zuwanderungsgesetz.
479 § 18 Abs. 5 Zuwanderungsgesetz.
480 § 18 Abs. 4 Satz 1 Zuwanderungsgesetz.
481 § 18 Abs. 4 Satz 2 Zuwanderungsgesetz.
482 § 19 Abs. 1 Satz 1 Zuwanderungsgesetz.
483 § 19 Abs. 2 Ziff. 1 und 2 Zuwanderungsgesetz.
484 § 19 Abs. 2 Ziff. 3 Zuwanderungsgesetz.

Wesentlichen einer Kombination vorgenannter Kriterien; hingewiesen sei nur auf den unter mehreren Gesichtspunkten (systemimmanent nicht zuletzt mit Blick auf § 21 Abs. 4 des Zuwanderungsgesetzes) kritikwürdigen Aspekt des § 21 Abs. 3 dieses Gesetzes: „Ausländer, die älter sind als 45 Jahre, sollen die Aufenthaltserlaubnis nur erhalten, wenn sie über eine angemessene Altersversorgung verfügen".

Die hier nur angedeuteten Kriterienfächer werden in der Anwendung auf die Vielfalt dienstleistender Tätigkeiten, sei sie vom Drittland aus zu gestalten (möglicherweise verbunden mit kurzzeitigen Aufenthalten, etwa auch im Rahmen von Touristenvisa), sei sie in den Formen einer Niederlassung im Aufnahmestaat oder einer selbständigen Tätigkeit dortselbst zu erbringen, noch erhebliches Streitpotenzial entfalten. Zwischenstaatliche Vereinbarungen in den oben beschriebenen, für assoziierungswillige Staaten ebenso wie für die im Verhandlungsstatus um die Aufnahme in die Europäische Union stehenden Staaten typischen Gestaltungsmustern werden ein Übriges tun, um hier zu differenzierenden Ansätzen zu gelangen, bei denen auch die Standards des jeweiligen Aufnahmestaates und damit die bis dahin jeweils erreichten EU-Standards maßgeblich werden.

Insgesamt bleibt zu fragen, ob der Richtlinienvorschlag den skizzierten Differenzierungen überhaupt Rechnung tragen will. Einiges spricht dafür,[485] dass Sonderregelungen zum strikten Herkunftslandprinzip jenseits der in den Art. 17-19 artikulierten Ausnahmetatbestände nicht angedacht sind.

Das Modell der Privilegierten Partnerschaft ist noch zu konturenarm und eher nur ein politisches Argument, als dass es bereits in eine Betrachtung zuverlässig einbezogen werden könnte. Hier allerdings würden sich dauerhaft differenzierte (und wohl auch distanzwahrende) Strukturen etablieren müssen, die auf einzelne Dienstleistungen, auf Dienstleistungsgruppen, auf Branchen, auf Regionen bezogene und begrenzte Marktzugangsregulierungen enthalten könnten.

5. Umgehungsprobleme

Diejenigen Unternehmen aus Beitrittsländern zur Europäischen Union, die Dienstleistungen erbringen, könnten versucht sein, die (bei ihnen abhängig Beschäftigten, die Dienstleistungen in ihrem Auftrag und für ihre Rechnung tatsächlich erbringenden) Arbeitnehmer unter Umgehung der bilateralen, beitrittsbezogen begrenzenden Regelungen zur Arbeitsaufnahme und Dienstleistung in Deutschland einzusetzen. Der Vorschlag zur Dienstleistungsrichtlinie

---

485 Insbesondere das auf S. 13 des Vorschlags vorgestellte Stufenmodell.

spricht derartige Umgehungstatbestände nicht unmittelbar an; das Herkunftslandprinzip bleibt insoweit bestimmend.

Für die gegenwärtige Einschätzung der Situation[486] wird ein ganzer Fächer von Abwehrmaßnahmen herangezogen, die in dieser Form ebenfalls nur für eine Übergangszeit dem Herkunftslandprinzip mit Aussicht auf Erfolg sollten entgegengestellt werden dürfen. Zu nennen ist insbesondere ein intensiver Kontroll- und Verfolgungsauftrag an die Zollverwaltung (unter dem Gesichtspunkt der Bekämpfung von Schwarzarbeit und illegaler Beschäftigung).

Für die aktuellen Ängste angesichts der weitgehend ungeklärten Situation symptomatisch mag ein der Bundesregierung vorgetragenes (verallgemeinertes) Beispiel einer Umgehungsstrategie durch „die Gründung einer Gesellschaft in einem Mitgliedstaat" erscheinen, „der keine Übergangsregelung anwendet, wobei die Gesellschaft Personal aus den Beitrittsländern beschäftigt, das dann grenzüberschreitend Dienstleistungen in Deutschland erbringt".

Dies dürfte die Hauptgruppe der indessen nicht nur für einen Übergangszeitraum kritischen Fälle sein, in denen hinter dem Dienstleistungserbringer eine erhebliche Belegschaft aus Arbeitnehmern des Beitrittsstaates (oder eines assoziierten, eines „privilegierten" oder eines sonstigen Drittstaates) steht. Hier[487] soll es nach geltender Rechtslage in der Sicht der Bundesregierung zwar grundsätzlich möglich sein, Arbeitnehmer aus den neu hinzugetretenen Mitgliedstaaten bei Unternehmen in solchen „Alt"-Mitgliedstaaten zu beschäftigen, welche die Übergangsregelungen überhaupt nicht oder nur für eine kürzere Zeitspanne in Anspruch nehmen: Für diejenigen Bereiche, in denen während einer Übergangszeit nicht nur die Arbeitnehmerfreizügigkeit eingeschränkt bleiben soll, sondern auch die Dienstleistungsfreiheit, werden die behutsam begrenzenden, konsolidierenden Maßstäbe der EuGH-Rechtsprechung herangezogen, wie sie sich seit der Rechtssache Vander Elst[488] herausgebildet haben.

6. Kooperationsabkommen: Die Sicht des EuGH

In dieser grundlegenden Entscheidung zu Dienstleistungen mit Drittlandbeteiligung hat der EuGH einmal mehr den notwendigen Respekt gegenüber dem *Kooperationsprinzip* hervorgehoben.

---

486 In der BT-Drs. 15/3900 v. 14.10.2004, S. 15 f., zur 38. und zur 39. Frage.

487 Bundestag, BT-Drs. 15/3900 v. 14.10.2004, S. 16.

488 EuGH, Urt. v. 9.8.1994, Rs. C-43/93 (Vander Elst/Office des migrations internationales), Slg. 1994, I-3803.

In diesem Fall hatten die marokkanischen Arbeitnehmer ordnungsgemäße Arbeitsverträge belgischen Rechts geschlossen; nach den Artikeln 40 und 41 des am 27. April 1976 in Rabat unterzeichneten entsprechenden Kooperationsabkommens zwischen der Europäischen Wirtschaftsgemeinschaft und dem Königreich Marokko, im Namen der Gemeinschaft genehmigt am 26.9.1978,[489] ist jede auf der Staatsangehörigkeit beruhende Ungleichbehandlung der Arbeitnehmer der Gemeinschaft und der marokkanischen Arbeitnehmer hinsichtlich der Arbeits- und Vergütungsbedingungen sowie auf dem Gebiet der sozialen Sicherheit zu beseitigen.[490]

Mit dieser Vertragsbestimmung sei die Anwendung der einschlägigen belgischen Bestimmungen unabhängig von der Möglichkeit, die dem *ordre public* zuzurechnenden innerstaatlichen Vorschriften über die verschiedenen Aspekte des Arbeitsverhältnisses auf vorübergehend nach Frankreich entsandte Arbeitnehmer anzuwenden in jedem Fall geeignet, eine ernstliche Gefahr der Ausbeutung von Arbeitnehmern und der Verfälschung des Wettbewerbs zwischen den Unternehmen auszuschalten.[491] Denn es würde dem Freiheits- und Freizügigkeitsprinzip (zumindest) der Dienstleistungsfreiheit zuwiderlaufen, wenn ein Mitgliedstaat (der Staat, in dem Dienstleistungen erbracht werden sollen) in einem anderen Mitgliedstaat (dem Herkunftsstaat) ansässige Unternehmen unter Androhung einer Geldbusse dazu verpflichtet, für diese Arbeitnehmer bei einer nationalen Einwanderungsbehörde eine Arbeitserlaubnis einzuholen und die damit verbundenen Kosten zu tragen, obgleich diese Unternehmen nur zur Erbringung von Dienstleistungen auf seinem Gebiet tätig werden wollen und hierfür Angehörige von Drittstaaten ordnungsgemäß und dauerhaft beschäftigen.

Weitere Voraussetzung für den Einsatz von Arbeitnehmern aus Drittstaaten für die Erbringung von Dienstleistungen in der genannten Konstellation ist nach Auffassung des Gerichtshofs nach diesem (immerhin schon zehn Jahre zurückliegenden) Urteil erstens, dass sie im Mitgliedstaat der Niederlassung ihres Arbeitgebers eine Arbeitserlaubnis erhalten haben; zweitens, dass sie dort ordnungsgemäß beschäftigt sind; drittens, dass sie am System der sozialen Sicherheit des Aufenthaltsstaates teilnehmen; viertens, dass sie für den Mitgliedstaat, in dem die Dienstleistungen erbracht werden, eine gültige Aufenthaltserlaubnis für die zur Ausführung der Arbeiten erforderliche Zeit besit-

---

489 Mit Verordnung (EWG) Nr. 2211/78 des Rates v. 26.9.1978, ABl.EG 1978 Nr. L 264/1.
490 EuGH, Urt. v. 9.8.1994, Rs. C-43/93 (Vander Elst/Office des migrations internationales), Slg. 1994, I-3803, Rn. 24.
491 EuGH, Urt .v. 9.8.1994, Rs. C-43/93, (Vander Elst/Office des migrations internationales), Slg. 1994, I-3803, Rn. 25.

zen; fünftens, dass sie im Übrigen keinen Zutritt zum Arbeitsmarkt des letztgenannten (vorübergehenden Aufenthalts-)Staates verlangen, sowie sechstens, dass sie nach Erfüllung ihrer Aufgabe in ihr Herkunfts- oder Wohnsitzland zurückkehren.[492]

Jede weitergehende Restriktion gegenüber ihren Arbeitnehmern aus Drittstaaten würde die in einem anderen Mitgliedstaat ansässigen (Dienstleistungs-) Unternehmen stärker belasten als die im Inland ansässigen Dienstleistenden und würde damit über dasjenige Maß an zulässiger Regulierung hinausgehen, das gerade noch als Voraussetzung für die Erbringung von Dienstleistungen gefordert werden kann.

---

[492] Das neu gefasste deutsche Zuwanderungsgesetz reflektiert und differenziert diese Kriterien weiter aus.

Teil 5:
Elektronische Verfahrensabwicklung und einheitlicher Ansprechpartner (OSS)

A. Der eGovernment-Ansatz als Querschnittsfunktion und Regulierungsfragment*

Unter den flankierenden Ansätzen verdient die „eEurope Initiative" besondere Beachtung. Sie verfolgt „das Ziel, moderne öffentliche Dienstleistungen zu entwickeln und ein dynamisches Umfeld für den elektronischen Geschäftsverkehr in der EU zu schaffen", als ein möglicher „Beitrag zur Vereinfachung der maßgeblichen Verwaltungsverfahren". Diese Initiative gibt Anlass, den eGovernment-Ansatz des Richtlinienvorschlags zu beleuchten.

Verfolgt man den zu den einzelnen Tätigkeitsfeldern des EG-Vertrags (in Art. 3) „quergelagerten" Ansatz weiter, ergibt sich ein Folgeproblem: Mit deutlichem Schwerpunkt in dem Bemühen, die verfahrensmäßige und technische Bewältigung des enormen Informationsbedarfs und Informationsaufkommens zu sichern, entwickelt der Richtlinienvorschlag einen erheblichen Anspruch an „Interoperabilität" für die „elektronische Verfahrensabwicklung" (in Art. 8 des Richtlinienvorschlags), der im Verbund mit dem ausdifferenzierten Informationsrecht für Dienstleister und Dienstleistungsempfänger seitens der Mitgliedstaaten (nach Maßgabe von Art. 7 des Richtlinienvorschlags) zu realisieren sein würde. Im Übrigen zeigt sich auch der Richtlinienvorschlag nicht gänzlich unberührt von den informationellen Problemen, wenn er mit der (in Art. 8 Abs. 2 des Richtlinienvorschlags enthaltenen) Formel, die angestrebte problemlose elektronische Verfahrensabwicklung betreffe „nicht die Kontrolle des Ortes der Dienstleistungserbringung oder die Überprüfung der vom Dienstleistungserbringer verwendeten Ausrüstung oder die physische Untersuchung der Geeignetheit des Dienstleistungserbringers", einen nur schwerlich zu realisierenden, aber dem grundrechtlich gesicherten Freiheitsanspruch in Mitgliedstaaten und auch in der Union geschuldeten Vorbehalt statuieren will. Bei allem „quergelagerten" informationellen Regulierungsanspruch muss sowohl die Implementation des Informationssystems als auch das Überwachen seiner informationellen freiheitsbezogenen Standards gera-

---

* *Koch.*

dezu notwendig bruchstückhaft bleiben, ist es doch verschiedenen verwaltungspraktischen und verwaltungskulturellen Implikationen ausgesetzt.

Nur erwähnt seien hier die Perspektiven, die sich aus dem Prinzip der informationellen Selbstbestimmung in nahezu unübersehbarer Vielfalt ergeben können, wenn die transnationalen Informationsstränge erst einmal aufgebaut sind (aber vermutlich auch bereits in der langen Implementationsphase des Systems) und institutionell-organisatorisch verfestigt werden. Der Konflikt aus marktbürgerlicher Dienstleistungsfreiheit und individualgrundrechtlicher Freiheitsgewähr dürfte hier erheblichen Abklärungsbedarf auslösen. Inwieweit das Datenschutzsystem der Europäischen Union hier hinreicht (auch und gerade im Bezug auf Drittländer) bleibt zu prüfen (jeweils auch mit Blick auf die Implementationsphasen).

B. Einheitlicher Ansprechpartner: Schnittstellen als Herausforderung für Umsetzung und Implementation*

Unter den bereits in Bezug genommenen Herausforderungen für die Umsetzung nach Zeitpunkt, Intensität und Stabilität durch ein Bündel umsetzungsflankierender Maßnahmen und Programme sowie ergänzender Richtlinien (Vorschläge), die ihrerseits einem eigenen Zeitplan folgen und mit Blick auf die Zielsetzungen einem eigenen Interessengeflecht verpflichtet sein dürften, kommt der Erwähnung (Begr. Nr. 7 c)) „einheitlicher Ansprechpartner" gemäß Art. 6 des Vorschlags besondere Bedeutung zu. Klargestellt wird, dass keinesfalls „jeder Mitgliedstaat physisch einen einheitlichen Ansprechpartner für sein gesamtes Hoheitsgebiet bestimmen" müsse; „einheitlich" solle der Ansprechpartner jedenfalls für den Dienstleistungserbringer sein, dieser solle „alle im Zusammenhang mit der Dienstleistungserbringung notwendigen Formalitäten und Verfahren, vor allem diejenigen für die Genehmigungen, bei ein und derselben Stelle erledigen können". Auch sollen „Anzahl dieser einheitlichen Ansprechpartner in den jeweiligen Mitgliedstaaten sowie ihre institutionelle Ausgestaltung" nach Maßgabe der „innerstaatlichen Strukturen" unterschiedlich sein, insbesondere entsprechend „den regionalen oder lokalen Zuständigkeiten oder den betreffenden Dienstleistungen".

Hinter diesem an sich nur auf die Glättung der „Oberflächenstruktur" der institutionellen Flankierung dieses Richtliniensystems gerichteten Gestaltungsauftrag verbirgt sich ein grundlegendes verwaltungsorganisatorisches Problem, da je nach Binnengliederung und Selbstverständnis der entsprechenden Verwaltungseinheiten die Kommunikation und der kontinuierliche

---

* *Koch.*

personendatenbezogene Austausch mit einer Zentraleinheit rechtlich und verwaltungskulturell problembelastet sein kann, aber auch technisch (und finanziell) komplex. In einer überkommenen, bundes- und landesgesetzlich stabilisierten ebenenübergreifenden Systematik von fein gegliederten Trägern beruflicher Selbstverwaltung (von den Handwerkskammern über die Handels- und Industriebezogenen Vereinigungen bis hin zu den Berufskammern, aber auch den Gewerkschaften) stößt ein institutionell-organisatorisch vereinheitlichtes zentrales Verwaltungsorgan als Ansprechpartner an Grenzen des kompetenziell Zulässigen und politisch Machbaren, denn auch bloß die informationelle Oberfläche entfaltet Bündelungseffekte. Eine von den Trägern der wirtschaftlichen Selbstverwaltung im kooperativen Zusammenwirken mit dem Bundeswirtschaftsministerium etwa konstituierte Agentur könnte die entsprechende Informationsarbeit leisten (wäre überdies aber auch imstande, der die Implementation sichernden Gesetzgebung des Bundes Impulse zu vermitteln und ebenso Nachsteuerungsimpulse in die gemeinschaftliche Gesetzgebung einzubringen). Zu berücksichtigen wäre indessen, dass zwar ein großer Teil des Dienstleistungsspektrums in Deutschland über die Träger der wirtschaftlichen Selbstverwaltung erreicht und informationell zuverlässig dargestellt werden kann; es bleiben aber ohne Frage Dienstleistungsbereiche, die auf diesem Wege nicht eingebunden werden können.

C. Modellskizzen für die Ausgestaltung des „einheitlichen Ansprechpartners"[*]

I. Teilziel der Richtlinie: Verwaltungsvereinfachung

Ausgangspunkt ist die Beobachtung, dass Dienstleistungserbringer, insbesondere die KMU, **durch die jetzige Verwaltungspraxis** im Zusammenhang mit der Aufnahme und Ausübung von Dienstleistungstätigkeiten in anderen Mitgliedstaaten regelrecht abgeschreckt werden, bzw. ihnen aufgrund dessen faktisch Aufträge entgangen sind. Die Hauptkritikpunkte lauten hierbei:

- übertriebener Formalismus
- Länge der Verfahren
- Aufwand und Kosten
- hohe Komplexität durch eine Vielzahl verschiedener Behördenkontakte

---

[*] *Franz.*

- mangelnde Transparenz des Verfahrens und der jeweiligen Anforderungen
- mangelnde Rechtssicherheit

Dieser Zustand, der die Entfaltung eines Binnenmarktes für Dienstleistungen behindere, soll verbessert werden. In Erwägungsgrund 23 des Richtlinienvorschlages heißt es: „Um die Aufnahme und Ausübung von Dienstleistungstätigkeiten auf dem Binnenmarkt zu erleichtern, **ist das Ziel der Verwaltungsvereinfachung für alle Mitgliedstaaten festzulegen**...".[493]

Unverzichtbar ist in diesem Zusammenhang die Orientierung an der Perspektive des Dienstleistungserbringers. **Für ihn muss die Verwaltungsvereinfachung praktisch erfahrbar sein.**

Bei allen Überlegungen zur prozessualen und organisatorischen Ausgestaltung muss daher immer die Frage beantwortet werden können: **Bringt diese Maßnahme eine Verwaltungsvereinfachung für den Dienstleistungserbringer mit sich?** Umgestaltungen, die nicht zumindest mittelbar eine Vereinfachung für den Dienstleistungserbringer bewirken, können daher nicht als Verwaltungsvereinfachung gewertet werden.

Der Grad an realisierter Verwaltungsvereinfachung für den Dienstleistungserbringer ist somit der Bewertungsmaßstab für alle diesbezüglichen Maßnahmen.

II. Mittel: Einheitliche Ansprechpartner

1. Aufgaben

Der Richtlinienvorschlag sieht in Kapitel II, Abschnitt 1 „Verwaltungsvereinfachung", vier Maßnahmen vor, die eng miteinander in Zusammenhang stehen.

Kern des Konzeptes ist die Schaffung „einheitlicher Ansprechpartner" (Engl.: „Single Point of Contact") (Art. 6).

Sie haben 2 zentrale Aufgaben: Über diese „Kontaktstellen" sollen

- die Dienstleistungserbringer „alle Verfahren und Formalitäten, die für die Aufnahme ihrer Dienstleistungstätigkeit erforderlich sind, abwickeln können" (Art. 6) = **Reduktion der Ansprechpartner.**

---

[493] KOM (2004) 2, S. 37.

- Informationen im Zusammenhang mit der Dienstleistungserbringung für Dienstleistungserbringer und -empfänger leicht zugänglich sein. (Art. 7) = **Verbesserung der Information.**

Zusätzlich sollen die einheitlichen Ansprechpartner von den Dienstleistungserbringern über alle wesentlichen Änderungen ihrer Situation informiert werden (Art. 11 Abs. 3).

Außerdem wird ausdrücklich erwähnt, dass den einheitlichen Ansprechpartnern die Aufgabe übertragen werden könne, zusätzliche unterstützende Funktionen für den Dienstleistungsempfänger wahrzunehmen (Art. 23 Abs. 2).

2. Rahmenbedingungen

Die Art und Weise der Funktion der einheitlichen Ansprechpartner wird durch die übrigen beiden Artikel des Kapitels näher bestimmt:

Die Verfahren sollen dahingehend vereinfacht werden, dass Dokumente aus anderen Mitgliedstaaten anerkannt werden und diese in der Regel nicht mehr im Original, in beglaubigter Abschrift oder in beglaubigter Übersetzung vorgelegt werden müssen (Art. 5) = **Vereinfachung der Formalitäten.**

Die Verfahren und Formalitäten, die die Aufnahmen und Ausübung einer Dienstleistung betreffen, sollen „problemlos im Fernweg und elektronisch bei den einheitlichen Ansprechpartnern oder bei der zuständigen Stelle abgewickelt werden können" (Art. 8) = **Vereinfachung der Kommunikation.**

Diese vier Aspekte

- Reduktion der Ansprechpartner (Art. 6)
- Verbesserung der Information (Art. 7)
- Vereinfachung der Formalitäten (Art. 5)
- Vereinfachung der Kommunikation (Art. 8)

markieren die Eckpunkte für die Gestaltung der Verwaltungsvereinfachung. Sie sind die Mittel, mit deren Hilfe das Ziel erreicht werden soll.

3. Konzeptionelle Grundlagen

Betrachtet man die oben genannten Mittel zur Realisierung der Verwaltungsvereinfachung, so werden zwei Konzepte deutlich, die diesen Überlegungen zugrunde liegen:

- One-Stop-Government (OSG)[494]
- Multikanalzugang.

3.1 One-Stop-Government

Das Konzept des OSG stammt aus Modernisierungsbestrebungen in der Kommunalverwaltung. Das Ausgangsziel ist es hierbei, dem Bürger das Aufsuchen verschiedener Fachämter für seine Anliegen zu ersparen. Er soll nicht mehr die Organisation der Verwaltung nachvollziehen müssen, sondern von vornherein sicher sein, dass er mit seinem Anliegen immer und automatisch an der richtigen Stelle ist.

An einem Zugangspunkt, dem One-Stop-Shop,[495] sollen daher möglichst alle Verwaltungsdienstleistungen für den Bürger verfügbar gemacht werden.[496]

Die Verwaltung präsentiert sich dadurch ihm gegenüber nicht mehr als zersplittertes, undurchschaubares Konstrukt, sondern tritt ihm einheitlich und fokussiert gegenüber.[497]

Ausfluss des Konzeptes sind Bürgerämter/Bürgerbüros. Deren Ziel besteht in

- der abschließenden Bearbeitung aller Dienstleistungen aus einer Hand
- unter einem Dach
- ortsnah
- mit eingehender Beratung
- durch freundliches, flexibles und kompetentes Personal

---

494 Vgl. zur Herkunft des Begriffes *Kubicek/Hagen*, Von der Web-Seite zum „One-Stop-Government". Die öffentliche Verwaltung der USA auf dem Information Superhighway, Verwaltung und Management, 4. Jg. (1998), Heft 4, S. 208 ff.(209 f.). Eine umfassende Übersicht europaweiter OSG-Umsetzungen findet sich bei *Hagen/Kubicek*, One-stop-government in Europe. Results of 11 national surveys, 2000.

495 Vgl. *Daum*, Integration von Informations- und Kommunikationstechnologien für bürgerorientierte Kommunalverwaltungen, 2002, S. 168. Gebräuchlich sind auch die Bezeichnungen „Single Point of Contact", „Single Window" oder „Single Point of Entry".

496 Dies wird auch als „Integrated Service Delivery" bezeichnet.

497 Angelehnt an das Prinzip aus der Privatwirtschaft: „One Face to the customer", d.h., dem Kunden mit einem Gesicht und einer Stimme, nicht vielgesichtig und vielstimmig gegenüberzutreten.

- in einem angenehmen, transparenten Raum
- mit kurzen Warte- und ausgedehnten Öffnungszeiten.[498]

Dieses Konzept hat gravierende Folgen für die Verwaltungsorganisation. Es teilt die Verwaltungseinheiten in eine „Vordergrundverwaltung" („Front-Office") und eine „Hintergrundverwaltung" („Back-Office"). Das Front-Office ist dabei die erste und zentrale Anlaufstelle für den Bürger.[499] Er hat prinzipiell nur mit den allzuständigen Mitarbeitern hier Kontakt. Diese bearbeiten Standardanliegen (Meldewesen etc.) direkt und abschließend und vermitteln alle restlichen und komplexeren Anliegen (z.b. Bauanträge) an die entsprechenden Fachämter. Das Front-Office übt somit eine Filterfunktion aus und erlaubt es dem Back-Office, sich auf die schwierigen, arbeitsintensiven Fälle zu konzentrieren.

Abstrakt kann man dieses Konzept als Zielgruppenorientierung anstelle der bisherigen Aufgabenorientierung bezeichnen[500], denn die Strukturen und Prozesse werden an die Bedürfnisse der Zielgruppen, die Bürger, angepasst und nicht mehr umgekehrt, wie bisher.

3.2 Multikanalzugang

Der Kern des Konzeptes des Multikanalzugangs besagt, dass der Bürger, zur Erhöhung seines Komforts, über möglichst alle Kommunikationskanäle mit der Verwaltung in Kontakt treten können sollte.[501]

Die wesentlichen Kanäle sind hierbei:

---

498 Vgl. *Fobe/Rieger-Genennig* (Hrsg.), Bürgerämter und Nachbarschaftsläden. Neue Wege in der kommunalen und privaten Dienstleistung, 1999, S. 58 u. S. 66 f.

499 Dies kann das Bürgeramt sein, das *Daum*, Integration von Informations- und Kommunikationstechnologien für bürgerorientierte Kommunalverwaltungen, 2002, S. 168, als „First-Stop-Shop" bezeichnet, ein elektronisches Portal, ein „virtualisiertes Front-Office", vgl. *Lenk/Klee-Kruse*, Multifunktionale Serviceläden. Ein Modellkonzept für die öffentliche Verwaltung im Internet-Zeitalter, 2000, S. 25, oder ein Call-Center. Diese Funktionen können auch gebündelt werden, so kann ein Mitarbeiter im Bürgeramt auch E-Mails beantworten oder Telefonanrufe entgegennehmen, sofern gerade kein Bürger kommt.

500 Vgl. *Frischmuth/Kodolitsch*, Veränderungen im Kräftedreieck zwischen Bürgern, Rat und Verwaltung, in: http://www.difu.de/25Jahre/papiere/stabilitaet.shtml 1998, S. 15.

501 Vgl. hierzu generell Interchange of Data between Administrations: Multi-Channel delivery of eGovernment services, Brüssel 2004, in: http://europa.eu.int/ida/servlets/Doc?id=16867

- **elektronischer Kanal**: Internet, SMS, interaktives Fernsehen
- **sprachtelefonischer Kanal**: Festnetz, Mobilfunk, Interactive Voice Response
- **persönlicher Kanal**: Amtsbesuch oder Kontakt mit Außendienstmitarbeiter
- **schriftlicher Kanal**: Brief, Telefax, Amtsblatt etc.

Der Multikanalzugang wird im Richtlinienvorschlag zwar nicht explizit erwähnt, aber die Verpflichtung zur elektronischen Verfahrensabwicklung (Art. 8) ist wohl so zu verstehen, dass der neue Kanal neben die bisherigen Kanäle tritt und so die Auswahlmöglichkeiten und den Komfort für die Dienstleistungserbringer erhöht.

Der wirkliche Gewinn, und das wird bei der Betrachtung der beiden vorgestellten Konzepte deutlich, liegt in ihrer Verknüpfung. Für den Bürger lässt sich das auf die simple Formel bringen: **Auf vielen Wegen an einen Anlaufpunkt in der Verwaltung**, einen Ort, an dem idealtypisch alle seine Anliegen unmittelbar und abschließend bearbeitet werden können.

Gegenüber dem Bürger stellt sich für die Verwaltung also das Ziel, ihre Organisation auf zentrale Anlaufpunkte zu reduzieren (OSG) und zugleich die Zugangskanäle auszuweiten (Multikanalzugang).

Verwaltungsintern gibt es auch für das Verhältnis der verschiedenen Back-Offices untereinander neue Möglichkeiten. Digitalisierung und Vernetzung ermöglichen eine nahtlos ineinandergreifende Verwaltung (sog. „seamless government"), in der sich Grenzen zwischen den Organisationseinheiten zunehmend auflösen.[502] Durch diesen Effekt wird die Aufgabenwahrnehmung zunehmend ubiquitär, d.h., sie löst sich von örtlichen und fachlichen Ausführungsstellen. Produkte und Leistungen können überall angeboten werden.[503] Im Ergebnis besteht eine vom **Vertrieb (Front-Office)** getrennte **Leistungserstellung (Back-Office)**, die über Netzwerke miteinander verbunden sind.

Im folgenden sollen die hier dargelegten Konzepte
- One-Stop-Government (OSG)

---

502 Vgl. *Traunmüller/Lenk*, R-e-volution in der Verwaltung, move. Moderne Verwaltung, 1. Jg. (2003), Heft 1, S. 16 ff(19), und *Reinermann*, Der öffentliche Sektor im Internet. Veränderungen der Muster öffentlicher Verwaltungen, 2. Aufl. 2000, S. 23, der auf die teils bewusste Anlage und normative Absicherung dieser Brüche hinweist.

503 Vgl. *Reinermann*, Der öffentliche Sektor im Internet. Veränderungen der Muster öffentlicher Verwaltungen, 2. Aufl. 2000, S. 27.

- Multikanalzugang

als grundlegende Gestaltungsrichtlinien für die Realisierung der genannten Mittel zur Verwaltungsvereinfachung:
- Reduktion der Ansprechpartner (Art. 6)
- Verbesserung der Information (Art. 7)
- Vereinfachung der Formalitäten (Art. 5)
- Vereinfachung der Kommunikation (Art. 8)

und zugleich als Orientierungsmaßstab für die Bewertung der verschiedenen Umsetzungsmöglichkeiten dienen.

4. Gestaltungsoptionen für die einheitlichen Ansprechpartner

4.1 Funktion

Es gibt drei Variablen, die für die Gestaltung der einheitlichen Ansprechpartner von elementarer Bedeutung sind: Funktion, Struktur und Zuständigkeit. Bei der Funktion geht es darum, festzulegen, ob die einheitlichen Ansprechpartner (im Folgenden als „One-Stop-Shop", abgekürzt als „OSS" bezeichnet) Anliegen der Dienstleistungserbringer abschließend bearbeiten, sie weitervermitteln, oder beides vornehmen.[504]

Es gibt demnach drei Optionen:
- OSS als Durchführungsstelle
- OSS als Mittler
- eine Mischung aus beidem

Diese Frage stellt sich wiederum einzeln für jede ihrer beiden Hauptaufgaben:
- Abwicklung der Formalitäten
- Information für Dienstleistungserbringer und -empfänger

---

504 Vgl. KOM (2004) 2, S. 37 f.

4.2 Struktur

Eng verknüpft mit der Frage der Funktion ist die Frage der Struktur, d.h., der Organisationsform der Stelle, die die OSS-Funktionen übernimmt?

Hier gibt es im Wesentlichen vier verschiedene Möglichkeiten:
(1) Eine **bestehende Behörde** übernimmt die Funktion (z.B. Ordnungsamt).
(2) Eine **Standesorganisation** o.ä. übernimmt die Funktion (z.B. HwK).
(3) Eine **neu gegründete Behörde** übernimmt die Funktion.
(4) Die Funktion des OSS wird im Wege der **Zusammenarbeit bestehender Behörden** wahrgenommen . Nach außen, als Front-Office tritt der OSS als Internetportal, Call-Center, Postadresse und örtlicher Anlaufpunkt in Erscheinung, im Back-Office werden aber nicht die Strukturen und Zuständigkeiten, sondern im Wesentlichen nur die Ablaufprozesse geändert.

Auch hier sind wiederum Abstufungen und auch Mischverhältnisse denkbar.

4.3 Zuständigkeit

Die Zuständigkeit ist die für Funktion und Organisation, vor allem aber für die **Anzahl** der OSS die bestimmende Variable. Zuständigkeit meint in diesem Zusammenhang, für welche Dienstleistungserbringer genau die einzelnen OSS (sofern es mehrere gibt) zuständig sein sollen.

Diesbezüglich gibt es verschiedenste Differenzierungsmöglichkeiten. Die wichtigsten sind wohl:

- Herkunftsland des Dienstleistungserbringers
- Ort der Niederlassung/Dienstleistungserbringung in Deutschland
- Beruf des Dienstleistungserbringers/Art der Dienstleistung

Die ganze Bandbreite der Möglichkeiten reicht von
Einem OSS
für lettische
Estrichleger, die sich in der ⟶ Einem einzigen OSS
Gemeinde XY   für ganz Deutschland,
niederlassen wollen

also von der kleinsten vorstellbaren Einheit (von der es dann unzählige geben müsste) bis zur Reduktion auf die größte vorstellbare Einheit (von der es dann nur eine gibt).

Neben Aspekten der Sinnhaftigkeit, die hier schon deutlich werden, macht aber auch der Richtlinienvorschlag eine Vorgabe hinsichtlich der Art der Differenzierung:

> *„Die Ansprechpartner sollen „einheitlich" für den Dienstleistungserbringer sein [Hervorhebung d. Verf.], d.h. dieser muss alle im Zusammenhang mit der Dienstleistungserbringung notwendigen Formalitäten und Verfahren, vor allem diejenigen für die Genehmigungen, bei ein und derselben Stelle erledigen können. Der Antragsteller soll sich nicht mehr an unterschiedliche Instanzen, Einrichtungen usw. wenden müssen, sondern in seiner Angelegenheit nur noch einen Ansprechpartner haben"*[505].

Hier wird die Bezeichnung „einheitlich" näher bestimmt. Das Verständnis ist eine konsequente Umsetzung des Konzeptes des One-Stop-Government und der Orientierung am Dienstleistungserbringer. An diesem und seinem Bedürfnissen müssen sich die OSS in ihrer Struktur und Funktion ausrichten.

Was folgt aus dieser Anforderung der Einheitlichkeit für den Dienstleistungserbringer?

Die OSS müssen so konzipiert werden, dass kein Dienstleistungserbringer, aufgrund welcher Konstellation auch immer, mehrere OSS aufsuchen muss.

Ein Beispiel:

Will der lettische Estrichleger sich in Deutschland niederlassen, so darf es nicht sein, dass er zu zwei OSS muss, etwa weil es einen OSS für alle Letten und einen OSS für alle Estrichleger gibt. Die OSS müssen vielmehr so konzipiert werden, dass jeder Dienstleistungserbringer, welche Kombination ausschlaggebender Kriterien er auch aufweist, die für ihn einheitlichen Ansprechpartner auch antrifft. Um dies zu gewährleisten, muss bei der Konzeption der Zuständigkeit notwendigerweise vom Dienstleistungserbringer ausgegangen werden.

4.4 Zwischenfazit

Wie hier deutlich wurde, gibt es zahlreiche explizite wie implizite Vorgaben und Gestaltungsoptionen für die OSS. Die drei Hauptvariablen, Funktion, Struktur und Zuständigkeit zeichnen sich dabei durch zahlreiche Differenzierungsmöglichkeiten aus, die wiederum mit denen der anderen Variablen kombiniert werden können. Das Ergebnis sind zahllose Gestaltungsoptionen.

---

505 KOM (2004) 2, S. 24.

Vor diesem Hintergrund die „richtigen" oder zumindest „gute" Lösungen auszuwählen, ist eine Aufgabe, für deren Lösung es keine Patentrezepte gibt. Es kann weder an dieser Stelle noch generell beantwortet werden, ob etwa ein OSS mit Mittlerfunktion auf Bundeslandebene in Form einer neu gegründeten Behörde „besser" ist als ein OSS auf kommunaler Ebene, der Anliegen selbst abschließend bearbeitet und durch die Zusammenarbeit bestehender Behörden Gestalt annimmt.

Der schon erwähnte entscheidende Maßstab ist die realisierte Verwaltungsvereinfachung für den Dienstleistungserbringer. Hieran müssen sich die verschiedenen Möglichkeiten messen lassen (immer vorausgesetzt natürlich, sie bewegen sich innerhalb der Rechtsordnung sowie – finanziell und politisch – zumutbarer Grenzen).

5. Beispiele und entscheidende Einflussfaktoren

Im folgenden Kapitel soll die angesprochene Verwaltungsvereinfachung näher bestimmt und weitere Faktoren ermittelt werden, die neben den bereits genannten für die Realisierung größtmöglicher Verwaltungsvereinfachung von Bedeutung sind.

5.1 Service- und Dienstleistungsqualität

Wenn die Verwaltungsvereinfachung für den Dienstleistungserbringer das Ziel und der Bewertungsmaßstab allen Vorgehens ist, so muss sich diese Anforderung hinreichend konkretisieren lassen, um auch die angemessenen Maßnahmen zu ihrer Realisierung ergreifen zu können. Was also bedeutet Verwaltungsvereinfachung genau? Zu Beginn wurden schon einmal die diesbezüglichen Hauptkritikpunkte erwähnt:

- übertriebener Formalismus
- Länge der Verfahren
- Aufwand und Kosten
- hohe Komplexität durch eine Vielzahl verschiedener Behördenkontakte
- mangelnde Transparenz des Verfahrens und der jeweiligen Anforderungen
- mangelnde Rechtssicherheit

Wie aber lassen sich diese Punkte systematisieren? Hilfestellungen geben hier Erkenntnisse aus der Verbesserung der Bürgerorientierung im Kommunalbereich. In zahlreichen Bürgerbefragungen[506] wurde ermittelt, was den Bürgern beim Verwaltungskontakt wichtig ist. Unterschieden werden muss hier zwischen Service- und Dienstleistungsqualität.[507]

Servicequalität umfasst dabei den Zugang des Bürgers zur Verwaltung, die Öffnungszeiten, Wartezeiten und Gestaltung der Räumlichkeiten.

Die **Dienstleistungsqualität** bezeichnet die Art und Weise der Bearbeitung der Bürgeranliegen; sie beinhaltet verständliche Formulare, eine umfassende Beratung sowie die schnelle, flexible und abschließende Erledigung.

Die Untersuchungen zeigen, dass Verwaltungsführung, Mitarbeiter und Bürger diesen Dimensionen der Bürgerorientierung sehr unterschiedliche Relevanz beimessen. Aus Verwaltungssicht wird unter Bürgerorientierung oft nur die Verbesserung der Servicequalität verstanden, basierend auf der Annahme, den Bürgern komme es vor allem darauf an, das Zustandekommen des Verwaltungskontaktes für sich zu optimieren.[508] Diese aber präferieren vor allem eine verbesserte Dienstleistungsqualität. Eine umfassende Beratung, verständliche Formulare sowie eine schnelle Antragsbearbeitung sind ihnen wichtiger als freundliche Wartezonen, kurze Wege und Kinderspielecken. Denn „was nutzen kurze Wartezeiten, wenn sich die Antragsbearbeitung hinzieht? Was bringen längere Öffnungszeiten, wenn man die Formulare nicht versteht?"[509]:

Diese Erkenntnisse liefern wichtige Anknüpfungspunkte für die Konkretisierung der Verwaltungsvereinfachung. Ordnet man die genannten Probleme den zwei hier aufgezeigten Kategorien zu, so ergibt sich folgendes Bild:

Servicequalität

- Aufwand und Kosten
- hohe Komplexität durch eine Vielzahl verschiedener Behördenkontakte

---

506 Vgl. etwa *Kißler/Hagen*: Bürgerumfrage zur Kundenorientierung der Stadtverwaltung, in: Hill (Hrsg.), Die begreifbare Stadt. Wege zum Dialog mit dem Bürger, 1994, S. 73 ff., und *Volz*, Kundenbefragungen – Instrument zu mehr Kundenorientierung in der öffentlichen Verwaltung, in: Büscher u.a. (Hrsg.), Öffentliche Verwaltung – modern und zukunftsfähig, 2000, S. 82 ff.

507 Vgl. hierzu *Margies*, Kundenorientierung in Bürgerbüros kleinerer Gemeinden. Ergebnisse der Befragungen zur Kundenzufriedenheit in Bürstadt, Dudenhofen und Graben-Neudorf, 2002, S. 8 f.

508 Vgl. *Bogumil/Kißler*, Vom Untertan zum Kunden? Möglichkeiten und Grenzen von Kundenorientierung in der Kommunalverwaltung, 1995, S. 41.

509 *Bogumil/Kißler*, Der Bürger als Kunde? Zur Problematik von „Kundenorientierung" in kommunalen Gestaltungsvorhaben, in: Reichard (Hrsg.), Kommunalverwaltung im Modernisierungsschub?, 1999, S. 188 f.

Dienstleistungsqualität

- übertriebener Formalismus
- Länge der Verfahren
- mangelnde Transparenz des Verfahrens und der jeweiligen Anforderungen
- mangelnde Rechtssicherheit

Es zeigt sich, dass auch hier der Grossteil der monierten Missstände unter den Bereich Dienstleistungsqualität fällt. Teilweise sollen diese Defizite auch durch die Dienstleistungsrichtlinie behoben werden, etwa durch die **Verbesserung der Information (Art. 7) und die Vereinfachung der Formalitäten (Art. 5)**.

Die Idee hinter den OSS und damit in Zusammenhang stehende Konzepte, also OSG und Multikanalzugang, fallen aber eindeutig in den Bereich der Verbesserung der Servicequalität, der Vereinfachung des Zustandekommens des Verwaltungskontaktes und dessen Abwicklung (durch Reduktion der Ansprechpartner und Erweiterung der Zugangsmöglichkeiten). Mehr Service wird durchaus erwünscht und auch honoriert; er ist für die Verwaltung aber auch viel leichter zu realisieren als eine materielle Verbesserung der Dienstleistungsqualität. Denn „das geht schon fast ans Eingemachte"[510]. **Dennoch muss die Verbesserung der Dienstleistungsqualität das zentrale Ziel sein**, auch und gerade für die Kommunikation zwischen Verwaltung und Dienstleistungserbringer. Die rasche Reaktion auf sein Anliegen hilft dem Dienstleistungserbringer wenig, wenn er den Inhalt nicht nachvollziehen kann. Es soll also an dieser Stelle vermieden werden, Verwaltungsvereinfachung zu eng zu verstehen, als Beschränkung auf zwar wichtige, aber letztlich nicht entscheidende Serviceverbesserungen.

Die hieraus folgende Anforderung an die Gestaltung der OSS lautet:

Die OSS müssen so konzipiert werden, dass nicht nur die Servicequalität, sondern auch die Dienstleistungsqualität verbessert wird.

5.2 Beispiele für unterschiedliche Varianten des OSS

Im Folgenden sollen einige Beispiele verdeutlichen, dass diese Anforderung andere als die genannten Bereiche Funktion, Struktur und Zuständigkeit be-

---

510 *Bogumil/Kißler*, Der Bürger als Kunde? Zur Problematik von „Kundenorientierung" in kommunalen Gestaltungsvorhaben, in: Reichard (Hrsg.), Kommunalverwaltung im Modernisierungsschub?, 1999, S. 189.

rührt, Bereiche die nicht unmittelbar aus dem Richtlinienvorschlag hervorgehen, aber für die Zielerreichung letztlich entscheidend sind.

Grundannahme der folgenden Modelle sind der Multikanalzugang als Folge der Pflicht zur elektronischen Verfahrensabwicklung gem. *Art. 8* und die Konzeption einer Front-Office/Back-Office-Struktur, wobei der OSS die Rolle des Front-Office einnimmt.

5.2.1 Ausbaustufe I: Alles bleibt, wie es war

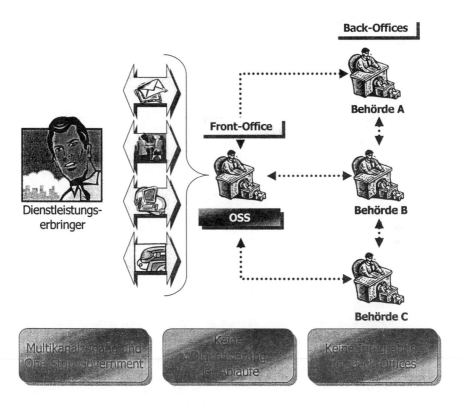

Abb. 1: **Variante I des OSS**

In dieser Variante ist der Multikanalzugang umgesetzt, der Dienstleistungserbringer kann sich über alle wichtigen Zugangskanäle an den OSS wenden. Die Zusammenarbeit des OSS mit den Back-Offices verläuft aber prozessual und technologisch so wie bisher, also im Wesentlichen papierbasiert, nacheinander und geordnet nach Zuständigkeiten. Folgt man den Artikeln des Richtlinienvorschlages, so könnte man diese Umsetzung durchaus als richtlinienkonform bezeichnen. Auch aus Sicht des Dienstleistungserbringers scheint eine derartige Lösung deutliche Vereinfachungen zu bringen. Er erreicht über alle Kanäle einen Anlaufpunkt, über den alle Formalitäten abgewickelt werden (OSG).

Hier wird allerdings schon deutlich, dass zur angestrebten Verbesserung der Dienstleistungsqualität vor allem die *interne* Gestaltung der Arbeitsabläufe von Bedeutung ist, also das Zusammenspiel zwischen Front- und Back-Office und zwischen den Back-Offices, sofern mehrere beteiligt sind.[511] Das Front-Office und seine Ausgestaltung als Anlaufpunkt des Dienstleistungserbringers ist für diesen zwar wichtig und deckt mit den schon angesprochenen Punkten OSG und Multikanalzugang den Bereich Servicequalität ab. Aber was dieses Front-Office *materiell* leisten kann, also die Dienstleistungsqualität, hängt untrennbar mit der jeweiligen Back-Office-Anbindung zusammen (Erfüllt der OSS sowohl alle Front- wie auch Back-Office-Aufgaben, so stellt sich diese Anforderung an ihn allein). Was für den Bürger gilt, gilt auch für den Dienstleistungserbringer. Eine bequem zu erreichende Anlaufstelle, über die alle Anliegen abgewickelt werden können, ist zwar lobenswert, hilft aber nur bedingt, sofern die Anliegensbearbeitung langwierig und unverständlich ist.

Im obigen Beispiel besteht genau diese Gefahr. Bleiben die Abläufe dieselben, sind Verbesserungen in folgenden zentralen Punkten kaum zu erwarten:

- Bearbeitungsgeschwindigkeit

- Transparenz

- Ganzheitliche Bearbeitung, i.d.S., dass alle beteiligten Stellen einen Überblick über die spezifische Situation des Dienstleistungserbringers haben und ihr Vorgehen dementsprechend mit den anderen Stellen abstimmen können.

Ein Beispiel soll dies verdeutlichen:

Der Dienstleistungserbringer wendet sich an den OSS. Dieser nimmt Formulare und Dokumente entgegen und sendet sie postalisch an die zuständigen Stellen. Diese bearbeiten nacheinander alle Aspekte, für die sie zuständig sind, schicken die fertigen Unterlagen direkt oder über den OSS an die jeweils nächste Stelle weiter.

---

511 Vgl. auch *Hensen/Schulz*, Aktuelle Rahmenbedingungen der Back-Office-Organisation, Verwaltung und Management, 11. Jg. (2005), Heft 1, S. 7 ff.

Der Vorgang ist somit gewohnt langsam, und Transparenz besteht kaum, weil in aller Regel nicht einmal der OSS weiß, welche Behörde gerade was bearbeitet. Durch die Ausrichtung an Zuständigkeiten besteht auch kein Gesamtüberblick über die Situation des Dienstleistungserbringers. Eine Verbesserung der Dienstleistungsqualität ist somit nur minimal gegeben.

Daraus folgt:

> Die entscheidenden Verbesserungspotenziale, die durch die Steigerung der Dienstleistungsqualität mittelbar auch dem Dienstleistungserbringer zugute kommen, liegen in der verwaltungsinternen Prozessgestaltung.

5.2.2 Ausbaustufe II: Digitalisierung des Bestehenden

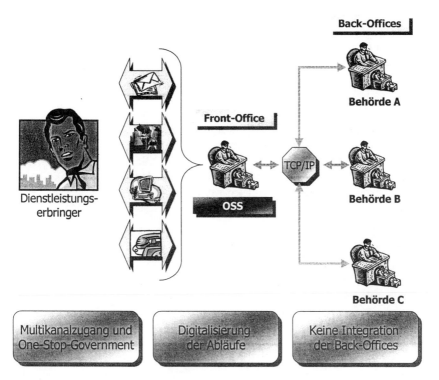

Abb. 2: Variante II des OSS

Der Unterschied zur ersten Stufe besteht hier in der teilweisen Nutzung der Möglichkeiten der neuen Informations- und Kommunikationstechnologien.

Die Kombination aus Digitalisierung und Vernetzung (etwa auf Basis des TCP/IP-Protokolls des Internet) führt zu einer „neuen Erreichbarkeit von Personen, Abläufen, Daten und Objekten"[512].

Dadurch wird die Kommunikation zwischen den Verwaltungsakteuren schneller, unkomplizierter und auch transparenter (Vermeidung von zeitraubenden und fehleranfälligen Medienbrüchen). Organisationsstruktur und Prozessabläufe bleiben in diesem Modell aber unverändert, nur ersetzt die E-Mail den Brief. Diese Digitalisierung des Bestehenden kann durchaus wesentliche Fortschritte bringen und sich auch für den Dienstleistungserbringer positiv auswirken, etwa in einer Beschleunigung seines Verfahrens. Die eigentlichen Verbesserungspotenziale, die, wie schon erwähnt, in der Veränderung der verwaltungsinternen Prozessgestaltung liegen, sind auf diese Weise aber noch lange nicht ausgereizt.

Auch hier wieder ein Beispiel:

Der Dienstleistungserbringer wendet sich an den OSS. Dieser nimmt Formulare und Dokumente entgegen, transformiert sie, sofern sie nicht so vorlagen, in elektronische Form und sendet sie elektronisch an die zuständigen Stellen. Diese bearbeiten nacheinander alle Aspekte, für die sie zuständig sind, schicken die fertigen Unterlagen direkt oder über den OSS an die jeweils nächste Stelle weiter.

Der Vorgang wird etwas beschleunigt, auch kann Transparenz hergestellt werden, weil auf elektronischem Wege der Bearbeitungsstand und die gerade damit beschäftigte Stelle leichter einsehbar sind. Allerdings erfolgt die Bearbeitung immer noch sequenziell, Zuständigkeiten dominieren, und die neuen Möglichkeiten der IuK-Technologien werden nur geringfügig ausgelastet. Eine Verbesserung der Dienstleistungsqualität ist in diesem Fall in Maßen gegeben.

Schlussfolgerung aus diesem Szenario:

Die Digitalisierung des Bestehenden kann begrenzte Beschleunigungseffekte hervorrufen, bleibt in ihrer Wirkung ohne Prozess- und Strukturveränderung aber beschränkt.

---

512 *von Lucke/Reinermann*, Speyerer Definition von Electronic Government, 2000, in: http://foev.dhv-speyer.de/ruvii/Sp-EGov.pdf, S. 6.

5.2.3 Neue Wege: Zentralisation der Back-Offices/Dezentralisation der Zugangswege

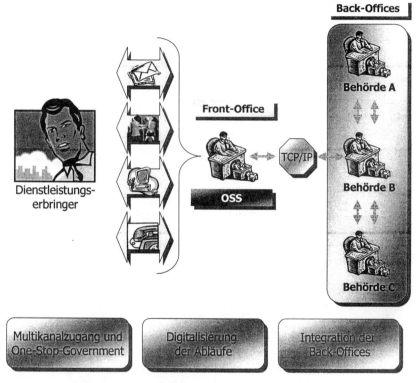

Abb. 3: **Variante III des OSS**

Die dritte Ausbaustufe geht den entscheidenden Schritt zu einer wirklichen Reorganisation der Back-Offices. Basis sind hier die IuK-Technologien, die aber nicht, wie in Szenario 2, lediglich das Bestehende digitalisieren, sondern den entscheidenden Anstoß zur Umsetzung neuartiger Organisations- und Prozessgestaltungen geben. Sie sind „enabling technologies"[513], weil sie der-

---

513 Vgl. *Reinermann*, Information and Communication Technology as a Driving Force of Change in Public Administration, Proceedings from the Third Summer Workshop held in Prague, 8.-13. September 1996, in:
http://www.hfv-speyer.de/rei/PUBLICA/ENGL/PRAGVORT.HTM, und *Lenk/Traunmüller*, New Public Management and Enabling Technologies, in: Terashima/Altman

artige Neugestaltungen erst ermöglichen, die bisher an technischen wie organisatorischen Schranken scheiterten.

Hier werden Digitalisierung und Vernetzung genutzt, um die Back-Offices in ihrer Struktur und ihren Abläufen komplett zu hinterfragen und, falls nötig, entsprechende Anpassungen vorzunehmen. Dabei ist es meist gar nicht nötig, Organisationseinheiten physisch umzugestalten, zu schließen, zusammenzulegen oder neu zu gründen. Digitalisierung und Vernetzung ermöglichen eine **Konzentration auf Prozessfunktionalitäten**, eine Definition der nötigen Prozesse und eine persönliche Aufgabenzuordnung an die Mitarbeiter, weitgehend unbeachtet der Tatsache, an welchem Ort und in welcher Organisationseinheit sich diese Mitarbeiter befinden. Es stellen sich bei der Konzentration auf die Prozessfunktionalität folgende Fragen:

- **Was** (welche Verwaltungsleistung) muss erbracht werden,
- **wer** (welche Stelle, welcher Mitarbeiter) eignet sich dafür, und
- **wie** stehen die Beteiligten und die Einzelleistungen in Beziehung zueinander?

Auf Grundlage dieser Fragen lassen sich unveränderbare **Konstanten** (z.B. rechtliche Anforderungen) und **Variablen** (z.B. Reihenfolge der Bearbeitung) der Prozesse identifizieren, woraus sich das Potenzial der kompletten, partiellen oder unmöglichen Neumodellierung der Prozesse ergibt. Maßstab und Ziel ist immer die größtmögliche Verwaltungsvereinfachung für den Dienstleistungserbringer. Die schon erwähnte „neue Erreichbarkeit von Personen, Abläufen, Daten und Objekten" ermöglicht es dabei, erst einmal idealtypisch mit dem Wünschbaren zu beginnen und sich dann den begrenzenden Faktoren zuzuwenden, anstatt, wie bisher oft, die vorherrschenden Struktur- und Prozessmuster als alternativlose Ausgangsbasis zu betrachten, in die sich neue Aufgaben einfügen müssten. So sind durch die neuen Technologien fast alle Modelle der Leistungserstellung und Prozessgestaltung denkbar, bis hin zu komplett virtuellen Organisationen, Netzwerken zur „Produktion" von Verwaltungsleistungen.

Dies wäre zum einen eine Umsetzung der schon erwähnten nahtlos ineinandergreifenden Verwaltung (sog. „seamless government"), vor allem aber zeigt es die Möglichkeit der Dominanz der Ablauf- über die Aufbauorientierung. Im Sinne des „form follows function" gestalten sich Organisationen nach ihren Funktionen (und nicht umgekehrt!). Die Funktion ergibt sich in unserem Fall aus dem Ziel eines möglichst einfachen, effektiven, effizienten, transparenten und rechtssicheren Verwaltungsverfahrens für den Dienstleis-

---

(Hrsg.), Advanced IT-Tools. IFIP World Conference on IT Tools, 2.-6. September 1996, Canberra, 1996, S. 11 ff.

tungserbringer. Die Orientierung an der Perspektive, den Wünschen, Bedürfnissen, Anforderungen und Rahmenbedingungen des Dienstleistungserbringers wäre in diesem Fall idealtypisch möglich, denn dieses Modell ermöglicht es, den Gesamtprozess der Anliegensbearbeitung von Beginn an bis zum Ende, von der Vorbringung des Anliegens des Dienstleistungserbringers bis zu dessen Abschluss organisatorisch, prozessual und technologisch optimal zu gestalten und zu unterstützen, d.h., dem Ziel der größtmöglichen Verwaltungsvereinfachung für den Dienstleistungserbringer entsprechend nahe zu kommen.

Hierzu wiederum ein Beispiel:

Der Dienstleistungserbringer wendet sich an den OSS. Dieser nimmt Formulare und Dokumente entgegen, transformiert sie, sofern sie nicht so vorlagen, in elektronische Form und sendet sie elektronisch an die zuständigen Stellen. Je nach Anliegen, bilden alle zuständigen bzw. beteiligten Stellen ein Netzwerk für jeden Einzelfall. Je nach Verschiedenartigkeit des Anliegens können jeweils unterschiedliche Stellen und Mitarbeiter beteiligt sein. Innerhalb dieses Netzwerkes verständigen sich alle Beteiligten über die spezifischen Anforderungen des jeweiligen Falls, stimmen Vorgehensweise, Maßnahmen und Termine miteinander und aufeinander ab, mit dem Ziel der schnellen und transparenten Bearbeitung des Anliegens. Für diese Kooperation können alle Möglichkeiten der modernen IuK-Technologien genutzt werden, seien es E-Mail, Groupware, Chat, Videokonferenz etc.[514] Der OSS ist in diese Zusammenarbeit immer so eingebunden, dass er dem Dienstleistungserbringer gegenüber jederzeit detailliert Auskunft über den Stand des Verfahrens geben kann und die wichtige Funktion als Mittler im Falle von Nachfragen auszuüben in der Lage ist.

Dieses Szenario mag für die meisten unkomplizierten Standardfälle überzogen wirken, aber es sind auch weniger die Standardfälle, die Verwaltung und Dienstleistungsempfängern die größten Probleme bereiten, sondern die Fälle, die von der Norm abweichen und eine entsprechend flexible Handlungsweise erfordern.

Viele dieser neuartigen Formen der Prozessgestaltung konnten bisher mit dem Hinweis „nicht umsetzbar" abgeschmettert werden, aber die „enabling technologies" lassen derartige Einwände obsolet werden, da sie es nachweislich ermöglichen, die Prozesse entsprechend zu ändern, wenn man es denn

---

514 Die Konzepte des Computer Supported Cooperative Work (CSCW) befassen sich ausführlich mit den neuen Möglichkeiten, vgl. etwa Reiss, Kooperation in virtuellen Organisationsstrukturen. Grundlagen und Ansatzpunkte der Gestaltung eines computerunterstützten Kooperationssystems, 2002.

nur will und sich bewusst ist, dass derartige Prozesse weit mehr erfordern, als nur einige technologische Neuerungen. Vielmehr erschüttern die neuen Gestaltungsmöglichkeiten die hergebrachten Grundsätze von Aufbau- und Ablauforganisation.

Sinn und Berechtigung des Einsatzes der IuK-Technologien entfalten sich darüber hinaus auch erst in der wirklichen Ausnutzung ihrer Möglichkeiten, denn gerade vor dem Hintergrund ihrer nicht unbeträchtlichen Kosten lässt sich eine bloße Digitalisierung des Bestehenden schon allein finanziell nicht rechtfertigen.

6. Fazit und Ausblick

In der vorliegenden Analyse wurden drei zentrale Differenzierungsmöglichkeiten für die Gestaltung der OSS genannt:

- Funktion
- Struktur
- Zuständigkeit

Daran anschließend wurde gezeigt, dass es weitere Faktoren gibt, die die Zielerreichung der OSS, die Verwaltungsvereinfachung für den Dienstleistungserbringer, wesentlich bestimmen. Diese sind:

- Servicequalität und
- Dienstleistungsqualität

und betreffen fast ausschließlich die verwaltungsinterne Ablaufgestaltung.

Für die zielführende Gestaltung der OSS ist die sinnvolle Kombination von Funktion, Struktur und Zuständigkeit zwar eine *notwendige*, aber keine *hinreichende* Bedingung. So kann ein OSS, dessen Funktion, Struktur und Zuständigkeit klug durchdacht und umgesetzt wurde, durchaus einen nur geringen Grad an Verwaltungsvereinfachung nach sich ziehen, sofern die internen Strukturen und Prozesse die neuen Möglichkeiten nicht ausnutzen und die Dienstleistungsqualität nicht nennenswert verbessern.

Entscheidend ist nicht, *wer* es macht, sondern *wie* es gemacht wird.

Das heißt nicht, dass die Wahl der Kriterien Funktion, Struktur und Zuständigkeit beliebig ist. Aber innerhalb relativ offensichtlicher Grenzen der Rationalität (OSS nur für lettische Estrichleger...) und der expliziten Anforderungen des Richtlinienvorschlages (Einheitlichkeit für den Dienstleistungserbringer) ist die Kombination der Merkmale eher sekundär. Sinnvoll ist es, zu prüfen, in welchen Ausgestaltungen sich die beabsichtigten Prozesse am besten umsetzen lassen bzw. wie komplex etwaige (und jetzt mögliche) Anpassungsleistungen bestehender Strukturen sind. Entscheidend ist, dass *zuerst* festgelegt wird, *wie* die Abläufe sein sollen und *danach*, *wer* sie durchführt.

In der Praxis führt auch diese Vorgehensweise nicht immer zu radikalen Neustrukturierungen. In vielen Bereichen wird es Institutionen geben, die sich aufgrund ihrer Kompetenz, Struktur und bisherigen Aufgabe als OSS geradezu anbieten; bei anderen sind nur geringe Veränderungen vorzunehmen.

Die nötige und konsequente Ausrichtung der Prozesse (vor allem im Back-Office, denn hier fällt der Großteil der Arbeit an) am Ziel der Verwaltungsvereinfachung für den Dienstleistungserbringer und somit am Dienstleistungserbringer selbst, ist der entscheidende Erfolgsfaktor für die Zielerreichung. Die IuK-Technologien ermöglichen diese Umgestaltungsprozesse, aber sie selbst sind nur Mittel zum Zweck und nie Selbstzweck. Zentral ist, dass erkannt wird, dass hierzu ein Perspektivwechsel nötig ist, weg von der Binnenperspektive der Verwaltung, hin zur Außenperspektive des Dienstleistungserbringers, der auf die Verwaltung blickt und für den sich auch ganz subjektiv die angestrebte Verwaltungsvereinfachung als solche darstellen muss.

Die eigentliche Herausforderung liegt für die Verwaltung dabei in der Synchronisierung zweier Sichtweisen, ihrer eigenen und derjenigen des Dienstleistungserbringers. Sie muss sich selbst *von außen* betrachten, um die Anforderungen, die an sie gestellt werden, berücksichtigen zu können und zugleich *von innen* ihre Strukturen und Prozesse definieren, um diesen Anforderungen gerecht werden zu können.

Zum Abschluss soll trotz der hier vorgebrachten Bedenken hinsichtlich der Empfehlung bestimmter Funktions-, Struktur- oder Zuständigkeitsmodelle kurz skizziert werden, welche Gestaltungsanforderungen sich aus dem bisher Gesagten zumindest grob ableiten lassen.

(1) **Neue Organisationen oder Behörden, die als OSS fungieren, erscheinen weder notwendig noch unbedingt hilfreich.** Vielmehr sollte in Anlehnung an die hier deutlich gewordene Präferenz des dritten, intensiven Modells der Back-Office-Reorganisation und -Kooperation auf vorhandene Kompetenzen zurückgegriffen und diese effizient vernetzt werden.

(2) **Bei Leistungen, die neu erbracht werden müssen** bzw. für alle betroffenen Verwaltungen in Deutschland von Bedeutung sind, etwa der gesamte Bereich Sprachkompetenz (Übersetzung und Prüfung ausländischer Dokumente, Kommunikation mit den Dienstleistungserbringern in deren Muttersprache), **können zentrale Kompetenzen sowohl organi-**

satorisch wie auch finanziell sinnvoll sein (auf lokaler Ebene lohnt der entsprechende Aufwand offensichtlich nicht).

(3) **Im Ergebnis würden Front-Offices als OSS geschaffen, die sich größtenteils virtuell konstituieren**, sowohl nach außen für den Dienstleistungserbringer (als Website oder Call-Center) als auch nach innen für die Verwaltungen (durch Vernetzung der Beteiligten). Auf die Leistungen eines externen Kompetenzzentrums „Sprache" könnten die Verwaltungen dann im Bedarfsfall zurückgreifen.

III. Zusammenfassung und Empfehlung: Vorzüge des dritten Modells

Wichtige Ziele des Richtlinienvorschlags (vgl. Richtlinien-Zielsystem, Teil 1 C. III. u. Abb. 3), wie „Verwaltungsvereinfachung fördern" und (dabei) „Qualitätssteigerungen (Service und Dienstleistung i.e.S.)" erreichen bei Verbesserung der Kommunikation, dürften sich eher mit Modell III (Dezentral/Zentral-Optimierung) erreichen lassen als mit den beiden anderen Vorschlägen. Zumal sich der Multikanalzugang (ranghohes Nebenziel) für alle Beteiligten mittelfristig als nutzenstiftend erweisen wird und als positiver Nebeneffekt ein günstiges Ertrags-/Aufwands-Verhältnis erwartbar ist. Der Gesamtwirkungsgrad und der Zielerreichungsgrad sollten beim prozess-funktionalen Modell III am höchsten sein, wenn gleichzeitig eine regional praktikable Verteilung der OSS-Angebote erreicht wird. Als „Ebene" bieten sich Landes- bzw. Bezirksverortung an (auch eine „Kammer"-Lösung ist denkbar). Die Zentralisierung von sprachkompetenziellen Funktionen und datenbankgestützten Informationsdiensten (auch für Evaluierungszwecke) scheint erforderlich.

Diese Lösung müsste hinsichtlich ihrer administrativen Praktikabilität (Vollziehbarkeit) und ihrer Befolgbarkeit (erleichternde Verfahren, Schnelligkeit und Vergleichbarkeit) getestet werden (→ Modellversuch, Planspiel). Doch spricht schon jetzt im institutionellen Vergleich vieles für den Vorrang von Modell III (→ Vollzugseignung; Akzeptabilität). Die verwaltungstechnische Qualifizierung ließe sich durch Funktionendiagramme und Geschäftsprozessanalysen ermitteln.

Es wird empfohlen,

> Modell III (Dezentral/Zentral-Optimierung) für die konkrete Ausgestaltung des „einheitlichen Ansprechpartners" zugrunde zu legen; eine auf dieser Basis konstruierte „Modellbehörde" einigen Praxistests zu unterziehen sowie grobe Ertrags-/Aufwandskalkulationen zu erstellen.

D. Beschreibung spezifischer Problemfelder des OSS[*]

I. Einleitung

Nachfolgend werden einige der kritischen Äußerungen („Kritikpunkte") aus den betroffenen Kreisen zu dem Richtlinienvorschlag, soweit sie den OSS betreffen, im Überblick dargestellt und einer ersten Bewertung in Form einer kurzen Kommentierung unterzogen.

1. Hinweis zu Vorgehen und Aufbau

Bzgl. der Verwaltungsvereinfachung sind die einheitlichen Ansprechpartner (Art. 6) die prägende Institution. Der Verzicht auf Originaldokumente (Art. 5), die Informationspflichten (Art. 7, 22, 26) und die elektronische Verfahrensabwicklung (Art. 8) konkretisieren die Aufgaben der einheitlichen Ansprechpartner und die Art ihrer Tätigkeit, wobei immer wieder auf die einheitlichen Ansprechpartner Bezug genommen wird. Von daher werden im Folgenden als erstes die einheitlichen Ansprechpartner gem. Art. 6 behandelt.

2. Einschlägigkeit im Bereich des freien Dienstleistungsverkehrs

Legt man den Aufbau und den inneren Zusammenhang des Richtlinienvorschlages zugrunde, so betrifft der Bereich „Verwaltungsvereinfachung" lediglich die Niederlassungsfreiheit der Dienstleistungserbringer, nicht den freien Dienstleistungsverkehr. Sie gälte demnach nur für Dienstleistungserbringer, die sich in einem anderen Mitgliedstaat niederlassen. Dies erscheint auf den ersten Blick befremdlich, ist aber insofern logisch, als dass die nicht niedergelassenen Dienstleistungserbringer von den zu vereinfachenden Verwaltungsverfahren teilweise völlig befreit werden sollen. Entscheidend ist aber der Bezug zu anderen Regelungen. Es gibt eine Vielzahl sektoraler Regelungen, die

---

[*] *Franz, Oertel.*

die Anforderungen an bestimmte Berufe, Dienstleistungen etc. festlegen, wozu sehr wohl auch Verwaltungsverfahren gehören. Über diesen „Umweg" gälte dann der vorliegende Richtlinienvorschlag faktisch auch für den Großteil des freien Dienstleistungsverkehrs und legt im Bereich Verwaltungsvereinfachung vor allem einheitliche Verfahren fest.

II. Einrichtung der einheitlichen Ansprechpartner („One-Stop-Shops"/"OSS")

1. Regelung

Gemäß Art. 6 des Richtlinienvorschlags haben die Mitgliedstaaten dafür Sorge zu tragen, dass Dienstleistungserbringern spätestens am 31. Dezember 2008 Kontaktstellen, so genannte „einheitliche Ansprechpartner", zur Verfügung stehen, bei denen sie folgende Verfahren und Formalitäten abwickeln können:

a) alle Verfahren und Formalitäten, die für die Aufnahme ihrer Dienstleistungstätigkeiten erforderlich sind, insbesondere Erklärungen, Anmeldungen oder die Beantragung von Genehmigungen bei den zuständigen Stellen, einschließlich der Beantragung der Eintragung in Register, Berufsrollen oder Datenbanken oder bei Berufsorganisationen;

b) die Beantragung der für die Ausübung ihrer Dienstleistungstätigkeit erforderlichen Genehmigungen.

2. Kritik und Kommentar

2.1 Vorgaben bzgl. der einheitlichen Ansprechpartner kontraproduktiv

2.1.1 Kritik

Hierzu wurde angemerkt, dass zentralistische Lösungen bei den einheitlichen Ansprechpartnern zu einer zusätzlichen Verwaltungseinheit führten, was weder verbraucherfreundlich noch sinnvoll sei und im Ergebnis den Verwaltungsaufwand erhöhe, statt Bürokratie abzubauen.[515]

---

[515] Bundesvereinigung der kommunalen Spitzenverbände, Stellungnahme zum Vorschlag für eine Richtlinie des Europäischen Parlaments und des Rates über Dienstleistungen im Binnenmarkt („Dienstleistungsrichtlinie") KOM (2004) 2, Köln, 13.5.2004, S. 1 u. 3; Architektenkammer NRW, Stellungnahme zum Vorschlag für

2.1.2 Kommentar

Die oft anzutreffenden Befürchtungen, mit den OSS mache die Kommission weitgehende Vorgaben bzgl. des Aufbaus neuer Organisationseinheiten und greife in die kommunale Personal- und Organisationseinheit ein, erstaunt angesichts der deutlichen Formulierungen, die in der Zielsetzung und der Begründung des Richtlinienvorschlags gewählt werden:

> *„Der Begriff ‚einheitlicher Ansprechpartner' bedeutet nicht, dass jeder Mitgliedstaat physisch einen einheitlichen Ansprechpartner für sein gesamtes Hoheitsgebiet bestimmen muss. (...) Die Anzahl dieser einheitlichen Ansprechpartner in den jeweiligen Mitgliedstaaten sowie ihre institutionelle Ausgestaltung werden unterschiedlich sein, da sie sich nach den innerstaatlichen Strukturen, insbesondere den regionalen oder lokalen Zuständigkeiten oder den betreffenden Dienstleistungen richten werden."*[516]

> *„Die Bestimmung dieser einheitlichen Ansprechpartner lässt die Aufteilung der Zuständigkeiten zwischen den betroffenen Behörden und Stellen in den nationalen Systemen unberührt [Hervorhebung durch d. Verf.]. Die einheitlichen Ansprechpartner können nicht nur bei Verwaltungsbehörden angesiedelt werden, sondern auch bei Berufs-, Handels- oder Handwerkskammern, Standesorganisationen oder privaten Einrichtungen, denen die Mitgliedstaaten diese Aufgabe übertragen."*[517]

Ausgangspunkt der Überlegungen hinsichtlich der einheitlichen Ansprechpartner ist nicht die jeweilige nationale Verwaltungsstruktur, sondern die Perspektive des Dienstleistungserbringers. Für diesen soll die Vereinfachung der Verwaltungsverfahren realisiert werden. Hilfsmittel dazu sind die OSS, die nicht durch eine bestimmte Organisationsstruktur, sondern durch Funktionalitäten gekennzeichnet sind. Die Erfüllung dieser Funktionalitäten ist von der Art der Organisation aber weitgehend unabhängig, weshalb die Kommission in ihrem Vorschlag auch alle Möglichkeiten der Ausgestaltung der OSS explizit zulässt. Es kommt nur darauf an, was die OSS leisten, nicht wie sie gestaltet werden. Siehe hierzu auch die vorstehend unter C. beschriebenen Modellskizzen.

---

eine Richtlinie des Europäischen Parlaments und des Rates über Dienstleistungen im Binnenmarkt KOM (2004) 2, Düsseldorf, 23.4.2004, S. 2.

516 KOM (2004) 2, S. 24.
517 KOM (2004) 2, S. 37.

2.2 Reichweite der Aufgabenbeschreibung des OSS: Begriff „abwickeln"

2.2.1 Kritik

Der Begriff „Abwickeln" sei zu weitgehend. Die einheitlichen Ansprechpartner sollten keine Entscheidungsbefugnisse haben, sondern allenfalls Koordinierungsaufgaben übernehmen.[518]

2.2.2 Kommentar

Der Vorschlag sieht ein wesentliches Element der Verwaltungsvereinfachung für die Dienstleistungserbringer in der Reduktion der Stellen, an die sich der Dienstleistungserbringer im Rahmen seiner Dienstleistungserbringung wenden muss (meist zur Meldung, Genehmigung und der Kontrolle). Dem Konzept des „One-Stop-Government" entspringen die OSS:

> „Die Ansprechpartner sollen „einheitlich" für den Dienstleistungserbringer sein, d.h. dieser muss alle im Zusammenhang mit der Dienstleistungserbringung notwendigen Formalitäten und Verfahren, vor allem diejenigen für die Genehmigungen, bei ein und derselben Stelle erledigen können. Der Antragsteller soll sich nicht mehr an unterschiedliche Instanzen, Einrichtungen usw. wenden müssen, sondern in seiner Angelegenheit nur noch einen Ansprechpartner haben"[519]

Vor diesem Hintergrund ist der Begriff „abwickeln" verschiedenartig ausfüllbar, so auch der Vorschlag der Richtlinie:

> „Die einheitlichen Ansprechpartner können die unmittelbar zuständige Stelle, z.B. die Genehmigungsstelle, oder auch ein Vermittler zwischen dem Dienstleistungserbringer und dieser Stelle sein."[520]

Welche Stelle mittelbar oder unmittelbar alle Erfordernisse der Dienstleistungserbringung bearbeitet, ist für die Bewertung der jeweiligen Lösung irrelevant. **Das entscheidende Kriterium ist die Vereinfachung für den**

---

518 Bundesrat, BR-Drs. 128/04 (Beschluss), S. 14 f.; Bundesvereinigung der kommunalen Spitzenverbände, Stellungnahme zum Vorschlag für eine Richtlinie des Europäischen Parlaments und des Rates über Dienstleistungen im Binnenmarkt („Dienstleistungsrichtlinie") KOM (2004) 2, Köln, 13.5.2004, S. 2 f.
519 KOM (2004) 2, S. 24.
520 KOM (2004) 2, S. 24.

Dienstleistungserbringer. Da der Vorschlag der Kommission es explizit zulässt, dass etwa bisherige Genehmigungsstellen die Funktion eines OSS übernehmen, greift die Kritik, die OSS dürften keine Entscheidungsbefugnisse haben, ins Leere. Diese geht vielmehr implizit davon aus, dass zwangsläufig eine neue Organisationseinheit geschaffen werden müsse. Die Konzentration auf die Funktionalität der OSS und ihre Leistung gegenüber dem Dienstleistungserbringer korrespondiert zudem gut mit den Möglichkeiten der modernen Informations- und Kommunikationstechnologien. So können verschiedene Behörden ihre Leistungen etwa in einem elektronischen Portal bündeln und so die gewünschte Funktion des „Single Point of Contact" gegenüber dem Dienstleistungserbringer erfüllen, ohne dass an sachlichen, räumlichen und persönlichen Zuständigkeiten viel geändert werden müsste oder gar neue Ämter aufgebaut werden müssten. Siehe hierzu auch die Möglichkeiten der Ausgestaltung der OSS (vgl. vorstehend unter C.).

2.3 Neutralität der Berufskammern als einheitliche Ansprechpartner

2.3.1 Kritik

Sollten die Berufskammern als einheitliche Ansprechpartner fungieren, wie von diesen selbst vorgeschlagen, müsste die Neutralität der Informationsgewährung gegenüber den Dienstleistungsempfängern kritisch hinterfragt werden.[521]

2.3.2 Kommentar

Man kann sich die berechtigte Frage stellen, welches Interesse die Kammern daran haben sollten, ihre inländischen Mitglieder dem erhöhten Wettbewerbsdruck der ausländischen Dienstleistungserbringer auszusetzen, vor allem, da diese nach den neuen Regelungen gar nicht mehr oder nur noch pro forma (ohne Pflicht zur Entrichtung eines Beitrages) in den jeweiligen Kammern Mitglied werden müssten. Der Einwand ließe sich daher auch auf die Frage nach der Neutralitätspflicht gegenüber den Dienstleistungs*erbringern* ausdehnen, gerade die Dienstleistungs*empfänger* sind aber auf die Neutralität der OSS mangels eigenen Marktüberblicks noch stärker angewiesen. Sollten also Kammern die Funktionen der OSS übernehmen, wofür berechtigte Gründe sprechen, so müsste deren Neutralität sichergestellt werden.

---

521 Bundesrat, BR-Drs. 128/04 (Beschluss), S. 16.

2.4 Motivation des einheitlichen Ansprechpartners

2.4.1 Kritik

Eventuell bestehe ein mangelnder Wille der einheitliche Ansprechpartner, ihren Aufgaben nachzukommen. Entsprechende Erfahrungen seien im Zusammenhang mit den Verbindungsbüros, die gemäß der Entsenderichtlinie eingerichtet worden seien, gemacht worden. Diese hätten aber nur vergleichsweise wenig Kompetenzen gehabt. Bei Stellen mit mehr Kompetenzen, wie den OSS, seien die Folgen zögerlichen Handelns umso gravierender.[522]

2.4.2 Kommentar

Man könnte das Argument umkehren: Gerade weil die Verbindungsbüros nur wenig Kompetenzen gehabt haben, war ihr Wille zum Handeln nur schwach ausgeprägt. Dies spräche für weitreichende Kompetenzen für die OSS, kann dafür aber nicht das Hauptargument sein. Generell gilt: Unabhängig von der organisatorischen Ausgestaltung und den Befugnissen der OSS muss sichergestellt werden, dass sie, getragen vom Leitbild der Verwaltungsvereinfachung für die Dienstleistungserbringer, die ihnen übertragenen Aufgaben in vollem Umfang erfüllen. Dazu sind neben politischem Willen und der materiellen und personellen Ausstattung auch ein Selbstverständnis erforderlich, das Kundenorientierung, Hilfe und Unterstützung als zentrale Bestandteile aufweist.

2.5 Registerrecht der Mitgliedstaaten als Regelungsgegenstand des Richtlinienvorschlags

2.5.1 Kritik

Der Begriff „Register" in Art. 6 dürfe nicht die Zuständigkeit der nationalen Amtsgerichte zur Führung der Justizregister (Grundbuch, Handelsregister etc.) beeinträchtigen. Der Anwendungsbereich des Binnenmarktes schließe das innerstaatliche Registerrecht als Regelungsgegenstand aus.[523]

---

[522] Sozialkassen der Bauwirtschaft, Bewertung des Vorschlages der Europäischen Kommission für eine Richtlinie des Europäischen Parlaments und des Rates über Dienstleistungen im Binnenmarkt im Hinblick auf die Schwierigkeiten bei der Einhaltung und Durchsetzung der Mindestarbeitsbedingung Urlaub auf Grundlage der Richtlinie 97/71/EG sowie des Arbeitnehmer-Entsendegesetzes, 21.3.2004, S. 12.

[523] Bundesrat, BR-Drs. 128/04 (Beschluss), S. 14 f.

2.5.2 Kommentar

Folgt man der Formulierung gem. Art. 6 a: „alle Verfahren und Formalitäten, die für die Aufnahmen ihrer Dienstleistungen erforderlich sind", so könnte der Begriff „Register" auch die deutschen Justizregister umfassen. Aus der Perspektive des Dienstleistungserbringers ist es unerheblich, bei welcher Stelle er welches Verfahren durchführen muss. Maßgebend ist nur, dass er es durchführen muss und welchen Aufwand, Zeit und Kosten dies für ihn erfordert. Zugleich ist aber auch die Argumentation den Anwendungsbereich des Richtlinienvorschlages betreffend nicht unplausibel, da Art. 2 Satz 1 formuliert: „Diese Richtlinie gilt für Dienstleistungen, die von einem in einem in einem Mitgliedstaat niedergelassenen Dienstleistungserbringer angeboten werden". Man könnte argumentieren, dass Eintragungen in die Justizregister nicht zwangsläufig und unmittelbar mit der Erbringung einer Dienstleistung einhergehen, so dass sie nicht in den Anwendungsbereich des Richtlinienvorschlages fallen.

An dieser Stelle ist eine Klärung nötig, da die Folgen für das deutsche Registerwesen nicht unerheblich sein könnten, sollten sie in den Anwendungsbereich der Richtlinie fallen.

2.6 Haftungsansprüche gegenüber den einheitlichen Ansprechpartnern aufgrund falscher Auskünfte

2.6.1 Kritik

Es sei unklar, ob und inwieweit Haftungsansprüche gegenüber den einheitlichen Ansprechpartnern bei falschen Auskünften geltend gemacht werden könnten.[524]

2.6.2 Kommentar

Diese Problematik stellt sich hauptsächlich in Fällen, in denen z.B. erstmals eine Berufsorganisation diese Aufgaben wahrnimmt und folglich nunmehr mit derartigen Haftungsansprüchen konfrontiert werden könnte. Zugleich erscheint es vorstellbar, dass allein durch die Vergrößerung des Kreises von Auskunftssuchenden auf Dienstleister aus dem EU-Ausland den betroffenen

---

[524] Bundesverband der Freien Berufe, Kurzstatement: Vorschlag für eine Richtlinie über Dienstleistungen im Binnenmarkt KOM (2004) 2: Anhörung im Europäischen Parlament am 11.11.2004, 16.30 Uhr, S. 2.

Stellen mehr potentielle Haftungsfälle aufgrund einer falschen Auskunft drohen. Hinzu kommt in diesen Fällen die Gefahr von Falschauskünften aus sprachlichen Gründen.

Eine entsprechende Klarstellung bzw. rechtliche Regelung erscheint dafür erforderlich.

III. Verzicht auf Originaldokumente, beglaubigte Kopien und Übersetzungen

1. Regelung

Gemäß Art. 5 des Richtlinienvorschlags vereinfachen die Mitgliedstaaten die für die Aufnahme und die Ausübung einer Dienstleistungstätigkeit geltenden Verfahren und Formalitäten (Abs. 1).

Für den Fall, dass die Mitgliedstaaten von einem Dienstleistungserbringer oder -empfänger ein Zeugnis, eine Bescheinigung oder ein sonstiges Dokument zum Nachweis der Erfüllung einer Anforderung verlangen, erkennen gemäß Art. 5 Abs. 2 die Mitgliedstaaten alle Dokumente eines anderen Mitgliedstaates an, die eine gleichwertige Funktion haben oder aus denen hervorgeht, dass die betreffende Anforderung erfüllt ist. Die Mitgliedstaaten dürfen hingegen nicht verlangen, dass Dokumente eines anderen Mitgliedstaates im Original, in beglaubigter Abschrift oder in beglaubigter Übersetzung vorgelegt werden, außer in den Fällen, in denen dies in anderen Gemeinschaftsrechtsakten vorgesehen ist, oder wenn zwingende Gründe des Allgemeininteresses dies objektiv erfordern.

2. Kritik und Kommentar

2.1 Verzicht auf Originaldokumente, beglaubigte Kopien und Übersetzungen: Reichweite des Eingriffs

2.1.1 Kritik

Der angeordnete Verzicht stelle einen „Eingriff in das nationale Beweisrecht" dar[525] bzw. hebe „das Prinzip der nationalen Amtssprache auf"[526] und gehe daher zu weit.

---

525 Sozialkassen der Bauwirtschaft, Bewertung des Vorschlages der Europäischen Kommission für eine Richtlinie des Europäischen Parlaments und des Rates über

2.1.2 Kommentar

Hierbei ist insbesondere auf die bestehende Regelung in § 23 VwVfG hinzuweisen. Gemäß § 23 Abs. 2 Satz 1 VwVfG soll die Behörde beim Eingang fremdsprachiger Schriftstücke eine Übersetzung verlangen. Im Regelfall braucht aus Kostengründen nur eine einfache, also nicht beglaubigte Übersetzung verlangt zu werden.[527] In begründeten Ausnahmefällen kann die Behörde jedoch eine beglaubigte Übersetzung verlangen.[528]

Soweit bislang nicht sekundäres Gemeinschaftsrecht anderes vorschreibt, wird dieser Konflikt zwischen dem Recht auf den Gebrauch der eigenen Sprache und dem Recht jedes Staates auf eine funktionsfähige Verwaltung, die nur durch den Gebrauch der Landessprache gesichert werden kann, im Wege praktischer Konkordanz gelöst.[529]

Diese differenzierte Behandlung entspricht im Grundsatz zwar der Regelung in Art. 5 Abs. 2 des Richtlinienvorschlags, die es der Verwaltung ebenfalls erlaubt, vom Dienstleistungserbringer eine einfache, d.h. nicht beglaubigte Übersetzung zu verlangen. Die Gewichtung wird jedoch zu Gunsten des Antragstellers verschoben, denn Ausnahmen von dieser Möglichkeit der Verwendung einer einfachen Übersetzung dürfen nur noch gemacht werden, falls dafür zwingende Gründe des Allgemeininteresses bestehen, die objektiv erforderlich sein müssen. Es erscheint fraglich, ob die bislang „begründeten Fälle" i.S.v. § 23 VwVfG dies auch „aus zwingenden Gründen des Allgemeinwohls objektiv erfordern".

Im Ergebnis wird das Prinzip der nationalen Amtssprache nicht aufgehoben, weil die Regelung schon mit bestehendem Recht weitgehend konform ist. Lediglich die Ausnahmetatbestände sind deutlich verschärft worden.

In der praktischen Umsetzung verbleibt bei der Behörde allerdings auch bei Vorliegen einer einfachen Übersetzung in aller Regel die Aufgabe einer entsprechenden Prüfung, d.h. Neuübersetzung, sollten begründete Zweifel an

---

Dienstleistungen im Binnenmarkt im Hinblick auf die Schwierigkeiten bei der Einhaltung und Durchsetzung der Mindestarbeitsbedingung Urlaub auf Grundlage der Richtlinie 97/71/EG sowie des Arbeitnehmer-Entsendegesetzes, 21.3.2004, S. 11.

526 Bundesvereinigung der kommunalen Spitzenverbände, Stellungnahme zum Vorschlag für eine Richtlinie des Europäischen Parlaments und des Rates über Dienstleistungen im Binnenmarkt („Dienstleistungsrichtlinie") KOM (2004) 2, Köln, 13.5.2004, S. 2.

527 Vgl. *Stelkens/Schmitz*, in: Stelkens/Bonk/Sachs, VwVfG, 6.Aufl. 2001, § 23, Rn. 32 ff.

528 Vgl. *Stelkens/Schmitz*, in: Stelkens/Bonk/Sachs, VwVfG, 6.Aufl. 2001, § 23, Rn. 35.

529 Vgl. *Stelkens/Schmitz*, in: Stelkens/Bonk/Sachs, VwVfG, 6.Aufl. 2001, § 23, Rn. 3.

der Richtigkeit dieser Übersetzung bestehen. Die damit anfallenden Kosten sind allerdings nur schwer einzuschätzen.

2.2 Erleichterung von Missbrauch durch die Regelung in Art. 5

2.2.1 Kritik

Die Gefahr unrichtiger Angaben werde durch den Verzicht auf Originaldokumente sowie beglaubigte Kopien und Übersetzungen drastisch erhöht.[530] Fälschungen würden erleichtert, da sie schwieriger oder gar nicht zu überprüfen seien.[531]

2.2.2 Kommentar

Diese Einschätzung trifft dann zu, wenn der Antragssteller davon ausgehen kann, dass die Stelle, an die er sich wendet (sei es die OSS oder jede andere staatliche Stelle), nicht über die Kompetenzen verfügt, die Täuschung zu entdecken. Dies hängt aber von der Ausgestaltung der Stellen ab, die die Bearbeitung vornimmt. Ziel muss es sein, zu gewährleisten, dass die gewollte Verfahrenserleichterung nicht die de facto Aufhebung von weiterhin bestehenden Beschränkungen zur Folge hat, weil Überprüfungen nicht mehr durchgeführt werden können.

Dass viele Ämter kleinerer Kommunen mit den Übersetzungs- und Überprüfungsaufgaben überlastet wären, steht außer Frage. Bei den einheitlichen Ansprechpartnern (OSS) könnten die Sprach- und Fachkompetenz zentralisiert werden. Bei entsprechender Gestaltung könnte die Leistungsfähigkeit gegenüber der heutigen Situation sogar gestärkt werden.

---

530 Sozialkassen der Bauwirtschaft, Bewertung des Vorschlages der Europäischen Kommission für eine Richtlinie des Europäischen Parlaments und des Rates über Dienstleistungen im Binnenmarkt im Hinblick auf die Schwierigkeiten bei der Einhaltung und Durchsetzung der Mindestarbeitsbedingung Urlaub auf Grundlage der Richtlinie 97/71/EG sowie des Arbeitnehmer-Entsendegesetzes, 21.3.2004, S. 11.

531 Bundesvereinigung der kommunalen Spitzenverbände, Stellungnahme zum Vorschlag für eine Richtlinie des Europäischen Parlaments und des Rates über Dienstleistungen im Binnenmarkt („Dienstleistungsrichtlinie") KOM (2004) 2, Köln, 13.5.2004, S. 2.

2.3 Erschwerung der Verwaltungstätigkeit durch Verlagerung der Übersetzungsaufgabe

2.3.1 Kritik

Die Verlagerung der Übersetzungsaufgabe auf die Staaten, in denen die Dienstleistung erbracht werden soll, verzögere mangels Sprachkompetenz der zuständigen Stellen die Genehmigungsverfahren. Dadurch werde die Vorgabe kontraproduktiv, weil es zu einer Verwaltungserschwerung, statt zu einer –vereinfachung komme.[532]

2.3.2 Kommentar

Diese Einschätzung vernachlässigt die gesamteuropäische Perspektive. Zwar wird zweifellos ein erhöhter Verwaltungsaufwand auf Seiten der Staaten nötig, in der die Dienstleistung erbracht werden soll. Andererseits werden die Herkunftsländer der Dienstleistungserbringer und vor allem die Dienstleistungserbringer selbst von Tätigkeiten entlastet. Um die angestrebte Erleichterung für den Dienstleistungserbringer zu erreichen, ist seine Entlastung von Aufwand und Kosten nur folgerichtig. Ebenso folgerichtig wäre es, die entsprechenden Stellen der Staaten, in denen die Dienstleistung erbracht werden soll, so auszustatten, dass es nicht zu den geschilderten Verzögerungen kommt, sondern die angestrebte Verwaltungsvereinfachung auch in diesem Bereich realisiert werden kann.

Auch dieses potenzielle Problem könnte durch eine Konzentration entsprechender Fähigkeiten gelöst werden. Die Stärkung der diesbezüglichen Möglichkeiten der einheitlichen Ansprechpartner ermöglicht die angestrebte Beschleunigung der Verfahren.

---

532 Bundesvereinigung der kommunalen Spitzenverbände, Stellungnahme zum Vorschlag für eine Richtlinie des Europäischen Parlaments und des Rates über Dienstleistungen im Binnenmarkt („Dienstleistungsrichtlinie") KOM (2004) 2, Köln, 13.5.2004, S. 2; Sozialpartner der europäischen Bauwirtschaft, Gemeinsame Erklärung zu dem Richtlinienvorschlag der Europäischen Kommission über Dienstleistungen im Binnenmarkt KOM (2004) 2, Brüssel, 2.4.2004, S. 7.

2.4 Anforderungen zur Rechtfertigung einer ausnahmsweisen Vorlagepflicht von Originaldokumenten bzw. beglaubigten Übersetzungen

2.4.1 Kritik

Die Anforderungen an Ausnahmeregelungen seien zu hoch. Die Gründe des Allgemeininteresses sollten nicht „zwingend" und „objektiv" sein müssen.[533]

2.4.2 Kommentar

Sinn dieser Wortwahl ist die Vermeidung von Umgehungsmöglichkeiten der Anforderungen. Läge die Hürde niedriger, bestünde die Gefahr, dass die Ausnahme zur Regel wird und die beabsichtigte Verwaltungsvereinfachung faktisch ausgehebelt wird. Daher erscheinen die hohen Anforderungen – zumindest aus Sicht der Kommission – sinnvoll.

Problematisch erscheint hierbei jedoch die Formulierung unter Art. 5 Abs. 2 Satz 2, nach der Ausnahmen durch zwingende Erfordernisse des Allgemeinwohls „objektiv gerechtfertigt" sein müssen.

So ist die Verpflichtung der Dienstleistungserbringer, Originaldokumente oder beglaubigte Übersetzungen vorzulegen, als eine Beschränkung der Dienstleistungsfreiheit zu sehen. In der Rspr. des EuGH zur Dienstleistungsfreiheit findet sich zwar eine Fülle verschiedenster „zwingender Allgemeininteressen", die als Rechtfertigung solcher Beschränkungen anerkannt worden sind und auf die die Kommission in den Erwägungsgründen ausdrücklich Bezug nimmt[534], doch das Kriterium der „Objektivität" der Rechtfertigung ist durch die Kommission auch an dieser Stelle des Richtlinienvorschlags neu eingeführt worden.

Problematisch erscheint hieran insbesondere, dass damit ein neuer, auslegungsbedürftiger Rechtsbegriff geschaffen wurde. Entsprechende Hinweise, wie dieses Kriterium zu verstehen sei, finden sich in dem Richtlinienvorschlag nicht. Die Formulierung legt es jedoch nahe, dass im Vergleich zur bisherigen Spruchpraxis des EuGH eine Einschränkung der Möglichkeit, Beschränkungen zu rechtfertigen, beabsichtigt ist. Wo unter Berücksichtigung dieser Neuregelung die Grenzen für eine Rechtfertigung verlaufen sollen, wird in dem Richtlinienvorschlag nicht ausgeführt. Der sprachliche Gegensatz

---

533 Bundesrat, BR-Drs. 128/04 (Beschluss), S. 14.
534 Vgl. Erwägungsgrund 27, sowie zur entspr. Rspr. des EuGH: *Müller-Graff*, in: Streinz, EUV/EGV, 2003, Art. 49 EGV, Rn. 107 m.w.N.

– eine unzureichende, da nur „subjektive" Rechtfertigung – ergibt dafür keine sinnvolle Abgrenzung. Weitere Anhaltspunkte, wie dieses Tatbestandsmerkmal durch die Mitgliedstaaten ausgefüllt werden kann, sind aus dem Richtlinienvorschlag nicht ersichtlich.

Es sollte daher eine Klarstellung an diesem Punkt herbeigeführt werden, da die Anforderungen an die Rechtfertigung von Beschränkungen entscheidend für die tatsächliche Möglichkeit der Mitgliedstaaten ist, in begründeten Ausnahmefällen Originaldokumente oder beglaubigte Übersetzungen verlangen zu können.

IV. Informationspflichten gegenüber Dienstleistungserbringern und -empfängern

1. Regelungen

1.1 Informationspflichten gegenüber den Dienstleistungs*erbringern*

Aus **Art. 7 Abs.** 1 ergibt sich die Verpflichtung für die Mitgliedstaaten, dafür Sorge zu tragen, dass folgende Informationen für Dienstleistungserbringer und -empfänger über die einheitlichen Ansprechpartner leicht zugänglich sind:

a) die Anforderungen, die für auf ihrem Hoheitsgebiet niedergelassene Dienstleistungserbringer gelten, insbesondere bezüglich der Verfahren und Formalitäten für die Aufnahme und Ausübung einer Dienstleistungstätigkeit;

b) Angaben über die zuständigen Stellen, einschließlich der für die Ausübung von Dienstleistungstätigkeiten zuständigen Aufsichtsbehörden, um eine direkte Kontaktaufnahme mit diesen zu ermöglichen;

c) Mittel und Bedingungen für den Zugang zu öffentlichen Registern und Datenbanken betreffend Dienstleistungserbringer und Dienstleistungen;

d) Rechtsbehelfe im Falle von Streitigkeiten zwischen zuständigen Stellen und Dienstleistungserbringern oder -empfängern, zwischen Dienstleistungserbringern und -empfängern oder zwischen Dienstleistungserbringern;

e) Angaben zu sonstigen Verbänden oder anderen Organisationen, die ohne eine zuständige Stelle zu sein, Dienstleistungserbringer oder -empfänger beraten und unterstützen.

Gemäß Art. 7 Abs. 2 tragen sie ebenfalls dafür Sorge, dass die Dienstleistungserbringer und -empfänger von den zuständigen Stellen auf Anfrage Informationen über die allgemeine Auslegung und Anwendung der maßgeblichen Anforderungen gemäß Abs. 1 a) erhalten können.

Aus Art. 7 Abs. 3 ergibt sich die Verpflichtung, dafür zu sorgen, dass die Informationen gemäß den Abs. 1 und 2 klar und eindeutig, im Fernweg und elektronisch leicht zugänglich und auf dem neuesten Stand sind.

Gemäß Art. 7 Abs. 4 vergewissern sich die Mitgliedstaaten, dass die einheitlichen Ansprechpartner und die zuständigen Stellen alle Auskunfts- und Unterstützungsersuchen gemäß den Abs. 1 und 2 unverzüglich beantworten, und den Betroffenen unverzüglich davon in Kenntnis setzen, wenn sein Ersuchen fehlerhaft oder unbegründet ist.

Aus Art. 7 Abs. 5 folgt, dass diese Vorgaben bis spätestens zum 31. Dezember 2008 umzusetzen sind.

Ergänzend bestimmt Art. 7 Abs. 6, dass die Mitgliedstaaten und die Kommission begleitende Maßnahmen ergreifen, um die Bereitschaft der einheitlichen Ansprechpartner zu fördern, die Informationen gemäß den Abs. 1 und 2 auch in anderen Gemeinschaftssprachen bereitzustellen.

1.2 Informationspflichten gegenüber den Dienstleistungs*empfängern*

Dem entsprechend beinhaltet **Art. 22** Vorgaben in Bezug auf Informationspflichten gegenüber den Dienstleistungsempfängern.

Gemäß Abs. 1 tragen die Mitgliedstaaten dafür Sorge, dass die Dienstleistungsempfänger in ihrem Wohnsitzland folgende Informationen erhalten:

a) Informationen über die in den anderen Mitgliedstaaten geltenden Anforderungen bezüglich der Aufnahme und der Ausübung von Dienstleistungstätigkeiten, vor allem solche über den Verbraucherschutz;

b) Informationen über die bei Streitfällen zwischen Dienstleistungserbringer und -empfänger zur Verfügung stehenden Rechtsbehelfe;

c) Angaben zur Erreichbarkeit der Verbände und Organisationen, die den Dienstleistungserbringer oder den -empfänger beraten und unterstützen können, einschließlich im Hinblick auf die europäischen Verbraucherberatungsstellen und die Zentren des europäischen Netzes für die außergerichtliche Streitbeilegung.

Gemäß Art. 22 Abs. 2 können die Mitgliedstaaten die in Abs. 1 genannte Aufgabe den einheitlichen Ansprechpartnern oder jeder anderen Einrichtung, wie beispielsweise den europäischen Verbraucherberatungsstellen, den Zentren des europäischen Netzes für die außergerichtliche Streitbeilegung, den Verbraucherverbänden oder den Euro-Info-Zentren übertragen.

Um die in Abs. 1 genannten Informationen bereitstellen zu können ist in Art. 22 Abs. 3 vorgesehen, dass sich die vom Dienstleistungsempfänger angerufene Stelle an die zuständige Stelle des betreffenden anderen Mitgliedstaates wendet, der die angeforderten Informationen unverzüglich übermittelt. Die Mitgliedstaaten sorgen dafür, dass sich diese Stellen gegenseitig unterstützen und effizient zusammenarbeiten.

Art. 22 Abs. 4 bestimmt abschließend, dass die Kommission nach dem in Art. 42 Abs. 2 genannten Verfahren Durchführungsbestimmungen für die vorstehend beschriebenen Abs. 1, 2 und 3 des Art. 22 erlässt, die die technischen Modalitäten des Austauschs von Informationen zwischen den Einrichtungen der unterschiedlichen Mitgliedstaaten und insbesondere hinsichtlich der Interoperabilität klarstellen.

2. Kritik und Kommentar

2.1 Überforderung der staatlichen Stellen durch die ihnen auferlegten Informationspflichten

2.1.1 Kritik

Die Informationspflichten der Mitgliedstaaten bzw. ihre Sicherstellung durch die OSS gegenüber Dienstleistungserbringern und -empfängern seien mit hohem Verwaltungsaufwand verbunden. Die Notwendigkeit der daraus folgenden Belastungen sei zu prüfen, vor allem, da für die Umsetzung dieser Informationspflichten lediglich eine Frist von zwei Jahren vorgesehen sei.[535]

2.1.2 Kommentar

Es ist schwer abzuschätzen, welche tatsächlichen Folgen die umfangreich erscheinenden Informationspflichten der Mitgliedstaaten nach sich zögen. Zugleich soll dadurch aber sichergestellt werden, dass die nötigen Begleitmaßnahmen reduzierter Auflagen und Kontrollen, nämlich die „Sicherstellung größtmöglicher Transparenz und ständiger Aktualisierung der Informationen über die Marktteilnehmer"[536] auch tatsächlich gewährleistet wird. Aus den ge-

---

535 Bundesrat, BR-Drs. 128/04 (Beschluss), S. 16.
536 KOM (2004) 2, S. 37.

nannten Artikeln geht klar hervor, dass größere Freiheit und Eigenverantwortung aller Marktteilnehmer auch der Instrumente bedarf, um diese Freiheit faktisch wahrzunehmen. Ein wesentliches Mittel dazu ist die Information. Den Auflagen nachzukommen, mag für die Mitgliedstaaten belastend sein, zugleich werden sie aber auch von bisherigen Informations- und Kontrollaufgaben entlastet. Die Notwendigkeit einer umfassenden Umsetzung der Informationspflichten ist vor diesem Hintergrund auch und gerade innerhalb des engen Zeitplanes unabdingbar.

Die in den Artikeln genannten OSS weisen einen Weg, wie den Anforderungen Genüge getan werden kann, durch den Ausbau der einheitlichen Ansprechpartner zu den maßgeblichen Akteuren im Bereich der Informationspflichten.

2.2 Ausnahmen von der Informationspflicht und Umsetzungsfrist

2.2.1 Kritik

Die Verpflichtung zur Gewährleistung einer elektronischen Zugänglichkeit von Informationen hänge von den personellen, sachlichen und finanziellen Kapazitäten ab. Daher sei es nötig, eine Ausnahmeklausel aufzunehmen, die eine entsprechende Verpflichtung nur bei „sachlich gerechtfertigten, zwingenden Gründen" vorsähe. Zudem sei die starre Umsetzungsfrist angesichts des hohen Aufwandes abzulehnen.[537]

2.2.2 Kommentar

Die elektronische Zugänglichkeit der Informationen ist nicht nur ein Teilaspekt des Rechts auf Information, sondern sie ermöglicht dessen Realisierung in den meisten Fällen überhaupt erst im Sinne einer schnellen und aufwandsarmen Zugänglichkeit der Informationen, insbesondere im grenzüberschreitenden Bereich.

Eine Aufnahme der genannten Ausnahmeklausel würde die Beweislast umkehren. Die Dienstleistungserbringer und -empfänger müssten dann nachweisen, dass es für die elektronische Übermittlung der Informationen sachlich gerechtfertigte, zwingende Gründe gibt. Die elektronische Übermittlung selbst ist aber aus den genannten Gründen generell sachlich gerechtfertigt und in der Regel zwingend, um das Recht auf Information überhaupt verwirklichen zu können.

---

537 Bundesrat, BR-Drs. 128/04 (Beschluss), S. 16.

Zudem erscheint die starke Einschränkung der vorgeschlagenen Ausnahmeklausel befremdlich, kontrastiert man sie mit den ehrgeizigen Plänen von Bund, Ländern und Kommunen hinsichtlich Verwaltungsmodernisierung im Allgemeinen und „Electronic Government" im Besonderen. Nicht die elektronische Informationsbereitstellung bedarf der Rechtfertigung, sondern der Verzicht auf sie. Die Umsetzungsfrist stimmt sinnvollerweise mit derjenigen für die Einführung der elektronischen Verfahrensabwicklung überein (Art. 8).

2.3 Zeitvorgabe für die einheitlichen Ansprechpartner: „unverzüglich"

2.3.1 Kritik

Aus Art. 7 Abs. 4 des Richtlinienvorschlags folgt die Verpflichtung der einheitlichen Ansprechpartner, gegenüber den Dienstleistern „unverzüglich" tätig zu werden. Dabei bestehe aufgrund der Unbestimmtheit des Rechtsbegriffes „unverzüglich" die Gefahr sehr unterschiedlicher nationaler Auslegungen in der Praxis.[538]

2.3.2 Kommentar

Die Beschleunigung der Verfahren ist ein wesentliches Element der Verwaltungsvereinfachung, und Schnelligkeit ist in der Praxis für die betroffenen Dienstleistungserbringer von großer Bedeutung.

Zwar ist es richtig, dass aufgrund der national heterogenen Systeme in Bezug auf Verfahren und Genehmigungen eine uneinheitliche Auslegung des Begriffes „unverzüglich" zu befürchten ist. Zugleich machen jedoch konkrete Vorgaben und Fristen eben aufgrund gerade dieser Vielfalt und der Vielfalt der von den einheitlichen Ansprechpartnern zu betreuenden Dienstleister wenig Sinn: Eine einheitliche, konkrete Zeitvorgabe würde genauso wenig allen Fällen und nationalen Besonderheiten gerecht.

Zieht man allerdings in Betracht, dass mit der Einführung der OSS eine gewisse verfahrensmäßige Vergleichbarkeit der Mitgliedstaaten Einzug hält, so könnten sich auf dieser Grundlage auch gemeinsame Qualitätsstandards herausbilden und etwa der Begriff „unverzüglich" näher bestimmt werden.

---

538 Sozialkassen der Bauwirtschaft, Bewertung des Vorschlages der Europäischen Kommission für eine Richtlinie des Europäischen Parlaments und des Rates über Dienstleistungen im Binnenmarkt im Hinblick auf die Schwierigkeiten bei der Einhaltung und Durchsetzung der Mindestarbeitsbedingung Urlaub auf Grundlage der Richtlinie 97/71/EG sowie des Arbeitnehmer-Entsendegesetzes, 21.3.2004, S. 12.

Auch in diesem Bereich lassen sich die gewünschten Verbesserungen allerdings weniger über Vorgaben als über den Handlungswillen erreichen. Es ist vorrangig ein entsprechendes Selbstverständnis der betroffenen Verwaltungseinheiten erforderlich, das die Verwaltungsvereinfachung für ihre Kunden als willkommenen Auftrag sieht und eigenverantwortlich die Erreichung dieses Ziel anstrebt.

V. Elektronische Verfahrensabwicklung

1. Regelung

Gemäß Art. 8 Abs. 1 des Richtlinienvorschlags tragen die Mitgliedstaaten dafür Sorge, dass spätestens am 31. Dezember 2008 alle Verfahren und Formalitäten, die die Aufnahme oder die Ausübung einer Dienstleistungstätigkeit betreffen, problemlos im Fernweg und elektronisch bei dem betreffenden einheitlichen Ansprechpartner oder bei der zuständigen Stelle abgewickelt werden können.

Art. 8 Abs. 3 enthält die Ermächtigung der Kommission, gemäß dem in Art. 42 Abs. 2 des Richtlinienvorschlags genannten Verfahren Durchführungsbestimmungen zu Art. 8 Abs. 1 zu erlassen, um die Interoperabilität und die Nutzung der elektronischen Verfahren zwischen den Mitgliedstaaten zu erleichtern.

2. Kritik und Kommentar

2.1 Umsetzungsfrist

2.1.1 Kritik

Hierzu wird angemerkt, dass der terminierte Zwang zur elektronischen Verfahrensabwicklung die staatlichen Stellen überfordere. Die Umsetzungsfrist bis zum 31.12.2008 sei nicht erfüllbar, eine Verschiebung nötig.[539]

---

539 Bundesvereinigung der kommunalen Spitzenverbände, Stellungnahme zum Vorschlag für eine Richtlinie des Europäischen Parlaments und des Rates über Dienstleistungen im Binnenmarkt („Dienstleistungsrichtlinie") KOM (2004) 2, Köln, 13.5.2004, S. 3.

2.1.2 Kommentar

Ungeachtet der – ungeklärten – Frage der Finanzierung dieser Maßnahmen sollte in diesem Bereich vorrangig ausgelotet werden, welche Voraussetzungen für die Einhaltung des Zeitplans notwendig wären. Zweifellos erfordert die Umsetzung der Maßnahme erhebliche Veränderungen nicht nur im technischen, sondern in allen Verwaltungsbereichen (Personal, Organisation, Prozesse, Recht). Eben diese Funktion des Art. 8, nämlich die Erhöhung des Modernisierungsdrucks auf alle Verwaltungsebenen der Mitgliedstaaten, ist von der Kommission jedoch durchaus intendiert.

Innerstaatlich kann diese Auflage auch taktisch dazu eingesetzt werden, die Notwendigkeit entsprechender Reformen zusätzlich zu begründen, natürlich immer vorausgesetzt, man teilt die inhaltlichen Ziele und ist an ihrem Zustandekommen auch interessiert.

2.2 Konsequenzen der Vorgabe technischer Standards durch die EU-Kommission

2.2.1 Kritik

Die vorgesehenen Rechtssetzungsbefugnisse der Kommission hinsichtlich der Vorgabe technischer Standards würden einen weiteren, gemeinschaftszentrierten Ansatz neben den innerstaatlichen Zentralisierungstendenzen nach sich ziehen. Um die völlige Überforderung der in diesem Zusammenhang ohnehin überlasteten Kommunen zu verhindern, sei eine Begrenzung der Vorgaben bzgl. technischer Standards auf das unbedingt Notwendige anzustreben.[540]

2.2.2 Kommentar

Die Notwendigkeit EU-weiter Kompatibilität der elektronischen Verfahren ist eine unabdingbare Voraussetzung für die Funktionsfähigkeit des Systems. Ungeachtet der – ungeklärten – Frage der Finanzierung dieser Maßnahmen sind von daher die in Art 8 Abs. 3 genannten „Durchführungsbestimmungen (...) um die Interoperabilität und die Nutzung der elektronischen Verfahren

---

540 Bundesvereinigung der kommunalen Spitzenverbände, Stellungnahme zum Vorschlag für eine Richtlinie des Europäischen Parlaments und des Rates über Dienstleistungen im Binnenmarkt („Dienstleistungsrichtlinie") KOM (2004) 2, Köln, 13.05.2004, S. 3 f.

zwischen den Mitgliedstaaten zu erleichtern"[541] sicherlich sinnvoll, um die absehbaren Konflikte zwischen den Mitgliedstaaten über Verfahren und Standards zu mildern.

Die Forderung, dass diese Durchführungsbestimmungen noch genügend Spielraum für die einzelnen Akteure lassen sollten, ist nachvollziehbar. Der entscheidende Maßstab ist jedoch das Funktionieren der EU-weiten elektronischen Verfahrensabwicklung. Dies sollte das Ziel der Durchführungsbestimmungen sein. Was das im Einzelfall bedeutet, kann aufgrund der Größe des Projektes und der Unzahl beteiligter Akteure kaum seriös eingeschätzt werden.

Betrachtet man allerdings die Situation in Deutschland bezüglich der Transformation der Verwaltung hin zum Electronic Government, so leidet die Entwicklung nicht an zuviel zentralistischen Vorgaben, sondern an mangelnden Standards, was zu einem unüberschaubaren Wildwuchs von Insellösungen geführt hat, die oft nicht miteinander kommunizieren können.

VI. Zusammenfassung

Die nachfolgende Grafik gewährt einen Überblick über die in diesem Teil beschriebenen wichtigsten Problemfelder:

---

541 KOM (2004) 2, S. 54.

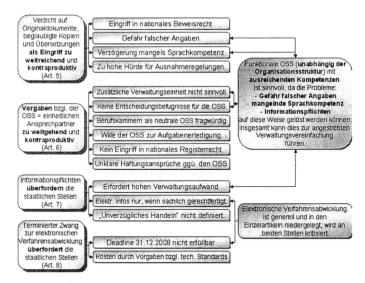

Abb. 4: Überblick über die Problemfelder des OSS

Teil 6:
Zusammenfassung: Erkenntnisse und Empfehlungen

A. Zur generellen Intention und den Prinzipien des Regelungsvorhabens*

I. Zum regelungspolitischen Konzept

(1) Durchgängiges Prinzip ist die **Marktorientierung**, die auf einem funktionierenden oder herstellbaren <u>Wettbewerb</u> basiert. Im Grunde setzt man auf die mittelfristige Annäherung der Dienstleistungen durch das zu fördernde „*let it swing*".

(2) Dem entspricht Zurückhaltung hinsichtlich geregelter Eingriffe, vorzuziehen wäre das Prinzip der „*lernenden Selbstorganisation*", nicht zuletzt durch Verzicht oder Minimierung staatlicher Eingriffe. Was sich jeweils und wie „bewegt", ergibt sich aus den vielfältigen und kleinen Schritten. Es gilt das Modell des **Inkrementalismus**. Auch Konflikte werden prozedural-inkremental zu lösen versucht.

(3) Das baut wiederum auf dem generellen Konzept der **Subsidiarität**, das die meisten Vorhaben und Bereiche durchdringt. Damit verbunden ist zunehmend die Absicht, möglichst viele Betroffene zu aktivieren.

(4) Idealiter benötigt der mit dem Vorschlag für eine Dienstleistungs-Richtlinieangestoßene Prozess **keine externe** (staatliche) **Steuerung**. Einmal begonnen, dürfte er sich im Sinne der Ko-Evolution (Aneinanderentwicklung) fortsetzen und dann 2010 die übergeordneten Intentionen erreichen. Kleinere Interventionen zur Herstellung der Funktionsbedingungen sind zulässig.

(5) Prinzipiell ist das Gesamtkonzept auch gegen strikte *rechtliche* Vorgaben und bestimmende *administrative* Strukturen („Bürokratie") gerichtet; es tendiert zur **Entmonopolisierung** als Voraussetzung für das übergeordnete Ziel, der wettbewerbsfähigste Wirtschaftsraum zu werden.

(6) Die **Regelungstypik** des Richtlinienvorschlags unterstützt diese Grundausrichtung. Eigentlich soll – nach erfolgtem Anstoß – die Selbstentwicklung über die Meilensteine bis zu Realisierung der Intentionen stattfinden oder

---

* *Böhret/Brenski.*

durch moderate Einzelsteuerung angeleitet werden, sobald und insofern Abweichungen oder Verzögerungen auftreten. Diese Grundhaltung ergibt sich wohl auch aus der Erkenntnis, dass Vielfalt der mitwirkenden Regelungen und zunächst noch differenzierter Rechts- und Verwaltungsstrukturen sowie überhaupt verschiedener Systembiografien nicht zentral vorzugeben sind, sondern sich *im Prozess aneinander entwickeln* müssen.

(7) Das lässt sich auch begründen mit der für den Regelungsbereich deutlich vorhandenen **Dynexität**. Bei hochgradiger Komplexität und Kompliziertheit herrscht ein doppelter Zeitdruck: dem knappen Umsetzungszeitraum einerseits und dem der sachlichen Wirkungszeiten (Transfereffekt, Folgen, Tachogenität?). In Abb. 18 wird diese Problematik skizziert. So ist nicht auszuschließen, dass das „let it swing" eine durchaus erfolgversprechende Prozedur sein kann. Zugleich aber ist in solch schwer zu durchdringenden Regelungsgebäuden mit einer Fülle mitwirkender Regulierungen (→ Schnittstellen, Verflechtungen), durchaus zu erwarten, dass die „Dynaxibility" des sich weitgehend selbst überlassenen Regelungssystems nicht herzustellen ist, jedenfalls nicht zu Beginn des Prozesses.

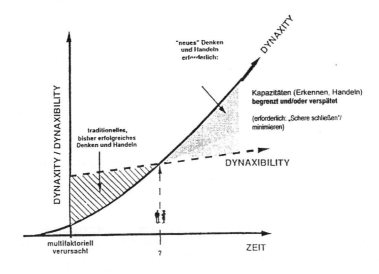

Abb. 1: **Dynaxity/Dynaxibility (nach H. Rieckmann 1996[542])**

---

542 *Rieckmann*, „Dynaxibility – oder: Kann Management am Rande des 3. Jahrtausends noch erfolgreich sein?", Managen und Führen, Heft 1, 1996, S. 5 ff.

Erläuterungen zu Abb. 1:

Komplexität beschreibt die Menge und die Intensität der Beziehungen zwischen verschiedenen Elementen eines Systems.

Kompliziertheit wird verstanden als (Zunahme der) inneren Komplexität, also der Reichtum an Regeln, Verhalten und Organisation.

Beispiel: Für die Bearbeitung von Anträgen der Dienstleistungs-Anbieter könnten Formulare in allen Amtssprachen erforderlich werden und müssten zudem die grundsätzlichen Verfahrensweisen in den einzelnen Mitgliedstaaten berücksichtigt werden.

Bei der Dienstleistungsrichtlinie handelt es sich um eine komplex-kompliziertes Vorhaben, das zusätzlich unter doppeltem Zeitdruck steht. Deshalb wären vereinfachte Strukturen und angemessener Zeitdruck empfehlenswert. Die Wettbewerbsfähigkeit dürfte sonst nicht bis 2010 problemlos erreichbar sein.

II. Zu methodologischen Vorbehalten

Der umfassende und horizontale Ansatz des Richtlinien-Entwurfs erschwerte cet.par. eine systematische Folgenabschätzung. Das betrifft v.a. die Alternativengenerierung und deren Bewertung. Es wäre ein erheblicher methodischer und zeitlicher Aufwand erforderlich, um etwa einen Praxistest oder Modellversuch zu konstruieren, durchzuführen und auszuwerten.

Aber genau solche Vorgehensweisen wären dem Gegenstand und dem Erkenntnisinteresse angemessen. Wegen der gebotenen Begrenzungen musste auf weniger aufwändige, stark an den Texten orientierten Analysen zurückgegriffen werden. Dennoch ließen sich einige relevante Empfehlungen und Warnungen gewinnen. Es wurde angegeben, wo man zusätzliche Methoden ansetzen könnte.

III. Zur zeitlichen Umsetzung

Mit der Dienstleistungsrichtlinie wird ein beachtlicher Zeitdruck für die Umsetzung erzeugt, was an sich durchaus erstrebenswert erscheint. Die Analyse der Umsetzungsvorgaben und Transferbedingungen mittels Meilensteinplans mahnt allerdings zu Vorsicht. Viele temporäre Vorgaben und Umsetzungsfristen erscheinen wenig realistisch. Man wird hier wohl ohne Lockerungen der Zeitvorgaben auf Antrag, ohne sektorale Abschichtungen (nach Wirtschaftszweigen) oder ohne zwischenstaatliche Vereinbarungen nicht auskommen.

IV. Zu Umgehungsstrategien

Viele latente Umgehungsversuche (u.a. im Beschäftigungsbereich); beide, Herkunftsland und Aufnahmeland können Regelungen umgehen (z.b. bei Anzeige- und Registrierungspflichten). Doch dürften solche Versuche eher für die Übergangsphase typisch sein als dass sie dauerhaft wirken.

V. Verflechtung und Schnittstellen

Die Dienstleistungsrichtlinie ist durch einen hohen Dynexitätsgrad bestimmt. Neben dem gesetzten Zeitdruck herrscht – wegen des Richtlinien-Typus (wirkungsorientiert, aber unauffällig und inkrementalistisch) ein deutliches Nebeneinander (pluralistische Vielfalt), was Komplexität erzeugt. Dies drückt sich in vielen Verflechtungen – zwischen mehr oder weniger mitwirkenden Rechtsvorschriften und durch flankierende Initiativen (etwa Berufsqualifikationen oder Verbraucherschutz) aus. Dabei entstehen typische Schnittstellenprobleme, die eigentlich genauer untersucht werden sollten; auch auf synergetische oder dissipative Effekte. So ist immerhin zu vermuten, dass sich Dienstleistungs-Bedingungen des Herkunftslandes im Hinblick auf gemeinschaftliche Standards ändern.

VI. Informationsbedarf

Je mehr der Informationsbedarf wächst, desto ernsthafter müssen informationelle Folgen bedacht werden Es werden Konflikte zwischen marktbezogener Dienstleistungsfreiheit und individualrechtlicher Freiheitsgewähr auftreten.

VII. Einheitlicher Ansprechpartner (OSS)

Verwaltungsvereinfachung bei hoher Funktionalität und passgenauer räumlicher Verteilung soll den einheitliche Ansprechpartner kennzeichnen. Unter Einbeziehung adäquater elektronischer Verfahren wird prinzipiell ein Optimalmodell als Kombination zentraler und dezentraler Komponenten vorgeschlagen sowie eine noch zu untersuchende zweckmäßige regionale Verteilung empfohlen. Fallzahlen, technische Unterstützung und Erreichbarkeit(en) wären jeweils zu berücksichtigen. Nur so lassen sich die geforderten Informations- und Unterstützungspflichten gezielt einbringen. Eine einheitliche Bundesagentur dürfte diese Aufgaben weniger gut erfüllen. Kostenschätzungen (Aufbau und Aufgabenwahrnehmung eines OSS) sind zu empfehlen.

VIII. Zu ökonomischen Entwicklungen

Im Mittelpunkt aller Erwägungen steht ein funktionierender Wettbewerb, der herzustellen und zu erhalten ist, wozu auch der Abbau von rechtlichen und administrativen Hemmungen gehört. Hiervon könnten v.a. KMU profitieren. Im Wettbewerb wird es zur Absenkung hoher Standards und übertriebener Regulierungen kommen; beide dürften sich auf einem neuen (mittleren) Niveau einpendeln. Hoch- und Niedrigstandard-Märkte werden sich herausbilden, Nachfrageelastizitäten dürften sich ausdifferenzieren.

B. Überblick über die wichtigsten Problemfelder und die zugehörigen Empfehlungen*

I. Allgemein

Die Vorgaben des Richtlinienvorschlags lassen sich generell in 2 Hauptfelder unterteilen: Regelungen, die Dienstleistungserbringer betreffen, die sich in einem anderen Mitgliedstaat niederlassen und Regelungen, die Dienstleistungserbringer betreffen, die sich zur Ausübung ihrer Tätigkeit nur vorübergehend in einen anderen Mitgliedstaat begeben. Letztere unterliegen – in Anwendung der Rechtsprechung des EuGH – in weit geringerem Maße den Anforderungen des Aufnahmemitgliedstaates. Diese Reduzierung soll durch die umfassende Geltung des Herkunftslandprinzips in derartigen Fällen gewährleistet werden.

II. Dienstleistungserbringer mit Niederlassung im Aufnahmemitgliedstaat

1. Problemfelder

Nach dem Konzept des Richtlinienvorschlags unterliegen diese Dienstleister bei einer dauerhaften Niederlassung in einem anderen EU-Mitgliedstaat grundsätzlich weiterhin den rechtlichen Anforderungen, die dort für die Erbringung der betreffenden Dienstleistung gestellt werden. Für diese ist jedoch eine weitgehende Vereinfachung und Reduzierung beabsichtigt. Diese Anforderungen – insbesondere solche, die aus konkreten Genehmigungserfordernissen resultieren – sind dafür von den Mitgliedstaaten anhand der Vorgaben des

---

* *Oertel.*

Richtlinienvorschlags zu überprüfen bzw. anzupassen. Inhaltlich erfolgt dies überwiegend im Wege der Kodifizierung von durch den EuGH zur Dienstleistungsfreiheit und zur Niederlassungsfreiheit entwickelten Grundsätzen.

Dies bereitet jedoch in mehrfacher Hinsicht erhebliche Umsetzungsprobleme in Bezug auf die Überprüfung und Anpassung von Normen:

- Der Prüfungsmaßstab bzw. die Anforderungen an nationale Regelungen, die sich aus dem Richtlinienvorschlag ergeben, sind z.t. unklar;

- Die Anforderungen an die Rechtfertigung nationaler Regelungen, die gegenüber den Dienstleistern Geltung behalten sollen, sind z.t. ebenfalls unklar und bauen (zu) hohe Hürden auf (z.b. das Postulat, dass Anforderungen an Dienstleistungserbringer „objektiv" aus zwingenden Gründen des Allgemeinwohls gerechtfertigt sein müssen) ;

- Teilweise gehen die Anforderungen so über die aus der Rechtsprechung des EuGH bereits heute folgenden Anforderungen an den nationalen Gesetzgeber hinaus.

- Das Ausmaß der notwendigen Rechtsänderungen ist erheblich: Aufgrund des unbeschränkten, horizontalen Ansatzes des Richtlinienvorschlags ist eine Vielzahl von bundes- und landesrechtlichen Normen betroffen.

- Ggf. ist die Änderung ganzer Regelungssysteme erforderlich, da Detailvorgaben des Richtlinienvorschlags, wie z.B. die unbefristete Geltung von Genehmigungen oder deren Geltung im gesamten Hoheitsgebiet eines Mitgliedstaates, mit diesen nicht in Übereinstimmung zu bringen sind. Hieraus können sich z.T. auch kompetenzrechtliche Probleme im föderalen System der Bundesrepublik ergeben.

- Eine ersatzlose Abschaffung von Regelungen dürfte aufgrund des damit bezweckten Schutzes wichtiger Rechtsgüter vielfach nicht in Frage kommen.

- Die Erarbeitung von richtlinienkonformen Alternativen ist in jedem Einzelfall zeit- und arbeitsaufwändig, dies insbesondere auch aufgrund des jeweils erforderlichen Interessensausgleichs.

- Die Beschränkung auf eine Schaffung von Ausnahmeregelungen für EU-Ausländer würde zwar eine kurzfristige Umsetzung der Vorgaben des Richtlinienvorschlags ermöglichen, hätte jedoch eine Inländerdiskriminierung zur Folge. Hieraus könnten sich u.U. erhebliche wirtschaftliche Nachteile für die betroffenen deutschen Unternehmen ergeben.

- Neben den Schwierigkeiten, die sich aus der knappen Zeitvorgabe des Richtlinienvorschlags für die Schaffung von richtlinienkonformen Alternativen ergeben (s.o.), verhindern einzelne materielle bzw. inhaltliche

Vorgaben die Aufrechterhaltung von aus nationaler Sicht unverzichtbaren oder (zumindest gewünschten) Regelungen, wie z.B. der HOAI.

- Aus den inhaltlichen Vorgaben und dem knappen Umsetzungszeitraum könnte ein Absinken erreichter Standards folgen, da die Aufrechterhaltung nationaler Standards wohl vielfach nicht in richtlinienkonformer Weise bzw. in der Kürze der Zeit erfolgen kann.

Im Ergebnis erscheint es daher fraglich, ob die Vorgaben des Richtlinienvorschlags in dem Umsetzungszeitraum von 2 Jahren erfüllt werden können und ob die damit einhergehenden Anpassungen aus Sicht der Bundesrepublik bzw. des Landes NRW akzeptabel sind.

2. Empfehlungen

- In Bezug auf die inhaltlichen Unklarheiten und Inkonsistenzen des Richtlinienvorschlags sollte jeweils eine Klarstellung verlangt werden; im Einzelnen sind sie in Teil 4 B. aufgeführt. Entsprechend sollte dabei versucht werden, zu weitreichende Anforderungen inhaltlich möglichst zu entschärfen.

- Es sollte möglichst umgehend eine Aufstellung der betroffenen Normen und sonstigen Regelungen erstellt werden, um das gesamte Ausmaß der erforderlichen Änderungen überblicken zu können. Anhand dieses Überblicks ließe sich eine Ordnung der identifizierten Vorschriften nach Priorität (politische Priorität, nationale Binnenmarktrelevanz → KMU's, „Gefahrgeneigtheit" des von der jeweiligen Vorschrift abgedeckten Dienstleistungssektors, Akzeptanz etc.) schaffen.

- In der Folge sollte versucht werden, inakzeptable Anforderungen oder einzelne Bereiche aus dem Anwendungsbereich des Richtlinienvorschlags auszugliedern oder Kompromisslösungen zu erzielen.

- Als Minimum sollte versucht werden, einen angemessenen Übergangszeitraum bzw. Übergangsregelungen zu erreichen.

- Im Hinblick auf den knappen Umsetzungszeitraum und die weiteren, vorstehend beschriebenen Probleme sollte eine sektorale Aufgliederung des Richtlinienvorschlags erfolgen. D.h., die Vorgehensweise aus dem Richtlinienvorschlag sollte zeitlich gestaffelt jeweils nur für eine bestimmte Branche eingesetzt werden. Übergangsregelungen und eine parallele Evaluierung müssten hinzukommen.

- Auf diese Weise könnten die beschriebenen, negativen Folgen minimiert werden, ein gezieltes „Nachsteuern" wäre gleichfalls ohne allzu große

Verwerfungen ebenfalls möglich. Dafür wäre allerdings ein erheblicher Zeitverlust gegenüber dem bisherigen Konzept in Kauf zu nehmen.

III. Dienstleistungserbringer ohne Niederlassung im Aufnahmemitgliedstaat

1. Problemfelder

Wie eingangs bereits beschrieben, ist es nach der Rechtsprechung des EuGH mit dem Verhältnismäßigkeitsgrundsatz nicht vereinbar, eine zeitlich begrenzte Dienstleistung mit der selben administrativen Last zu verbinden wie die Niederlassung in einem anderen Mitgliedstaat. Dementsprechend schafft auch der Richtlinienvorschlag mit der umfassenden Geltung des Herkunftslandprinzips wesentliche Erleichterungen für Dienstleistungserbringer, die nur vorübergehend ihre Tätigkeit in einem anderen Mitgliedstaat ausüben.

Grundsätzlich gilt daher, dass für diese Dienstleister lediglich die Vorschriften, Zulassungen, Anforderungen, Kontrollen, Prüfungen u.ä. ihres Herkunftsmitgliedstaates gelten sollen, um so eine unnötige Verdoppelung der Beaufsichtigung des Dienstleistungserbringers zu unterbinden.

Dies soll sowohl für abstrakt-generelle Regelungen („Anforderungen" des Aufnahmemitgliedstaates) wie auch beim Verwaltungsvollzug im konkreten Einzelfall gelten („Maßnahmen im Einzelfall").

Für beide Bereiche sind jedoch Ausnahmen vorgesehen, die die Geltung von Regelungen des Aufnahmemitgliedstaat – allgemein und im konkreten Einzelfall – ermöglichen sollen.

Auch hier stellt sich jedoch eine Reihe von Problemen:

- Die vorhandenen Abgrenzungskriterien lassen einen relativ weiten Interpretationsspielraum für die Beurteilung einer Tätigkeit als „vorübergehend" zu, was u.U. zu einer missbräuchlichen Inanspruchnahme der erleichterten Voraussetzungen für die nur vorübergehende Erbringung von Dienstleistungen führen kann.

- Eine ausreichend klare bzw. sinnvolle Abgrenzung, welche Bestimmungen des Aufnahmemitgliedstaates vom Herkunftslandprinzip ausgenommen sein sollen (also für den Dienstleistungserbringer gelten), ist anhand des Richtlinienvorschlags nicht möglich; eine erste Auslegung der betreffenden Normen lässt darauf schließen, dass erforderliche Ausnahmen nicht oder nur unter zu hohen Voraussetzungen möglich sind.

- Eine Anzeige- und Registrierungspflicht für die Dienstleistungserbringer bei der Ausübung ihrer Tätigkeiten in einem anderen Mitgliedstaat ist in dem Richtlinienvorschlag nicht vorgesehen bzw. explizit untersagt. Die Folge ist ein Informationsdefizit sowohl bei den Behörden des Aufnahmemitgliedstaates als auch bei den Behörden des Herkunftslandes.

- Die Behörden des Aufnahmemitgliedstaates erlangen von der Existenz bzw. von Fehlverhalten des Dienstleistungserbringers erst spät Kenntnis, nämlich i.d.R. dann, wenn der Eintritt einer Gefahr unmittelbar bevorsteht oder sie bereits eingetreten ist. Hinzu kommen Restriktionen bei der Sachverhaltsermittlung für die Behörden des Aufnahmemitgliedstaates.

- Folglich ist eine präventive Überwachung und Kontrolle der Dienstleistungserbringer weder durch Behörden des Aufnahmemitgliedstaates, noch durch diejenigen des Herkunftslands möglich.

- Bei konkreten „Maßnahmen im Einzelfall", die gegenüber einem Dienstleitungserbringer erforderlich werden, ist das im Richtlinienvorschlag vorgesehene „Verfahren der gegenseitigen Zusammenarbeit" für einen effektiven und geordneten Verwaltungsvollzug ungeeignet; hinzu kommt das vorstehend geschilderte Informationsdefizit.

- Die auf Freiwilligkeit beruhenden Mechanismen des Richtlinienvorschlags (Schaffung von europäischen Qualitätsstandards etc.) und die eigenständige Rechtsverfolgung des „mündigen EU-Marktbürgers" greifen demgegenüber erst mittelfristig ein bzw. erscheinen als „Regulierungsersatz" nicht ausreichend.

- Eine weitergehende Harmonisierung (z.B. technischer Normen u.a. Standards für Dienstleitungen) sowie die übrigen Politiken der Gemeinschaft lassen ebenfalls mittelfristig eine Entschärfung der geschilderten Probleme erwarten, für einen derzeit nicht bestimmbaren Übergangszeitraum besteht jedoch die Gefahr der Umgehung von Bestimmungen sowohl des Herkunftsmitgliedstaates als auch des Aufnahmemitgliedstaates. Bei einer unveränderten Beibehaltung der Regelungen des Richtlinienvorschlags würde so der Entstehung einer kaum zu überwachenden Grauzone Vorschub geleistet.

Im Ergebnis könnte es so zu einer Gefährdung wichtiger Rechtsgüter, deren Schutz auch gemeinschaftsrechtlich anerkannt ist, kommen. Hinzu käme als weitere Folge das – gemeinschaftsweite – Absinken von Standards.

2. *Empfehlungen*

- Auch hier sollte zunächst in Bezug auf die inhaltlichen Unklarheiten und Inkonsistenzen des Richtlinienvorschlags eine Klarstellung verlangt werden; im Einzelnen sind diese in Teil 4 B. aufgeführt. Entsprechend sollte dabei versucht werden, zu weitreichende Anforderungen inhaltlich möglichst zu entschärfen.

- Es sollte möglichst umgehend eine Aufstellung der betroffenen Normen und sonstigen Regelungen erstellt werden, um das gesamte Ausmaß der erforderlichen Änderungen überblicken zu können. Anhand dieses Überblicks ließe sich eine Ordnung der identifizierten Vorschriften nach Priorität (politische Priorität, nationale Binnenmarktrelevanz ➔ KMU's, „Gefahrgeneigtheit" des von der jeweiligen Vorschrift abgedeckten Dienstleistungssektors, Akzeptanz etc.) schaffen.

- In der Folge sollte versucht werden, inakzeptable Anforderungen oder einzelne Bereiche aus dem Anwendungsbereich des Richtlinienvorschlags auszugliedern oder Kompromisslösungen zu erzielen. Als Minimum sollte versucht werden, einen angemessenen Übergangszeitraum bzw. Übergangsregelungen zu erreichen.

- Es sollte die Einführung einer stark vereinfachten Anmelde- oder Abmeldepflicht für die Dienstleistungserbringer angestrebt werden. Dies könnte weitgehend in Anpassung an die entsprechenden Bestimmungen des derzeitigen Richtlinienvorschlags über die Anerkennung von Berufsqualifikationen geschehen.

- In einem längeren Übergangszeitraum sollten weiterhin Überwachung und Kontrolle der Tätigkeit der Dienstleistungserbringer bei den Aufnahmemitgliedstaaten liegen, insbesondere auch auf Gebieten, die bereits harmonisiert sind. Parallel dazu sollten die Anstrengungen zur Harmonisierung der zu Grunde liegenden Regelungen forciert werden.

- Zugleich könnte anhand eines verbindlichen Zeitraums probeweise die zeitlich und sektoral gestaffelte Einführung des in Art. 37 Abs. 2 beschriebenen Verfahrens der gegenseitigen Unterstützung vorgenommen werden. Dabei sollte eine Überprüfung auf Praxiseignung durch gründliche Evaluierung vorgenommen werden.

- Als Minimum sollte die Einführung einer praxistauglichen, gestaffelten Gefahrenabwehrregelung für die Behörden der Aufnahmemitgliedstaaten in Art. 37 Abs. 3 angestrebt werden.

- Auch hier sollte grundsätzlich eine zeitlich/sektoral gestaffelte Umsetzung des Richtlinienvorschlags angestrebt werden. Als Minimum sollte die Herausnahme einzelner Regelungsbereiche und/oder die Schaffung angemessener Übergangsregelungen und Übergangsfristen eingefügt werden.

Literaturnachweise

Annacker, Claudia, Der fehlerhafte Rechtsakt im Gemeinschafts- und Unionsrecht, Wien/New York 1998.

Architektenkammer Nordrhein-Westfalen, Stellungnahme zum Vorschlag für eine Richtlinie des Europäischen Parlaments und des Rates über Dienstleistungen im Binnenmarkt KOM (2004) 2, Düsseldorf, 23.4.2004.

Arndt, Hans-Wolfgang, Europarecht, 7. Aufl., Heidelberg 2004.

Arrow, Kenneth, Distributed Information and the Role of the State in the Economy, in: Freeman, Richard B. (Hrsg.), Inequality around the World, Hampshire u.a. 2002, S. 268 ff.

Bade, Franz-Josef/Niebuhr, Annekatrin/Schönert, Matthias, Spatial structural change – Evidence and prospects, in: Schätzl, Ludwig/Revilla Diez, Javier (Hrsg.), Technological Change and Regional Development in Europe, Heidelberg/New York 2002, S. 43 ff.

Battis, Ulrich/Krautzberger, Michael/Löhr, Rolf-Peter, Baugesetzbuch – BauGB –, Kommentar, 7. Aufl., München 1999.

Bitter, Georg, Niederlassungsfreiheit für Kapitalgesellschaften in Europa: Gläubigerschutz in Gefahr, Jb.J.ZivRWiss. 2004, Stuttgart u.a. 2005, S. 299 ff.

Bogumil, Jörg/Kißler, Leo, Vom Untertan zum Kunden? Möglichkeiten und Grenzen von Kundenorientierung in der Kommunalverwaltung, Berlin 1995.

Bogumil, Jörg/Kißler, Leo, Der Bürger als Kunde? Zur Problematik von „Kundenorientierung" in kommunalen Gestaltungsvorhaben, in: Reichard, Christoph (Hrsg.), Kommunalverwaltung im Modernisierungsschub? Basel u.a. 1999.

Böhret, Carl, Glokalisierung: Anmerkungen zur Staatsfunktion in einer Übergangsgesellschaft, in: Knödler, Herrmann/Stierle, Michael Harold (Hrsg.), Globale und monetäre Ökonomie, Heidelberg 2003, S. 317 ff.

Böhret, Carl/Brenski, Carsten, Prospektive Gesetzesfolgenabschätzung (pGFA) zum Regelungsvorhaben Landesnaturschutz – Untersuchungsbericht mit Empfehlungen, vervielfältigtes Manuskript, Speyer/Mainz 2004.

Breitenmoser, Stephan/Bühler, Stefan P. (Mitarbeit), Praxis des Europarechts, Zürich 1996.

Bruha, Thomas, Binnenmarktassoziierungen, in: Meinhard Hilf/Thomas Bruha (Hrsg.), Perspektiven für Europa: Verfassung und Binnenmarkt. Wissenschaftliches Kolloquium aus Anlass des 70. Geburtstags von Prof. Dr. Gert Nicolaysen am 11. Mai 2001 im Europa-Kolleg Hamburg, EuR, Beiheft 3/2002, S. 109 ff.

Bundestag, Schlussbericht der Enquete-Kommission „Globalisierung der Weltwirtschaft – Herausforderungen und Antworten", Drucksache 14/9200 vom 12.6.2002.

Bundestag, Antwort der Bundesregierung auf die Große Anfrage der Abgeordneten Rainer Brüderle, Gudrun Kopp, Jürgen Koppelin, weiterer Abgeordneter und der Fraktion der FDP – Drucksache 15/2898 –, Auswirkungen der EU-Osterweiterung auf die mittelständische Wirtschaft und insbesondere auf das Handwerk, BT-Drs. 15/3900 v. 14.10.2004.

Bundesrat, Beschluss einer Stellungnahme zum Vorschlag für eine Richtlinie des Europäischen Parlaments und des Rates über Dienstleistungen im Binnenmarkt KOM (2004) 2, BR-Drs. 128/04 (Beschluss) v. 2.04.2004.

Bundesrat, Empfehlung des Ausschusses für Fragen der Europäischen Union und des Ausschusses für Städtebau, Wohnungswesen und Raumordnung, BR-Drs. 128/5/04 v. 13.09.2004.

Bundesverband der Freien Berufe, Kurzstatement: Vorschlag für eine Richtlinie über Dienstleistungen im Binnenmarkt (KOM (2004) 2): Anhörung im Europäischen Parlament am 11.11.2004, 16.30 Uhr, 11.11.04.

Bundesvereinigung der kommunalen Spitzenverbände, Stellungnahme zum Vorschlag für eine Richtlinie des Europäischen Parlaments und des Rates über Dienstleistungen im Binnenmarkt („Dienstleistungsrichtlinie") KOM (2004) 2, Köln, 13.5.2004.

Calliess, Christian/Ruffert, Matthias (Hrsg.), Kommentar des Vertrages über die Europäische Union und des Vertrages zur Gründung der Europäischen Gemeinschaft, 2. Aufl., Neuwied u.a. 2002.

Classen, Claus Dieter, Der Einzelne als Instrument zur Durchsetzung des Gemeinschaftsrechts? Zum Problem des subjektiv-öffentlichen Rechts kraft Gemeinschaftsrechts, VerwArch 88 (1997), S. 645 ff.

Czychowski, Manfred, in: Czychowski, Manfred/Reinhardt, Michael, Wasserhaushaltsgesetz, 8. Aufl., München 2003.

Danwitz, Thomas von, Zur Grundlegung einer Theorie der subjektiv-öffentlichen Gemeinschaftsrechte, DÖV 1996, S. 481 ff.

Daum, Ralf, Integration von Informations- und Kommunikationstechnologien für bürgerorientierte Kommunalverwaltungen, Baden-Baden 2002.

Epiney, Astrid, Neuere Rechtsprechung des EuGH in den Bereichen des institutionellen Rechts und der Grundfreiheiten, NVwZ 1999, S. 1072 ff.

Epiney, Astrid/Meier, Annekathrin/Mosters, Robert, Europarecht II – Die Grundfreiheiten des EG-Vertrages, Bern 2004.

Europäisches Parlament, Kurzdarstellungen, Leitfaden der Europäischen Union 1999-2002, in: http://www.europarl.eu.int/factsheets/default_de.htm.

Faßbender, Kurt, Die Bindungswirkung technischer Normen der Europäischen Gemeinschaft bei der Vergabe öffentlicher Aufträge, VergabeR 2003, S. 381 ff.

Fisahn, Andreas, Probleme der Umsetzung von EU-Richtlinien im Bundesstaat, DÖV 2002, S. 239 ff.

Fischer, Peter/Köck, Heribert Franz/Karollus, Margit Maria, Europarecht, 4. Aufl., Wien 2002.

Fluck, Jürgen/Sechting, Silke, Öffentlich-rechtliches Verbraucherschutz- und Produktsicherheitsrecht, DVBl. 2004, S. 1392 ff.

Fobe, Karin/Rieger-Genennig, Kathrin (Hrsg.), Bürgerämter und Nachbarschaftsläden. Neue Wege in der kommunalen und privaten Dienstleistung, Frankfurt/Main 1999.

Frey, Bruno S./Eichenberger, Reiner, The new democratic federalism for Europe: functional, overlapping and competing jurisdictions, Cheltenham u.a. 1999.

Frischmuth, Birgit/von Kodolitsch, Paul, Veränderungen im Kräftedreieck zwischen Bürgern, Rat und Verwaltung, in: http://www.difu.de/25Jahre/papiere/stabilitaet.shtml.

Fritsch, Michael/Wein, Thomas/Ewers, Hans-Jürgen, Marktversagen und Wirtschaftspolitik, 4. Aufl., München 2001.

Füßer, Klaus/Schiedt, Ulrike, Anzeigepflicht gem. § 14 GewO im Lichte der neueren Rechtsprechung des EuGH zu den Grundfreiheiten, in: NVwZ 1999, S. 620 ff.

Gern, Alfons, Kommunalrecht, 7. Aufl., Baden-Baden 1998.

Geiger, Rudolf, Vertrag über die Europäische Union und Vertrag zur Gründung der Europäischen Gemeinschaft, 4. Aufl., München 2004.

Grabitz, Eberhard/Hilf, Meinhard, Das Recht der Europäischen Union, Band I (EUV/EGV), München, Stand: Januar 2004.

von der Groeben, Hans/Schwarze, Jürgen, Kommentar zum Vertrag über die Europäische Union und zur Gründung der Europäischen Gemeinschaft, Band 1, 6. Aufl., Baden-Baden 2003.

Hagen, Martin/Kubicek, Herbert, One-stop-government in Europe. Results of 11 national surveys, Bremen 2000.

Hailbronner, Kay/Nachbaur, Andreas, Niederlassungs- und Dienstleistungsfreiheit im Binnenmarkt 1992, WiVerw 1992, S. 57 ff.

Hailbronner, Kay/Nachbaur, Andreas, Die Dienstleistungsfreiheit in der Rechtsprechung des EuGH, EuZW 1992, S. 105 ff.

Hatje, Armin, Das Binnenmarktziel in der europäischen Verfassung – eine Einführung, in: Hatje, Armin/Terhechte, Jörg Philipp (Hrsg.), Das Binnenmarktziel in der europäischen Verfassung, EuR, Beiheft 3/2004, S. 7 ff.

Hensen, Jürgen/Schulz, Christian, Aktuelle Rahmenbedingungen der Back-Office-Organisation, Verwaltung und Management, 11. Jg. (2005), Heft 1, S. 7 ff.

Heim, Susanne, Unmittelbare Wirkung von EG-Richtlinien im deutschen und französischen Recht am Beispiel des Umweltrechts, Baden-Baden 1998.

Herdegen, Matthias, Europarecht, 6. Aufl., München 2004.

Hobe, Stephan, Europarecht, 2. Aufl., Köln u.a. 2004.

Hök, Götz-Sebastian, Sitztheorie und Baurecht: Zu den Auswirkungen der Entscheidung Überseering (Rs. C-208/00) des EuGH auf den Bausektor, ZfBR 2003, S. 320 ff.

Interchange of Data between Administrations, Multi-Channel delivery of eGovernment services, Brüssel 2004, in: http://europa.eu.int/ida/servlets/Doc?id=16867.

Ipsen, Hans Peter, Europäisches Gemeinschaftsrecht, Tübingen 1972.

Jacobs, Antoine, Arbeitnehmer und Selbständige – Einige Bemerkungen aus internationaler Sicht, NZA 1999, S. 23 ff.

Kerkmann, Jochen, in: Jeromin, Curt (Hrsg.), Kommentar zum Landeswassergesetz Rheinland-Pfalz und zum WHG, Neuwied, Stand: Sept. 2004.

Kißler, Leo, Hagen, Bürgerumfrage zur Kundenorientierung der Stadtverwaltung, in: Hill, Hermann (Hrsg.), Die begreifbare Stadt. Wege zum Dialog mit dem Bürger, Köln u.a. 1994, S. 73 ff.

Koch, Christian, Arbeitsebenen der Europäischen Union. Das Verfahrensrecht der Integrationsverwaltung, Baden-Baden 2003.

Koch, Christian, Gemeinschaftliches Verfahrensrecht für die Integrationsverwaltung, ZÖR 59 (2004), S. 233 ff.

Kommission der Europäischen Gemeinschaften, Mitteilung der Kommission über Folgenabschätzungen, KOM (2002) 276 vom 5.6.2002.

Krugman, Paul/Venables, Anthony, Integration, Specialization and Adjustment, European Economic Review 49 (1996), S. 959 ff.

Kubicek, Herbert/Hagen, Martin, Von der Web-Seite zum „One-Stop-Government". Die öffentliche Verwaltung der USA auf dem Information Superhighway, Verwaltung und Management, 4. Jg. (1998), Heft 4, S. 208 ff.

La Roche-Thomé, Florine, Staatliche Haftung für Verletzungen des Gemeinschaftsrechts, in: Pitschas, Rainer/Koch, Christian (Hrsg.), Staatsmodernisierung und Verwaltungsrecht in den Grenzen der europäischen Integrationsverfassung, Baden-Baden 2002, S. 101 ff.

Lenk, Klaus/Klee-Kruse, Gudrun, Multifunktionale Serviceläden. Ein Modellkonzept für die öffentliche Verwaltung im Internet-Zeitalter, Berlin 2000.

Lenk, Klaus/Traunmüller, Roland, New Public Management and Enabling Technologies, in: Terashima, Nobuyoshi/Altman, Edward (Hrsg.), Advanced IT-Tools. IFIP World Conference on IT Tools, 2.-6. September 1996, Canberra, London u.a. 1996, S. 11 ff.

Lenz, Aloys/Johne, Roland, Die Landtage vor der Herausforderung Europa. Anpassung der parlamentarischen Infrastruktur als Grundlage institutioneller Europafähigkeit, Aus Politik und Zeitgeschichte, B 6/2000, S. 20 ff.

Lottes, Ralf, Das erweiterte Zeitmoment beim Begriff Dienstleistung, EuZW 2004, S. 112 ff.

Marcks, Peter, in: Landmann, Robert von/Rohmer, Gustav, (Hrsg.) Gewerbeordnung und ergänzende Vorschriften, Band 1 u. 2, München, Stand: 1.2.2004.

Margies, Burkhard, Kundenorientierung in Bürgerbüros kleinerer Gemeinden. Ergebnisse der Befragungen zur Kundenzufriedenheit in Bürstadt, Dudenhofen und Graben-Neudorf, Speyer 2002.

Maurer, Hartmut, Allgemeines Verwaltungsrecht, 14. Aufl., München 2002.

McDonald, Kevin M., Der Begriff der Dienstleistung im europäischen Binnenmarkt und WTO-System (GATS), Frankfurt a.M. u.a. 2001.

Nagel, Walter, Straßengesetz für Baden-Württemberg, (begr. von Kurt Gerhardt. Fortgef. von Walter H. Nagel) 3. Aufl., Stuttgart u.a. 1997.

OECD, Trends in international Migration, Annual Report, Paris 2003.

Oehlert, Sebastian, Harmonisierung durch EG-Richtlinien: Kompetenzen, Legitimation, Effektivität, JuS 1997, S. 317 ff.

Olson, Mancur, Macht und Wohlstand, Tübingen 2002.

Oppermann, Thomas, Europarecht, 2. Aufl., München 1999, 3. Aufl. München 2005.

Pappas, Spyros A., The European Partnership Through National Administrative Procedures for the Preparation and Implementation of Community Decisions, in: Pappas, Spyros A. (Ed.), National Administrative Procedures for the Preparation and Implementation of Community Decisions, Maastricht 1995, S. 3 ff.

Pache, Eckhard, Dienstleistungsfreiheit, in: Ehlers, Dirk (Hrsg.), Europäische Grundrechte und Grundfreiheiten, Berlin 2003, S. 268 ff.

Penski, Ulrich/Elsner, Bernd Roland, Eigentumsgewährleistung und Berufsfreiheit als Gemeinschaftsgrundrechte in der Rechtsprechung des Europäischen Gerichtshofs, DÖV 2001, S. 265 ff.

Pöltl, Rene, Gaststättenrecht, 5. Aufl., Heidelberg 2003.

Rabe, Hans-Jürgen, Dienstleistungs- und Niederlassungsfreiheit der Rechtsanwälte in der EG, AnwBl 1992, S. 146 ff.

Reich, Norbert, Der Schutz subjektiver Gemeinschaftsrechte durch Staatshaftung. Anmerkungen zu den Urteilen EuGH, EuZW 1996, 654 – Dillenkofer u.a. und EuGH, EuZW 1996, 695 – Denkavit u.a., EuZW 1996, S. 709 ff.

Reinermann, Heinrich, Information and Communication Technology as a Driving Force of Change in Public Administration, Proceedings from the Third Summer Workshop held in Prague, 8.-13. September 1996, in: http://www.hfv-speyer.de/rei/PUBLICA/ENGL/PRAGVORT.HTM.

Reinermann, Heinrich, Der öffentliche Sektor im Internet. Veränderungen der Muster öffentlicher Verwaltungen, 2. Aufl., Speyer 2000.

Reiss, Oliver, Kooperation in virtuellen Organisationsstrukturen. Grundlagen und Ansatzpunkte der Gestaltung eines computerunterstützten Kooperationssystems, Frankfurt am Main/Berlin 2002.

Rieckmann, Heijo, „Dynaxibility – oder: Kann Management am Rande des 3. Jahrtausends noch erfolgreich sein?", Managen und Führen, Heft 1, 1996, S. 5 ff.

Rolshoven, Michael, „Beschränkungen" des freien Dienstleistungsverkehrs im Sinne von Artikel 49 Absatz 1 des EG-Vertrags, Dresden 2001.

Royla, Pascal/Lackhoff, Klaus, Die innerstaatliche Beachtlichkeit von EG-Richtlinien und das Gesetzmäßigkeitsprinzip, DVBl. 1998, S. 1116 ff.

Schmidt, Oliver, Das Ende der Politik? – die Globalisierung, das Wissen und die öffentliche Aufgabe, in: Schmidt, Oliver (Hrsg.): Die neuen Kommandohöhen – Untersuchungen über Globalisierung und Politik, Berlin 2003, S. 29 ff.

Schmidt, Oliver, Können neoklassische Ökonomen verstehen, was Globalisierungskritiker sagen?, List Forum für Wirtschafts- und Finanzpolitik, Band 20 (2004), Heft 3, S. 290 ff.

Schneider, Friedrich, Shadow Economies around the World – Size, Causes and Consequences, Vortragsmanuskript von Juni 2003, aktualisierte Version unter www.econ.jku.at/Schneider/publik.html [28.6.2004].

Schulz, Otto, Maastricht und die Grundlagen einer Europäischen Sozialpolitik. Der Weg – Die Verhandlungen – Die Ergebnisse – Die Perspektiven, Köln u.a. 1996.

Schwannecke, Holger/ Heck,Hans-Joachim, Die Handwerksordnungsnovelle 2004, GewArch 2004, S. 129 ff.

Schwarze, Jürgen (Hrsg.), EU-Kommentar, Baden-Baden 2000.

Schwarze, Jürgen/Becker, Ulrich/Pollak, Christiana, Die Implementation von Gemeinschaftsrecht. Untersuchungen zur Gesetzgebungs- und Verwaltungspolitik der Europäischen Gemeinschaft und ihrer Mitgliedstaaten, Baden-Baden 1993.

Seidel, Martin, Rundfunk, insbesondere Werbefunk und innergemeinschaftliche Dienstleistungsfreiheit, in: Bieber, Roland/Bleckmann, Albert/Capotorti, Francesco (Hrsg.), Das Europa der zweiten Generation, Gedächtnisschrift für Christoph Sasse, Bd. 1, Kehl a.R. u.a. 1981, S. 351 ff.

Sozialkassen der Bauwirtschaft, Bewertung des Vorschlages der Europäischen Kommission für eine Richtlinie des Europäischen Parlaments und des Rates über Dienstleistungen im Binnenmarkt im Hinblick auf die Schwierigkeiten bei der Einhaltung und Durchsetzung der Mindestarbeitsbedingung Urlaub auf Grundlage der Richtlinie 97/71/EG sowie des Arbeitnehmer-Entsendegesetzes, 21.3.2004.

Sozialpartner der europäischen Bauwirtschaft, Gemeinsame Erklärung zu dem Richtlinienvorschlag der Europäischen Kommission über Dienstleistungen im Binnenmarkt KOM (2004) 2, Brüssel, 2.4.2004.

Stelkens, Paul/Bonk, Heinz Joachim/Sachs, Michael (Hrsg.), Verwaltungsverfahrensgesetz, 6.Aufl., München 2001.

Streinz, Rudolf, Europarecht, 5. Aufl., Heidelberg 2001.

Streinz, Rudolf (Hrsg.), EUV/EGV, München 2003.

Stumpf, Cordula, Freie Berufe und Handwerk (E. II.), in: Manfred A. Dauses (Hrsg.), Handbuch des EG-Wirtschaftsrechts, Loseblattausg., München 1994 ff.

Tettinger, Peter, in: Tettinger, Peter J./Wank, Rolf, Gewerbeordnung, 7. Aufl., München 2004.

Tietje, Christian, Niederlassungsfreiheit, in: Ehlers, Dirk (Hrsg.), Europäische Grundrechte und Grundfreiheiten, Berlin 2003, S. 240 ff.

Traunmüller, Roland/Lenk, Klaus, R-e-volution in der Verwaltung, move. Moderne Verwaltung, 1. Jg (2003), Heft 1, S. 16 ff.

Ukrow, Jörg, Richterliche Rechtsfortbildung durch den EuGH, Baden-Baden 1995.

Volz, Jürgen, Kundenbefragungen – Instrument zu mehr Kundenorientierung in der öffentlichen Verwaltung, in: Büscher, Helmut u.a. (Hrsg.), Öffentliche Verwaltung – modern und zukunftsfähig Frankfurt/Main 2000, S. 82 ff.

von Lucke, Jörn/Reinermann, Heinrich, Speyerer Definition von Electronic Government, Speyer 2000, in:
http://foev.dhv-speyer.de/ruvii/Sp-EGov.pdf.

Wackie Eysten/Piet A., The Legal Profession in Europe: officium nobile et mobile, EuZW 1993, S. 721 ff.

Weiß, Wolfgang, Zur Wirkung von Richtlinien vor Ablauf der Umsetzungsfrist, DVBl. 1998, S. 568 ff.

WTO, International Trade Statistics 2004, unter
http://www.wto.org/english/res_e/statis_e/its2004_e/its04_toc_e.htm
[14.12.2004].

Wolf, Thomas, Die Grundsätze der Rechtsprechung des EuGH im Bereich des Rechts gegen den unlauteren Wettbewerb, 2001, in:
http://opus.bibliothek.uni-wuerzburg.de/opus/volltexte/2002/25/.

Teil 7:
Empirie der Akteurspositionen*

A. Einleitung: Fragestellung und Vorgehen

In diesem Teil des Gutachtens wird der Blick auf **die Debatte** über die Dienstleistungsrichtlinie in NRW (und z.T. darüber hinaus) gerichtet. Als Kennzeichnung wird die Überschrift „Empirie von Akteurspositionen und -interessen" gewählt. Damit wird signalisiert, dass es sich um eine strikt empirische (beobachtende) Zugangsweise handelt und dass die wichtigen Akteure – die „Stakeholders"[543] im Mittelpunkt stehen[544].

Die empirische Vorgehensweise kann sich allerdings nicht darauf beschränken, die Äußerungen der Akteure zu sammeln und als Liste von Kommentaren zum Entwurf der Dienstleistungsrichtlinie wiederzugeben[545]. Ein solches Vorgehen würde bestenfalls die (erwartbare) Unübersichtlichkeit der Diskussionslandschaft reproduzieren. Der Beitrag dieses Teils des Gutachtens soll aber gerade die Übersichtlichkeit erhöhen und die Strukturierung der Debatte befördern. Dafür ist es notwendig, gezielte empirische Erhebungen bei den Akteuren durchzuführen[546].

Auch wenn die Frage nach dem Charakter der Dienstleistungsrichtlinie (als Rahmenrichtlinie?) bei Experten und „Stakeholders" noch umstritten sein mag, die DL-R hat einen potentiellen Wirkungsrahmen, der eine sehr große Zahl von „Stakeholders" in NRW, Deutschland und Europa mobilisiert. Die Dynamik lässt sich sowohl hinsichtlich der Ausbreitung in der Fläche als auch hinsichtlich der Intensität der Debatte vor allem seit Herbst 2004 feststellen – obwohl der Richtlinienvorschlag zu diesem Zeitpunkt schon ein halbes Jahr vorlag. Beachtenswert ist, dass die Debatte die Medien bisher kaum erreicht hat.

---

* *Felder/Grunow/Keivandarian/Reuter.*

543 Dieser Begriff signalisiert, dass es hier um je spezifische Positionen und Interessen geht; gleichwohl wird im weiteren Text i.d.R. von Akteuren gesprochen.

544 Es geht also z.B. nicht um eine Analyse der Darstellung des Themas in den Massenmedien.

545 Sogenanntes nicht-reaktives Vorgehen.

546 Sogenanntes reaktives Vorgehen.

Die Beschäftigung mit der „Empirie von Akteurspositionen und -interessen" fiel in diese Phase mit besonderer Mobilisierungs-Intensität – was vor allem die Entscheidung über die Auswahl der einzubeziehenden Segmente von „Stakeholders" schwierig machte; hinzu kommt die zeitliche und ressourcenbezogene Begrenzung des Vorhabens, durch die rasch die Grenze für die Berücksichtigung von Akteuren erreicht wurde. Eine wesentliche Eingrenzung wurde zumindest durch die Auftragsformulierung vorgenommen – in der eine Schwerpunktsetzung hinsichtlich der folgenden Dienstleistungs-Segmente festgelegt wurde:

- Bau-Dienstleistungen
- Ingenieur-/Architektur-Dienstleistungen
- Gesundheits-Dienstleistungen

In den drei Dienstleistungs-Segmenten (die im folgenden auch als „Branchen" bezeichnet werden) sollten jeweils verschiedene Akteursgruppen einbezogen werden:

a) zum einen die Dienstleister[547] selbst

b) zum zweiten die Verbände der Dienstleister, die bestimmte Interessen bündeln

c) und zum dritten öffentliche (staatliche, halbstaatliche, kommunale) Akteure, die bei der Ausgestaltung der Dienstleistungs-"Landschaft" in den drei Bereichen mitwirken (z.B. durch Genehmigungs- und Aufsichtsfunktionen oder durch Bestimmung von Dienstleistungs-Qualitätsstandards u.a.m.)

Nicht zuletzt durch dieses breite Spektrum und die große Zahl von Akteuren, die zu einer „Branche" – besser: einem Segment von Dienstleistungen – gehören, ist eine homogene Positionierung der jeweils dazu gehörigen Akteure gegenüber der Dienstleistungsrichtlinie nicht zu erwarten. Wie immer man die „Branchen" typisiert – sie zeigen erhebliche Heterogenität.[548]

---

547 Diese werden i.d.R. mit dem Begriff „Unternehmen" beschrieben – obwohl es sich um verschiedene Typen von Erwerbsorganisationen handelt: Betriebe, Praxen, Büros etc.

548 An einem in der empirischen Untersuchung berücksichtigten Gesichtspunkt lässt sich das deutlich machen: auf die Frage nach der relativen Staatsnähe oder Marktnähe lässt sich meist für die „Branchen" keine durchgängige (einheitliche) Antwort geben.

Für die Durchführung der Aufgabe werden drei Informationsquellen benutzt

- Recherchen im Internet, in dem inzwischen eine große Zahl von Akteuren zum Richtlinienvorschlag Position bezogen haben
- Mündlich-persönliche (Experten-)Interviews mit ca. 44 Personen (als Vertretern von institutionellen „Stakeholders")
- Eine schriftliche Kurzumfrage bei ausgewählten Dienstleistern in den drei einbezogenen Dienstleistungs-Segmenten.

Die Auswahl der Quellen lässt sich jeweils als begründete Stichprobe bezeichnen. Sie diente dem Ziel, ein möglichst breites Spektrum von Akteuren in den drei ausgewählten „Branchen" zu erfassen. Besondere Schwierigkeiten bestehen beim Zugang zu den Dienstleistungs-Organisationen selbst (Unternehmen, Praxen, Büros etc.). Eine Grundgesamtheit ist nicht eindeutig zu identifizieren; die für die Befragung ausgewählten Adressen wurden von den Verbänden bereitgestellt und betreffen also die Mitglieds-Unternehmen der einbezogenen Verbände. Auf diesem Wege wurden ca. 200 Adressaten aus dem Bau-Bereich (Rücklauf=46: 23%), 165 aus dem Bereich Ingenieurs- und Architekten-Dienstleistungen (Rücklauf=39: 23,6%) und 220 aus dem Gesundheitsbereich (Physiotherapeuten, Krankengymnasten) (Rücklauf=8: 3,6%[549]) ausgewählt und angeschrieben. Die dabei gewonnenen Daten lassen sich nicht als repräsentative Verteilungsergebnisse interpretieren; sie lassen einige Trends an – und sie sind das einzige Datenmaterial, das es in Deutschland zu dem Thema Dienstleistungsrichtlinie gegenwärtig gibt.

Die Bereitschaft zur Mitwirkung an der empirischen Untersuchung muss insgesamt als „gut" und im Zeitverlauf mit der Tendenz zu „sehr gut" bezeichnet werden. Als bremsend wirkte sich die Kurzfristigkeit und der Untersuchungszeitraum kurz vor Weihnachten und zwischen den Feiertagen aus (Probleme der Terminfindung bei Expertengesprächen). Bei den schriftlichen Umfragen ist zu beachten, dass offenbar bei den Dienstleistern selbst das Thema oft noch gar nicht „angekommen" ist und dass es deshalb eine nachvollziehbare Zurückhaltung bei der Beantwortung des Fragebogens gab: selbst bei den antwortenden „Unternehmen" waren nur 24 (von 94 = 25,5%) mit dem Richtlinienvorschlag vertraut.

Mit der empirischen Untersuchung war die Frage nach der Position der verschiedenen Akteure bzw. Akteursgruppen gegenüber der Dienstleistungsrichtlinie verbunden. Die Ergebnispräsentation soll diese Positionen in einer

---

549 Der Rücklauf ist zum Zeitpunkt der Berichtformulierung allerdings noch nicht abgeschlossen.

überschaubaren Form darstellen; nur auf dieser Basis lassen sich Schlussfolgerungen für die Positionierung der Landesregierung im weiteren politischen Beratungsprozess gewinnen. Eine solche Aufgabe setzt von Anfang an eine Strukturierung von Fragestellungen und Materialverarbeitung voraus: sie leitet die Untersuchungsinstrumente ebenso an wie die Auswertungsstrategie.

Drei grundlegende Aspekte werden bei der Erfassung der Akteurs-Positionen berücksichtigt:

1. Die konkreten Beobachtungen/empirischen Erkenntnisse legen es nahe, gewissermaßen „vor der Klammer" etwas über die Verbreitung von Kenntnissen über den Entwurf zur Dienstleistungsrichtlinie zu sagen, weil davon auch die Gewichtung der jeweils vorgetragenen Argumente abhängt. Allerdings geht es dabei nicht nur um die Dimension von Wissen und Nichtwissen; es geht auch um die Frage nach der Richtigkeit bzw. der Unrichtigkeit einzelner Einschätzungen und Bewertungen; schließlich ist auch zu beachten, dass die Art der Positionierung von Akteuren auch mit der Frage verbunden ist, ob sich diese eng am Text des Richtlinienvorschlags orientieren oder an den dahinter stehenden Zielen und Änderungsstrategien der Kommission – ob sie also gewissermaßen „zwischen den Zeilen" lesen.

2. Von zentraler Bedeutung ist nun aber die Frage, welche Aspekte der Dienstleistungsrichtlinie mit welcher inhaltlichen Zielrichtung von den Akteuren kommentiert wird. Es gibt zwei grundlegende (gewissermaßen „extreme") Positionen: die strikte Ablehnung und die weitestgehende Zustimmung – wobei ersteres durchaus häufig vorkommt, letzteres aber so gut wie gar nicht auftritt. Von besonderem Interesse sind jedoch zwei Positionen **zwischen** diesen beiden „extremen" Reaktionen: einerseits die Erörterung des Geltungsbereiches und -grades (der Richtlinie), was der Ablehnungstendenz relativ nahe steht; andererseits die Diskussion von einzelnen als kritisch angesehenen Elementen und die Diskussion über alternative Gestaltungsformen (oft mit Bezug zu den Durchführungsmodalitäten) – als typisches Beispiel sei hier schon das Herkunftsland-Prinzip erwähnt.

3. Das dritte Strukturierungsprinzip dient weniger der Beschreibung als der Interpretation und Erklärung der vorgetragenen Positionen. Wie oben schon erläutert ist die Sortierung nach „Branchen" sehr grob und die Argumente sind nur begrenzt bündelungsfähig (kohärent). Es werden deshalb verschiedene Sichtweisen („Frames", „Brillen") unterschieden, durch die der Entwurf zur Dienstleistungsrichtlinie in einem jeweils sehr spezifischen Licht erscheint. Es wird also unterstellt, dass diese Sichtweisen gut und manchmal besser erklären, warum und wie bestimmte

Reaktionen auf den Richtlinienvorschlag erfolgen als dies die Zuordnung zu einzelnen „Branchen" ermöglicht.

Die Ergebnisse der empirischen Untersuchung werden in folgenden Schritten

- ein erster Überblick über die Akteurspositionen zur Dienstleistungsrichtlinie,

- eine Detaildarstellung der Ergebnisse bezogen auf die drei „Branchen" – wobei jeweils a) eine Branchenbeschreibung erfolgt, b) eine Zusammenfassung der Dienstleisterbefragung formuliert wird und c) die Sichtweisen und Problemaspekte/Änderungsvorschläge bzgl. der Dienstleistungsrichtlinie im Einzelnen dargestellt werden,

- und ein zusammenfassendes Fazit, bei dem „quer" zu den „Branchen" bilanziert wird.

B. Die Ausgangslage:
Akteurspositionen zum Vorschlag für eine Dienstleistungsrichtlinie

I. Sichtweisen der Akteure in ausgewählten Dienstleistungs-Segmenten

Ein erster Blick auf die Bewertung der Dienstleistungsrichtlinie durch die Akteure zeigt eine Vielzahl an Argumenten, die auf unterschiedlichem Abstraktionsgrad vielfältige Bereiche abdecken. Als grundlegendes Ordnungs- und Orientierungsmuster bietet sich der Bezug auf unterschiedliche Gegenstandsbereiche an. Die meisten Akteure bewerten die Richtlinie aus der Perspektive einer bestimmten Branche. Die in diesem Zusammenhang gemachten Erfahrungen, die als dominant wahrgenommen Probleme und die jeweils spezifischen Zukunftserwartungen bilden die zentralen Referenzpunkte für die Bewertung. Sie bleiben zunächst aber recht allgemein und wenig homogen.

Aus ergänzender entscheidungstheoretischer Perspektive heraus erscheint die Bewertung der Dienstleistungsrichtlinie als komplexer Prozess. Die Akteure sind auf ein breites Spektrum unterschiedlicher Informationen angewiesen und benötigen Ressourcen sparende Hilfsmittel, die zu einer Entlastung ihrer kognitiven Ressourcen beitragen, indem sie eine Komplexitätsreduktion ermöglichen. Der Mangel an Verarbeitungskapazität und an Problemwissen kennzeichnen gleichermaßen den Bewertungsprozess.

In der politikwissenschaftlichen Forschung werden mit dem Konzept des „Framing" entscheidungstheoretische und wahrnehmungspsychologische Erkenntnisse als Bezugspunkte genutzt, um den dynamischen Charakter und die hohe Kontextabhängigkeit von Entscheidungsprozessen zu beschreiben und typologisch zusammen zu fassen.

Bei der Bewertung der Richtlinie durch die befragten Akteure ist eine Bezugnahme auf unterschiedliche „Frames" festzustellen. Dies ergibt sich nicht zuletzt daraus, dass sich die potenziellen Auswirkungen der Richtlinie auf vielfältige Aspekte der betrachteten Dienstleistungs-Segmente (Branchen) beziehen.

Die Dienstleistungsrichtlinie stellt zunächst eine Erweiterung des gemeinschaftlichen Rechtsbestandes dar und formt in diesem Zusammenhang die Beziehungen zwischen den einzelnen Ebenen des europäischen Mehrebenensystems weiter aus, indem sie den einzelnen Ebenen des Systems bestimmte Kompetenzen und Verpflichtungen zuweist und sich daraus auch Konsequenzen für die Machtverteilung zwischen den Ebenen ergeben. In diesem Zusammenhang unterliegt der Richtlinienvorschlag einer Bewertung durch unterschiedliche europapolitische Frames.

Von ihrer Intention her zielt die Richtlinie auf eine veränderte Form der Regulierung der Dienstleistungsmärkte. Indem sie bestehende nationale Regulierung außer Kraft setzt und durch andere Formen der Regulierung ersetzt wird sie zum Gegenstand der Bewertung unterschiedlicher wirtschafts- und ordnungspolitischer Frames.

Schließlich ergeben sich aus der Richtlinie Konsequenzen für die unterschiedlichen nationalen Modelle der Qualitätsregulierung. Indem als Folge des Herkunftslandsprinzips fremde Regulierungstraditionen zur Anwendung kommen und damit zu einer Modifikation der nationalen Modelle beitragen, unterliegen sie einer Bewertung durch divergierende Frames hinsichtlich der Qualitätsregulierung.

Der universelle Ansatz der Dienstleistungsrichtlinie hat zur Konsequenz, dass sie innerhalb der einzelnen Branchen auf unterschiedliche Bedingungen stößt. Verschiedenartig sind die Tiefe der Intervention und die jeweiligen Problemkonstellationen, die erwartet werden. Dementsprechend sind die Debatten in den jeweiligen Branchen weder in der gleichen Stärke durch die jeweiligen Frames geprägt noch treten die Kombinationen zwischen einzelnen Ausprägungen der Frames in identischen Kombinationen auf. Eine Analyse der Ausprägung der Frames innerhalb der jeweiligen Branchen und deren Vergleich ordnet zunächst die Vielzahl der ausgetauschten Argumente, indem sie wesentliche Sichtweisen, Interessenpositionen und Konfliktlinien identifiziert.

1. Die europapolitischen Frames

Bei der europapolitischen Sichtweise lassen sich drei unterschiedliche Positionen erkennen. Die **„klassische Integrationsperspektive"** begreift europäische Integration als einen offenen Prozess, der durch die zunehmende Verlagerung nationaler Kompetenzen auf die europäische Ebene geprägt ist. Der sukzessive Ausbau der europäischen Rechtsordnung und eine zunehmende Kompetenz der europäischen Organe werden hier als notwendige Mittel der Verwirklichung der Ziele europäischer Politik begriffen.

In direkter Konkurrenz hierzu hat sich in den letzten Jahren, nicht zuletzt aufgrund des Engagements der deutschen Bundesländer, eine Position herausgebildet, die sich an dem Ziel der **Subsidiarität** und der Notwendigkeit einer **Kompetenzabgrenzung** orientiert. Der Erhalt der Eigenstaatlichkeit, sowohl zur Sicherstellung der politischen Gestaltungsfähigkeit als auch der Implementationsfähigkeit der einzelnen Ebenen stellen hier die wesentlichen Zieldimensionen dar, die eine Begrenzung der Verflechtung zwischen der europäischen und der nationalen Rechtsordnung erfordern.

Eine dritte Position stellt hingegen den spezifischen Charakter des **„europäischen Mehrebenensystems"** in den Vordergrund. Eine weitgehende Verflechtung zwischen nationaler und europäischer Politik wird als nicht hinterfragtes Faktum unterstellt. Die Zielperspektive bildet die Optimierung der Prozesse innerhalb dieses Systems. Hierzu mag es im Einzelfall auch notwendig sein, die Kompetenzen der (europäischen) Akteure zu begrenzen, im Vordergrund steht jedoch die Verbesserung der Zusammenarbeit der Akteure der jeweiligen Ebenen. Neben der Vertiefung der vertikalen Zusammenarbeit kommt dabei insbesondere der horizontalen Kooperation zwischen verschieden Akteursgruppen (Stichwort: Governance) große Bedeutung zu.

2. Die wirtschafts- und ordnungspolitischen Frames

Die konkurrierenden ordnungspolitischen Sichtweisen verweisen auf zwei unterschiedliche Wachstumsmodelle. Beiden Positionen ist gemeinsam, dass sie den Dienstleistungsbereich als das dynamischste Wachstumssegment der europäischen Wirtschaft betrachten. Im Rahmen des **Wettbewerbsparadigmas** wird davon ausgegangen, dass die Beseitigung von Marktbarrieren zu einer verstärkten Konkurrenz führt und einen rationaleren Ressourceneinsatz hervorbringt. Sinkende Preise für Dienstleistungen werden dabei als der zentrale Wachstumsimpuls identifiziert.

Die damit konkurrierende Sichtweise zeichnet sich dadurch aus, dass nicht nur der Konkurrenzmechanismus betrachtet wird, den Ausgangspunkt bildet vielmehr der **Markt als soziales Verhältnis**, der durch eine Vielzahl an sozialen Regulierungen gesellschaftlich eingebettet ist. Wachstumsimpulse werden in erster Linie durch eine Verbesserung der Qualität der Dienstleistungen erwartet. Neben dem Konkurrenzmechanismus werden deswegen für die jeweiligen Dienstleistungssegmente spezifische Anforderungen definiert, zu denen insbesondere die Qualität der Arbeit, die zur Erbringung der Dienstleistung notwendigen Qualität der Infrastruktur (Wissenschaft, Verkehr, Vernetzung der Branche) und Formen der staatlichen Regulierung zählen.

3. Die Frames der Qualitätsregulierung

Unterschiedliche Modelle der Qualitätsregulierung bestehen zunächst aufgrund unterschiedlicher Verwaltungstraditionen. Deutschland zeichnet sich dadurch aus, dass Formen der **Input-Kontrolle** vorherrschend sind. Dadurch dass an die Erbringer von Dienstleistungen relativ hohe Anforderungen formuliert werden, soll die Qualität der Dienstleistungsprodukte gesichert werden.

In der angelsächsischen Verwaltungstradition ist dagegen das Modell der **Output-Kontrolle** stärker verankert. Die Zugangsvoraussetzungen werden hier relativ niedrig gehalten, die Qualität der Leistung wird jedoch bei der Abnahme genauestens kontrolliert.

Das dritte Modell setzt weniger auf staatliche sondern auf wirtschaftliche Kontrollmechanismen. Der „**mündige Bürger**" entscheidet selbst, welches Qualitätsniveau für die jeweilige Leistung angemessen ist. Durch die Konkurrenz zwischen den Bewerbern wird der Erhalt oder gar die Steigerung des Qualitätsniveaus sichergestellt. Eine wesentliche Bedingung hierfür sind zum einen hinreichende Informationen über die Dienstleistungsprodukte und die Fähigkeit der Bürger, diese Informationen bewerten bzw. in Wahlhandlungen („choice") zur Anwendung bringen zu können.

II. Schwerpunkte der Thematisierung und Problematisierung der Dienstleistungsrichtlinie durch die Akteure in ausgewählten Dienstleistungs-Segmenten

Trotz der großen Binnenkomplexität der drei untersuchten Dienstleistungssegmente konnte eine bemerkenswerte Homogenität beim Haupt-Fokus der Argumentationsführung aller Akteure auf Landesebene und Bundesebene, sowie quer durch alle Institutionen und Untersuchungsbereiche festgestellt werden: es geht allen mit Vorrang um das „Herkunftslandprinzip".

Dies ist zunächst wenig verwunderlich, weil das „Herkunftslandprinzip" eines der tragenden Elemente des Richtlinienentwurfes ist. Die Ableitungen auf eine sektorspezifische Arbeitsebene der Akteure zeigt die vielseitigen Auswirkungen des Richtlinienentwurfes.

> Es lassen sich vier zentrale thematische Leitlinien nachzeichnen: ein politischer, ein ökonomischer, ein sozialer sowie ein administrativer Themenschwerpunkt. Innerhalb der jeweiligen Themenschwerpunkte werden allerdings recht heterogene Problemkonfigurationen erörtert. Konzentriert man sich auf Akteure des Landes Nordrhein-Westfalen so lässt sich feststellen, dass sich die Darstellung konkreter Problemzusammenhänge durch die Experten und Expertinnen auf der Landesebene ebenso wie die Positionen der Vertreterinnen und Vertreter der kommunalen Akteursebene durchweg Bezüge zum Herkunftslandprinzip herstellen.

Die kommunalen Spitzenverbände in Nordrhein-Westfalen benannten aus einer politisch-administrativen Perspektive die „weitgehende Kompetenzverschiebung", die mit dem Herkunftslandprinzip einhergeht, als einen tiefgreifenden Einschnitt in die kommunale Selbstverwaltung. Diese politische Bezugsebene konnte in den Expertengesprächen für alle drei Dienstleistungs-Segmente wieder gefunden werden. Auch wenn sich die Dienstleistungs-Segmente im Charakter ihrer jeweils „spezifischen" Dienstleistung stark von einander unterscheiden, wird sowohl im Bereich der Bauhandwerksdienstleister, als auch im Bereich der Architekten und Ingenieure, sowie besonders im Bereich der Gesundheitsdienstleistungen ein jeweils unterschiedlich starkes, aber allen gemeinsames öffentliches Interesse an Art und Qualität der Dienstleistungen zum Ausdruck gebracht. Mit dem Verlust weitreichender Prüf- und Kontrollkompetenzen der lokalen Behörden am Ort der Dienstleistungserbringung werden komplexe Fragen aufgeworfen, die aus der Sicht der Experten weit in das Feld demokratietheoretischer Fragestellungen hinein reichen.

Aus einer eher ordnungspolitischen Perspektive wurde auf konkrete Fragen der Bausicherheit, Bauaufsicht, des Berufsrechtes, sowie auf Aspekte des Verbraucherschutzes, wie beispielsweise der Qualitätssicherung in den sozialen Berufen (die dem Sektor der personenbezogenen Pflegedienste zuzuordnen sind) Bezug genommen. Insbesondere für den Bereich der personennahen Dienstleistungen (hier im Gesundheitsbereich) wurde im Ministerium für Soziales, Gesundheit, Frauen und Familie des Landes Nordrhein-Westfalen, auf enge Berührungspunkte mit dem staatlichen Auftrag zur Gewährleistung des Schutzes von „Leib" und „Leben", der Bürgerinnen und Bürger sowie der darauf ausgerichteten Zulassungs- und Prüfkompetenz verwiesen. Vor diesem Hintergrund erscheine die schleichende Ökonomisierung traditionell gewachsener öffentlicher Aufgabengebiete, unter staatstheoretischen Gesichtspunkten, als fragwürdig.

Soweit der ökonomische Bezugsrahmen zur Sprache kam, wurden nahezu in allen Gesprächsrunden auf einer grundsätzlichen Ebene zustimmende Kommentare zu den Intentionen und binnenmarktpolitischen Zielen des Richtlinienentwurfes formuliert. Dies wurde allerdings mit Kritikpunkten am „horizontalen Ansatz" und am zentralen Element der Dienstleistungsrichtlinie, dem Herkunftslandprinzips, kombiniert; zudem wurde auf „unklare Formulierungen" des Richtlinienvorschlages verwiesen.

Es wurde beispielsweise das enorme Beschäftigungspotenzial des Dienstleistungsbereiches erkannt[550]. Der überwiegende Teil der ökonomischen Bezugnahmen im Bereich der „Bauhandwerksdienstleister" sind als negativ und pessimistisch zu werten. Vor dem Hintergrund nicht auszugleichender wettbewerbspolitischer Nachteile für das in NRW angesiedelte Bauhandwerk wurde der Richtlinienentwurf in der vorliegenden Form, beispielsweise vom Hauptgeschäftsführer der Baugewerblichen Verbände Nordrhein, als „Exodus" für die nordrhein-westfälische Bauindustrie bezeichnet. In den beiden anderen Untersuchungsbereichen (Architekten und Ingenieure, sowie Gesundheitswesen) konnten ähnlich ablehnende Grundtendenzen in Bezug auf den Richtlinienvorschlag festgestellt werden. So geht man davon aus, dass sich das enorme Regulierungsgefälle, die großen Unterschiede in dem Grad der Regulierung von Arbeitsbedingungen sowie die tarifpolitischen Unterschiede zwischen den einzelnen Mitgliedstaaten im Bereich der Baudienstleistungen (u.a.) zu entscheidenden Wettbewerbsnachteilen für die heimischen KU`s entwickeln werden.

Mit einer branchenspezifischen Perspektive zeigte sich die Argumentationsstruktur im Gesundheitsbereich im Detail anders. Hier steht die Befürchtung eines erheblichen Qualitätsverlustes für die Dienstleistungsempfänger im Vordergrund, wobei das Modell des „mündigen Bürgers" i.d.R. nicht unterstellt wird.

Für alle drei Dienstleistungsbereiche lassen sich also dezidierte Stellungnahmen zum Richtlinienentwurf zitieren. Dabei werden auf einer sachlichen Ebene eine Fülle von Kritikpunkten unterschiedlichster Art herausgearbeitet[551], die sich jedoch vielfach auf den zentralen und generellen Ansatzpunkt

---

550 Siehe hierzu das Interview mit dem Bundesvorstand der ver.di-Gewerkschaft in Berlin vom 3.1.2005.

551 So beispielsweise die Stellungnahme der SOKA-BAU und des Deutschen Vereins (für Gesundheitspflege) e.V.

(Herkunftslandprinzip) zurückführen lassen. Es zeigt sich eine Dichte der punktuellen Kritiken auf der sachlogischen Arbeitsebene der Akteure.

Ein charakteristischer Bündelungspunkt der Argumente ist die Feststellung, dass das Herkunftslandprinzip im Widerspruch zum „Subsidiaritätsprinzip" steht. Die Vertreter der kommunalen Spitzenverbände betonen in Ihren Positionen die politische Bedeutung der angenommenen Konsequenzen für die Bürgerinnen und Bürger hinsichtlich ihres Rechts auf die kommunale Selbstverwaltung und dem darauf basierenden Anspruch zur „selbstbestimmten" Gestaltung der lokalen Lebensräume und individuellen Lebensverhältnisse.

Die Kammer- und Verbandsvertreter stellen die Realisierbarkeit der hohen Ansprüche im Bereich der „einheitlichen Ansprechpartner" sowie der Abwicklung komplexer Verwaltungsverfahren in Frage, und geben zum Teil der Befürchtung einer „kontraproduktiven" Entwicklung im Ergebnis der Richtlinie (in vorliegender Form) Ausdruck. Als Beispiel hierfür können Szenarien genannt werden, nach denen sich aus dem Versuch einer umfassenden De-Regulierung der in den Mitgliedstaaten traditionell gewachsenen Regulierungssysteme faktisch eine Tendenz zur Re-Regulierung und Bürokratisierung entwickelt hat.

Der systemorganisatorische und administrative Mehraufwand bzw. der Anpassungsbedarf wird allgemein als sehr hoch eingeschätzt. Insbesondere unter der Berücksichtigung der Differenzierung zwischen „notwendigen" und „hinreichenden" Bedingungen erfolgreicher Policy-Implementation im komplexen Mehrebensystem der Europäischen Union (Governance), bestimmt sich die Passfähigkeit europäischer Politik: insbesondere über die Kompatibilität der Policy-Ziele mit der Konfiguration der „empirischen" und „rechtssystematischen" Implementationsbedingungen in den Mitgliedstaaten. Die Konfiguration ergibt sich über die logische Vereinbarkeit der Konsequenzen eines Gesetzestextes mit den „Frames" der Akteure in Netzwerken entlang der politisch-administrativen Systemstrukturen in den Mitgliedstaaten, sowie aus der formaljuristischen Kompatibilität der nationalen Regel- und Normensystematiken.

Vorläufig bilanzierend kann festgehalten werden, dass die übergreifende Argumentationslandschaft zum Richtlinienentwurf bereits zu diesem frühen Zeitpunkt in ihrer Komplexität sehr ausgeprägt ist, und dass von den Akteuren, bzw. den Adressaten ein großes Spektrum branchenspezifischer Problemlagen auf einem dezidierten Niveau vorgetragen werden und in eine linearkausale Beziehung zu zentralen „Rechtselementen" des Dienstleistungsrichtlinie gebracht werden.

C. Akteurspositionen: branchenspezifische Detailanalyse

I. Bauhandwerksdienstleistungen

Der Dienstleistungssektor des Bauhandwerks ist - im Verhältnis zu den beiden anderen Untersuchungsbereichen - durch die relative Staatsferne der Erbringung der Dienstleistung gekennzeichnet.

1. Strukturmuster der Branche: Qualitäten und Quantitäten

Bei einem ersten Blick auf das weite Feld der nordrhein-westfälischen Bauhandwerksdienstleistungen lassen sich insbesondere durch den hohen Anteil kleiner und mittelgroßer Unternehmen (im Sinne der Dienstleistungsrichtlinie) erste Konturen einer branchenspezifischen Strukturarchitektur erkennen und beschreiben.

Eine detaillierte Analyse des Untersuchungsbereiches macht dann allerdings deutlich, dass die kontinuierliche Diversifizierung einzelner Bauhandwerksdienstleistungen eine präzise und lückenlose Erfassung der Art und Menge aller Bauhandwerksdienstleistungen unmöglich macht – zumindest solange man sich nicht über eine allgemeinverbindliche Definition des Dienstleistungsbegriffs und der darunter zu subsumierenden Dienstleistungsbereiche geeinigt hat.[552]

Die Tab. 1 bietet einen Überblick für die für das Jahr 2003 (als steuerpflichtig) erfassten baugewerblichen Unternehmen, die das Feld der „Bauhandwerkdienstleister" in NRW (im weitesten Sinne!) besetzen.

---

552 Vgl. unten C. I. 2.

Tabelle 1: **Fachliche Diversifizierung der steuerpflichtigen Bauhandwerksdienstleistungsgewerbe in NRW**[553]

Vorbereitende Baustellenarbeiten	1 431
Abbruch-, Spreng- und Enttrümmerungsgewerbe, Erdbewegungsarbeiten	1 401
Abbruch-, Spreng- und Enttrümmerungsgewerbe	594
Erdbewegungsarbeiten	792
Aufschließung von Lagerstätten; Auffüllen stillgelegter Lagerstätten	15
Test- und Suchbohrung	30
Hoch- und Tiefbau	18 349
Hochbau, Brücken- und Tunnelbau u.Ä.	7 239
Dachdeckerei, Bauspenglerei, Abdichtungen und Zimmerei	7 785
Dachdeckerei und Bauspenglerei	3 680
Abdichtung gegen Wasser und Feuchtigkeit	2 771
Zimmerei und Ingenieurholzbau	1 334
Bau von Straßen, Bahnverkehrsstrecken, Rollbahnen und Sportanlagen	938
Bau von Straßen, Rollbahnen und Sportanlagen	906
Bau von Bahnverkehrsstrecken	32
Wasserbau	49
Sonstiger spezialisierter Hoch- und Tiefbau	2 338
Brunnenbau	78
Schachtbau	86
Schornstein-, Feuerungs- und Industrieofenbau	237
Gerüstbau	627
Gebäudetrocknung	185
Sonstiger spezialisierter Hoch- und Tiefbau, a.n.g.	1 125
Bauinstallation	20 527
Elektroinstallation	6 454
Dämmung gegen Kälte, Wärme, Schall und Erschütterung	1 757
Klempnerei, Gas-, Wasser-, Heizungs- und Lüftungsinstallation	8 973
Sonstige Bauinstallation	3 343
Sonstiges Ausbaugewerbe	23 879

---

553 Quelle: Landesamt für Datenverarbeitung und Statistik (LDS) des Landes NRW (LDS-Sonderstatistik).

Stukkateurgewerbe, Gipserei und Verputzerei	2 423
Bautischlerei und -schlosserei	4 828
Fußboden-, Fliesen- und Plattenlegerei, Raumausstattung	5 773
Parkettlegerei	243
Fliesen-, Platten- und Mosaiklegerei	2 411
Estrichlegerei	327
Sonstige Fußbodenlegerei und -kleberei	1 625
Tapetenkleberei	10
Raumausstattung, ohne ausgeprägten Schwerpunkt	1 157
Maler- und Glasergewerbe	8 125
Maler- und Lackierergewerbe	7 529
Glasergewerbe	596
Baugewerbe, a.n.g.	2 730
Fassadenreinigung	166
Ausbaugewerbe, a.n.g.	2 564
Vermietung von Baumaschinen und -geräten mit Bedienungspersonal	85

Gemäß den Angaben in Tabelle 1 wurden für das Jahr 2002 insgesamt 64 271 baugewerbliche Unternehmen in NRW erfasst.

Nach Auskunft der Unternehmensverbände setzt sich der überwiegende Teil der Branche aus kleinen Unternehmen zusammen, die in der Regel nicht mehr als 20 Mitarbeiter beschäftigen. Ein Großteil dieser kleinen Unternehmen beschäftigt allerdings nur ca. 3-4 Mitarbeiter[554].

Demnach gilt für den Bereich der „Bauhandwerksdienstleister" in NRW, dass der mit der Dienstleistungsrichtlinie fokussierte Adressatenkreis der „KMUs", vor allem „Kleinunternehmen" betreffen wird und nur in geringem Maße „mittelgroße" Unternehmen. Diese Differenzierung ist insofern von Bedeutung[555], als nach Auskunft der Verbandsvertreter der Branche in NRW der Wirkungskreis dieser „Kleinunternehmen" im Durchschnitt für „Internationalisierungsbestrebungen" als zu gering anzusehen ist[556]. Die Geschäftstätig-

---

554 Auskunft des Hauptgeschäftsführers der baugewerblichen Verbände Westfalen.

555 Für das Verhältnis der Richtlinienziele zu den gewählten Begriffen für Dienstleistungsorganisationen.

556 Der gleiche Aspekt wurde auch vom Präsidenten der Ingenieurkammer NRW für den Bereich der Vermessungsingenieure thematisiert, die zum Teil hoheitliche Aufgaben wahrnehmen.

keit der bauhandwerklichen Kleinunternehmer beschränkt sich meist auf lokale, selten auf regionale Einzugsgebiete; für den Unternehmenstyp der KMUs sind also kaum nationale oder gar internationale Wirkungskreise festzustellen.

Tabelle 2: Umsätze im Baugewerbe[557]

Verwaltungsbezirk: Nordrhein-Westfalen	Steuerpflichtige	Steuerbarer Umsatz	davon	
			Lieferungen und Leistungen	Innergemeinschaftliche Erwerbe
	Anzahl	1 000 EUR		
BAUGEWERBE	64 271	42 797 063	42 443 739	353 324

2. Positionen und Perspektiven der Dienstleister in der Branche

Die Erschließung der Position von <u>Dienstleistern</u> aus der Bau-Branche gegenüber der Dienstleistungsrichtlinie ist – wie einleitend erläutert – am ehesten durch die Auswertung der schriftlichen Kurzbefragung möglich. Allerdings muss bei der Interpretation der Daten die geringe Zahl der Fälle (46), die nicht immer klare Zuordnung zur Branche bzw. die schwierige Abgrenzung zum Bereich Ingenieure und Architekten und der geringe Anteil von Befragten mit Kenntnissen der Richtlinie (17=37%) beachtet werden. Die Ergebnisse sind als Hinweis auf das <u>Spektrum</u> an inhaltlichen Reaktionen zu lesen; die quantitativen Verteilungen sind allenfalls als eine vorläufige Tendenz zu interpretieren.

Welche Hinweise ergeben sich aus den Befragungsergebnissen bezüglich qualitativer Branchen-Merkmale[558]?

- Das Spektrum von Betriebsgrößen ist groß:[559] – mit einem Minimum von 1 und einem Maximum von 320 (für Teilzeitbeschäftigte gelten die Zahlen 0-40).

---

557 Quelle: Landesamt für Datenverarbeitung und Statistik (LDS) des Landes NRW (LDS-Sonderstatistik).

558 Diese Branchenmerkmale dürften dadurch eine gewisse Schieflage haben, weil eher etwas größere Unternehmen einbezogen sind als in der Branche insgesamt typisch; in inhaltlicher Hinsicht sind es dadurch eher überproportional viele Fälle, für die ein Engagement im europäischen Ausland in Frage kommt.

- Entsprechend groß ist auch das Spektrum der konkret erstellten Dienstleistungen und der Personalgruppen, die dafür im Unternehmen beschäftigt werden.

- Zwei Drittel der Unternehmen haben nur einen Standort (fast ausschließlich in NRW – sind also eher regional verankert); 11% haben auch Standorte im europäischen Ausland.

- Ein Engagement im europäischen Ausland (in den letzten 5 Jahren) gab es bei 40% der Befragten; fast zwei Drittel davon hatten mit Marktzugangsschwierigkeiten zu kämpfen.

- Ein Interesse, sich in Zukunft im europäischen Ausland zu engagieren, liegt bei 53% der Befragten vor. Dieser Anteil dürfte in der Grundgesamtheit aller Unternehmen der Branche deutlich geringer ausfallen.[560]

- Die Konkurrenz auf dem Dienstleistungs-Markt (hier Bau) wird durchweg als hoch eingestuft (Durchschnitt bei 1,5 – wobei das Antwortspektrum 1=sehr stark bis 5=sehr schwach vorgegeben war); die Präsenz ausländischer Anbieter wird eher als mittelmäßig eingestuft (Durchschnitt 3.0 auf der gleichen Skala).

- Dessen ungeachtet platzieren die Befragten ihr Unternehmen auf der Skala von Staats- zur Marktnähe durchaus variantenreich:
  a) enge Anbindung an den öffentlichen Sektor   8%
  b) lockere Anbindung an den öffentlichen Sektor   13%
  c) teils-teils   13%
  d) Marktkonkurrenz dominiert   28%
  e) harte Marktkonkurrenz   39%.

Dies führt zu der Erwartung, dass auch die Reaktionen auf die DL-R nicht völlig einheitlich ausfallen werden.

Die Kommentare zur Richtlinie sind besonders zurückhaltend zu interpretieren, weil diese bisher nur von einem Drittel der antwortenden Unternehmen zur Kenntnis genommen wurde. Als Quellen werden vor allem die Presse (?) und die Verbände angegeben.

Der derzeit geringe Informationsstand der Dienstleister hinsichtlich der Dienstleistungsrichtlinie ist eines der wichtigsten Teilergebnisse der schriftlichen Befragung.

---

559 Die dabei erhobene Durchschnittszahl von 53 ist zurückhaltend zu interpretieren, weil sie durch einige wenige große Unternehmen, die mit der Befragung erfasst wurden, stark nach oben verschoben wird.

560 Vgl. Fn. 15.

313

- Die Antwortenden sehen die Ziele der Richtlinie sehr kritisch: 81% kreuzen hier „sehr negativ" an; analog dazu halten 87% den Klärungs- und Änderungsbedarf für sehr umfangreich.

- Die hierzu ergänzten Erläuterungen greifen folgende Stichworte auf: Entsendegesetz, Herkunftsland-Prinzip, tarifliche Regelungen, Gewährleistung, Berufsgenossenschaft/Sicherheitsvorschriften, Sozialabgaben, Löhne/Tarife, Qualität, Voraussetzung zur Firmengründung.

- Eine Kommentierung der Sachgerechtigkeit der auf die Dienstleistungsrichtlinie bezogenen Argumente ist angesichts ihres stichwortartigen Charakters nicht möglich; dessen ungeachtet müssen die Einschätzungen grundsätzlich ernst genommen werden, weil sie – wie das klassische sozialwissenschaftliche Thomas-Theorem besagt – handlungsleitend sind bzw. sein können.

- Beachtenswert ist vor diesem Hintergrund das folgende Ergebnis: 94% der befragten Unternehmen sehen einen Unterstützungsbedarf im weiteren Prozess der Beratung und ggf. Umsetzung der Dienstleistungsrichtlinie (durch La-Min 58%; durch Kammern und Verbände jeweils etwa 73%).

Um die Reaktionen der Unternehmen auf die mit der Dienstleistungsrichtlinie verbundenen Entwicklungen im Grundansatz interpretieren zu können, obwohl sie sich großenteils mit der Richtlinie noch nicht direkt vertraut gemacht haben, ist deren allgemeine Einschätzung zur ökonomischen Lage ihres Unternehmens und ihrer Branche erfasst worden. Die Antworten geben Hinweise auf die an anderer Stelle intensiver behandelten „Frames" („Brillen"), durch die der Richtlinienentwurf in der Debatte von den Akteuren wahrgenommen wird.

- Durch die mit der Dienstleistungsrichtlinie angestrebten verstärkten Marktöffnung für Dienstleistungen in Europa sehen die Befragten für sich durchweg nur geringe (neue) Marktchancen (durchschnittlich „4" auf der Skala von 1=sehr groß und 5=sehr gering); das Ergebnis gilt erstaunlicherweise sowohl für die Einschätzung des eigenen Unternehmens als auch für die Branche insgesamt. Allerdings ist zu beachten, dass das Durchschnittsergebnis mit einer recht hohen Standardabweichung versehen ist: die Antworten sind nicht homogen sondern variieren zwischen „2" und „5" wobei „5" den Modalwert (mit ca. 40% der Antworten) bildet.

- Die Konsistenz des „Frames" zeigt sich bei der Frage nach den erwarteten Risiken, die mit der Marktöffnung in Europa verbunden sein werden: hier wird mit dem Durchschnittswert von etwa „2" (auf der gleichen

Skala) durchweg ein „großes Risiko" erwartet; auch hier sind unternehmens- und branchenbezogene Bewertungen sehr ähnlich. Auch die Standardabweichung ist ähnlich hoch. Das Spektrum der Antworten reicht von „1" bis „4", wobei „1" (=sehr großes Risiko) den Modalwert (mit ca. 44% der Antworten) bildet.

- Um die inhaltliche Ausgestaltung des „Frames" zu kennzeichnen, werden im folgenden alle (!, bewusst auch die doppelten) Antworten auf zwei Fragen zu den Anpassungserfordernissen aufgeführt, die sich durch die verstärkte Marktöffnung ergeben würden (könnten).

Erforderliche Anpassungsmaßnahmen, um sich den neuen Anforderungen durch ausländische Konkurrenz im Inland zu stellen

- Abschaffung der Berufsgenossenschaft, Öffnung der Tarifverträge, Senkung der Sozialabgaben, Anpassung unserer teuren + strengen Vorschriften an die anderer EU-Staaten
- Abstufung der Sozialkosten, Senkung der Lohnstückkosten
- Akquisition verbessern, Alleinstellungsmerkmale besser herausstellen
- Änderung der Steuer-, Tarif- und Sozialversicherungsgesetze, radikale Lockerung der hierfür geltenden Richtlinien und Auflagen
- Anpassung der Arbeitskosten, Flexibilisierung der Fix-Kosten
- Anpassung der deutschen Sozialleistungen, Anpassung des Arbeitsrechts
- Deutliche Verringerung der Löhne
- Entlassungen
- Entlassungen, Gehaltskürzungen, Mehrarbeit
- Es müssen die Richtlinien der BRD gelten
- Flexibilisierung von: Baunebenkosten, Bauzusatzkosten, Arbeitnehmerüberlassung, Tarifbestimmungen, etc.
- Gehaltsstruktur ändern, Personalabbau, verstärkter Einsatz freier Mitarbeiter, verstärkter Einsatz kostengünstigerer Mitarbeiter aus dem Ausland, Abbau kostenintensiver Planungsleistungen
- Gleiche Chancen im Ausland zu haben, stärkere Präsenz im Ausland unterstützen
- Gleiche soziale und rechtliche Marktbedingungen

- Höhere Qualifizierung und Schulung zur Sicherung des Qualitätsvorsprungs
- Kostensenkung
- Lohn und Qualitätsabstufung
- Lohnanpassung
- Lohnnebenkosten + Lohn, Arbeitszeit, sonstige rahmentarifliche Leistungen
- Personalabbau, Aufgabe einzelner Geschäftsfelder
- Personalanpassung
- Qualitätssicherungsmaßnahmen, Kostenreduktion, Organisationsoptimierung, Lohnanpassung
- Senkung der Lohnkosten, Beschäftigung kostengünstiger Subunternehmer aus dem europäischen Ausland
- Senkung der Lohnkosten, Senkung der Lohnnebenkosten
- Spezialisierung, Nischengeschäfte suchen, Qualität liefern, Termintreue, Garantieren für Preis und Bauzeit
- Subventionsabbau im europäischen Ausland, Kostenreduktion im Inland
- Verzicht auf eigenes Montagepersonal
- Chancengleichheit, Kündigungsschutz abbauen, übertriebene Sozialleistungen anpassen
- Geschäftsaufgabe
- Gleichstellung aller EU-Staaten bei den Arbeitsbedingungen
- Innovation + sehr gute Sachkenntnisse im Bereich Baustoffe; Bereitschaft, die Vorteile der ausländischen Kenntnisse schnell zu lernen und mit eigenen zu verbinden
- Unsere Preise auf unterstes Niveau bringen u. damit im eigenen Land nicht mehr existenzfähig sein weil man seine Kosten hier hat u. nicht im billigen Osten wohnt
- Wettbewerbsverzerrung durch Subventionen, z.B. Dieselsubvention in den NL, niedriges Lohnniveau in osteuropäischen Staaten

Erforderliche Anpassungsmaßnahmen um sich den Anforderungen einer europäischen Marktpräsenz zu stellen

- Abbau der Sprachbarrieren, Kenntnisse der jeweiligen landesspezifischen Gesetze und Regelungen
- Abbau regionaler Barrieren, Fremdsprachen lernen
- Allgemeingültige Tarifverträge, strenge Kontrollen bei Schwarzarbeit und illegaler Beschäftigung
- Akquirierung von billigen Arbeitskräften in Osteuropa
- Auslagerung der Arbeitsplätze
- Deutliche Verringerung der Löhne
- Firmenrechtliche Gleichstellung, Anpassung des Lohnniveau, Absenkung der Qualitätsanforderungen
- Know-How vermitteln, Qualität belegen
- Kooperation mit ausländischen Büros, verstärkte Nutzung von Partnerstrukturen im Ausland
- Kooperationen, Firmenerwerb im Ausland, Fusionen
- Liberalisierung des Europäischen Marktes
- Mehr Information über Steuergesetze und Arbeitsrecht
- Örtliche Präsenz, Sprachanpassung
- Partnerschaften in entsprechendem Land
- Preise auf osteuropäisches Niveau senken
- Repräsentanz durch ausländische Mitarbeiter vor Ort, Fond für „Präsente"
- Sprachschulung der Mitarbeiter, Kontakt-Büros in den entsprechenden Ländern
- Standortflexible Mitarbeiter, Kapital, Unternehmenszusammenschluss, Marketing
- Stärkere Förderung durch politische Vertreter
- Verstärkte Einarbeitung in EU-Richtlinien, verstärkte Einarbeitung in jeweiliges Landesrecht

Die Ausführungen zeigen u.a., dass es den Unternehmen nicht nur um Eigenaktivität sondern auch um flankierende Aktivitäten politischer und administrativer Instanzen in Deutschland geht.

Die ebenfalls detailliert aufgeführten Antworten auf die folgenden Fragen zu konkreten Wettbewerbs-Vorteilen und -Nachteilen zeigt ein etwas differenzierteres Bild mit Blick auf Chancen und Risiken der Marktöffnung als dies die pauschale Chancen-Bewertung erwarten liess. Die Grundtendenz ist allerdings eindeutig; die Vorteile werden in der deutschen Dienstleistungs-Qualität gesehen; die Nachteile in den hohen Kosten; insofern ist es eine entscheidende Frage, ob sich aus der Umsetzung der Dienstleistungsrichtlinie primär ein Qualitäts- oder ein Kosten/Preis-Wettbewerb forciert wird.

Zentraler Wettbewerbsvorteil ihres Unternehmens auf dem europäischen Markt:

- Ausbildungsniveau der Mitarbeiter, hohe Leistungsfähigkeit
- Beweglichkeit durch kleine Einheit
- Flexibilität
- Freier Marktzugang in anderen Ländern
- Größere Märkte für Know-How Export
- Größerer Arbeitsmarkt
- Größerer Markt
- Größerer Markt für spezielle Kenntnisse
- Hohe Qualifikation, hohe Leistung der Mitarbeiter
- Hohe Qualität
- Hohe Qualität, hoher Ausbildungsstandard
- Hohes Ausbildungsniveau, Flexibilität
- Know-How
- Know-How, Geräteausstattung
- Qualität
- Qualität, Know-How, Termintreue, gute Mitarbeiter
- Spezielle Kenntnisse
- Technische Kompetenz

Zentraler Wettbewerbsnachteil ihres Unternehmens auf dem europäischen Markt:

- Billiglöhne
- Entfernte Standorte und Einsatzgebiete
- Fehlendes Finanzvolumen für Präsenz vor Ort
- Gesetzliche Regelungen, tarifliche Regelungen
- Keine dezentrale Länderpräsenz
- Kosten
- Kostenstruktur
- Lohn- und Gehaltsgefüge, Abgaben, Normen
- Lohnkosten, Lohnnebenkosten
- Lohnniveau
- Lohnniveau, Arbeitsgesetze, Sozialleistungen
- Mangelnde Kenntnis der „Baukultur"
- Marktabschottung
- Personalkosten
- Qualitätseinbussen
- Regionale Stärke
- Starke Konkurrenz im Inland
- Zu hohe Lohnnebenkosten und Produktionskosten
- Zu hohe Preise, zu hohe Nebenkosten

Die Ergebnisse der Kurzumfrage bestätigen indirekt die Notwendigkeit, die Positionen einer „Branche" nicht ausschließlich auf die Aussagen der Dienstleistungs-Unternehmen zurückzuführen. Der Branchenbegriff ist hier weiter zu fassen. Dieses erweiterte Akteurs-Spektrum kommt bei der Analyse der Expertengespräche deutlicher zur Geltung.

3. Branchentypische Sichtweise auf die Richtlinie

Für den Bereich des Bauhandwerks wurden auf der Bundes- und Landesebene insgesamt 3 Experteninterviews mit 6 Einzelakteuren durchgeführt. Dabei handelte es sich um Vertreter des Bauministeriums NRW, die beiden Hauptgeschäftsführer der Baugewerblichen Verbände Nordrhein-Westfalen (Westfalen und Nordrhein) und zwei Vertretern des Bundesvorstandes der IG-Bau.

Obwohl sich das Feld der bauhandwerklichen Dienstleistungen im Kontext des weiten Dienstleistungsfeldes insgesamt nicht eindeutig dem staats- oder dem marktnahen Bereich zuordnen lässt, kann für den Bereich der Bauhandwerkdienstleister eine stärkere Markt- als Staatsnähe angenommen werden. Dennoch sind die Produkte der Branche einem (in der Bundesrepublik) stark normierten und regulierten Bereich des öffentlichen Verwaltungsraums unterworfen. Vor diesem Hintergrund wurden zwei wesentliche Themenbereiche problematisiert.

Erstens konnte festgestellt werden, dass die branchentypisch eingenommenen Sichtweisen auf (im Wesentlichen) den wirtschafts- und ordnungspolitischen Frame[561] sowie auch verstärkt auf die Frames der Qualitätsregulierung[562] abgestellt wurden.

> Als branchentypisch zeigte sich ebenfalls die Konfiguration der wirtschaftspolitischen Frames, die auf eine anzunehmende verstärkte Wettbewerbssituation abstellen. Im Ergebnis wird eine Senkung des Preisniveaus erwartet, die als unmittelbare Bedrohung für die Überlebensfähigkeit der kleingliedrig strukturierten Bauhandwerksdienstleistungsbranche[563] in NRW angesehen wird.

Grundsätzlich lässt sich beobachten, dass man in der Branche die Auffassung vertritt, dass der Bereich der Bauhandwerksdienstleistungen aus einer Reihe von Gründen nicht mit einer „horizontal" angelegten Rahmenrichtlinie auf der Gemeinschaftsebene für alle 25 Mitgliedstaaten zu „deregulieren" sei.

Die mit der Dienstleistungsrichtlinie erhofften Dynamiken werden im Bereich der Bauhandwerksdienstleister mit wenig positiven Erwartungen für das nordrhein-westfälische Baugewerbe verbunden. Aufgrund des im europäischen Vergleich relativ hohen Lohnniveaus, hoher Lohnnebenkosten und nicht zu vergleichenden tarifpolitischen Abkommen in Deutschland sehen die Branchen-Vertreter[564] für den Großteil der heimischen Unternehmen wenig Hoffnung, den internationalen Wettbewerb im eigenen Land bestehen zu können.

---

561 Siehe oben unter B. I. 1. und 2.
562 Siehe oben unter B. I. 3.
563 Sie oben unter C. I. 1.
564 Hier: die Hauptgeschäftsführer der Baugewerblichen Verbände Nordrhein und Westfalen.

Das eigene Interesse an einer „Internationalisierung" der Geschäftstätigkeit ist bei den nordrhein-westfälischen „Kleinunternehmen" der Tendenz nach zwar vorhanden[565] – mit Rückblick auf die in Kapitel C. I. 1. beschriebenen qualitativen und quantitativen Strukturmuster der Branche sind die meisten Kleinunternehmen (mit 3-4 Mitarbeitern) jedoch nicht derart aufgestellt, dass sie Marktanteile über ihr lokales Einzugsgebiet hinaus erschließen könnten. Vielmehr wird in Folge des Kostendrucks befürchtet, dass eine Vielzahl der nordrhein-westfälischen Kleinunternehmen werden aufgeben müssen.

Die weitere konsequente Modellierung eines solchen Szenarios führt zur Notwendigkeit einer umfassenden Kosten-/Nutzenanalyse der Dienstleistungsrichtlinie hinsichtlich ihrer mittel- und langfristig zu erwartenden „sozialen" Auswirkungen. Mit Bezug auf Art. 14 Nr. 2 (Verbot Mehrfachregistrierung) verweist eine Stellungnahme der IG-Bau auf folgendes Szenario:

„Es besteht also für Dienstleistungsunternehmen künftig die Möglichkeit, in Land A als Unternehmen aus Land B und in Land C als Unternehmen aus Land D aufzutreten."[566]

Bezüglich einer ordnungspolitischen Antizipation des Richtlinienentwurfes wird verstärkt das Wegbrechen der Prüf- und Kontrollkompetenzen bei den lokalen Aufsichts- und Ordnungsbehörden kritisch wahrgenommen. Dies hat im Wesentlichen zwei Hintergründe. Erstens werden mit der Überlappung zu den Qualitätsregulierungs-Frames Absenkungen in den bereits erreichten Verbraucherschutz-Standards erwartet und zum anderen wird eine starke Missbrauchsquote befürchtet.

Seitens der branchenzuständigen Arbeitnehmervertretung (IG-Bau) wird bezüglich der grenzüberschreitenden Entsendung von Arbeitnehmern darauf verwiesen, dass der Richtlinienentwurf zwar in Art. 17 Abs. 5 (formal) die Regelungen der Entsenderichtlinie 96/71 EG anerkennt[567], dann aber in den Art. 24 und 25 nahezu alle momentan üblichen Kontrollen der Behörden vor Ort der Dienstleistungserbringung zu ihrer praktischen Umsetzung verbietet.

Als Konsequenzen werden negative Veränderungen erwartet: sowohl seitens der Arbeitnehmervertreter (Bundesvorstand) als auch seitens der Unternehmensverbände (Landesebene NRW) werden starke Zweifel hinsichtlich der Effizienz der Aufgabenverteilung zwischen den Aufsichtsbehörden des

---

565 Vgl. oben C. I. 2.

566 IG Bau, Argumente, Einschätzungen und Forderungen der Industriegewerkschaft Bauen-Agrar-Umwelt (IG Bau) zum Vorschlag der EU-Kommission für eine Richtlinie über Dienstleistungen im Binnenmarkt, S. 6 (Stand:14.10.2004).

567 Ebd., S. 3.

Herkunftslandes und des Landes, in dem die Dienstleistung erbracht wird, angemeldet. Den damit eng verbundenen Aspekt der Verwaltungszusammenarbeit thematisierte auch der Präsident der FIEC beim Hearing zur Dienstleistungsrichtlinie im Europäischen Parlament[568].

„18. Die Pflicht zur Zusammenarbeit der nationalen Behörden, verankert in Art. 4 der Entsende RL, ist bis heute in der Praxis ohne Wirkung: durchschnittlich 5 Telephonkontakte pro Jahr!"[569]

Bei den empirisch erfassten Perspektiven dominiert die Vorstellung, dass die Behörden der Herkunftsländer tatsächlich – obwohl Willens – aus ganz pragmatischen Gründen nicht in der Lage sind, die „kriminellen Handlungen"[570] der in ihrem Land angesiedelten Unternehmen europaweit zu verfolgen.

4. Branchentypische Fragen und Probleme bezüglich der Dienstleistungsrichtlinie

Ein wesentlicher Widerspruch wird zwischen Art. 17 Abs. 5 und den Art. 24, 25 vermutet. Dieser Sachverhalt verweist auf einen grundsätzlichen Widerspruch zwischen dem „Dienstleistungs-Richtlinienentwurf" und der bereits rechtskräftigen RL 96/71 EG (Entsenderichtlinie)[571].

Genau dieser Aspekt zeichnet sich im Zentrum der bauwirtschaftlichen Debatte über den Entwurf zur Dienstleistungsrichtlinie ab. Von diesem Widerspruch sind weite Bereiche der sozialen und gesellschaftspolitischen Gestaltung lokaler Lebens- und Erfahrungswelten in den Mitgliedstaaten betroffen.

Die Gefährdung der Entsenderichtlinie wurde auch vom Präsidenten der FIEC (Verband der Europäischen Bauwirtschaft) bei einer öffentlichen Anhörung zur „Dienstleistungsrichtlinie" im Europäischen Parlament (IMCO) thematisiert.

Es wurde wie folgt festgestellt, „5. Entgegen den regelmäßigen Zusicherungen von Beamten der Kommission, dass der RL- Vorschlag das Funktionieren der Entsende-RL nicht beeinträchtige, sehen wir die Gefahr, dass der gegenwärtige Textvorschlag den Effekt der Entsende- RL geradezu auf „Null" herabsetzt und die Ausweitung von illegaler Beschäftigung fördert.

---

568 Siehe Anhang „Datenkatalog SVP", SVP/125.
569 Ebd.
570 Ebd.
571 Ebd., S. 13.

6. **Der Wortlaut von Art. 24 Abs. 1, Unterabsatz 2, mit den Punkten a)-d) steht im Widerspruch zu den mündlichen und schriftlichen Erklärungen der Kommission!**"[572+573]

Insbesondere die Ausweitung illegaler Beschäftigung erschwert die Bedingungen zur flächendeckenden und erfolgreichen Durchsetzung und Kontrolle von arbeitsschutz- und sozialpolitischen Standards, Normen usw.

Mit Bezug auf diesen Sachverhalt wird in einem Dokument der IG-Bau[574] ein Sachverhalt beschrieben, nach dem es der Art. 16 Abs. 3 h) den Behörden der Mitgliedstaaten versagt sei, für die Dienstleistungsfirmen „Anforderungen betreffend die Verwendung von Ausrüstungsgegenständen" zu formulieren. Aufgrund dessen werden tief greifende Probleme bei der **Durchsetzung** und **Kontrolle** national gültiger Normen des Arbeits- und Gesundheitsschutzes, sowie des Schutzes der Allgemeinheit erwartet.[575]

„So könnten z.B. Busunternehmen durch Verlegung ihres offiziellen Sitzes in einen anderen Mitgliedstaat mit schwächeren Normen zur Verkehrssicherheit veraltete und unsichere Busse am selben Ort wie bisher weiter betreiben. Dasselbe gilt für eine Unzahl weiterer Bereiche, in denen bisher nicht eine vollständige Harmonisierung der jeweiligen Standards stattgefunden hat."[576]

Hier wird deutlich, dass sich der Grad der Ablehnung einzelner Akteure in einem signifikanten Verhältnis zu der „politischen Gewichtigkeit" der von ihnen ausgemachten Problemaspekte und der eigenen Betroffenheit befindet. Das o.g. Beispiel verweist auf den Grad der sozialen Implikationen des Richtlinienentwurfs aus der Perspektive des von den Betroffenen erwarteten Implementationsverlaufes.

---

572 Siehe „Datenkatalog SVP",SVP/25.
573 Druckweise wurde aus der Quelle übernommen (nicht kursiv).
574 A.a.O.
575 Ebd., S. 13.
576 Ebd., S. 13.

*5. Strategien zum Umgang mit der Richtlinie:
Positionierungs- und Änderungsvorschläge*

> Die strategische Verarbeitung durch die Akteure im Untersuchungsfeld weist eine breite Palette unterschiedlicher Positionen und Änderungsvorschläge auf. Das Spektrum reicht von strikter Ablehnung, bis hin zur kritiklosen Annahme von einigen und Modifikationsvorschlägen zu anderen Bausteinen des Papiers (vgl. Einleitung). Die Verbände der nordrhein-westfälischen Bauwirtschaft sowie einige ihrer Bundesorganisationen sowie ihre EU-Vertreter stellen sich durchweg ablehnend zum Richtlinienentwurf.

Die IG-Bau (BV) stellt fest: „(...) da eine weit reichende Deregulierung zugunsten einer unkontrollierten und unkontrollierbaren Unternehmertätigkeit die Richtlinie von Anfang bis Ende durchzieht, erscheint eine Reparatur des Entwurfes über lediglich kleine Änderungen und einzelne Umformulierungsvorschläge kaum möglich."[577]

Der FIEC (Verband der europäischen Bauwirtschaft) schlägt zur Lösung des Problems eine Reihe von Maßnahmen (effektivere Kontrolle, Vereinfachung der Verwaltungsverfahren, Einbindung der Sozialpartner der Bauwirtschaft etc.) vor, die darauf abzielen, im Prozess einer möglichen „Auflösung" bestehender, traditioneller Kompetenzverteilungsstrukturen und ihrer neuen Sortierung eine bessere Positionierung des eigenen Netzwerkes zu erreichen.

Die Erklärungen der baugewerblichen Verbände in NRW sind sehr dezidiert mit Veränderungsvorschlägen zum Hauptkritikpunkt verbunden: dem „Herkunftslandprinzip", dessen vielseitige problematische Implikationen darauf verweisen, dass der horizontale Ansatz der Dienstleistungsrichtlinie weniger als „charmant" (BMWA), sondern vielmehr als „inkompatibel" mit den Besonderheiten des bauhandwerklichen Dienstleistungs-Bereichs in Deutschland zu bezeichnen sei.

II. Architekten und Ingenieure

Der Bezug zur Dienstleistungsrichtlinie ist für das Dienstleistungs-Segment der Architekten und Ingenieure zum einen durch den besonderen Charakter der Dienstleistung selbst, und zum anderen durch den bereits vorherrschenden Grad der Internationalisierung in der Branche gekennzeichnet. Aufgrund der hohen Binnenkomplexität in der Branche wird bei der Darstellung des Untersuchungsfeldes entsprechend differenziert argumentiert. (z.B. Vermessungs-

---

577 Ebd., S. 4.

ingenieure vs. Architekten). Beispielsweise reichen die Tätigkeitsfelder der staatlich bestellten Vermessungsingenieure weit in den Bereich der hoheitlichen Aufgabenerfüllung hinein. Vor diesem Hintergrund weist ein Überblick zu den Positionierungen und Stellungnahmen der Akteure im Bereich der Architekten und Ingenieure eine große Bandbreite von unterschiedlichen Betrachtungsweisen (Frames) und Argumentationslogiken auf.

1. Strukturmuster der Branche: Qualitäten und Quantitäten

Tabelle 3: **Gliederung und Verteilung der Arbeitsfelder (steuerpflichtigen Büros) in der Branche**[578]

Verwaltungsbezirk NRW	Steuerpflichtige	Steuerbarer Umsatz	davon	
			Lieferungen und Leistungen	Innergemeinschaftliche Erwerbe
	Anzahl	1 000 EUR		
Architektur- und Ingenieurbüros: gesamt	23 713	7 943 714	7 862 937	80 778
Architekturbüros für Hochbau und für Innenarchitektur	7 307	1 567 169	1 563 377	3 791
Architekturbüros für Orts-, Regional- und Landesplanung	613	91 473	91 432	40
Architekturbüros für Garten- und Landschaftsgestaltung	311	60 629	60 563	66
Ingenieurbüros für bautechnische Gesamtplanung	4 677	1 709 020	1 685 051	23 969
Ingenieurbüros für technische Fachplanung	6 317	3 147 313	3 103 540	43 773
Büros für Industrie-Design	496	107 383	102 976	4 407
Büros baufachlicher Sachverständiger	555	83 475	83 344	131
Büros für technisch-wirtschaftliche Beratung	2 847	963 848	959 550	4 299
Vermessungsbüros	590	213 406	213 104	302

---

578 Quelle: Landesamt für Datenverarbeitung und Statistik (LDS) des Landes NRW (LDS-Sonderstatistik).

> Aus der Tabelle 3 ist in Anlehnung an die Statistik für die steuerpflichtigen Architektur und Ingenieurbüros im Land Nordrhein-Westfalen (2002) eine ungefähre Übersicht zu gewinnen, wie umfangreich das Arbeitsfeld der Architekten und Ingenieure ist. Für das Jahr 2002 wurden insgesamt 23713 Architektur- und Ingenieurbüros registriert.

In qualitativer Hinsicht setzt sich die Branche in NRW zum überwiegenden Teil aus kleinen Büros zusammen[579]. Dieses Merkmal gilt für den Bereich der Ingenieure (Bau) in gleicher Weise wie für den Bereich der Architekten. Aufgrund dieser eher kleingliedrigen Branchenstruktur, ist die durch den Richtlinienentwurf beabsichtigte Dynamisierung im Bereich der „Internationalisierung" eher in bescheidenem Ausmaß zu erwarten. Dieses weniger vor dem Hintergrund eines mangelnden „Wollens" der Unternehmer als vor dem Hintergrund einer schwachen Ausstattung mit Ressourcen[580].

Im Unterschied zu den „Bauhandwerksdienstleistern" sind die in NRW ansässigen Architekten und Ingenieure in den für sie zuständigen Standeskammern registriert. Mit der Verabschiedung des Architektengesetzes im Dezember 1969 wurde die Gründung der Architektenkammer NRW angestoßen; sie stellt eine deutliche Zäsur für die Profession der Architekten dar:

> *„Erstmals wurde in unserem Bundesland der Titel Architekt unter den besonderen Schutz des Gesetzes gestellt, wurde die Selbstverwaltung der Architekten unseres Landes zu einem Teil mittelbarer Staatsgewalt erklärt, und unsere Legitimation für alle Fragen des Bauens und als Gesprächspartner für Parlament und Regierung erteilt."[581]*

> Mit einer sich aus dem „Herkunftslandprinzip" ergebenden neuen Situation, nach der sich die Architekten und Ingenieure in NRW nicht mehr in die hiesige Kammerliste aufnehmen lassen müssen, um eine „Vorlageberechtigung" bei den lokalen Aufsichtsbehörden zu erhalten, werden eine Reihe von Handlungsfeldern freigesetzt, welche bislang durch die Tätigkeit der Kammern in ein übersichtliches gesellschaftliches Feld einzuordnen waren.

Ein weiteres Qualitätsmerkmal der Branche muss im Bereich der von den in NRW ansässigen Architekten und Ingenieuren erbrachten Dienstleistung

---

579 Vgl. hierzu die Interviews mit dem Präsidenten der IngK/NRW, sowie mit dem Architekturbüro Eller/Düsseldorf.

580 Eller (Exklusiv), siehe Anhang „Datenkatalog SVP", SVP Nr. 25.

581 Vgl. *Beu, Hermannjosef*, 30 Jahre Architektenkammer Nordrhein-Westfalen – Kontinuität im Wandel, in: Sonderheft der AK/NW „30 Jahre Architektenkammer Nordrhein-Westfalen", 2005, S. 4.

selbst gesucht werden. Die umfassende Ausbildung sowie das umfassende Leistungsspektrum der deutschen Architekten insgesamt zeichnet auch die Qualität der Branche aus. Dieses Charakteristikum wird als ein entscheidender positiver Wert hinsichtlich der künftig zu erwartenden Wettbewerbssituation (in der Folge einer Dienstleistungsrichtlinie) eingeschätzt. Diese Feststellung konnte sowohl in den Expertengesprächen[582] als auch im Rahmen der schriftlichen Befragung der Akteure im Feld[583] beobachtet werden.

2. Positionen und Perspektiven der Dienstleister in der Branche

Die Erschließung der Position von Dienstleistern aus dem Bereich der Architekten und Ingenieure gegenüber dem Entwurf zur Dienstleistungsrichtlinie ist – wie einleitend erläutert – am ehesten durch die Auswertung der schriftlichen Kurzbefragung möglich. Allerdings muss bei der Interpretation der Daten die geringe Zahl der Fälle (39), die nicht immer klare Zuordnung zur Branche bzw. die schwierige Abgrenzung zur Bau-Branche und der geringe Anteil von Befragten mit Kenntnissen der Dienstleistungsrichtlinie (7=18%) beachtet werden. Die Ergebnisse sind als Hinweis auf das Spektrum an inhaltlichen Reaktionen zu lesen; die quantitativen Verteilungen sind allenfalls als eine vorläufige Tendenz zu interpretieren.

Welche Hinweise ergeben sich aus den Befragungsergebnissen bezüglich qualitativer Branchen-Merkmale?

- Das Spektrum von Betriebsgrößen ist relativ weit[584]: – mit einem Minimum von 1 und einem Maximum von 8386 (für Teilzeitbeschäftigte gelten die Zahlen 0-200).

- Entsprechend groß ist auch das Spektrum der konkret erstellten Dienstleistungen und der Personalgruppen, die dafür in den Unternehmen beschäftigt werden.

- Etwa 47% der Unternehmen haben nur einen Standort (fast ausschließlich in NRW – sind also eher regional verankert); 18% haben auch Standorte im europäischen Ausland.

---

582 Vgl. unten C. II. 2.

583 Vgl. unten C. II. 1.

584 Im Durchschnitt sind es 294 Vollzeitbeschäftigte; wie bei den Bau-Dienstleistungen dürfte diese Durchschnittsgröße viel zu hoch liegen und insofern auch hier andeuten, dass eher größere als die sehr kleinen Unternehmen/Büros geantwortet haben.

- Ein Engagement im europäischen Ausland (in den letzten 5 Jahren) gab es bei 54%; davon hatten 75% mit Marktzugangsschwierigkeiten zu kämpfen.

- Ein Interesse, sich in Zukunft im europäischen Ausland zu engagieren liegt bei ca. 70% der Befragten vor.

- Die Konkurrenz auf dem Dienstleistungs-Markt der Architekten und Ingenieure wird durchweg als hoch eingestuft (Durchschnitt bei 1,4 – wobei das Antwortspektrum 1=sehr stark bis 5=sehr schwach vorgegeben war); die Präsenz ausländischer Anbieter wird dagegen eher als mittelmäßig eingestuft (Durchschnitt 3,7 auf der gleichen Skala).

- Dessen ungeachtet platzieren die Befragten ihr Unternehmen auf der Skala von Staats- zur Marktnähe durchaus variantenreich und eher gleichgewichtig als akzentuiert:
    a) enge Anbindung an den öffentlichen Sektor   23%
    b) lockere Anbindung an den öff. Sektor   10%
    c) teils-teils   23%
    d) Marktkonkurrenz dominiert   10%
    e) harte Marktkonkurrenz   33%

Dies führt zu der Erwartung, dass auch die Reaktionen auf die Dienstleistungsrichtlinie nicht völlig einheitlich ausfallen werden.

Die Kommentare zur Richtlinie sind besonders zurückhaltend zu interpretieren, weil diese bisher nur von einem knappen Fünftel der antwortenden Unternehmen zur Kenntnis genommen wurde. Als Quellen werden vor allem die Kammern und die Verbände angegeben.

- Die Antwortenden bewerten die Ziele der Dienstleistungrichtlinie recht unterschiedlich: die Reaktionen verteilen sich ungleichmäßig auf die Werte 2 (50%), 3 (33%) und 5 (=sehr negativ) (17%) – mit einem „mittelmäßigen Votum" als Durchschnittswert (2,7). Der Klärungs- und Änderungsbedarf wird dagegen einheitlich für umfangreich angesehen (17% kreuzen „sehr groß", zwei Drittel kreuzen „groß" an) – mit einem Mittelwert von 2.

- Die hierzu ergänzten Erläuterungen greifen folgende Stichworte auf: Abschaffung des Mindestlohns; Herkunftslandprinzip; Bekämpfung der Schwarzarbeit; Kontrollmöglichkeiten, Berufsqualifikationen, Distanz zw. Kontrolleuren und Kontrollierten; Lizenzgeschehen für technische Dienstleistungen in Beitrittsstaaten wird nicht erfasst; Regelung des qualifizierten Nachweises im Entsendeland.

- Eine Kommentierung der Sachgerechtigkeit der auf den Richtlinienentwurf bezogenen Argumente ist angesichts ihres stichwortartigen Charakters nicht möglich; dessen ungeachtet müssen die Einschätzungen grundsätzlich ernst genommen werden, weil sie – wie das klassische sozialwissenschaftliche Thomas-Theorem besagt – handlungsleitend sind bzw. sein können.

- Beachtenswert ist vor diesem Hintergrund das folgende Ergebnis: 95% der befragten Unternehmen sehen einen Unterstützungsbedarf im weiteren Prozess der Beratung und ggf. Umsetzung der Dienstleistungsrichtlinie (durch La-Min 63%; durch Kammern 80% und durch Verbände 51%).

Um die Reaktionen der Unternehmen auf die mit der Dienstleistungsrichtlinie verbundenen Entwicklungen im Grundansatz interpretieren zu können, obwohl sie sich großenteils mit der Richtlinie noch nicht direkt vertraut gemacht haben, ist deren allgemeine Einschätzung zur ökonomischen Lage ihres Unternehmens und ihrer Branche erfasst worden. Die Antworten geben Hinweise auf die an anderer Stelle intensiver behandelten „Frames" („Brillen"), durch die die Debatte um den Richtlinienentwurf von den Akteuren wahrgenommen wird.

- Durch die mit der Dienstleistungsrichtlinie angestrebten verstärkten Marktöffnung für Dienstleistungen in Europa sehen die Befragten für sich durchweg nur mittelmäßige (neue) Marktchancen (durchschnittlich „3,4" auf der Skala von 1=sehr gross und 5=sehr gering); das Ergebnis gilt in ähnlicher Weise wie für die Einschätzung des eigenen Unternehmens auch für die Branche insgesamt (3,6). Allerdings ist zu beachten, dass das Durchschnittsergebnis mit einer recht hohen Standardabweichung versehen ist: die Antworten sind nicht homogen sondern variieren zwischen „1" und „5" wobei „3" und „4" den Modalwert mit Blick auf das eigene Unternehmen und „3" (mit 43%) den Modalwert im Hinblick auf die Branche bilden.

- Die Konsistenz des „Frames" zeigt sich bei der Frage nach den erwarteten Risiken, die mit der Marktöffnung in Europa verbunden sein werden: hier wird mit dem Durchschnittswert „2,6" (auf der gleichen Skala) durchweg ein „mittleres bis großes Risiko" erwartet; auch hier sind unternehmens- und branchenbezogene Bewertungen (mit 2,7) sehr ähnlich. Auch die Standardabweichung ist ähnlich hoch. Das Spektrum der Antworten reicht von „1" bis „5", wobei „2" (= großes Risiko) den Modalwert für das eigene Unternehmen (mit ca. 45% der Antworten) und „3" (=mittleres Risiko) den Modalwert für die Branche (ebenfalls mit ca. 42% der Antworten) darstellt.

- Um die inhaltliche Ausgestaltung des „Frames" zu kennzeichnen werden im folgenden alle (!, bewusst auch die doppelten) Antworten auf zwei

Fragen zu den Anpassungserfordernissen aufgeführt, die sich durch die verstärkte Marktöffnung ergeben würden (könnten).

Erforderliche Anpassungsmaßnahmen, um sich den neuen Anforderungen durch ausländische Konkurrenz im Inland zu stellen

• Abbau der Bürokratie in Deutschland, Reduktion der Lohnnebenkosten, Rückführung der Staatsquote
• Angleichung der Baustandards, Verstärkung des Qualitätswettbewerbs durch Angleichung von Honorar- und Wettbewerbsregeln
• Anpassung der wirtschaftlichen Verhältnisse
• Dienstleistungen im europäischen Ausland anbieten
• Einhaltung der Gebührenordnung (HOAI)
• Entlassungen
• Entlassungen, Beschäftigung von Leiharbeitern, Beauftragung von Sub-Unternehmern
• Europäische Gebührenordnung für Architekten
• Gleiche Bedingungen auch im Ausland
• Klare Eigenprofilierung und Darstellung der eigenen Kompetenzen in den angestammten Dienstleistungssektoren
• Kooperation mit anderen Büros, Internationalisierung des Know-How, Sprachen lernen, Rechtsnormen aneignen
• Kooperation mit der ausländische Konkurrenz
• Kostensenkung
• Kostensenkung, Personalabbau
• Lohnanpassung, Verlagerung ins Ausland
• Lohnkosten vereinheitlichen, Honorargrundlagen anpassen
• Offenlegung/Nachweis des Qualifizierungsvorteils deutscher Architekten
• Outsourcing
• Personalkosten senken
• Qualitätssicherung durch Befähigungsnachweise und Fortbildung
• Qualitätsstandard erhöhen, Kosten senken

- Rationalisierung, Ausbau der Datenverarbeitung
- Regelung zur Gültigkeit der HOAI auch für ausländische Anbieter
- Senkung der Lohnnebenkosten, Reduzierung der Regulierungen im Baugenehmigungsverfahren
- Spezialisieren, Nischen finden
- Spezialisierung, Lohnkostensenkung, Netzwerke bilden um das Angebot zu verbreitern, Förderung regionalisierter Kreisläufe für Energie und Rohstoffe
- Spezialisierung, Verkleinerung, Anpassung des Kostenniveaus
- Studium der Gesetze und Normen der Dienstleistungsbranche
- übernationale Kooperation – Mischkalkulation, Qualitätsorientierung
- Verstärktes Marketing, niedrigere Honorare, Expansion auf ausländische Märkte
- Vertragslose Angebotsplanung, Urheberrechtsschutz

Erforderliche Anpassungsmaßnahmen um sich den Anforderungen einer europäischen Marktpräsenz zu stellen

- Angleichung der Bau- und Planungsgesetze
- Durch Internet und Marketing näher an den Kunden, Interdisziplinäre Angebote stärken
- Einheitliche Zulassungsmodalitäten, einheitliches Baurecht, einheitliches Haftungsrecht, einheitliche Wettbewerbsordnung
- Erhöhung der Flexibilität der Mitarbeiter, Erhöhung der Kapitaldecke um schlechte Zeiten zu überbrücken
- Fortbildung der Mitarbeiter, politische Unterstützung auch im Kleinen
- Fortbildung im Baurecht anderen Staaten, Verbesserung der Fremdsprachenkenntnisse, neue Mitarbeiter mit Kenntnissen der Zielstaaten, Kooperationsbüros im Ausland
- Fremdsprachenschulung, Informationen über ausländische. Gesetzgebung und Verordnungen
- Fremdsprachenschulungen, Einarbeitung in länderspezifische Regelungen
- Fremdsprachen, Studium der Gesetze und Normen der Dienstleistungs-Branche

- Gründung von Unternehmen im europäischen Ausland, Verbesserung der Sprachkenntnisse
- Guter finanzieller Rückhalt, gute Fremdsprachenkenntnisse
- Klärung der Marktchancen auf außerdeutschen Märkten, Verbesserung der Fremdsprachenkenntnis
- Kooperation mit anderen Büros, Internationalisierung des Know-How, Sprachen lernen, Rechtsnormen aneignen
- Netzwerkpartner mit Sprachkenntnissen vor Ort, Qualitätspakete bilden
- Öffnung der Nachbarländer
- Partnerbindung mit Konkurrenten
- Partner-Architekturbüros vor Ort, Kontakte zu „Auslobern" / Investoren im Ausland zu suchen
- Schulung in Fremdsprachen, Senken der Personalkosten
- Sprachbarrieren abbauen
- Sprachen lernen, Partner vor Ort finden, Richtlinien- Gegebenheiten vor Ort kennen lernen
- Sprachen, Internationale Präsenz und Kontakte
- Verbesserung der Sprachkenntnisse
- Verlagerung des Betriebs ins europäische Ausland
- Vertragslose Angebotsplanung, Urheberrechtsschutz
- Weiterbildung, Verbesserung der Sprachkenntnisse
- Werbung als gesamtheitlich arbeitende Architekten – Generalplaner

Die Ausführungen zeigen u.a., dass es den Unternehmen nicht nur um Eigenaktivität sondern auch um flankierende Aktivitäten politischer und administrativer Instanzen in Deutschland geht.

Die ebenfalls detailliert aufgeführten Antworten auf die folgenden Fragen zu konkreten Wettbewerbs-Vorteilen und -Nachteilen zeigt ein differenziertes Bild mit Blick auf Chancen und Risiken der Marktöffnung wie dies die pauschale Chancen-Bewertung erwarten ließ. Die Grundtendenz ist allerdings eindeutig; die Vorteile werden in der deutschen Dienstleistungs-Qualität gesehen; die Nachteile in den hohen Kosten (sowie Sprachbarrieren); insofern ist es eine entscheidende Frage, ob sich aus der Umsetzung der Dienstleistungsrichtlinie primär ein Qualitäts- oder ein Kosten/Preis-Wettbewerb forciert wird.

Zentraler Wettbewerbsvorteil ihres Unternehmens auf dem europäischen Markt

- Erfahrung
- Gesamtheitlich arbeitende Architekten
- Größerer Markt
- Größeres Einsatzgebiet
- Gut geschulte Mitarbeiter, Know-How
- Hohe Qualifikationen, fachliches Know-How
- Hohe Qualität
- Hohes Fachwissen, hohe Produktivität
- Keine
- Know-How
- Know-How, Facharbeiter
- Know-How, Qualität
- Know-How, Zuverlässigkeit
- Langjährige Erfahrung
- Made in Germany
- Mehr Aufträge, attraktivere Aufträge
- Professionalität, Flexibilität
- Qualifikation im Krankenhausbau
- Qualifikation, Organisation
- Qualität
- Qualitätsdokumentation, Interdisziplinarität, Internationalität
- Spezielles Know-How
- Standort-Kenntnisse, Behörden-Kenntnisse
- Starke „Abhängigkeit" von kommunalen gesetzlichen Verfahren
- Zuverlässigkeit, Preis, Qualität, Schnelligkeit

Zentraler Wettbewerbs<u>nachteil</u> ihres Unternehmens auf dem europäischen Markt

- Billigkonkurrenz
- Dienstleistung ist stark an länderspezifische Regelungen gebunden
- Drastisch zu hohe Kosten, Erschwerter Zugang für Newcomer
- Entfernungen, Sprache
- Gehaltsniveau
- Gehaltsniveau insbesondere älterer Mitarbeiter
- Geringe Eigengröße reduziert Aktionsraum
- Hohe Lohnnebenkosten
- Keine
- Kommunale Planungstätigkeit
- Konkurrenz aus Ländern mit geringerem Einkommen
- Konkurrenz wird zu groß
- Kosten
- Kosten, Überregulierung
- Lohnhöhe
- Lohnkosten, Werkstattkosten
- Lohnnebenkosten, zuviel Bürokratie
- Mehr Bürokratie
- Nicht vor Ort zu sein
- Preiswettbewerb
- Spezialisierung auf einheimische Normen und Regeln
- Sprachbarrieren
- Sprachliche Probleme, Kapital
- viel zu hohe Kosten, (aufgrund Steuern und Sozialsystem)
- vorrangig auf heimische Problemstellungen ausgerichtet
- weniger Rechtssicherheit
- Zugang zum deutschen Markt ist für ausländische Anbieter offener als der ausländische Markt für deutsche Anbieter

Die Ergebnisse der Kurzumfrage bestätigen indirekt die Notwendigkeit, die Positionen einer „Branche" nicht ausschließlich auf die Aussagen der Dienstleistungs-Unternehmen zurückzuführen. Der Branchenbegriff ist hier weiter zu fassen. Dieses erweiterte Akteurs-Spektrum kommt bei der Analyse der Expertengespräche deutlicher zur Geltung.

3. Branchentypische Sichtweisen auf die den Entwurf zur Dienstleistungsrichtlinie

> Für den Dienstleistungsbereich der Architekten und Ingenieure wurden insgesamt 6 Einzelakteure interviewt. Dabei handelte es sich um einen in NRW niedergelassen Akteur, dessen Büro bereits international tätig ist, um einen Vertreter des Bauministeriums NRW. Außerdem wurden Gespräche mit den Spitzenvertretern der nordrhein-westfälischen Architektenkammer (Justitiar, polischer Beauftragter, Vizepräsident) und der Ingenieurkammer NRW (Bau) durchgeführt. Zur Ergänzung der branchentypischen Sichtweisen auf den Richtlinienentwurf wurden die schriftlichen Stellungnahmen der Landeskammern, sowie die der Bundeskammern herangezogen.

In Anlehnung an das analytische Konzept der „Frame"-Zuordnung[585] lassen sich für den Bereich der Architekten und Ingenieure, die identifizierten Problemlagen drei ausgeprägten Modellen zuordnen.

a. Ordnungspolitischer Bezugsrahmen:

Durch die historisch gewachsene Verflechtung zwischen freier Bau- und Architekturtätigkeit in Deutschland und der hoheitlichen Aufsichtsfunktion des Staates im Bereich der Bauaufsicht, Bausicherheit, Bauordnungsrecht etc. ist eine enge und funktionale Verzahnung der Tätigkeiten von Berufsstandeskammern und Behörden der öffentlichen Verwaltung entstanden, die zum Teil soweit reicht, dass beispielsweise einzelne „Vermessungsingenieure" zur Erfüllung hoheitlicher Tätigkeiten berufen werden. Mit einer weiten Öffnung des Marktes wird die Befürchtung verbunden, dass historisch gewachsene Kompetenz- und Organisationsstrukturen im heimischen Sektor aufgebrochen werden und die Restrukturierung zu einem enormen administrativen und organisatorischen Mehraufwand führen wird.

Ein anderer ordnungspolitischer Aspekt stellt, mit Überlappungen zur Frage wirtschaftspolitischen Bewertung, auf die in Deutschland gültige HOAI ab. Mit der Dienstleistungsrichtlinie wird das Instrument der HOAI als stark „bedroht" angesehen.

---

585 Vgl. oben unter B. I. 1.-3.

Die Präsidenten der Kammern in NRW führten zu diesem Punkt in ihrer gemeinsamen Stellungnahme vom Sommer 2004 folgendes aus:

„Einen weiteren Schwerpunkt setzten die Kammern mit dem Ziel, die HOAI als bewährte, verbindliche Preisregulierung zu sichern:
„Die Honorarordnung gewährleistet Verbraucherschutz, indem für den Verbraucher intransparente Leistungen transparent gemacht werden. Gleichzeitig wird der im öffentlichen Interesse liegenden Forderung nach nachhaltigem und ressourcensparendem Bauen unter Beachtung regionaler Baukultur Rechnung getragen", ..."[586]

Mit Bezug auf das Kammersystem und die damit verbundene Sicherstellung der Verbraucherschutz-Gewährleistung - durch die Aufnahme der in NRW tätigen Ingenieure und Architekten, in die entsprechenden Standesregister - betonte insbesondere der Justitiar der Architektenkammer NRW die dysfunktionalen Auswirkungen des „Herkunftslandprinzips" hinsichtlich der praxeologischen Verarbeitungsweisen.[587] Als pragmatisches Beispiel für die mit dem „Prinzip" verbunden administrativen Kommunikationsprobleme nannte er das vorherrschende „Sprachproblem". Die in diesem Punkt zum Teil auch gegenteilige (nun positive) Positionierung der BAK und der BIngK:

„BAK und BIngK unterstreichen die Bereitschaft und Fähigkeit des Kammersystems in Deutschland, die Bestimmung zum einheitlichen Ansprechpartner auf der Basis der föderalen Strukturen umzusetzen. ..."[588]

relativierte der Präsident der IngK-Bau <u>NRW</u>[589], durch den frühen Zeitpunkt der Stellungnahme der Bundeskammern bezüglich des Richtlinienvorschlags. Die mit dem Vorschlag verbundenen theoretischen Absichten zur „Verwaltungsvereinfachung" insgesamt werden seitens der Kammern sowohl auf Landes- als auch auf Bundesebene begrüßt, jedoch mit Blick auf die „Realität" zum gegenwärtigen Zeitpunkt als wenig „erfolgversprechend" eingeschätzt:

„Das zugrunde liegende Konzept geht von einer – durchaus wünschenswerten – grenzüberschreitenden Vernetzung der zuständigen

---

586 DK SVP/19.

587 Siehe Anhang „Datenkatalog SVP", Interview AK NW.

588 Siehe Anhang „Datenkatalog SVP", SVP/54.

589 Siehe Anhang „Datenkatalog SVP", Interview IngK/NRW.

Behörden aus, die aber momentan noch nicht der Realität entspricht."[590]

b. Qualitätsregulierender Bezugsrahmen

Mit Blick auf die umfassende Verantwortlichkeit deutscher Architekten und Ingenieure im Baubetrieb wurde ein hohes Qualitätsniveau in der Dienstleistungserbringung entwickelt. Durch die Öffnung des Marktes (unter den Bedingungen der Dienstleistungsrichtlinie) für Architekten und Ingenieure aus dem europäischen Ausland wird der „Import" unterschiedlicher, weniger umfassender Berufsbilder in das Segment befürchtet, der zunächst zu einem Qualitätsverlust für die Dienstleistungsempfänger führen wird. Es wird somit auf den Aspekt des Verbraucherschutzes abgehoben, der enge Berührungspunkte mit den Fragen der Rechtssicherheit und Gewährleistung aufweist. Auf der anderen Seite ist die Aussicht auf zu erwartende Qualitätsverluste auch stark mit den Fragen der Bausicherheit (hier Besonderheiten wie „Brandschutz" etc.) und Baukultur verbunden.

Insbesondere die zur Kenntnis gegebenen Wahrnehmungen der Kammervertreter auf den Richtlinienvorschlag zeichneten ein als „distanziert" zu beschreibendes Bild. Die Stellungnahme des gemeinsamen Ausschusses von AK NW und IngK NRW, vom Sommer 2004, meldete expliziten Zweifel an der „Sinnhaftigkeit" und dem „Zeitpunkt" der RL-Vorlage der Europäischen Kommission an.[591]

Mit Bezug auf die unklaren Entwicklungen durch den Beitritt der neuen Mitglieder zum 1. Mai 2004, mit der zehn weitere Rechtssysteme dem europäischen Politik- und Verwaltungsraum zugeführt werden, wird der RL-Vorschlag zum gegenwärtigen Zeitpunkt abgelehnt. Insbesondere vor diesem Hintergrund stellen die beiden Kammern das zentrale Rechtselement des Richtlinienentwurfes, das „Herkunftslandprinzip", in Frage:

> *„ ..., nach dem eine Dienstleistung entsprechend dem Recht im Herkunftsland des Dienstleisters überwacht werden soll und nicht nach dem Recht des Bestimmungslandes, in dem die Dienstleistung erbracht wird. Die Kammern fürchten hierdurch Probleme für den Verbraucher und einen völlig unnötigen Bürokratieaufbau für die Überwachung der Vorschrift."*

---

590 Siehe Anhang „Datenkatalog SVP", SVP/54.
591 Siehe Anhang „Datenkatalog SVP", SVP/19.

c. Wirtschaftspolitischer Bezugsrahmen

Der wirtschaftspolitische Bezugsrahmen wird von den Vertretern der nordrhein-westfälischen Architekten und Ingenieure in einer ausgewogenen Weise kommentiert. Sowohl qualitativ als auch quantitativ gibt es zustimmende und ablehnende Stellungnahmen. Eine ausgeprägte Wettbewerbsverzerrung wird aufgrund der nachteiligen Kostenstruktur für deutsche Büros im europäischen Vergleich angenommen. Auf der anderen Seite wird das umfassende Berufs- und Aufgabenbild des „deutschen Architekten", sowie die international anerkannte Qualität der deutschen Architekten- und Ingenieurleistungen, als ein signifikanter Wettbewerbsvorteil gesehen. Mit Blick auf die (vorläufigen) Ergebnisse der schriftlichen Befragung, kann die Ausprägung des wirtschaftspolitischen Bezugsrahmens ehr als positiv/differenziert und „selbstbewusst" bezeichnet werden.

Die ökonomische Perspektive auf den RL-Entwurf fällt für den Bereich der Architekten und Ingenieure auch deshalb ambivalent aus, weil die Internationalisierung der Branche zwar bei den mittleren und großen Unternehmen bereits gegenwärtig stattfindet, der Schritt zur „Internationalisierung" (mit eigenen Standorten im Ausland) aber zumindest im Vorlauf relativ kapitalintensiv ist[592] und deshalb für die vielen kleinen Architekturbüros in NRW in der Praxis voraussichtlich nicht zu realisieren ist. Trotzdem bleibt für viele Dienstleister die Ausweitung der eigenen Tätigkeit eine interessante Perspektive.[593]

In der Tat existieren bereits erste Modelle, in denen kleinere Architekturbüros den Schritt in den internationalen Markt – z.B. durch Kooperation mit finanzstarken Kunden aus dem heimischen Markt – vornehmen. Dieser Weg erscheint selbst für finanzschwache Unternehmen eine praktikable Variante zu sein, am internationalen Markt zu partizipieren. Dass die Eröffnung dieser Perspektive allerdings in einem ausgewogenen Verhältnis zu den negativen Implikationen des Herkunftslandprinzips steht, bleibt selbst für die „positiv" positionierten Akteure äußerst fraglich.[594]

---

592 Siehe Anhang „Datenkatalog SVP", Interview Eller (Architekten).
593 Ebd.
594 Ebd.

4. Branchentypische Fragen und Probleme bezüglich der Dienstleistungsrichtlinie

Die branchentypischen Fragen und Probleme leiten sich aus den drei zentralen Bezugsrahmen der Akteure im Feld ab. Im Vordergrund stehen die mit dem Herkunftslandprinzip verbundenen administrativen Probleme der Überwachung und Kontrolle von ausländischen Architekten im Verwaltungsraum des Landes NRW.

Das Problem der „*Beweislastumkehr für zu prüfende Anforderungen gem. Art. 15 RL-Vorschlag*"[595], wird sowohl in der Stellungnahme der Bundeskammern betont, wie es auch im Expertengespräch mit den Vertretern der nordrhein-westfälischen Architektenkammer explizit herausgearbeitet wurde. Demnach verpflichtet der Art. 15 Abs. 4 die Mitgliedstaaten, „*..., zu begründen, warum bestimmte bestehende Anforderungen ihrer Ansicht nach diskriminierungsfrei erforderlich und verhältnismäßig seien."*[596] Mit Blick auf die „stand-still" -Klausel des Abs. 5 und der Möglichkeit den Mitgliedstaat binnen drei Monaten aufzufordern, die beanstandete Anforderung nicht zu erlassen, zeigt sich dieser Sachverhalt als problematisch.

Aus der Sicht der Kammervertreter scheint damit die „Umkehr der Beweislast" beabsichtigt zu sein.[597]

Als ein weiteres zentrales Problem in der Debatte um den Richtlinienvorschlag (im Bereich der Architekten und Ingenieure) scheint der Umgang mit der HOAI wahrgenommen zu werden. Hierzu bemerken die Bundeskammern:

> „*Ferner bezweifeln BAK und BIngK, dass die Aufnahme von festgesetzten Mindest- und Höchstpreisen in den Katalog des Art. 15 Abs. 2 RL- Vorschlag (unter Buchst. g)) notwendig ist. Bei der deutschen Honorarordnung für Architekten und Ingenieure (HOAI) handelt es sich um ein materielles Gesetz. Der deutsche Gesetzgeber hat darin im Rahmen seiner Letztentscheidungsbefugnis festgelegt, dass die Honorarordnung Mindest- und Höchstsätze enthalten und den berechtigten Interessen der Bauherrn einerseits sowie der Architekten und Ingenieure andererseits gleichermaßen Rechnung tragen muss."*[598]

---

595 Siehe Anhang „Datenkatalog SVP", SVP/54.
596 Ebd.
597 Ebd.
598 Siehe Anhang „Datenkatalog SVP", SVP/54.

Nach Auffassung der Kammern würde die Aufhebung der Honorarordnung zu einem „Dumping-Wettbewerb"[599] für Planungsleistungen mit dem entsprechenden Qualitätsverlust führen. Eine Berührung mit dem „Interesse der Allgemeinheit" wird von diesem Aspekt, insbesondere vor dem Hintergrund wachsender ökologischer Probleme und dem Anspruch steigender Nachhaltigkeit im Bau gesehen.

In diesem Kontext wird auch auf die Mitteilung der GD Wettbewerb (KOM (2004) 83 vom 9.2.2004) über „Informations-Ungleichgewichten" auf dem Markt für freiberufliche Bauleistungen sowie auf die externen Effekte (Gebäudesicherheit!) verwiesen.[600]

Die Bundeskammern der Architekten und Ingenieure empfehlen in Ihrer frühen Stellungnahme zwei Punkte für eine genaue Prüfung durch die Kommission.[601]

1. Es wir die Frage aufgeworfen, ob durch das Verbot der doppelten Anwendung von Anforderungen und Kontrollen gem. Art. 10 Abs. 3 RL-Vorschlag lediglich eine „Doppeleintragung" gemeint ist, oder auch die „bloße doppelte Prüfung" von aufgestellten Anforderungen, die beispielsweise durch eine zweite regionale Berufskammer für die Genehmigung einer zweiten Niederlassung im Aufnahmemitgliedstaat gestellt wird?

2. Das Verbot der Befristung der Genehmigung gem. Art. 11 RL-Vorschlag wird als „problematisch" eingeschätzt. Insofern eine Überprüfung des Dienstleistungs-Erbringers (sowohl einheimischer, als auch ausländischer) innerhalb eins gewissen Zeitraums, im Interesse des Verbraucherschutzes möglich sein muss, könnte ein solches Verbot einen Anspruch auf (automatische) Verlängerung der Genehmigung ersetzt werden, sofern und solange die Voraussetzungen der Erteilung einer Genehmigung vorliegen.

„Eine unbefristete quasi „ewige" Genehmigung würde allen Forderungen nach Maßnahmen für die Qualität widersprechen. In Anbetracht der Forderung nach lebenslangem Lernen und in der Diskussion um eine Weiterbildungspflicht von Dienstleistungserbringern wäre ein solches Verbot kontraproduktiv."[602]

---

599 Ebd.
600 Ebd.
601 Siehe Anhang „Datenkatalog SVP", SVP/54.
602 Ebd.

5. Strategien zum Umgang mit der Richtlinie: Positionierung und Änderungsvorschläge

Die strategische Positionierung der Akteure ist als überwiegend eher „ablehnend" zu bezeichnen. Diese ablehnende Haltung ist weniger auf einen „befürchteten" Wettbewerbsdruck im heimischen Markt (vgl. Bauhandwerk) zurückzuführen, als auf die nationalen Besonderheiten im Bereich der Architekten- und Ingenieurdienstleistungen. Dies gilt sowohl für die strukturellen Besonderheiten (Kammersystem), als auch für das nationale „Berufsbild" der deutschen Architekten und Ingenieure, das sich durch eine umfassende Verantwortlichkeit im Baubetrieb auszeichnet.

Die grundsätzlichen wirtschaftsbezogenen Intentionen der Kommission, die mit dem Richtlinienvorschlag verbunden sind, werden begrüßt: Das Zusammenwachsen des europäischen Binnenmarktes wird für erforderlich gehalten und für die darauf hinwirkenden Maßnahmen wird Unterstützung angesagt. Die Kritik wird demgegenüber auf einer sachlogischen Prozessebene angebracht, auf der die rechtssystematischen und praxeologischen Problemaspekte branchenspezifisch herausgearbeitet werden.

Die Ablehnung konzentriert sich also auf die unpraktikable Konzeption des „Rechtsinstruments". Weitergehende Änderungsvorschläge wurden deshalb insbesondere hinsichtlich des „Herkunftslandprinzips" gemacht, was auf einen Verzicht des Rechtselementes im RL-Vorschlag hinaus laufen würde.

Aufgrund des besonderen Charakters der bauplanerischen Dienstleistungen von Architekten und Ingenieuren werden viele Elemente der Dienstleistungsrichtlinie als „unpraktikabel" eingeschätzt.

III. Gesundheitsdienstleistungen

Die Dienstleistungen im Gesundheitsbereich weisen, soweit vorweg, im Vergleich zu rein wirtschaftlichen Dienstleistungen eine Reihe von Unterschieden und Besonderheiten auf. Dies liegt zum einen an dem besonderen Systembezug bzw. an der Einbettung von gesundheitsbezogenen Dienstleistungen in eine gesetzlich geregelte Pflichtversicherung und zum anderen an der Strukturierung der Dienstleistungserstellung. Diese ist sowohl sektoral gegliedert (primäre und sekundäre Prävention, ambulante und stationäre Versorgung, Rehabilitation, Pflege) als auch, mit Bezug auf die Professionen, im Wesentlichen in zwei große Gruppen unterteilt: die akademischen Heilberufe (medizinisch-ärztliche Primärversorgung) und die nicht akademischen Heilberufe (komplementäre Versorgung).

Die verschiedenen Versorgungssektoren sind ordnungspolitisch unterschiedlich angelegt und die Finanzierungsmodalitäten sind sektorspezifisch ausgestaltet. Darüber hinaus ist auch die Sicherstellung der Dienstleistungserstellung verschiedenen Institutionen zuordnet. Durch diese grundlegenden Strukturmerkmale werden die Versorgungsleistung, die Versorgungsprozesse und die Kooperation der Dienstleistungserbringer (Ärzte untereinander, interdisziplinäre Zusammenarbeit etc. im Prozess der Behandlung) wesentlich gekennzeichnet. Das insbesondere auf der Basis der gesetzlichen Krankenversicherung basierende Gesundheitssystem ist ein wesentlicher Teil des gegliederten Sozialsystems in der Bundesrepublik. Seit 1975 werden die unterschiedlich geregelten Sozialsysteme unter dem Dach des Sozialgesetzbuches vereint (zum Teil mit sektorspezifischer Unterteilung der Gesetzbücher).

Es ist deshalb vielleicht nicht ganz unproblematisch, das Gesundheitswesen als (einheitliche) „Branche" zu typisieren – wie es in den folgenden Ausführungen aus Gründen einer vereinheitlichten Darstellung getan wird – oder generell von „Gesundheits-Dienstleistung" zu sprechen. Vielmehr sind unter dem „Dach" Gesundheitswesen eine Reihe von Einzelbranchen vereint, die sich aus der skizzierten sektoralen und professionsbezogenen Gliederung ergeben haben. Außerdem sind, nicht zuletzt aufgrund von Gesetzesreformen, Dienstleistungen entstanden oder haben sich so entwickelt, die nicht (mehr) die Nähe zu den Regelungen der Pflichtversicherung aufweisen (so z.B. der ganze Bereich der primären Prävention, Wellness, plastische Schönheitschirurgie etc.). Die Grenzen zwischen patienten-/versichertennaher und patienten-/versichertenferner Dienstleistung lassen sich zwar nach wie vor deutlich ziehen; dennoch sind Entwicklungen hin zu einer (weiteren) Ökonomisierung und schrittweisen Liberalisierung der gesundheitlichen Versorgung zu erkennen.

So wird in der vom Ministerium für Gesundheit, Soziales, Frauen und Familie des Landes Nordrhein-Westfalen in Auftrag gegebenen Studie „Gesundheitswesen und Arbeitsmarkt in Nordrhein-Westfalen" darauf hingewiesen, dass die „Gesundheitswirtschaft" ein „trend-setter" auf dem Weg zur Dienstleistungsgesellschaft und einer ihrer stärksten Wachstumsmotoren sein könnte. In Nordrhein-Westfalen stellt sie bereits heute die größte „Branche" dar (die folgenden Zahlen sind aus dem Jahr 2001):

- Ende der 90er Jahre arbeiteten hier etwa eine Million Beschäftigte (das waren zum damaligen Zeitpunkt fast 13% aller Erwerbstätigen in NRW);
- zwischen den Jahren 1985 und 1998 sind in der Gesundheitsbranche 175.000 neue Arbeitsplätze entstanden (das entspricht einer Wachstumsrate von über 22%);

- die größten Arbeitsfelder der „Gesundheitswirtschaft" lagen im Jahr 2001 in der ambulanten und stationären Versorgung mit über 700.000 Arbeitsplätzen;
- von dieser Beschäftigungsentwicklung haben insbesondere die nichtakademischen Gesundheitsberufe profitiert: im stationären Bereich weist das Pflegepersonal sowohl den höchsten Beschäftigtenanteil als auch absolut das größte Beschäftigungswachstum auf;
- im ambulanten Versorgungsbereich bilden die Sprechstundenhelferinnen mittlerweile nach den Krankenschwestern und Krankenpflegern die zweitstärkste Berufsgruppe.

Darüber hinaus wird die „Gesundheitswirtschaft" aber auch durch allgemeinere (leitbildorientierte) Entwicklungstrends, die sich im Gesundheitswesen auch unter dem Einfluss der Gesundheitsreformbemühungen und -debatten ergeben haben, tangiert, so zum Beispiel:

- die Gesundheitsförderung und -beratung und die Aktivierung von Selbsthilfepotenzial sowie die Stärkung der Bürger- und Patientenrechte im Gesundheitswesen;
- der Vorrang ambulanter vor stationärer medizinischer und pflegerischer Versorgung; die Integration der Sektoren des Gesundheitswesens und die Vernetzung sozialer und medizinischer Dienste und Einrichtungen;
- die Qualitätssicherung und Transparenz der erbrachten Leistungen sowie
- die Optimierung des Ressourceneinsatzes.

Die möglichen Reibungs- und Kollisionspunkte liegen somit auf der Hand – dies wird auch mit Blick auf die in der EU-Dienstleistungsrichtlinie anvisierten ökonomischen Zielsetzungen zunehmend evident:
Auf der einen Seite geht es um die Effektivität und Qualität von ökonomisch bewertbaren Dienstleistungen sowie um die Effizienz der Versorgungsstrukturen mit Blick auf Dienstleistungsmärkte;
auf der anderen Seite geht es um die Sicherung und Gestaltung von Qualitätsstandards gesundheitsbezogener Dienstleistungen, deren Besonderheit in erster Linie darin besteht, dass hier personenbezogene Sachleistungen erbracht werden – so etwa beratende, vor- und fürsorgende, therapeutische und pflegerische (dies betrifft im Übrigen auch die mehr nach privatwirtschaftlichen Kriterien auslegten Versorgungsleistungen).

1. Strukturmuster der Branche: Qualitäten und Quantitäten

Zunächst lässt sich für das Gesundheitssystem in Deutschland feststellen, dass es in seiner Grundstruktur einen **dualen Charakter** aufweist. Es besteht einerseits aus den öffentlichen Institutionen, die angesichts des föderativen Aufbaus der Bundesrepublik aus Bundes- und Landesbehörden bestehen. Auf der anderen Seite basiert das deutsche Gesundheitswesen auf einem selbstverwalteten System der gesetzlichen Sozialversicherung, das einen eigenständigen Auftrag hat. Hierdurch soll die Versorgung der Versicherten auf dem jeweiligen Leistungsgebiet sichergestellt werden.

a) Das öffentliche Gesundheitssystem

Neben den Bundes- und Landesbehörden nehmen auch untergeordnete Verwaltungseinheiten hoheitliche Aufgaben (so etwa Zulassungsverfahren, Rechtsaufsicht über Kammern, staatliches Prüfungswesen für nicht-ärztliche Heilberufe, Berufsaufsicht, Sicherheits- und z.T. auch Gewährleistungsprüfungen, Infrastrukturförderung zum Beispiel bei Diensten und Einrichtungen im Pflegebereich) im Gesundheitswesen wahr: die sogenannten Mittelinstanzen (Regierungs- und Verwaltungsbezirke) und auf der untersten Verwaltungsebene die Landkreise und die kreisfreien Städte.

Oberste Bundesbehörde ist das Bundesministerium für Gesundheit und Soziale Sicherung. In Fragen der Gesundheitsversorgung hat es übergreifende und plurale Kompetenzen, so etwa hinsichtlich des Bereichs der medizinischen Dienste, hinsichtlich der Qualität der Krankenhausversorgung, der Beratung und Information für Leistungserbringer und Versicherte (hier ist auch das Bundesamt für gesundheitliche Aufklärung zu nennen), der wirtschaftlichen Aspekte der Krankenhäuser (inklusive der Personalstruktur der Krankenhäuser) sowie in allgemeinen gesetzlichen Fragen zu den Berufen im Bereich der komplementären Versorgung und Pflege. Zudem ist das Bundesministerium für die Krankenversicherung zuständig: sowohl für die Grundsatzfragen, für den versicherten Personenkreis bezüglich des Leistungs- und Betragsrechtes sowie für das Kassenarzt- und das Vertragsrecht als auch für Fragen der allgemeinen Gesundheitsvorsorge (primäre und sekundäre Prävention). Hinzu kommen insbesondere die Zuständigkeit im Bereich der Sozialversicherung und des Sozialgesetzbuches sowie der Bereiche der Pflegeversicherung und der Rehabilitation. Nicht zuständig ist das Bundesministerium allerdings für die unmittelbare Sicherstellung der Versorgung. Durch die Grundsatzkompetenz in den exemplarisch genannten Bereichen nimmt das Bundesministerium aber mittelbaren Einfluss auf die Quantität und Qualität der Versorgung. Anzumerken ist jedoch, dass diese Kompetenzen bzw. Aufgabenbereiche auch Änderungen unterliegen können, die von den politischen Planungen und Zielsetzungen der jeweiligen Bundesregierung abhängig sind. Bei Regierungsneubildungen ist es nicht unüblich, Kompetenzen zumindest in Teilbereichen auch den Arbeitsbereichen anderer Ministerien zuzuordnen (Konzentration und Dekonzentration von Kompetenzen).

Auf der Ebene der 16 Bundesländer gibt es oberste Landesbehörden, die in der Regel Landesministerien für Gesundheit sind oder Gesundheitsabteilungen, die einem bestimmten Landesministerium zugeordnet sind (zumeist dem Sozialministerium). Die Gesundheitsminister der Bundesländer sind in einer Konferenz der Gesundheitsminister vereint. In dieser Konferenz werden Bund und Länder betreffende gesundheitspolitische Probleme erörtert und Beschlüsse mit empfehlendem Charakter getroffen. Die Ressorts der Abteilung „Gesundheit" des Landesministeriums in Nordrhein-Westfalen (hier sind zudem die Politikbereiche Soziales, Frauen und Familie integriert) haben u.a. folgende Aufgaben und Zuständigkeiten:

Öffentlicher Gesundheitsdienst – der in Nordrhein-Westfalen durch insgesamt 54 kommunale Gesundheitsämter wahrgenommen wird – deren Dienste nicht nur rein hoheitlicher Art sind[603], sondern laut Landesgesetz auch Aufgaben umfasst, die „zeitgemäßer Natur" sind[604].

b) Selbstverwaltung im Gesundheitswesen

Die Selbstverwaltung, als zentrales Strukturmerkmal im System der gesetzlichen Sozialversicherung, ist das zweite Standbein des Gesundheitswesens in der Bundesrepublik. Hier stellen die Krankenkassen als Träger der gesetzlichen Krankenversicherung und die Kammern als berufsständische Vertretung der Ärzte- und Zahnärzteschaft und der Apotheker die Hauptakteure dar. Die Krankenkassen und die Ärztekammern sowie darüber hinaus die kassenärztli-

---

603 Z.B. Medizinalwesen, amtsärztlicher Dienst, Seuchen- und Umwelthygiene, Vorsorge im Bereich der Kinder- und Jugendgesundheit, die Umsetzung der Berufsordnung sowie die Überwachung der Berufsangehörigen für nichtärztliche Heilberufe.

604 Wie z.B. die Gesundheitsberichterstattung, gesundheitsfördernde Freizeitangebote und Gesundheitsstadtmarketing, Pflegepolitik und Heimgesetz (soziale Pflegeversicherung und Infrastrukturförderung);

Regeln der Berufszulassung für die akademischen Heilberufe (Ärzteschaft, Zahnärzte, Apotheker) und Aufsicht über Approbationsbehörden sowie im Bereich der Berufsausübung die Rechtsaufsicht über die entsprechen Berufskammern, Aufsicht über Krankenkassen und Aufsicht über kassenärztliche und zahnärztliche Vereinigungen;

Grundsatzfragen der Pflege, zentrales Ausbildungswesen und Berufsrecht für den Bereich der nichtärztlichen Heilberufe.

chen Vereinigungen[605] sind verpflichtet, die Versorgung der Versicherten sicherzustellen (Sicherstellungsauftrag).

Im Jahr 2002 gab es laut einer Statistik des Bundesministeriums für Gesundheit und Soziale Sicherung allein 355 verschiedene gesetzliche Krankenkassen zwischen denen die Versicherten frei wählen können. Die Krankenkassen sind wie alle Träger der gesetzlichen Sozialversicherung unter staatlicher Aufsicht, sind aber organisatorisch und finanziell selbstständig und müssen die ihnen staatlich zugewiesenen Aufgaben aus eigenem Recht (Satzung) durchführen. Die deutschen Krankenkassen sind traditionell nach regionalen, beruflichen und betrieblichen Gesichtspunkten organisiert. Die gesetzliche Krankenkasse finanziert ihre Ausgaben für die gesundheitsbezogenen Versorgungsleistungen zumeist aus den Beiträgen der Versicherten und der Arbeitgeber. Ein nicht unbedeutender Teil der Ausgaben entfällt auf die Selbstfinanzierung der Krankenkassen (die Verwaltungskosten betrugen 1999 ca. 6,7 Mrd. €, was einem Anteil von 5,5% der gesamtem Ausgaben der gesetzlichen Krankenversicherung entspricht). Im Jahr 2002 wurden etwa 60% der Finanzierung des deutschen Gesundheitssystems durch die Beiträge der gesetzlich Versicherten (Pflicht- und die Freiwilligenbeiträge) abgedeckt, ca. 21% stammten aus dem allgemeinen Steueraufkommen, 8% wurden durch die Privatversicherungen getragen und die übrigen 11% waren durch den Eigenanteil der Patienten gedeckt.

Die Krankenkassen schließen Verträge mit den kassenärztlichen und kassenzahnärztlichen Vereinigungen über die medizinisch ärztlichen Versorgungsleistungen und deren Gebühren. Im Bereich der komplementären gesundheitlichen Versorgung und im Bereich der Pflege schließen die gesetzlichen Krankenkassen Rahmenverträge und Gebührenvereinbarungen mit den Berufsgenossenschaften, den zentralen Berufsverbänden und den Verbänden der freien Wohlfahrtspflege ab. Diese Vereinbarungen sind dann Grundlage für die Erbringung von gesundheitsbezogenen aber auch betreuerischen sozialen Versorgungsleistungen für den Kreis der pflichtversicherten Personen; dies betrifft bundesweit ca. 90% der bundesrepublikanischen Bevölkerung. Die Kontrolle über Art und Umfang der Leistungen erfolgt über die Medizinischen Dienste der Krankenkassen. Die Vertragsverhandlungen wie die Kontrollen werden in der Regel länderspezifisch bzw. auf kommunaler Ebene abgewickelt.

---

605 Den insgesamt 23 kassenärztlichen Vereinigungen in der Bundesrepublik gehören ordentliche und außerordentliche Mitglieder an. Die ordentliche Mitgliedschaft setzt eine Zulassung zur kassenärztlichen Vereinigung voraus, während für die außerordentliche Mitgliedschaft die Eintragung in das Arztregister genügt.

In Deutschland werden die Vertreter der akademische Heilberufe (Ärzte, Zahnärzte, psychologische Psychotherapeuten und Apotheker) durch berufsständische Selbstverwaltungskörperschaften vertreten, die föderal gegliedert sind (zum Teil historisch bedingt mit zusätzlichen Landesgruppen, z.B. in NRW die beiden Ärztekammern Nordrhein und Westfalen-Lippe). Ärzte zum Beispiel sind Pflichtmitglieder der Ärztekammern und werden von diesen vertreten, sobald diese ihren Beruf ausüben oder – falls nicht berufstätig – im Zuständigkeitsbereich der Kammer ihren Wohnsitz haben. In NRW nehmen die beiden Ärztekammern die ihr durch das Heilberufsgesetz des Landes übertragenen Aufgaben wahr[606].

Da das Gesundheitswesen in Deutschland durch umfangreiche gesetzliche Grundlagen geregelt ist und dabei, historisch bedingt, die verschiedenen Säulen der Sozialversicherung und gesundheitlichen Versorgung weitgehend autonom nebeneinander stehen – bei Pluralität der Selbstverwaltung, unterschiedlichen Zuständigkeiten und abweichenden Prioritäten – genügt der gesetzliche Rahmen oft nicht, um integriertes, aufeinander abgestimmtes Handeln zu erreichen.

c) Gesundheitspolitische Foren als Planungs- und Koordinationsinstanz (NRW-Bezug)

Vor diesem Hintergrund hat zum Beispiel das Land Nordrhein-Westfalen 1991 die Landesgesundheitskonferenz ins Leben gerufen. Hiermit ist ein politisches Forum geschaffen worden, in erster Linie mit dem Ziel, ein gemeinsames Handeln im Gesundheitswesen und eine bereichsübergreifende Versorgung ohne Brüche zu gewährleisten. In diesem Gremium sind alle wichtigen Akteure des Gesundheitswesens in Nordrhein-Westfalen vertreten:

---

606 Dazu gehören in erster Linie
- die Gestaltung des Berufs- und Weiterbildungsrechts,
- die Sorge für die Erhaltung des akademischen Berufsstandes und die Erfüllung der Berufspflichten,
- die Durchführung der Facharztprüfung,
- die Qualitätssicherung der ärztlichen Berufsausübung,
- die Organisation der Fortbildung und
- die Wahrnehmung der beruflichen Belange der Ärzteschaft.

Zudem ist die Ärztekammer zuständig für die Ausbildung von Arzthelfern/Arzthelferinnen, sie schlichtet bei innerärztlichen Streitigkeiten, geht Patientenbeschwerden nach, benennt Sachverständige und gibt Fachgutachten ab. Eine unabhängige Gutachterkommission für ärztliche Haftpflichtfragen greift Vorwürfe bei Behandlungsfehlern auf.

- Sozialversicherungsträger
- verfasste Ärzte- und Zahnärzteschaft, Apotheker
- Krankenhausgesellschaft
- Arbeitgeber und Gewerkschaften
- Wohlfahrtsverbände
- kommunale Spitzenverbände
- Landschaftsverbände
- Einrichtungen der Gesundheitsvorsorge und des Patientenschutzes
- gesundheitliche Selbsthilfe.

Die Landesgesundheitskonferenz berät bei wichtigen gesundheitspolitischen Themen und verabschiedet Entschließungen, in denen sich die Beteiligten zu einer entsprechenden Umsetzung verpflichten. Auf der kommunaler Ebene stellen die kommunalen Gesundheitskonferenzen eine Art Spiegelbild dieses Gremiums der Gesundheitspolitik dar.

Die Dienstleistungsrichtlinie zielt darauf ab, Barrieren, die der Entwicklung eines Dienstleistungsbinnenmarktes entgegenstehen, abzubauen und dabei einen Rechtsrahmen zu schaffen. Diese Rahmensetzung soll insbesondere den Dienstleistungserbringern die notwendige Rechtssicherheit bieten, sich innerhalb der EU frei niederlassen zu können oder sich im Rahmen eines freien Dienstleistungsverkehrs zwischen den Mitgliedstaaten zu betätigen. Eigentliche Adressaten dieser Richtlinie sind somit kleinere und mittlere Unternehmen als Dienstleistungserbringer.

d) Die Gesundheitsberufe (NRW-Bezug)

Im Gesundheitswesen der Bundesrepublik Deutschland sind beispielsweise im ambulanten Bereich die Leistungserbringer zumeist Praxen mit nur wenigen hauptamtlichen Mitarbeitern oder, wie im Fall der häuslichen Pflege, Betriebe mit zum Teil mehr als 10 Planstellen[607]. Ohne auf die Vielfalt der Heil- und Pflegeberufe – die, ob mit akademischer oder mit nicht-akademischer Ausbildung, in der Regel eine staatliche Abschlussprüfung aufweisen müssen – hier im Einzelnen eingehen zu können, stellt sich die quantitative Situation bei den Gesundheitsberufen in Nordrhein-Westfalen wie folgt dar:

---

607 Der Verband der deutsche Alten- und Behindertenhilfe weist für 2004 bei insgesamt 216 ambulanten Diensten 2041 Planstellen aus, Teilzeitbeschäftigte nicht mitgezählt.

- die Zahl der berufstätigen Ärzte ist seit Mitte der 90er Jahre in Nordrhein-Westfalen ständig gestiegen; im Jahr 2001 arbeiteten in den Krankenhäusern des Landes ca. 29 700 Ärzte, das sind 1400 mehr als noch 6 Jahre zuvor (dies bedeutet eine Steigerung von etwa 5%); noch ausgeprägter ist der Zuwachs bei den niedergelassenen Ärzten: ihre Zahl stieg zwischen 1995 und 2001 von 23 850 auf rund 26 100 (hier ein Zuwachs um fast 10%); nur etwa 5000 dieser insgesamt 55 800 Ärzte sind außerhalb der Patientenversorgung tätig (so etwa in Behörden oder Körperschaften)[608];

- auch bezogen auf die Pflegeberufe und damit auf die größte Berufsgruppe der Krankenschwestern und Krankenpfleger ergibt sich mit mehr als 146 000 Beschäftigten gegenüber 1995 mit damals 138 000 Beschäftigten ein Zuwachs von 7,6%, der sich im ambulanten Bereich stärker als im stationären Bereich niedergeschlagen hat;

- gestiegen ist auch die Zahl der Beschäftigten der therapeutischen Berufe (u.a. Physiotherapeuten, Ergotherapeuten, Logopäden) von 1995 bis 2003 um 28,7% auf nunmehr 24 500 Personen.

2. Positionen und Perspektiven der Dienstleister in der Branche

Die geringe Zahl der hierfür vorliegenden Antworten (8) – aus dem Segment der Physiotherapeuten – lässt keine differenzierte Ergebnisdarstellung zu[609]. Einige Hinweise seien dennoch zusammengefasst:

- trotz der geringen Zahl zeigt sich schon eine Differenzierung der Größe der Praxen (hier z.B. zwischen 1 und 15 Vollzeitbeschäftigten);

- fast alle haben nur einen Standort (in NRW); immerhin haben 2 Interesse an einer Tätigkeit im europäischen Ausland (Erfahrungen damit hat keine der antwortenden Praxen);

- obwohl es sich um Praxen mit sehr ähnlichem Profil, handelt variiert die von ihnen vorgenommene Positionierung zwischen Markt und Staat;

- die Marktkonkurrenz wird als groß angesehen; ausländische Dienstleistungs-Anbieter spielen dabei aber keine Rolle;

---

608 Die Ärzte-Dichte in Deutschland ist im europäischen Vergleich eine der höchsten und lag im Jahr 2000 unter den europäischen Mitgliedstaaten an vierter Stelle; im Jahr 2003 betrug die Arztdichte ca. 350 pro 100 000 Einwohner. Die Niederlassungsfreiheit wird in der BRD über regionale Bedarfspläne eingeschränkt.

609 Dies liegt an der späten Verfügbarkeit von Adressen; mit einem weiteren Rücklauf ist zu rechnen.

- keine der Praxen hat Kenntnis über die Dienstleistungsrichtlinie;
- Chancen und Risiken einer weiteren Marktöffnung werden sehr unterschiedlich beschrieben;
- die eigenen Stärken werden in Qualifikation und Qualität gesehen; bei den Schwächen gibt es verschieden Argumente – aber kein Hinweis auf „zu teuer";
- fast drei Viertel sehen Unterstützungsbedarf durch Dritte im Hinblick auf die Anforderungen durch die Dienstleistungsrichtlinie.

3. Branchentypische Sichtweisen auf die Dienstleistungsrichtlinie

- Für den Bereich der Gesundheitsdienstleistungen[610] wurden insgesamt 17 Einzelakteure interviewt:
- aus dem Ministerium für Gesundheit, Soziales, Frauen und Familie NRW,
- der Ärztekammer Westfalen-Lippe,
- dem Verband deutscher Alten- und Behindertenhilfe e.V. (Landesverband NRW),
- dem Deutschen Verband für Physiotherapie – Zentralverband der Physiotherapeuten/Krankengymnasten e.V. (Landesverband NRW),
- den Spitzenverbänden der Freien Wohlfahrtspflege (hier verschiedene Vertreter des Deutschen Caritasverbandes, des Diakonischen Werks der evangelischen Kirche in Deutschland und des Deutschen Roten Kreuzes) und
- ver.di – Vereinigte Dienstleistungsgewerkschaft, Bundesvorstand.[611]

---

610 Betrachtet man die Bestimmung von „Dienstleistung" im Bereich der Sozialhilfe, so scheint auch hier der Begriff „Gesundheitsdienstleistungen" nicht ganz unproblematisch zu sein; dies wird in den folgenden Ausführungen noch im einzelnen erörtert. Im SGB Zwölftes Buch XII – Sozialhilfe – Zweites Kapitel „Leistungen der Sozialhilfe", Erster Abschnitt „Grundsätze der Leistungen" steht unter „Leistungserbringung"': „Die Leistungen werden als Dienstleistung, Geldleistung oder Sachleistung erbracht... zur Dienstleistung gehören insbesondere die Beratung in Fragen der Sozialhilfe und die Beratung und Unterstützung in sonstigen sozialen Angelegenheiten...".

611 Weitere Akteure verschiedener Berufsverbände bzw. berufsständischer Vereinigungen in NRW wurden telefonisch befragt, konnten aber aufgrund fehlender Information bzw. Betroffenheit bezüglich der Dienstleistungsrichtlinie keinen Ansprechpartner nennen.

Die „branchentypische" Sichtweise ist trotz einer ablehnenden Position gegenüber der Dienstleistungsrichtlinie in der jetzigen Fassung durch unterschiedliche Bewertungen der Akteure bezüglich eigener Gegen- bzw. Alternativmaßnahmen gekennzeichnet. Diese Bewertungen bzw. Einschätzungen hängen jeweils von der Position im Gesundheitssystem und der hier zugewiesenen Kompetenzen, aber auch von den Aktivitäten auf europäischer Ebene ab: so beispielsweise hinsichtlich der Formulierung und Vereinheitlichung von Ausbildungsstandards (so etwa bei Allgemein- und Fachärzten, Physiotherapeuten) aber auch von Zulassungsregelungen (etwa für physiotherapeutische Versorgungsleistungen).

Im Einzelnen:

Generell teilen alle Interviewpartner das durch die Lissabon-Tagung eingeleitete marktwirtschaftliche Credo bzw. Leitbild der Richtlinie, die EU „zum wettbewerbsfähigsten und dynamischsten wissensbasierten Wirtschaftsraum der Welt zu machen" sowie die damit verbundene Realisierung von Marktfreiheiten, wie sie in Art. 14 EGV formuliert sind. Damit wird die Niederlassungsfreiheit und der freie Dienstleistungsverkehr, auf denen der Richtlinienentwurf als Grundprinzipien aufbaut, grundsätzlich anerkannt.

Die hierbei zugrunde gelegten ökonomischen Kriterien, so wird einheitlich entgegengehalten, entsprechen allerdings nicht dem besonderen Charakter gesundheitsbezogener und sozialer Versorgungsleistungen. Die Erbringung solcher prinzipiell personenbezogener (Sach-) Leistungen ist trotz aller Wirtschaftlichkeitsaspekte in eine Regulierungsstruktur eingebunden, die nationalstaatlich begrenzt ist und im Wesentlichen nach Gemeinwohlkriterien und nach der Maxime des Schutzes menschlichen Lebens (Patientenschutz, Gesundheit ist keine „Ware" sondern ein „hohes Gut") ausgelegt ist. Die nationalstaatliche Verantwortung und Gestaltungskompetenz, die traditional und historisch gewachsenen Regulierungs- und Wertvorstellungen im Gesundheits- und Sozialbereich sind nicht kompatibel mit der nach rein wettbewerbsorientierten, markwirtschaftlichen Kriterien ausgelegten Dienstleistungsrichtlinie, so die einheitliche Kritik.

Trotz dieses allgemeinen Konsens wurden unterschiedliche Sichtweisen in der Bewertung bzw. Einschätzung der eigenen „Möglichkeiten" deutlich (Alternativvorschläge, Gegen- oder flankierende Maßnahmen etc.)[612]:

- die Vertreter des Gesundheitsministeriums (aber auch die Ärztekammer) thematisieren insbesondere die Wirkungen auf die jeweils sektoralen rechtlichen Bestimmungen (z. B. Berufsordnungen, Zulassungsordnun-

---

612 Vgl. hierzu auch unten das Kapitel C. III. 5. zu den Strategien im Umgang mit der Richtlinie.

gen, Berufsaufsicht) und die mit einer Umsetzung der Dienstleistungsrichtlinie verbundenen administrativen Zuständigkeiten und Durchführungsbestimmungen (Veränderungen und Zuständigkeitsverlagerungen in der föderalen Gliederung des Gesundheitswesens, Verwaltungsvereinfachung und Deregulierung); hier wird somit eine abwartende, bewahrende und damit eher eine systemstabilisierende Sichtweise eingenommen; aber es wird auch auf die durchgeführten EU-bezogenen Reformen und Strukturanpassungen (z.B. Modifizierung des Heilberufsgesetzes des Landes NRW durch die Anerkennung von Berufsabschlüssen, Angleichung in der Berufsausbildung) und auf die im Land entwickelten Strukturmaßnahmen in der Gesundheitspolitik (siehe Landesgesundheitskonferenz) verwiesen;

- die Vertreter der Berufsverbände sind aktiver tätig im Sinne eines Ein- und Mitwirkens auf rechtliche und regulative Rahmenbedingungen; dies bezieht sich auf nationaler wie auf europäischer Ebene sowohl auf die Berufsausbildung als auch auf die Berufsausübung; diese Ein- und Mitwirkung zielt nicht nur auf die Dienstleistungsrichtlinie selbst ab, sondern richtet sich aus Sicht der Verbände auch gegen bürokratische Regelungen, die eine freie Berufsausübung behindern; hier ist durchaus auch eine Wettbewerbsorientierung erkennbar;

- die Verbände der freien Wohlfahrtspflege und in gewisser Weise auch die Vereinigte Dienstleistungsgewerkschaft vertreten in diesem Zusammenhang eher eine Art Doppelstrategie: ihnen geht es zunächst um die Verteidigung von Sozialstaatsprinzipien (Subsidiarität und Solidarität) sowie von sozialen Mindeststandards und damit auch um die Aufrechterhaltung des Systems der Freien Wohlfahrtspflege als ein Spezifikum des bundesdeutschen Sozialstaates gegenüber einer Ökonomisierung und Liberalisierung des Gesundheitswesens und der Daseinsvorsorge; darüber hinaus sind die Spitzenverbände durch Dachorganisationen aber auch auf EU-Ebene vertreten und versuchen auf Entscheidungen (z.B. der Kommission) einzuwirken; die Verbände der freien Wohlfahrtspflege befürworten eher eine Verflechtung nationaler und europäischer Sozialstandards und Kriterien für die Erstellung gemeinwohlorientierter „Dienstleistungen" (das Sozialmodell Europa als Gegenkonzept).

4. Branchentypische Probleme und Fragen bezüglich der Dienstleistungsrichtlinie

Als Begründung der zuvor dargestellten grundsätzlich ablehnenden Position zur **Dienstleistungsrichtlinie** werden insbesondere folgende Problembereiche genannt, die für die „Branche" kennzeichnend sind:

- die Definition von Dienstleistung in der Richtlinie trifft nicht auf den besonderen Charakter der Dienstleistung im Gesundheits- und Sozialbereich zu (Personenbezug, Finanzierung der Versorgungsleistungen über Gebühren- und Beitragsaufkommen);
- das Herkunftslandprinzip kann zu einer drastischen Herabsenkung der Versorgungsstandards, aber auch der sozialen Mindeststandards, insbesondere in den Bereichen der ambulanten und stationären Pflege, führen, wenn nationale rechtliche Regulierungen und Standards keine Gültigkeit für die Dienstleistungserbringer aus anderen EU-Mitgliedstaaten haben; hier – so die Einschätzung der Akteure – gibt es im EU-Vergleich zum Teil noch erhebliche Unterschiede, nicht nur was die Lohnstrukturen betrifft; außerdem ist das Herkunftslandprinzip in diesem Aspekt in erster Linie auf den Anbieter ausgerichtet als auf den Verbraucher bzw. den Patienten/Versicherten, was wiederum dem besonderen Charakter gesundheitlicher und sozialer Dienste widerspricht; zur Gewährleistung von sozial- und arbeitsrechtlichen Bestimmungen und Standards wird das Arbeitsortsprinzip vorgeschlagen;
- die mögliche Herabsenkung von Qualitäts- und vor allen Dingen auch Sicherheitsstandards bei der Erbringung von Versorgungsleistungen können im hohen Maße den Patientenschutz gefährden; unklar ist auch, welche Kontrollen in Sinne der Berufsaufsicht hier greifen sollen; wichtig ist diese Kontrolle gerade im Bereich der Altenhilfe, denn hier sind die Empfänger von Pflege- und Betreuungsleistungen besonders schutzwürdig;
- eine Deregulierung bzw. Verwaltungsvereinfachung im Gesundheitssystem führt nicht zwangsläufig zu einer Entbürokratisierung oder zu einer Dynamisierung und Verbesserung in der Dienstleistungserstellung; offen bleibt auch die Bedeutung von Steuerungselementen im Gesundheitswesen, so zum Beispiel die Zulassung von Leistungsanbietern sowie die Planungs- und Koordinierungsinstanzen zur Gesundheitspolitik auf Länder- wie auf kommunaler Ebene.

Durchaus positive Tendenzen werden in einer möglichen Angleichung von Berufsstandards gesehen, so beispielsweise durch die Akademisierung der Ausbildung in der Krankengymnastik, die anders als in anderen EU-Mitgliedstaaten (z.B. die Niederlande) bisher in Deutschland zu den nicht akademischen Heilberufen zählt; in diesem Zusammenhang werden auch die eher patienten- bzw. versichertenfernen Leistungen evident: hier wird der ganze Bereich der primären Prävention zunehmend als Marktsphäre gesehen, was sich schon jetzt auch im Bereich der Fortbildung niederschlägt.

Ungeklärt im Sinne offener Fragen bleiben für die Akteure u.a. folgende Punkte:

- Welche Dienstleistungsbereiche sollen dazu gehören und welche nicht (mit welchen Begründungen?)?
- Was ist mit der zugesprochenen Gestaltungskompetenz der Mitgliedstaaten in der Gesundheits- und Sozialpolitik?
- Welche Äquivalente sieht die Richtlinie für sozialstaatliche Prinzipien vor und welche funktionalen Äquivalente werden durch die in der Richtlinie angedachte (abstrakte) Deregulierung (hier: beispielsweise die Abschaffung bestimmter Regulierungsstrukturen im Gesundheitswesen) vorgesehen/entwickelt?
- Welchen Stellenwert haben bereits in Kraft getretene Vereinbarungen (EU-Richtlinien) im Bereich „Gesundheit und Soziales" oder noch in Bearbeitung/Verhandlung befindliche Aufgaben- und Handlungsfelder (z.B. die Vereinheitlichung von Ausbildungsstandards durch eine EU-Angleichungsrichtlinie für Physiotherapeuten, das Weißbuch zu Dienstleistungen im allgemeinen Interesse, zur Daseinsvorsorge) (Kohärenzproblematik)?
- Welche Zukunft hat die Freie Wohlfahrtspflege in der Bundesrepublik (auch: Zukunft der Daseinsvorsorge)?
- Welche Auswirkungen hat ein rein marktwirtschaftlicher Wettbewerb auf gemeinnützige Organisationsformen wie der „eingetragene Verein"?

5. Strategien zum Umgang mit der Dienstleitungsrichtlinie: Positionierung und Änderungsvorschläge

Auf die einheitlich ablehnende Position zur Dienstleistungsrichtlinie wurde bereits hingewiesen. Dies zeigen auch die mittlerweile zahlreich vorliegenden Positionspapiere weiterer relevanter Akteure im Gesundheits- und Sozialbereich[613]: sie stehen der Dienstleistungsrichtlinie grundsätzlich ablehnend gegenüber, weisen zum Teil sehr dezidiert auf die aus eigener Sicht vorhandenen Schwachstellen hin und fordern eine „Bereichsausnahme" der Gesundheits- und Sozialleistungen. Die Positionierung der Akteure ist somit relativ eindeutig. Dies begründet auch die Tatsache – zumindest für den Kreis der Interviewten –, dass Änderungsvorschläge zur Richtlinie nicht gemacht werden.

---

613 Zum Beispiel die Spitzenverbände der gesetzlichen Krankenkassen, die Spitzenorganisationen der Deutschen Sozialversicherung, der Deutsche Verein.

Die Strategien im Umgang mit der Dienstleistungsrichtlinie sind dabei auf der Akteursebene allerdings sehr unterschiedlich ausgerichtet[614]:

- konservativ/abwartend, mit Verweis auf die durchgeführten EU-bezogenen Reformen und Strukturanpassungen und auf die entwickelten Strukturmaßnahmen in der Gesundheitspolitik;
- aktive Mit- und Einwirkung auf nationaler wie auf europäischer Ebene auf rechtliche und regulative Rahmenbedingungen mit Förderung der Marktstellung der vertretenden Berufe (Wettbewerbsorientierung);
- eine Art Doppel- oder Mischstrategie: auf der einen Seite stark systemerhaltend (so z.b. der Erhalt von Sozialstaatsprinzipien und die Absicherung der Freien Wohlfahrtspflege) und auf der anderen Seite der Versuch, auf europäischer Ebene organisiert auf Entscheidungen, etwa der Kommission, einzuwirken (hier z.B. mit dem Memorandum „Zivilgesellschaftlicher Mehrwert gemeinwohlorientierter sozialer Dienste" der Bundesarbeitsgemeinschaft der Freien Wohlfahrtspflege).

Insgesamt zeigt sich aus dieser Akteursbeschreibung sehr deutlich die **Kontextabhängigkeit der Branche**[615] **„Gesundheitswesen"**. Diese „Bindungen" begründen auch die Komplexität im Prozess der Positionierung und Entscheidungsfindung in Bezug auf die Implementierung der Dienstleistungsrichtlinie. Zum einen wird in diesem Zusammenhang sichtbar – zumindest zum augenblicklichen Zeitpunkt –, dass mit Blick auf die anvisierte Ökonomisierung und Liberalisierung des „Marktes" für gesundheitsbezogene Leistungen und mit Blick auf eine Ausweitung der Kompetenzen und Verpflichtungen im europäischen (Mehrebenen)System sowohl auf den „Markt als soziales Verhältnis" als auch auf den „Erhalt der Eigenstaatlichkeit" zunächst als zentrale Gegenkonzepte zur Dienstleitungsrichtlinie Bezug genommen.

---

614 Vgl. hierzu auch die Ausführungen oben in Kapitel C. III. 3.
615 Da das Gesundheitswesen sich u.a. dadurch auszeichnet, dass
- es ist in eine gesetzliche Pflichtversicherung eingebettet ist,
- die gesundheitsbezogenen Versorgungsleistungen in spezifischer Weise strukturiert sind (sektorale Gliederung in unterschiedliche Versorgungsbereiche, Differenzierung und Hierarchisierung der Heilberufe nach akademischer Ausbildung),
- die Versorgungs-/Dienstleistungen „doppelt" kodiert sind (Gesundheit als „hohes Gut", aber auch Gesundheit als Wirtschaftsfaktor) und
- es Berührungspunkte zu den Diensten der Freien Wohlfahrtspflege (als deutsches Spezifikum) und damit auch zur Daseinsvorsorge aufweist,

ist diese Kennzeichnung, darauf wurde bereits einleitend hingewiesen, nicht ganz unproblematisch.

Im Rahmen der empirischen Sichtung branchentypischer Perspektiven und Positionen wurde zum anderen aber auch deutlich, dass diese „Frames" mit anderen Bezugssystemen für eine Bewertung der Richtlinie und für eine Optimierung der Entscheidungsfindung kombiniert werden. Je nach „Markt"-stellung und Kompetenzzuschreibung lässt sich bei den wirtschafts- und ordnungspolitischen „Frames" eine Nähe zum Wettbewerbsparadigma (privatwirtschaftliche Orientierung und Kodierung der gesundheitsbezogenen Dienstleistung, Entbürokratisierungsforderungen in Bezug auch auf die patienten-/versichertennahe Dienstleistungserstellung) feststellen. Bei den europapolitischen „Frames" wird auch auf die Perspektive des „europäischen Mehrebenensystems" Bezug genommen (zum Beispiel auf die „Offene Methode der Koordinierung" als einem neueren Regulierungsmodus auch in der europäischen Gesundheits- und Sozialpolitik). Relativ stabil und einheitlich zeigt sich hingegen der Bezug auf die Regulierung und Kontrolle der Dienstleistungsqualität über die Berufsqualifizierung (bevorzugt wird nach wie vor die Input-Kontrolle).

> Nach wie vor brisant ist ein Leistungsbereich, der auch die Gesundheitsdienstleistungen tangiert: die Daseinsvorsorge. Die Positionierung und der Prozess der Entscheidungsfindung ist hier, wie schon zuvor erwähnt, sehr deutlich durch eine Strategie der Abgrenzung zu strikt ökonomischen Prinzipien der Leistungserbringung und durch eine Bezugnahme auf nationalstaatliche Besonderheiten in der Erbringung gemeinwohlorientierter Dienste gekennzeichnet. Diese Gegenüberstellung oder genauer: Konfrontation zweier gegensätzlicher Bezugssysteme zeigt darüber hinaus, dass die Implementierung der Dienstleistungsrichtlinie in der vorliegenden Fassung und damit die Außerkraftsetzung jeweils nationaler Regulierungen (Beseitigung von Barrieren) mit einer bloßen „top down"-Strategie und ohne die konkrete Formulierung und Ausgestaltung von funktionalen Äquivalenten in diesem Leistungssegment nicht denkbar ist. Dies trifft auch weitestgehend auf die „Branche" Gesundheitswesen zu.

D. Zusammenfassung und Fazit

I. Die drei Branchen im Vergleich

Die Reaktionen auf die Dienstleistungsrichtlinie weisen in den drei Branchen – trotz ihrer Strukturunterschiede – viele Übereinstimmungen auf:

- die Akteure stimmen dem Grundanliegen der Kommission hinsichtlich der Erleichterung grenzüberschreitender Dienstleistungsangebote zu;
- ebenso einheitlich ist die Skepsis bis Ablehnung gegenüber dem dafür vorgeschlagenen Instrument Dienstleistungsrichtlinie;
- als zentraler Gegenstand der Ablehnung kann das Herkunftslandprinzip angesehen werden;
- die „Staatsnähe" der drei „Branchen" ist zwar unterschiedlich groß (am geringsten im Bereich Bau-Dienstleistungen und am größten bei den Gesundheits-Dienstleistungen), jedoch nehmen (zumindest die Verbände- und Kammern-Vertreter) stets auch kritisch zu denjenigen Regelungsvorschlägen Stellung, die auf die öffentlich-rechtliche Rahmensetzung, Steuerung und Kontrolle zielen. Insofern kann man feststellen, dass den meisten Akteuren (jenseits der Ebene der Dienstleister i.e.S.) die komplexen Auswirkungen der Richtlinie zunehmend bewusst sind; sie vermuten, dass die Kommission diese Implikationen weder durchschauen noch steuern kann; im Hinblick auf die flankierenden administrativen Veränderungen (z.B. der einheitliche Ansprechpartner) wird dementsprechend – nicht zuletzt mit Blick auf bisherige Erfahrungen mit der Umsetzung von EU-Richtlinien – die Machbarkeit der Dienstleistungsrichtlinie in Frage gestellt; viele Akteure erwarten weitere Bürokratisierungsschübe – also das Gegenteil des angestrebten Ziels;
- die Dienstleister aller drei Branchen sind bisher noch kaum mit dem Richtlinienentwurf vertraut und können sich daher nicht detailliert zu den erwarteten Konsequenzen äußern; sie gehen deshalb eher von groben Abschätzungen der Marktentwicklung aus.

Unterschiede bestehen bei den Branchen zunächst im Hinblick auf diese Einschätzung der „Markt-Lage" und ihrer potenziellen Entwicklung; besonders kritisch wird dies im Bereich der Bau-Dienstleistungen beurteilt, wo eine Pleitewelle als Folge der mit einer Richtlinien-Umsetzung erwarteten verschärften Preiskonkurrenz vorausgesagt wird; dabei sind allerdings auch innerhalb der Branche Unterschiede festzustellen, insofern sich hier die KMU's als besonders benachteiligt sehen. Neben der Unternehmensgröße führt auch der Grad der Professionalisierung – und damit die Betonung der Qualitätskonkurrenz gegenüber der Preiskonkurrenz – zu einer etwas weniger kritischen Situationseinschätzung und Prognose (so bei den Architekten und Ingenieuren).

Je nach Positionierung im Spektrum von Markt- und Staatsnähe wird auch die Bedeutung der „Einbettung" in den politisch-administrativen Rahmen der Regulation und (Qualitäts-) Kontrolle unterschiedlich akzentuiert: die in einem langen Entwicklungsprozess etablierten Formen der Verzahnung werden als gefährdet angesehen und im Ergebnis eine Schlechterstellung am Markt erwartet (neue Formen der Wettbewerbs-Verzerrung: vgl. dazu den Bereich der Ingenieure und Architekten mit quasi öffentlichen Funktionen). Die Argumente sind hier deutlich branchenspezifisch.

Die Unterscheidung von „Frames", in denen sich die Akteure dem Thema Dienstleistungsrichtlinie und Marktentwicklungschancen zuwenden, hat sich bewährt. Nicht selten folgen die Argumente weniger einer durchweg branchenspezifischen Logik als einer differenzierten Kommentierung auf der Linie einzelner Frames. Allerdings ändert dies nichts an der kritischen bis ablehnenden Haltung der Akteure: sie wird aber in den Frames mit unterschiedlichen Akzenten formuliert und fordert zum Diskurs in diesen jeweiligen „Rahmungen" heraus.

II. Pro und Kontra Richtlinie aus dem Blickwinkel verschiedener „Frames"[616]

Hinsichtlich der Reaktionen der Akteure auf die Richtlinie lassen sich zwei allgemeine Entwicklungen feststellen.

Zum einen herrscht eine große Unsicherheit über die Anzahl der Bereiche, die betroffen sind. Es fehlt nicht nur eine Gesamtbilanzierung, auch in den einzelnen Politikfeldern herrscht eine große Unklarheit. So bilanziert das Innenministerium: „Hier im Hause haben wir verschiedene Betroffenheiten. Ob wir mittlerweile alle gefunden haben, ich bin mir da nach wie vor nicht sicher"[617]. Diese Entwicklung ist auch bei den Verbänden festzustellen. Die Bedeutung der Richtlinie haben sie vielfach erst im Nachhinein erkannt. „Je mehr man sich damit beschäftigt, desto gigantischer ist das Vorhaben."[618] In den letzten Wochen haben viele Verbände ihre Stellungnahmen überarbeitet

---

616 In diesem Textteil werden stärker als bisher die Positionen solcher Akteure mit einbezogen, die weniger direkt mit den drei untersuchten Branchen in Verbindung stehen.

617 Innenministerium NRW: 89.

618 Interview DIHK 225.

und die Anzahl der Kritikpunkte erweitert. Selbst Verbände, die sich zunächst nur positiv geäußert haben, sprechen nun von offenen Fragen und formulieren Kritikpunkte.[619]

Im besonderen Maße trifft dies für den Bereich der Genehmigungen zu, wovon vor allem die kommunale Ebene betroffen ist.[620] Die bundesdeutschen Genehmigungsverfahren orientieren sich an unterschiedlichen Kompetenztiteln, die dem Bund und den Ländern zustehen – wie Rechtsetzungskompetenzen für Verwaltungsverfahren, Wirtschaftsrecht sowie Recht der öffentlichen Sicherheit und Ordnung. Die am Begriff der Dienstleistung und der Verwirklichung des Binnenmarktes ansetzende gemeinschaftsrechtliche Kompetenz steht insofern quer zur bundesdeutschen Regelungsstruktur. Entsprechend des dynamischen Charakters der Richtlinie wird erst am Ende des Prozesses der wechselseitigen Evaluierung durch die Nationalstaaten feststehen, welche Bereiche betroffen sind. Für einige Akteure ist der Zwang, sich auf einen Prozess zu verpflichten, dessen Konsequenzen derzeit noch nicht absehbar sind, ein prinzipieller Kritikpunkt am Richtlinienentwurf. Aus der Perspektive der kommunalen Spitzenverbände wird formuliert: Es „ist noch niemanden klar, dass wir alle unsere Gesetze durchforsten müssen nach den Fragen, die die Dienstleistungs-Richtlinie stellt. Und das werden Gesetze sein, deren Namen wir noch nie gehört haben. Also soweit wird das gehen. Und deswegen glaube ich, man muss sich auch diesem Thema viel stärker widmen, als wir das bisher gemacht haben."[621]

Erschwert wird der Prozess der Folgenabschätzung dadurch, dass die meisten Auswirkungen einen ressortübergreifenden Charakter haben.[622] Weiterhin gibt es zwischen den jeweiligen Fachministerien unterschiedlicher Bundesländer divergierende Einschätzungen. Entscheidend ist, dass die Richtlinie zum gegenwärtigen Zeitpunkt nur unter dem Aspekt der Betroffenheit thematisiert wird, es wird noch nicht umsetzungsorientiert gedacht.[623] Implementationsprobleme, die bei der Umsetzung der Richtlinie auftreten können, sind zum jetzigen Zeitpunkt noch nicht absehbar. Insgesamt ist deswegen davon auszugehen, dass zum momentanen Zeitpunkt keine abschließende Liste der Problembereiche vorliegt und von einer erheblichen Ausweitung auszugehen ist.

---

619 Vgl. Interview DIHK 361.
620 Schätzungen der Bundesministerien gehen von 1900 Vorschriften aus.
621 Interview kommunale Spitzenverbände: 680.
622 Vgl. Interview Innenministerium NRW 137.
623 Vgl Interview Innenministerium NRW.

Zum Zweiten ist festzustellen, dass als Grundlage der Bewertung nicht nur die Analyse der rechtlichen Konsequenzen des Richtlinienvorschlages herangezogen wird; einen zweiten Referenzpunkt bildet eine mehr oder weniger explizit thematisierte Strategie der Kommission. Hier herrscht die Befürchtung vor, die Kommission wolle ihre Kompetenzen schrittweise erweitern und sich neue Handlungsbereiche erschließen. Dieser Prozess ist wissenschaftlich gut dokumentiert und besitzt vor allem für den Bereich der Daseinsvorsorge eine hohe Plausibilität. Die Pro-Akteure[624] gehen gleichermaßen von einer strategischen Ausrichtung des Kommissionsvorschlages aus und versuchen damit eigenständige Ziele, die über die Richtlinie hinausweisen, zu verfolgen. So wird in diesem Zusammenhang von einer „Staubsauger-Richtlinie" gesprochen und die Hoffnung formuliert, dass von der Richtlinie auch eine Dynamik auf andere Bereiche ausgehen kann Die europäische Richtlinie gilt so unter anderem als Instrument, um nationale Reformprozesse voranzutreiben, das Projekt des Bürokratieabbaus zu forcieren und durch einen Wettbewerb der Systeme günstigere Unternehmensbedingungen zu schaffen. Damit wird die Hoffnung verbunden, dass nationale Fehlentwicklungen korrigiert werden können.

Die Debatten über die Richtlinie werden zum gegenwärtigen Zeitpunkt überwiegend durch die **europapolitischen Frames** bestimmt. Dies hängt zum einen damit zusammen, dass sie auf den laufenden europäischen Entscheidungsprozess fokussiert sind. Die Positionen der Verbände und Ministerien, die die Debatte überwiegend prägen, sind fokussiert auf die europapolitische Ebene. Zum anderen führt die große Unsicherheit über das Ausmaß der Betroffenheit dazu, dass eine zusammenfassende Einschätzung über die ökonomischen Konsequenzen und die materielle Dienstleistungsqualität schwer fällt. In beiden Bereichen herrschen branchenspezifische Einschätzungen vor.

Der Richtlinienvorschlag orientiert sich von seiner Zielstellung zunächst an den Vorstellungen der **klassischen Integrationsperspektive**. Die Sicherstellung der vertraglich festgelegten Binnenmarktintegration erfordert die Beschränkung nationaler Regulierung durch neues europäisches Recht. Die Binnenmarktberichterstattung der Kommission und diverse Urteile des EuGH machten auf einen Handlungsbedarf aufmerksam. Für die Befürworter dient die Richtlinie primär dem Erhalt der Marktintegration als einem Grundbaustein europäischer Integration.

Die Vorstellungen hinsichtlich der Durchführung und der Kontrolle der Maßnahmen zur Sicherstellung der Dienstleistungsfreiheit orientieren sich je-

---

624 Zu den Pro-Akteuren zählen die Wirtschaftsministerien auf Bundes- und Landesebene, die der Richtlinie, wenn auch mit differenzierten Einschätzungen bei Einzelaspekten, positiv gegenüber eingestellt sind.

doch stärker am **Leitbild eines europäischen Mehrebenensystems**. Entgegen den Vorstellungen der klassischen Integrationsperspektive obliegt die Überprüfung auf Beschränkungen der Niederlassungsfreiheit und des freien Dienstleistungsverkehrs nicht den europäischen Institutionen. Statt dessen greift hier die (Selbst-)Verantwortlichkeit der Mitgliedstaaten und der Prozess der wechselseitigen Evaluierung zwischen den Mitgliedstaaten. Dieser horizontale Ansatz orientiert sich am europäischen Mehrebenensystem. Die Zusammenarbeit der mitgliedstaatlichen Verwaltungen untereinander tritt noch deutlicher in den Vordergrund bei den Kontrollmechanismen. Das Herkunftslandprinzip gilt auch für die Kontrollzuständigkeit und hierfür ist ein partnerschaftliches Zusammenwirken der nationalen Verwaltungen vorgesehen. Die Funktionsfähigkeit eines solchen Systems wird von den Befürwortern der Richtlinie mit dem Verweis auf die Erfahrungen der Verwaltungszusammenarbeit im bundesdeutschen Föderalismus begründet. Als komplementäre Handlungsorientierung zu dieser Kontroll-Architektur wird eine auf „Vertrauen" basierende Handlungsorientierung der Akteure genannt. Als problematisch gelten nicht die Kontrollsysteme, sondern die vielfach bestehenden Vorurteile.

Die Orientierung am Mehrebenensystem erfolgt jedoch auch hier nicht durchgängig, sie ist durchbrochen von Regelungen, die der klassischen Integrationsperspektive zuzuordnen sind. So werden die Möglichkeiten der Nationalstaaten, neue Rechts- und Verwaltungsvorschriften zu erlassen, an äußerst restriktive Bedingungen geknüpft und der Kommission werden in diesem Zusammenhang weitgehende Kompetenzen eingeräumt. Möglich sind sie nur insoweit, als „geänderte Umstände" (Art. 15 Abs. 5) vorliegen und die Mitgliedstaaten unterliegen einer Mitteilungs- und Begründungspflicht gegenüber der Kommission. Die Befürworter der Richtlinie sehen diese Kombination von Bestandteilen klassischer Integration und neuer Formen der Zusammenarbeit im Rahmen eines europäischen Mehrebenensystem als geeignetes Mittel für einen notwendigen Systemwechsel. An die Stelle des bestehenden Systems punktueller Korrekturen durch Einzelentscheidungen des EuGH zur Sicherstellung der Dienstleistungsfreiheit tritt ein neues kohärentes Sekundärrecht. Die Rigidität der klassischen Integrationsperspektive bricht sich jedoch an der Heterogenität der nationalen Rechts- und Verwaltungsstrukturen. Zur Bewältigung dieser Komplexität wird deswegen bei der Umsetzung und bei der Kontrolle auf die weicheren und variableren Methoden der Mehrebenenperspektive vertraut.

Eine Bewertung der Bezugnahme auf die unterschiedlichen **europapolitischen Frames** und deren Kombination kann auf die bisherigen Erfahrungen im Rahmen des europäischen Integrationsprozesses zurückgreifen. Die von den Befürwortern favorisierte Kombination von Leitbildern entspricht der Realität des Integrationsprozesses, da die unterschiedlichen „Frames" meist in

Kombinationen anzutreffen sind. Im besten Fall erfolgt dabei eine Kombination der jeweils spezifischen Leistungsfähigkeit. Die bisherigen Erfahrungen widersprechen jedoch der vorgenommenen Aufgabenzuweisung. Die Stärken des Mehrebenenansatzes zeigten sich in der Vergangenheit vor allem bei den so genannten soft-policies und im Prozess der Formulierung gemeinsamer Zielstellungen. Den Schwerpunkt bildete dabei die Zusammenarbeit im Kontext europäischer Programme. Der Austausch und die Kommunikation von Akteuren im Kontext von Netzwerkstrukturen diente dem Aufbau von Vertrauen und ermöglichte so Formen des Policy-Lernens. Inwieweit diese Erfahrungen auf Implementations- und Kontrollstrukturen übertragen werden können, erscheint vor dem Hintergrund bisheriger Erfahrungen fraglich. Da die Zusammenarbeit bei der Kontrolle mit dem Einsatz eigener Ressourcen verbunden ist und ein ökonomisches Interesse am Erfolg der eigenen Unternehmen unterstellt werden kann, dürfte strategisches Verhalten in weit höherem Maße als kooperatives Verhalten zu erwarten sein.

Die Argumente der Kritiker der Richtlinie orientieren sich überwiegend **am Frame „Kompetenzabgrenzung und Subsidiarität".** Der Erhalt der Funktionsfähigkeit des eigenen Rechtssystems und der eigenen Implementationsstrukturen sowie eigener politischer Gestaltungsmöglichkeiten stehen dabei im Vordergrund. Die klassische Aufgabe der Innenministerien besteht in diesem Zusammenhang darin, den administrativen Anpassungsbedarf zu minimieren. „Wir achten natürlich drauf, dass EU-Recht sich nicht weiter ausbreitet, nicht in die mitgliedstaatlichen Rechte eindringt. Und wir versuchen, Klarstellung zu bekommen. Denn wenn unsere Sichtweise so greift, haben wir nicht unbedingt massive Probleme. Nur wenn die Kommission es anders auslegt, dann wird es schwieriger. Und deswegen wollen wir in vielen Punkten einfach konkretere Aussagen, Klarstellungen im Richtlinientext verankert wissen."[625] Die Diskrepanzen zwischen dem Richtlinienvorschlag und der deutschen Rechtskultur und Verwaltungstradition werden im Vergleich zu anderen Ländern als hoch eingeschätzt. Dabei werden insbesondere der föderale Staatsaufbau und die kommunale Selbstverwaltung, aber auch andere Dinge, wie der Begriff der Konzessionsvergabe, thematisiert.

Der durch die Richtlinie ausgeübte administrative Anpassungsdruck wird vielfach als Ausgangspunkt für eine weitere Bürokratisierung betrachtet, der nationalen Reformbemühungen entgegen steht, wie beispielsweise durch das Verbot von Befristungen bei Genehmigungen. Dies gilt auch für die Einrichtung eines einheitlichen Ansprechpartners. Wenn dieser über keine Entscheidungsbefugnisse verfügt und lediglich eine bündelnde Zwischenstelle dar-

---

625 Interview Innenministerium 82.

stellt, wird letztlich eine administrative Doppelstruktur aufgebaut, die einen zusätzlichen Personal- und Finanzbedarf mit sich bringt.[626]

Vielfach wird befürchtet, dass durch die Veränderungen bestehende Regulierungen nicht mehr durchgesetzt werden können; dies gilt beispielsweise für den Baubereich bei der Bekämpfung von Kriminalität und für die Umsetzung der Entsende-Richtlinie. Aus gewerkschaftlicher Perspektive wird generell ein Druck auf die bestehenden tarifrechtlichen, arbeitsrechtlichen und mitbestimmungsrelevanten Regelungen befürchtet. „Der Dienstleister in Deutschland braucht nicht mehr Sozialversicherungsnachweise, Arbeitszeitnachweise usw. erbringen. Wenn er das in seinem Heimatland in Ungarn darf, dann darf die deutsche Behörde eigentlich nicht danach fragen, außer die ungarische Behörde sagt o.k., der soll kontrolliert werden, dann kann die deutsche Behörde eingreifen. Das sind Dinge, die sind sehr sehr sehr umfassend und sehr weitgreifend. Und wenn dann unterschiedliche Bedingungen im Arbeits- und Sozialrecht in Europa gelten, kommt ein weiterer Lohnwettbewerb auf."[627] Als Reaktion hierauf wird eine Ausweitung des Entsendegesetzes über den Baubereich hinaus gefordert, oder aber, wie im Falle von ver.di, die Festlegung gesetzlicher Mindestlöhne.[628]

Der Erhalt des bestehenden Regulierungsniveaus ist auch ein zentrales Thema der Kommunen. „Aus Sicht der Kommunen als den für zahlreiche Genehmigungen im Gewerbe-, Handwerks-, Gaststätten-, Umwelt-, Wirtschaftsverwaltungsrecht und Recht der öffentlichen Sicherheit und Ordnung zuständigen Behörden sowie als Erbringer von Dienstleistungen von allgemeinem wirtschaftlichen Interesse bestehen gegen diese Form des Herkunftslandprinzips erhebliche Bedenken. In der Praxis werden mit der europaweiten Geltung und Anerkennung einer im Herkunftsland erteilten Genehmigung de facto Kontrollmöglichkeiten in dem davon unterschiedlichen Mitgliedstaat ausgeschlossen. Die bestehenden Genehmigungsvorbehalte mit ihren vorhandenen Kontrollmöglichkeiten stellen aber keinen Selbstzweck dar, sondern dienen dem Schutze der verschiedenen Dienstleistungsempfänger, der Verbraucher, der öffentlichen Sicherheit, formulieren Anforderungen an die Zuverlässigkeit der Leistungserbringer. Wegen des in der Praxis kaum zu gewährleistenden Zugangs zu Informationen und Vor-Ort-Beurteilungen können die national zuständigen Genehmigungsbehörden ihre Kontrollpflichten nicht mehr wahrnehmen."[629] Die Kommunen würden bei einem Versagen der Kontrollmecha-

---

626 Vgl. Stellungnahme DSt vom 13.5.2004.
627 Interview ver.di 818.
628 Vgl. Interview ver.di 1018.
629 Stellungnahme DSt vom 13.5.2004.

nismen zugleich in die Rechenschaftspflicht gegenüber den Bürgern geraten und müssten dafür die politische Verantwortlichkeit übernehmen. Dies wiegt um so schwerer, als ihnen gleichzeitig individuelle Gestaltungsspielräume innerhalb der einzelnen Städte bei Genehmigungen, wie beispielsweise bei den Gaststättenverordnungen, genommen werden, da diese nun einheitlich gelten müssen.[630]

Dies ist nur ein Beispiel dafür, wie die Gestaltungsspielräume der Kommunen eingeschränkt werden. Neue Genehmigungsanforderungen sind nach dem Richtlinienentwurf nur noch möglich, wenn „geänderte Umstände" (Art. 15 Abs. 5) vorliegen und insoweit diese „objektiv durch ein zwingendes Erfordernis des Allgemeininteresses gerechtfertigt" (Art. 15 Abs. 3) sind. Die Kommunen befürchten nun, dass sie, ausgehend von Erfahrungen mit Skandalen in der Vergangenheit (u.a. im Lebensmittelbereich), ihren Schutzfunktionen nicht mehr hinreichend nachkommen können, da die Hürden für Genehmigungsanforderungen unverhältnismäßig hoch sind. „Also letztlich sind es doch immer wieder dann die Kommunen, die das dann alles ausbaden müssen. Und alle anderen ducken sich."[631]

Die größten Bedenken haben die Kommunen im Bereich der Kommunalwirtschaft. Die unklare Abgrenzung zwischen wirtschaftlichen und nichtwirtschaftlichen Tätigkeiten im kulturellen und sozialen Bereich sowie die Tätigkeiten im Bereich der Daseinsvorsorge im engeren Sinne wird hier als zentrales Problem genannt. Da die Kommission damit den gemeinwirtschaftlichen Binnenmarkt weiter entwickelt, drohen diese Bereiche der örtlichen Gestaltung zunehmend entzogen zu werden.

Insgesamt zeichnet sich die Bezugnahme auf den Frame „Kompetenzabgrenzung und Subsidiarität" dadurch aus, dass weniger die Verteidigung von wirtschaftlichen Positionen, sondern der Erhalt der Funktionsfähigkeit von politischen und administrativen Funktionen im Vordergrund steht. Generell zeichnet sich eine Bezugnahme auf diesen Frame dadurch aus, dass in nur unzureichendem Maße Alternativen zum Richtlinienvorschlag präsentiert werden können. Vielfach wird deswegen von den Akteuren auf die klassische Integrationsperspektive zurückgegriffen und eine bereichsspezifische Harmonisierung gefordert.

Die konkurrierenden **ordnungs- und wirtschaftspolitischen Sichtweisen** setzten beide bei der Lissabon-Strategie an. Im Rahmen des **Wettbewerbsparadigmas** heben die Pro-Akteure hervor, dass die Bundesregierung sich für eine Intensivierung der Binnenmarktstrategie für den Dienstleistungssektor

---

630 Vgl. Interview kommunale Spitzenverbände 620.

631 Interview Kommunale Spitzenverbände 217.

als Teil der Lissabon-Agenda eingesetzt hat und dass dadurch kräftige Wachstums- und Beschäftigungsimpulse zu erwarten sind. Aus gewerkschaftlicher Perspektive wird dagegen auf die breitere Zielstellung des Lissabon-Prozesses verwiesen. „Damals ging es sehr stark um eine Qualitätssicherung in der Beschäftigung. Durch lebenslanges Lernen, durch einen europäischen Forschungsraum, durch einen Ausbau der Kinderbetreuung, Qualifizierung bei Jugendlichen ohne Schul- und Berufsausbildung. Es ging nicht so stark um die Strukturreformen, das kam erst später, sondern vielmehr, dass man sagt, wir brauchen Wachstum und wir brauchen die Mitführung der Arbeitnehmer in die New Economy. New Economy war damals das große Thema. Nicht jetzt die EU-Dienstleistungs-Richtlinie. Das wird ein bisschen jetzt verwischt. Die EU-Dienstleistungs-Richtlinie ist erst seit einem Jahr auf dem Tisch ... Das ist jetzt das große Rezept und da setzen wir uns drauf. Aber das waren nicht die Anfänge der Lissabon-Strategie."[632]

Diese divergierenden Perspektiven gehen mit einer unterschiedlichen Blickweise auf den Dienstleistungsbereich einher. Auf der einen Seite ist es die Orientierung an der Gewerbefreiheit[633] und an der Erleichterung des ersten Marktauftrittes. Auf der anderen Seite wird dagegen der Qualitätsaspekt von Dienstleistungen stärker thematisiert und für eine Förderung von Forschung in diesem Bereich plädiert. Das Niedriglohnmodell wird dabei zur Abgrenzung der eigenen Position genutzt, um die Bedeutung der Qualität der Arbeit hervorzuheben. Die Wettbewerbsfähigkeit deutscher Unternehmen zeige sich in der Qualität der Dienstleistungsprodukte und nicht auf der Kostenseite.

Ein weiterer zentraler Aspekt im Kontext der Qualität von Dienstleistungen wird durch die direkte Verknüpfung mit dem **Frame Qualitätsregulierung** deutlich. So befürchten nahezu alle interviewten Akteure, dass eine Dienstleistungserstellung unter den Bedingungen des Herkunftslandprinzips und einer damit verbundenen zweifelhaften Kontrolleffektivität zu einer verstärkten Konkurrenz führt, die wiederum Sozialdumping und einen Qualitätsverfall nach sich ziehen wird. Die Kompensation bzw. Korrektur, aber auch die Vermeidung derartiger Folgeerscheinungen ließe sich dann nur mit aufwendigen Verfahren der Outputkontrolle und zumeist nur nachträglich, etwa durch Entschädigungsverfahren bewerkstelligen – was gerade bei personenbezogenen Leistungen, wie sie im Gesundheitsbereich üblich sind, höchst problematisch ist.

Insbesondere diejenigen Akteure, die für die Schaffung und Erhaltung der Qualitätsregulierung zuständig sind (beispielsweise für Genehmigungen, Zulassungen, Anerkennungen) wären bei Umsetzung der Dienstleistungsrichtli-

---

632 Interview ver.di 367.
633 Vgl. Interview DIHK 121.

nie in der jetzigen Formulierung somit gezwungen, die bisherige in Deutschland übliche Form der Input-Kontrolle zugunsten einer verstärkten Output-Kontrolle (als Gegenreaktion) anzuwenden (so zum Beispiel die Überprüfung bzw. der Abgleich von technischen und personalen Qualitätsstandards zwischen Herkunftsland und Bestimmungsland).

Da durch die Qualitätsregulierung im Sinne der Inputkontrolle nicht nur Produkt- und Verfahrensstandards (so etwa DIN-Normen oder Auflagen zur Sicherheit sowie zum Personen- und Umweltschutz) und Berufsqualifikationen (Ausbildungs- und Prüfungsinhalte, anerkannte Abschlüsse etc.) festgelegt und ausgestaltet werden, sondern auch die Nutzer-/Verbraucherperspektive voll einbezogen wird (Verbraucher- bzw. Personenschutz, Garantieansprüche etc.), bedeuten die in dem Entwurf zur Dienstleistungsrichtlinie angedachten Deregulierungen, nicht per se eine Rechtssicherheit und ein Mehr an Markttransparenz für den Dienstleistungserbringer wie für den Verbraucher (Dienstleitungsempfänger), sofern – was von allen Interviewpartner aktuell gesehen wird – die Kontrolleffektivität insbesondere beim Herkunftslandprinzip unklar ist.

Eine zwangläufige Abkehr von der Inputkontrolle bedeutet zudem, so auch die weitere Befürchtung der Akteure, eine durchgreifende Veränderung gewachsener Regulierungs- und Implementationsinfrastrukturen in allen untersuchten Branchen. Außerdem fehlen hinsichtlich der Qualitätsregulierung nach dem Herkunftslandprinzip gleichwertige bzw. optimierte Ersatzstrategien und -funktionen zu Verfahren der Inputkontrolle. Die befragten Akteure sehen solche Deregulierungsvorhaben immer dann kritisch (auch jenseits der Dienstleistungsrichtlinie), wenn sowohl die Regulierungsalternativen unklar und zum Teil fiktiv sind (hier insbesondere die Qualitätsregulierung im Verhältnis von Herkunftsland und Bestimmungsland) als auch eine denkbare Kombination von Input- und Outputkontrolle einen zusätzlichen Arbeitsaufwand, aber auch Bürokratisierungsschub hervorrufen würde. Die befragten Akteure favorisieren deshalb auch eher eine sektorspezifische Angleichung von Qualitätsstandards anstelle des Herkunftslandprinzips. Darüber hinaus sehen diejenigen Akteure, die selbst aktiv an Modernisierungsstrategien zur Qualitätsregulierung auch auf europäischer Ebene beteiligt sind (etwa im Bereich des Verbraucherschutzes oder im Rahmen der Festlegung von Angleichungsverfahren in der Berufsausbildung und bei Berufsabschlüssen/-bezeichnungen oder bei der Formulierung international geltender DIN-Normen), zurzeit eine hohe Unverträglichkeit mit dem Richtlinienvorschlag.

Anhang:
Übersicht über die Experteninterviews

- Ministerium für Wirtschaft und Arbeit des Landes NRW
- Innenministerium des Landes NRW (26. November 2004)
- Ingenieur Kammer/Bau NRW (1. Dezember 2004)
- Bauministerium NRW/Thema: Architekten und Ingenieure (2. Dezember 2004)
- Baugewerbliche Verbände/Nordrein (3. Dezember 2004)
- Ministerium für Gesundheit, Soziales, Frauen und Familie (6. Dezember 2004)
- Architekturbüro Eller & Eller (10. Dezember 2004)
- Bauministerium NRW/Thema: Bauhandwerker (10. Dezember 2004)
- Baugewerbliche Verbände/Westfalen (14. Dezember 2004)
- Deutscher Städtetag (16. Dezember 2004)
- Deutscher Landkreistag (16. Dezember 2004)
- Deutscher Städte- und Gemeindebund (16. Dezember 2004)
- Verband deutscher Alten- und Behindertenhilfe
- VERDI (3. Januar 2005)
- Bundesministerium für Wirtschaft und Arbeit (3. Januar 2005)
- Deutscher Industrie und Handelskammertag (4. Januar 2005)
- Ärztekammer Westfalen-Lippe (5. Januar 2005)
- Deutscher Verband für Physiotherapie (6. Januar 2005)
- Caritas (11. Januar 2005)
- Diakonie (11. Januar 2005)
- Landesverband der jüdischen Kultusgemeinden e.V. (11. Januar 2005)
- Deutsches Rotes Kreuz (11. Januar 2005)
- Arbeiterwohlfahrt (11. Januar 2005)
- Paritätischer Wohlfahrtsverband (11. Januar 2005)
- Industriegewerkschaft Bau (13. Januar 2005)
- Architektenkammer NRW (13. Januar 2005)

Empfehlungen

Die folgenden Empfehlungen beruhen auf der umfangreichen, wenngleich unter zeitlichen Restriktionen erfolgten Begutachtung, der der Vorschlag einer Dienstleistungsrichtlinie durch das interdisziplinär zusammengesetzte Gutachterteam des Forschungsinstituts für öffentliche Verwaltung Speyer unterzogen wurde. Zusätzlich einbezogen wurden die Ergebnisse des Workshops, der am 17.2.2005 in Düsseldorf stattfand.

1. Im Unterschied zur geltenden, im Wesentlichen sektoral ansetzenden Rechtslage bezieht der Richtlinienvorschlag i.s.e. umfassenden horizontalen Ansatzes spartenübergreifend grundsätzlich sämtliche Dienstleistungstätigkeiten ein und verfolgt ein dynamisches, auf die Ermittlung weiteren Regelungsbedarfs ausgerichtetes Konzept. Zum Zwecke der Intensivierung der Partnerschaft zwischen den EU-Staaten wird u.a. die umfassende Geltung des Herkunftslandprinzips sowie die gegenseitige Unterstützung bei der Kontrolle angeordnet. Es erscheint wenig sinnvoll, diesen horizontalen Ansatz als solchen in Frage zu stellen. Zu empfehlen ist vielmehr eine Detailarbeit an der Richtlinie, die die aus deutscher Sicht zu schützenden Interessen implementiert.

2. Das Herkunftslandprinzip eröffnet sowohl Chancen als auch Risiken für die Marktteilnehmer in den verschiedenen Mitgliedstaaten. Im Interesse der Transparenz sollte der bisherige Katalog von Ausnahmen anhand verbindender Kriterien systematisiert werden. Anhand dieser Kriterien ist zu ermitteln, ob und ggf. welche weiteren Bereiche ausgenommen werden sollten.

3. Eine ausreichend klare bzw. sinnvolle Abgrenzung, welche Bestimmungen des Aufnahmemitgliedstaates vom Herkunftslandprinzip ausgenommen sein sollen (also für den Dienstleistungserbringer gelten), ist anhand des Richtlinienvorschlags nicht möglich. Hier wie an anderen Stellen muss die Richtlinie so klar gefasst werden, dass ihr Anwendungsbereich eindeutig ermittelbar ist. Weiterhin sollte zwischen für den Dienstleistungserbringer und für die Erbringung der Dienstleistung geltenden Vorschriften differenziert werden.

4. Die Möglichkeiten der Mitgliedstaaten, im Einzelfall vom Herkunftslandprinzip abzuweichen, sind zu erweitern. Jedenfalls für einen Übergangszeitraum, in dem die Folgen der Richtlinie nicht präzise abschätzbar sind, muss eine mitgliedstaatliche Intervention möglich sein, ohne an enumerativ formulierte gemeinschaftsrechtliche Vorgaben gebunden zu sein. Ggf. könnte an eine erhöhte Begründungslast des Mitgliedstaates mit der Pflicht, ein Programm zur Rückkehr zur einheitlichen Geltung des Herkunftslandprinzips vorzulegen, gedacht werden.

5. Die Kontrolleffektivität hinsichtlich der Beachtung der Vorschriften des Herkunftsstaates ist zweifelhaft. Das Verhältnis zwischen Herkunfts- und Bestimmungsstaat ist dahingehend zu klären, dass ausschließlich letzterer für die Kontrolle zuständig ist. Deren Wahrnehmung setzt voraus, dass der Bestimmungsstaat Kenntnis von den nach dem Recht des Herkunftsstaates geltenden Bestimmungen hat. Dies kann nur dadurch geschehen, dass jeder Dienstleistungserbringer im Bestimmungsstaat einer Anmeldungspflicht unterliegt und in jedem Mitgliedstaat eine zentrale Stelle eingerichtet wird, die die für den betreffenden Dienstleistungserbringer geltenden Bestimmungen in Übersetzung zur Verfügung stellt. Die hierfür in Deutschland zur Verfügung stehenden Möglichkeiten sollten unter dem Gesichtspunkt der Realisierbarkeit einer fundierten Abschätzung unterworfen werden. Eine solche zentrale Stelle könnte ggf. mit dem von dem Richtlinien-Entwurf geforderten einheitlichen Ansprechpartner verbunden werden.

6. Aufgrund des unbeschränkten, horizontalen Ansatzes des Richtlinienvorschlags würde eine Vielzahl von bundes- und landesrechtlichen Normen zu ändern sein. Es sollte möglichst umgehend eine Aufstellung der betroffenen Normen und sonstigen Regelungen erstellt werden, um das gesamte Ausmaß der erforderlichen Änderungen überblicken zu können. In der Folge sollte versucht werden, inakzeptable Anforderungen oder einzelne Bereiche aus dem Anwendungsbereich des Richtlinienvorschlags auszugliedern oder Kompromisslösungen zu erzielen.

7. Der Prüfungsmaßstab bzw. die Anforderungen an nationale Regelungen, die sich aus dem Richtlinienvorschlag ergeben, sind z.T. unklar. Gleiches gilt für die Anforderungen an die Rechtfertigung nationaler Regelungen, die gegenüber den Dienstleistern Geltung behalten sollen, die gleichzeitig (zu) hohe Hürden aufbauen (z.B. das Postulat, dass Anforderungen an Dienstleistungserbringer „objektiv" aus zwingenden Gründen des Allgemeinwohls gerechtfertigt sein müssen).

8. Es sollte möglichst bald ein Umsetzungsszenario in Auftrag gegeben werden, das die mitgliedstaatlichen Umsetzungsspielräume unter der Hypothese auslotet, dass der Entwurf in der jeweiligen Fassung als Richtlinie in Kraft tritt. Auf diese Weise können die von den vorhandenen deutschen Regelungen geschützten und von dem Richtlinienentwurf betroffenen Rechtsgüter ermittelt werden. Dabei ist darauf zu achten, dass eine strikte Beschränkung auf den grenzüberschreitenden Dienstleistungs- bzw. Niederlassungsverkehr möglicherweise Inländerdiskriminierungen auslöst. Insoweit sollten parallele Szenarien von Umsetzungsstrategien entwickelt werden.

9. Zusätzlich sollten Wirkungsanalysen für eine oder – besser noch – mehrere von dem Richtlinienentwurf betroffene Wirtschaftsbereiche erarbeitet werden. In Abhängigkeit von den dabei erzielten Ergebnissen können ggf. be-

stehende überproportionale Risiken gezielt ermittelt und zur Aufrechterhaltung der Funktionsfähigkeit von Regulierungssystemen notwendige kompensierende Maßnahmen im Detail erarbeitet werden. Hierbei sind Vertreter der betroffenen Bereiche eng einzubinden. Quer zu der branchenspezifischen Betrachtung wird eine genauere Analyse der Auswirkungen der Richtlinie für die kommunale Selbstverwaltung als notwendig erachtet.

10. Hinsichtlich der Arbeitnehmerentsendung sind die von der Richtlinie 96/71/EG erfassten Angelegenheiten zwar vom Herkunftslandprinzip ausgenommen. Dennoch sollen für eine effektive Präventivkontrolle relevante Anforderungen, wie Genehmigungs- oder Erklärungspflichten sowie die Vorhaltung von Sozialversicherungsunterlagen, untersagt werden. Dies erscheint unter dem Gesichtspunkt der Kontrolleffektivität korrekturbedürftig.

11. Der Richtlinienentwurf in seinem gegenwärtigen Stand erzeugt einen beachtlichen Zeitdruck für die Umsetzung. Insoweit mahnt die Analyse der Umsetzungsvorgaben und Transfervorgaben zur Vorsicht. Viele temporäre Vorgaben und Umsetzungsfristen erscheinen wenig realistisch. Ohne Lockerungen der Zeitvorgaben auf Antrag, ohne sektorale Abschichtungen (nach Wirtschaftszweigen) oder ohne zwischenstaatliche Vereinbarungen wird sich eine Stärkung der Wettbewerbsfähigkeit bis 2010 nicht problemlos erreichen lassen. Auf diese Weise könnten negative Folgen minimiert werden, ein gezieltes „Nachsteuern" wäre ohne allzu große Verwerfungen möglich.

12. Für die Benennung des von dem Richtlinienentwurf geforderten einheitlichen Ansprechpartners ist es nicht empfehlenswert, neue Behörden oder Organisationen für den Betrieb der OSS zu schaffen. Die Anforderungen aus dem Richtlinienentwurf lassen sich auch in den bestehenden Strukturen umsetzen. Erforderlich ist vor allem noch die Untersuchung einer optimierten Kombination zentraler und dezentraler Komponenten sowie einer zweckmäßigen regionalen Verteilung Allerdings sind die Ziele des Richtlinien-Entwurfs (insbes.: Verwaltungsvereinfachung) am besten zu erreichen, wenn nicht nur allein der Zugang bzw. bestehende Verwaltungsabläufe digitalisiert werden, sondern die Einführung der IuK-Technologien dazu genutzt wird, verwaltungsinterne Prozesse zu optimieren.

13. Insgesamt sollte die Verträglichkeit des Richtlinienvorschlags mit Modernisierungsstrategien für die Qualitätsregulierung und die Verwaltungsvereinfachung erhöht werden. Hinsichtlich der Qualitätsregulierung erscheint hierbei vor allem eine Stärkung der Rechte der Verbraucher notwendig. Für den Bereich der Verwaltungsvereinfachung ist darauf zu achten, dass durch den Richtlinienvorschlag nicht nationale Reformanstrengungen (z.B. zeitliche Befristung von Genehmigungen) konterkariert werden. Die notwendige Anpassung der nationalen Verwaltungsverfahren durch die Richtlinie sollte dazu genutzt werden, nicht nur die Schnittstelle zwischen Verwaltung und Umwelt neu zu gestalten, sondern auch Verwaltungsabläufe zu optimieren.

I. SPEYERER FORSCHUNGSBERICHTE

(institutseigene Reihe, über das Institut zu beziehen)

Nr. 218   *Hans Herbert von Arnim/Stefan Brink,* Methodik der Rechtsbildung unter dem Grundgesetz. Grundlagen einer verfassungsorientierten Rechtsmethodik, Februar 2001.

Nr. 219   *Klaus König/Markus Adam* (Hrsg.), Governance als entwicklungspolitischer Ansatz, März 2001.

Nr. 220   *Hermann Hill* (Hrsg.), Parlamentarische Steuerungsordnung, März 2001.

Nr. 221   *Jan Ziekow/Thorsten Siegel,* Gesetzliche Regelungen der Verfahrenskooperation von Behörden und anderen Trägern öffentlicher Belange – Empirische Untersuchungen mit rechtlichen Einführungen –, Juni 2001.

Nr. 222   *Angelika Benz/Natascha Füchtner* (Hrsg.), Einheit und Vielfalt – Verwaltung im Wandel, Mai 2001.

Nr. 223   *Kai-Olaf Jessen,* Neuere Ansätze parlamentarischer Steuerung und Kontrolle, Oktober 2001.

Nr. 224   *Helmut Klages/Kai Masser* (Arbeitsstelle für Verwaltungsbefragungen [AfV]), Mitarbeiterbefragung in der Saarländischen Landesverwaltung – Befragung von 21 Dienststellen –, Mai 2002.

Nr. 225   *Karl-Peter Sommermann* (Hrsg.), Folgen von Folgenforschung. Forschungssymposium anlässlich der Emeritierung von Universitätsprofessor Dr. Carl Böhret am 16./17. November 2001, Mai 2002.

Nr. 226   *Heinrich Reinermann/Jörn von Lucke* (Hrsg.), Electronic Government in Deutschland, Ziele • Stand • Barrieren • Beispiele • Umsetzung, Juli 2002; 2., unveränderte Aufl. Dezember 2002.

Nr. 227   *Peter Wordelmann* unter Mitarbeit von *Ariane Böttcher, Thomas Gregor, Jörg Regenaermel und Sylvia Veit,* Gesetzesfolgenabschätzung zum Entwurf eines Kinder- und Jugendhilfegesetzes des Landes Sachsen-Anhalt, Juli 2002.

Nr. 228   *Heike Amos,* Zur Geschichte des Forschungsinstituts für öffentliche Verwaltung bei der (Deutschen) Hochschule für Verwaltungswissenschaften Speyer 1956/1962-2001, November 2002.

Nr. 229   *Jan Ziekow* (Hrsg.), Public Private Partnership – Projekte, Probleme, Perspektiven –, in Zusammenarbeit mit dem Bundesministerium des Innern und der Initiative D 21, März 2003; 2., unveränderte Aufl. Juli 2005.

Nr. 230 Karl-Peter Sommermann (Hrsg.), Aktuelle Fragen zu Verfassung und Verwaltung im europäischen Mehrebenensystem, April 2003; 2., unveränderte Auflage, Juli 2003.

Nr. 231 Klaus Lüder, Dokumentation Eröffnungsbilanz – Pilotprojekt Stadt Uelzen –, April 2003.

Nr. 232 Gisela Färber/Nils Otter (Eds.), Reforms of Local Fiscal Equalization in Europe, September 2003.

Nr. 233 Carsten Brenski (Hrsg.) im Auftrag des Unterausschusses Allgemeine Verwaltungsorganisation des Arbeitskreises VI der Innenministerkonferenz, Aktivitäten auf dem Gebiet der Staats- und Verwaltungsmodernisierung in den Ländern und beim Bund 2003-2004, April 2005.

Nr. 234 Carl Böhret/Götz Konzendorf, Guidelines on Regulatory Impact Assessment (RAI) – Leitfaden zur Gesetzesfolgenabschätzung (GFA), prepared for the Federal Ministry of the Interior and for the Ministry of the Interior of Baden-Wuerttemberg, Dezember 2004.

Nr. 235 Dieter Beck/Rudolf Fisch, Entscheidungsunterstützende Verfahren für politisch-administrative Aufgaben, Februar 2005.

Nr. 236 Hans Herbert von Arnim (Hrsg.), Politikfinanzierung in der Europäischen Union. Die Finanzierung von Parteien und Abgeordneten als Elemente der Europäischen Verfassung. Dokumentation der Podiumsdiskussion vom 5. Mai 2004 in Speyer, Februar 2005.

Nr. 237 Thomas König/Thomas Bräuninger, Gesetzgebung im Föderalismus, April 2005.

Nr. 238 Arne Franz, Mobile Kommunikation: Anwendungsbereiche und Implikationen für die öffentliche Verwaltung, Juni 2005.

Nr. 239 Heike Amos, Der „Beratende Finanzausschuß für die französische Besatzungszone". Aspekte seiner Tätigkeit 1946 bis 1948/49, November 2005.

Nr. 240 Karl-Peter Sommermann (Hrsg.), Die Reform des Verwaltungsprozessrechts in Spanien – La Reforma del Proceso Contencioso-Administrativo en España, November 2005.

Nr. 241 Carl Böhret/Dieter Grunow/Jan Ziekow (Hrsg.), Der Vorschlag zu einer Richtlinie des Europäischen Parlaments und des Rates über Dienstleistungen im Binnenmarkt, Regelungsgehalt – Problemfelder – Akteurspositionen, Januar 2006.

Nr. 242 Gisela Färber/Nils Otter (Eds.), Spatial Aspects of Federative Systems, Dezember 2005.

II. Selbständige Verlagspublikationen

(nur im Buchhandel erhältlich)

195. *Jan Ziekow* (Hrsg.), Verwaltungswissenschaften und Verwaltungswissenschaft. Forschungssymposium anlässlich der Emeritierung von Univ.-Prof. Dr. Dr. Klaus König, Schriftenreihe der Hochschule Speyer, Bd. 159, Berlin 2003.

196. *Hans Herbert von Arnim,* 9053 Euro Gehalt für Europaabgeordnete? Der Streit um das europäische Abgeordnetenstatut, Berlin 2004.

197. *Heinrich Siedentopf/Benedikt Speer* (unter Mitarbeit von Alexandra Unkelbach), Auslandserfahrung und Fremdsprachenkenntnisse in der Einstellungs- und Entsendepraxis des deutschen höheren Ministerialdienstes, Studie im Auftrag der „Berliner Initiative"/Robert Bosch Stiftung, Berlin 2004.

198. *Eberhard Bohne/Charles F. Bonser/Kenneth M. Spencer* (eds.), Transatlantic Perspectives on Liberalization and Democratic Governance, Transatlantic Public Policy Series 1, Münster 2004.

199. Innenministerium des Landes Nordrhein-Westfalen (Hrsg.), Befreiung von den Vorschriften der VOB/A Erster Abschnitt, Düsseldorf 2004.

200. *Antje Draheim,* Probleme der finanzpolitischen Willensbildung in Europa. Eine kritische Analyse der europäischen Haushalts- und Finanzverfassung, Finanzwissenschaftliche Schriften, Bd. 111, Frankfurt am Main 2004.

201. *Tobias Bräunlein,* Integration der Gesetzesfolgenabschätzung ins Politisch-Administrative System der Bundesrepublik Deutschland, Beiträge zur Politikwissenschaft, Bd. 86, Frankfurt am Main 2004.

202. *Hans Herbert von Arnim/Martin Schurig,* Die EU-Verordnung über die Parteienfinanzierung, Recht: Forschung und Wissenschaft, Bd. 4, Münster 2004.

203. *Dieter Beck/Christoph Best/Rudolf Fisch/Karl-Heinz Rother* (Hrsg.), Partizipation und Landschaftsplanung im Kontext der Lokalen Agenda 21. Beteiligungsformen als Strategien zur Planerstellung und -umsetzung in Wissenschaft und Praxis, Schriftenreihe der Hochschule Speyer, Bd. 166, Berlin 2004.

204. *Hans Herbert von Arnim/Martin Schurig,* The European Party Financing Regulation, Recht: Forschung und Wissenschaft, Bd. 5, Münster 2004.

205. *Rudolf Fisch/Dieter Beck* (Hrsg.) Komplexitätsmanagement – Methoden zum Umgang mit komplexen Aufgabenstellungen in Wirtschaft, Regierung und Verwaltung, Wiesbaden 2004.

206. *Stefan Fisch/Wilfried Rudloff* (Hrsg.), Experten und Politik: Wissenschaftliche Politikberatung in geschichtlicher Perspektive, Schriftenreihe der Hochschule Speyer, Bd. 168, Berlin 2004.

207. *Jan Ziekow/Martin-Peter Oertel/Alexander Windoffer* unter Mitarbeit von *Mike Weber*, Beschleunigung von Zulassungsverfahren am Beispiel des Landes Baden-Württemberg, hrsg. vom Innenministerium Baden-Württemberg, Schriftenreihe der Stabsstelle für Verwaltungsreform, Bd. 25, Stuttgart 2004.

208. Innenministerium des Landes Nordrhein-Westfalen (Hrsg.), Befreiung von den Vorschriften der VOB/A Erster Abschnitt, 2. Modellversuch für Kommunen – 2. Sachstandsbericht, Düsseldorf 2005.

209. *Ulrike Haerendel* unter Mitarbeit von *Margit Peterle*, Die gesetzliche Invaliditäts- und Altersversicherung und die Alternativen auf gewerkschaftlicher und betrieblicher Grundlage, Quellensammlung zur Geschichte der Deutschen Sozialpolitik 1867 bis 1914, hrsg. von Hansjoachim Henning und Florian Tennstedt, II. Abteilung: Von der kaiserlichen Sozialbotschaft bis zu den Februarerlassen Wilhelms II. (1881-1890), 6. Band, Mainz 2004.

210. *Jan Ziekow/Martin-Peter Oertel/Alexander Windoffer* unter Mitarbeit von *Mike Weber,* Dauer von Zulassungsverfahren. Eine empirische Untersuchung zu Implementation und Wirkungsgrad von Regelungen zur Verfahrensbeschleunigung, Verwaltungswissenschaftliche Abhandlungen, Bd. 19, Köln/Berlin/ München 2005.

211. *Arne Franz*, Mobile Kommunikation in öffentlichen Verwaltungen. Anwendungsbereiche, Implikationen und Zukunftsperspektiven, Studie des Forschungsinstituts für öffentliche Verwaltung bei der DHV Speyer in Zusammenarbeit mit Vodafone, Speyer u.a. 2005.

212. Der Präsident des Landtags Rheinland-Pfalz (Hrsg.), Stand und Perspektiven des Leistungsauftrags in Rheinland-Pfalz. Workshop zur politischen Steuerung durch Zielvorgaben im Haushalt im Landtag Rheinland-Pfalz am 16. Februar 2005, Schriftenreihe des Landtags Rheinland-Pfalz, Bd. 28, Mainz 2005.

213. *Nils Otter*, Ökonomische Erkenntnisprogramme in der Finanzwissenschaft. Eine Analyse unter der methodologischen Konzeption von Imre Lakatos, Marburg 2005.

214. *Alexander Windoffer,* Die Klärungsbedürftigkeit und –fähigkeit von Rechtsfragen in verwaltungsgerichtlichen Verfahren des einstweiligen Rechtsschutzes, Schriftenreihe der Hochschule Speyer, Bd. 174, Berlin 2005.

215. *Hartmut Bauer/Peter M. Huber/Karl-Peter Sommermann* (Hrsg.), Demokratie in Europa, Schriftenreihe Verfassungsentwicklung in Europa, Bd. 1, Tübingen 2005.

216. *Heike Amos*, Die Entstehung der Verfassung in der Sowjetischen Besatzungszone/ DDR 1946-1949, Darstellung und Dokumentation, Schriftenreihe Diktatur und Widerstand, Bd. 12, Münster 2006.

III. FÖV DISCUSSION PAPERS

(institutseigene Reihe, über das Institut zu beziehen)

Nr. 1 *Gisela Färber*, Efficiency Problems of Administrative Federalism, März 2002.

Nr. 2 *Eberhard Bohne/Sabine Frenzel*, Formale und informale Ordnung des Zugangs zum Strommarkt, März 2003.

Nr. 3 *Dorothea Jansen*, Supporting Newly Founded Firms - Personal and Professional Networks, Juli 2003.

Nr. 4 *Hans Herbert von Arnim/Martin Schurig*, The Statute for Members of the European Parliament, September 2003; 2., unveränderte Auflage Oktober 2003.

Nr. 5 *Stefan Koch/Dieter Beck*, Verwaltungspsychologie: Begriffsbestimmung und Forschungsgebiete, September 2003.

Nr. 6 *Hans Herbert von Arnim*, Political finance: Checks and Abuses Current problems and new developments, Dezember 2003.

Nr. 7 *Hans Herbert von Arnim*, A salary of 9,053 Euros for Members of the European Parliament?, Januar 2004.

Nr. 8 *Dorothea Jansen*, Networks, social capital and knowledge production, Februar 2004.

Nr. 9 *Kira Baranova*, Föderative Steuersysteme und Wirtschaftsintegration zwischen Russland und Europa, Mai 2004.

Nr. 10 *Nils Otter*, Föderalismus und Staatsaufgaben – Ein Analyserahmen zum Vergleich alternativer Möglichkeiten der Aufgabenerteilung im föderativen Staat, September 2004.

Nr. 11 *Dorothea Jansen*, Governance of research networks, Oktober 2004.

Nr. 12 *Rainer Pitschas*, Looking Behind New Public Management. "New" Values of Public Administration and the Dimensions of Personnel Management in the Beginning of the 21st Century, Oktober 2004.

Nr. 13 *Helmut Klages*, Wie marode sind die Deutschen? Ein empirischer Beitrag zur Mentalitätsdebatte, Oktober 2004.

Nr. 14 *Arne Franz*, Der Kommunikationsprozess zwischen Verwaltung und Bürgern. Typisierungen, Charakteristika, Auswirkungen auf die Modellierung von Kommunikationsangeboten, November 2004.

Nr. 15 *Helmut Klages/Carmen Daramus/Kai Masser*, Vertrauensverlust in der Demokratie – Lösen Beteiligungsstrategien das Problem?, November 2004.

Nr. 16 *Carl Böhret*, „Die Zukunft sieht alt aus" – Signale für die (Kommunal-)Politik aus der Übergangsgesellschaft, Dezember 2004.

Nr. 17 *Hans Herbert von Arnim/Martin Schurig,* Die Besoldung und Versorgung von Angehörigen des Öffentlichen Dienstes und die Ausgestaltung der Politikfinanzierung in der Europäischen Union. Ein Bericht über Verlauf und Ertrag eines Forschungsprojekts, Februar 2005.

Nr. 18 *Hans Herbert von Arnim/Martin Schurig,* Remuneration and Financial provision for Members of the Civil Service and the Forms of Political Finance in the European Union. An Account of the Origin and Impact of a Research Project, März 2005.

Nr. 19 *Wilfried Rudloff,* Does science matter? Zur Bedeutung wissenschaftlichen Wissens im politischen Prozess. Am Beispiel der bundesdeutschen Bildungspolitik in den Jahren des „Bildungsbooms", Mai 2005.

Nr. 20 *Andreas Wald,* Zur Messung von Input und Output wissenschaftlicher Produktion. Daten und Ergebnisse einer Untersuchung auf der Ebene von Forschungsgruppen, Mai 2005.

Nr. 21 *Hans-Willy Hohn,* Forschungspolitische Reformen im kooperativen Staat. Der Fall der Informationstechnik, Juli 2005.

Nr. 22 *Eberhard Bohne,* Kriterien und institutionelle Voraussetzungen des Bürokratieabbaus, Oktober 2005.

Nr. 23 *Eberhard Bohne,* EU and US Security Strategies from the Perspective of National and European Identities, Januar 2006.

Nr. 24 *Gisela Färber,* Haushaltsnotlagen in der deutschen Finanzverfassung – Ursachen, Abhilfe, Vermeidung -, Januar 2006.